Inhalt

Fortsetzung nächste Seite

Abiturprüfung 2000

Abiturprüfung 2001

Abiturprüfung 2002

Abiturprüfung 2003

Abiturprüfung 2004

Abiturprüfung 2005

Jeweils zu Beginn des neuen Schuljahres erscheinen die
neuen Ausgaben der Abiturprüfungsaufgaben mit Lösungen.

Lösungen der Aufgaben:

ab 2003: Winfried Schumacher
1998–2002: Winfried Schumacher, Sebastian Dauzenroth
1997: Wolfgang Maier, Sebastian Dauzenroth
1996: Wolfgang Maier, Winfried Schumacher, Barbara Tennert
1995: Martin Bertram, Helga Niewerth, Winfried Schumacher, Barbara Tennert
Mündliche Prüfung: Wolfgang Maier, Helga Niewerth

ABITUR

Prüfungsaufgaben mit Lösungen **2006**

Geschichte

Grundkurs
3. und 4. Prüfungsfach
Gymnasium
Sachsen
1995–2005

STARK

Die Jahrgänge ab 1998 wurden nach den Regeln der neuen Rechtschreibung abgefasst.

ISBN: 3-89449-266-X

D-85318 Freising · Postfach 1852 · Tel. (0 81 61) 1790
10. ergänzte Auflage 2005

Vorwort

Liebe Schülerinnen und Schüler,

vor Ihnen liegt das Buch mit den Abituraufgaben des Grundkurses Geschichte für Sachsen, die von einer Arbeitsgemeinschaft von Geschichtslehrern im Auftrag des Kultusministeriums erarbeitet und zentral im ganzen Freistaat gestellt. Der Teil **„Die mündliche Prüfung“** enthält zudem exemplarische Aufgaben und Fragestellungen.

Die Prüfungsaufgaben beziehen sich auf **Schwerpunktthemen** (vgl. die Angaben zu jeder Aufgabe im Inhaltsverzeichnis), die jeweils im Voraus im Ministerialblatt des Sächsischen Staatsministeriums für Kultus veröffentlicht werden.

Ihnen werden in der Prüfung **zwei Prüfungsarbeiten** vorgelegt. Eine davon ist auszuwählen und zu bearbeiten. Die Aufgaben bestehen aus Materialien und der Aufgabenstellung. Die **Arbeitszeit** beträgt einschließlich der Zeit für das Lesen und Auswählen 210 Minuten. Am Ende jeder Aufgabe ist die erreichbare Anzahl von Bewertungseinheiten (BE) genannt. Diese sind für den Korrektor verbindlich vorgegeben. Die Summe der **Bewertungseinheiten** (BE) beträgt 60. Die Gesamtzahl der erreichten BE wird nach folgender Tabelle in Noten übertragen:

BE	Punkte	Noten
60 ... 58	15	1 +
57 ... 55	14	1
54 ... 52	13	1 –
51 ... 49	12	2 +
48 ... 46	11	2
45 ... 43	10	2 –
42 ... 40	9	3 +
39 ... 37	8	3
36 ... 34	7	3 –
33 ... 31	6	4 +
30 ... 28	5	4
27 ... 25	4	4 –
24 ... 21	3	5 +
20 ... 17	2	5
16 ... 13	1	5 –
12 ... 0	0	6

Zu den Aufgaben finden Sie ausführliche **Lösungsvorschläge**, die Ihnen eine Vorstellung dessen vermitteln, was von Ihnen erwartet wird. Dennoch sollten Sie nicht buchstabengläubig an die hier vorgelegten Texte herangehen. Auch andere richtige Lösungen sind denkbar. Dies gilt besonders, wenn die Aufgabenstellung Ihnen die Wahl der Beispiele oder Aspekte freilässt. Wo Bewertungen verlangt werden, wird der Korrektor alle Lösungen akzeptieren, die historisch richtig und entsprechend begründet sind.

In einer Prüfung kommt es zum einen auf **Faktenwissen** an, zum anderen auf die **Anwendung** und **Übertragung des Gelernten**. Erreicht werden soll ein **historisches Verständnis** der Vorgänge, eine produktive Auseinandersetzung mit der Vergangenheit. Wir glauben, dass Sie nach der intensiven Arbeit mit diesem Werk **gut vorbereitet in die Prüfung** gehen und vor „bösen Überraschungen“ gefeit sein werden.

Wir wünschen Ihnen, dass Sie bei der Beschäftigung mit dem Fach Geschichte interessantes Neues erfahren und natürlich viel Erfolg in der Prüfung!

Ihr Autoren-Team

Stichwortverzeichnis

Die mündliche Prüfung

Allgemeine Informationen

Die mündliche Abiturprüfung besteht aus zwei verschiedenen Teilen. In der ersten Hälfte der Prüfung trägt der Prüfling ein Referat zu einem vorher bearbeiteten Thema vor. Im zweiten Teil wird der Prüfling mit Fragen zu anderen Themenkomplexen konfrontiert. Diese Fragen ergeben sich aus den Lehrplanthemen bzw. aus dem Unterricht.
Frageart und -struktur werden sich von Lehrer zu Lehrer und von Prüfling zu Prüfling notwendigerweise stark unterscheiden. Die hier dargestellten Beispiele haben daher nur rein exemplarischen Charakter. Zu berücksichtigen ist dabei auch, dass sich mündliche Abiturprüfungen viel stärker als schriftliche über das persönliche Lehrer-Schüler-Verhältnis gestalten. So gleicht eigentlich keine Prüfung einer anderen.

Durchführung der mündlichen Prüfung

Die OAVO des sächsischen Staatsministeriums für Kultus legt in § 39 fest:
(2) Der Fachlehrer des Kurses legt der Fachprüfungskommission mehrere Aufgabenvorschläge für die mündliche Prüfung seiner Kursteilnehmer/innen zur Genehmigung vor. Die Vorschläge müssen sich auf den Unterricht von mindestens zwei Kurshalbjahren beziehen und dürfen keine inhaltliche Wiederholung der schriftlichen Abiturprüfung sein.
(3) Die mündliche Prüfung wird **einzeln** abgenommen und dauert jeweils **30 Minuten**. Eine Prüfungsaufgabe wird dem Prüfungsteilnehmer/der Prüfungsteilnehmerin zur Vorbereitung auf die Prüfung 20 Minuten vor Beginn übergeben [...]
(4) Die Fachprüfungskommission stellt die für die mündliche Prüfung zugelassenen Hilfsmittel zur Verfügung. Der Prüfungsteilnehmer/die Prüfungsteilnehmerin darf ferner seine/ihre während der Vorbereitungszeit angefertigten Aufzeichnungen benutzen.

Ablauf der Prüfung

Die mündliche Prüfung wird durch den Kursleiter, im Falle seiner Abwesenheit durch einen vom Prüfungsvorsitzenden bestimmten Vertreter, abgenommen.
Der Schüler/die Schülerin erhält in der ersten Viertelstunde Gelegenheit, sich mit Hilfe seiner/ihrer Notizen zum Prüfungstext zu äußern.
Zwischenfragen durch Kursleiter oder Prüfungsvorsitzenden sind in diesem Prüfungsteil nicht vorgesehen, aber – insbesondere bei grob fehlerhaften Ausführungen – möglich.
In der zweiten Prüfungshälfte wird der Schüler/die Schülerin zu Themengebieten der übrigen Kursabschnitte befragt. Dabei soll er/sie sein/ihr historisches Wissen und die Fähigkeit zum Erkennen größerer Zusammenhänge unter Beweis stellen.

Aufgabenbeispiele

Kurs 11/1: Welt der Griechen und Entwicklung der attischen Demokratie – Rom: vom Stadtstaat zum „Imperium Romanum“

Aufgabe 1

Text

Danach [ab etwa 630 v. Chr.] herrschte lange Zeit bürgerkriegsähnlicher Zwist *[stásis[1]]* zwischen den Vornehmen und der Volksmenge. Denn die damalige Verfassung war oligarchisch, vor allem darin, dass die Armen mit ihren Frauen und Kindern den Reichen als Sklaven dienen mussten. Man nannte sie *pelátai* und *hektémoroi*[2]; denn sie bearbeiteten für einen bestimmten Lohn (= Teil des Ernteertrages) die Ländereien der Reichen: Das ganze Land aber gehörte den Wenigen *(olígoi)*. Und wenn die Pächter ihre Zahlungen nicht entrichten konnten, konnten sie mit ihren Kindern in die Schuldknechtschaft geführt werden. Bis zur Zeit Solons wurden alle Darlehen auf die Person ausgeliehen.

[1] Bürgerkrieg, Zwist, Parteikämpfe

[2] Bezeichnung für ehemalige Kleinbauern und Pächter, die wegen Zahlungsunfähigkeit gegen einen Grundzins an den Grund und Boden gebunden waren. Sie waren privatrechtlich Hörige.

Aus: Aristoteles, Athenaion Politeia 2; übersetzt nach: Aristotelis Atheniensium Res publica. Hrsg. von F. G. Kenyon. Oxford: University Press 1976

Aufgabenstellung

1. Schildern Sie, ausgehend von der Quelle, die politische und soziale Lage in Athen vor dem Archontat des Solon. Erläutern Sie deren Ursachen!
2. Beschreiben und bewerten Sie den aus dieser Situation resultierenden Reformversuch des Solon!
3. Nennen Sie weitere wichtige Etappen auf dem Weg Griechenlands zur Demokratie und erörtern Sie das Verhältnis zwischen attischem Demokratieverständnis und modernen Formen der Demokratie!

Erwartungsbild

1. Folgende Punkte sind zu nennen:
   - Erklärung der Krise der bisher vorherrschenden Landwirtschaft mit der zunehmenden Entwicklung von Handel und Gewerbe sowie der Verbreitung von Münzgeld,
   - Verschuldung vieler Bauern,
   - Ungleichheit des Besitzes,
   - Abhängigkeit von der Willkür des Adels.

2. Als wichtigste Maßnahmen sind zu nennen: die **Entschuldung der Bauernschaft** und die **Verfassungsreform**. Zur Verfassungsreform sind folgende Punkte hervorzuheben:
   - Machtmonopol des Adels wird gebrochen,
   - Zugehörigkeit zur jeweiligen Klasse ist abhängig vom Einkommen (timokratisches Prinzip),
   - Archontat bleibt der obersten Klasse vorbehalten,
   - Teilnahme des Volkes an politischer Macht wird institutionalisiert durch Volksversammlung, Volksgericht, möglicherweise den Rat der 400,
   - Areopag wird vom Adelsrat zur Versammlung ehemaliger Archonten.

   Kritisch sollte angemerkt werden, dass keine grundlegende Reform der Gesellschaft erfolgte und die obersten Ämter alten Machteliten vorbehalten blieben. Zudem sollte darauf hingewiesen werden, dass keine Landreform vorgenommen wurde, weitere Konflikte also absehbar waren.

3. In diesem Punkt muss auf **Kleisthenes** (Phylenreform, Demen, Rat der 500, Scherbengericht) sowie auf **Ephialtes** und **Perikles** (Entmachtung des Areopags, Beschlussfassung in der Volksversammlung, Rat der 500, Volksgericht, Diäten, Erlosung eines Großteils der Beamten) hingewiesen werden.
   Bei der Erörterung der **Unterschiede** zwischen **attischem** und **modernem Demokratieverständnis** sollte ausgeführt werden, dass:
   - demokratische Mitbestimmung in Athen einer Minderheit vorbehalten blieb (Frauen, Metöken, Sklaven waren ausgeschlossen),
   - die attische Demokratie nicht vom Demos erkämpft, sondern aufgrund von Adelsrivalitäten und angesichts außenpolitischer Bedrohungen zustande kam,
   - die Volksversammlung eine leicht zu beeinflussende Institution darstellte.

   Folgende **Unterschiede** zwischen **direkter** und **repräsentativer Demokratie** müssen benannt werden:

Direkte Demokratie	*Repräsentative Demokratie*
– unmittelbarer Einfluss des Vollbürgers auf politische Entscheidungen durch Teilnahme an der Volksversammlung – keine Trennung zwischen Exekutive, Legislative und Judikative	– Gewaltenteilung – allgemeine, gleiche und geheime Wahl der Volksvertreter in regelmäßigen Abständen – Grundrechte – Parteienwesen – Opposition

Aufgabe 2

Text 1

Aristoteles hat in seinem Werk „Der Staat der Athener“, das erst 1890 in einer Papyrus-Handschrift entdeckt wurde, die Verfassungswirklichkeit der athenischen Polis detailliert beschrieben:

„An den bürgerlichen Rechten haben jene teil, die von beiden Eltern Vollbürger sind [...] Alle Posten in den Subalternbehörden werden durchs Los besetzt, außer dem Schatzmeister der Kriegskasse und der Festkasse und dem Aufseher der Wasserwerke. Diese werden durch Abstimmung gewählt [...] Ebenfalls gewählt werden alle militärischen Beamten. Der Rat besteht aus 500 Mitgliedern, 50 von jeder Phyle [Stamm], und wird durchs Los bestimmt. Die Prytanie [Geschäftsführung] wird abwechselnd von jeder der Phylen nach dem Los versehen, die vier ersten während je 36 Tagen, die sechs späteren während je 35 Tagen [...]

Durchs Los wird einer zum Vorsitzenden der Prytanen bestimmt. Er hat diese Stellung während einer Nacht und eines Tages [...] Der Rat trägt [...] dem Volke seine Vorberatungen vor, und das Volk kann über keine Sache beraten, die nicht durch den Rat vorberaten ist und die nicht die Prytanen auf die Traktandenliste der Volksversammlung gesetzt haben [...] Außerdem teilt der Rat sich mit den anderen Behörden in die Verwaltung der meisten Angelegenheiten [...]“

[Anschließend folgt eine Auflistung der Losbeamten: u. a. 10 Schatzmeister der Athena, 10 Verkaufsbeamte (zur Vergabe von Staatsaufträgen), 10 Staatseinnehmer, 10 Verwalter der Heiligtümer, 10 Polizeibeamte, 10 Marktaufseher, 10 Maßaufseher, 35 Aufseher über die Getreidelager, 10 Aufseher des Handelshafens, 11 Strafgefangenenaufseher, 4 Wegmacher, 10 Rechnungsführer mit 10 Beisitzern, Prytanienschreiber, Gesetzesschreiber, 9 Archonten.]

Aus: Aristoteles, Der Staat der Athener, 42ff.; zit. nach: Geschichte in Quellen, Bd. 1, München 1965, S. 268ff.

Text 2

Der Historiker Jochen Bleicken nimmt zu der Frage der Grenzen der attischen Demokratie Stellung:

Von vielen modernen Historikern wird mit dem Ton merklicher Herabsetzung die athenische Demokratie [...] die Herrschaft einer Minderheit über die Mehrheit genannt, weil die politisch berechtigten Bürger nur einen Bruchteil der attischen Bevölkerung ausgemacht hätten [...] Das Bild von den athenischen Demokraten als einer herrschenden Elite, unter der eine große Schar von Abhängigen und Entrechteten ächzte, scheint sich wie von selbst einzustellen [...] Für moderne Menschen, die alles nur von den Prämissen ihres eigenen Daseins betrachten, könnte man den antiken Verhältnissen ihre Absonderlichkeit durch den Hinweis nehmen, dass es in dieser Hinsicht bis zum vorigen Jahrhundert auch in Europa überall noch so wie in Athen zugegangen war [...] Doch abgesehen davon kann man für Athen wie für alle antiken Staaten den Ausschluss der Personengruppen erklären: Das politische Recht war an die Waffenfähigkeit, also an den Mann gebunden; jede Stadt war ein in sich geschlossener Rechtskreis, in den ein Fremder nicht einfach eintreten konnte, und das Institut der Sklaverei, das seine Quelle in der Kriegsgefangenschaft hatte, ist die Konsequenz einer Stufe des Völkerrechts, in der [...] im Krieg alles, was dem Feind in die Hände fällt, Kriegsbeute ist und zu seiner Verfügung steht.

Aus: J. Bleicken, Die athenische Demokratie. Paderborn 1986, S. 355f.

Aufgabenstellung

1. Seit 457 v. Chr. setzte sich in Athen das Losverfahren für fast alle Ämter durch (Text 1). Beschreiben Sie die Rolle des Losverfahrens in der attischen Demokratie und erörtern Sie seine Auswirkungen! Bedenken Sie, welche Vorteile und welche Nachteile das Losverfahren bot!
2. Legen Sie in Grundzügen die Entwicklung der attischen Demokratie von Kleisthenes über Ephialtes bis Perikles dar!
   Beachten Sie dabei die Rückwirkung außenpolitischer Vorgänge auf den inneren Prozess!
3. Nehmen Sie zu der Frage, ob die politische Ordnung Athens zurecht Demokratie genannt wird, kritisch Stellung! (Text 2)

Erwartungsbild

1. Die Rolle des Losverfahrens muss vor dem Hintergrund der Partizipation der attischen Vollbürger, d. h. der freien, in der Polis geborenen Männer, gesehen werden. Die Zahl der athenischen Beamten (ca. 700) war außerordentlich hoch. Durch die Einführung von Tagegeldern (457 v. Chr.) konnten auch ärmere Bürger Amtsträger der Polis werden („basisdemokratisches Prinzip" in der Polis Athen). Vor dem 5. Jh. v. Chr. wurden die Beamten gewählt. Gefahr des Losverfahrens: Inkompetente Bürger können in wichtige Ämter gelangen; deshalb werden wichtige Beamte (Schatzmeister, Stratege) trotzdem gewählt, nicht gelost. Auch Richter wurden gelost!

2. Auf folgende wichtige Punkte ist einzugehen:
   - Reformen des **Kleisthenes** (508/507 v. Chr.):
     neue Phylenordnung zur Minderung des aristokratischen Einflusses (10 Phylen, die sich je zu einem Trittys der drei Bezirke – Stadt, Land, Küste – durch Los zusammensetzen); Einführung des Ostrakismosverfahrens als Ergebnis der Tyrannis der Peisistratiden (Scherbengericht; Verbannung der die Ordnung der Polis gefährdenden Bürger ohne Ehr- und Vermögensverlust); Bildung des Rates der 500 (einschließlich der Prytanie).
   - **Ephialtes** und **Perikles** (462/429 v. Chr.):
     Entmachtung der Aristokratie (Areopag); Diätenzahlungen; Erleichterung der Verfahren im demokratischen Prozess (z. B. Abstimmungen in der Volksversammlung).
   - Der **Zusammenhang** zwischen den **Perserkriegen**, dem dadurch bedingten Flottenaufbau und den als Ruderern benötigten **Theten**, die dadurch auf politisches Mitspracherecht drängten, ist besonders deutlich darzulegen. (Die Theten waren bislang ohne politischen Einfluss. Da sie aber zur Verteidigung der Polis unentbehrlich waren, musste ihnen nun auch Mitspracherecht eingeräumt werden.)

3. Die Beantwortung dieser Frage sollte Reflexionen über den Demokratiebegriff allgemein und seine unterschiedliche Verwendung im Laufe der Geschichte enthalten. Dabei sollte der zeitliche Abstand und die damit verbundene Differenz in politischer, sozialer, wirtschaftlicher Hinsicht berücksichtigt werden. Besondere Aufmerksamkeit sollte der Tatsache zuteil werden, dass politisches Mitspracherecht in der Antike in der Regel an die Waffenfähigkeit bzw. an die militärische Verteidigung des Personenverbands gekoppelt war.
   Die Bezugnahme auf den Text von Bleicken (z. B. Z. 7, 11 – 13) ist besonders gefordert!

Kurs 11/2: Neuordnung Europas nach dem Ersten Weltkrieg – Weimarer Republik

Aufgabe 1

Karikatur von Karl Arnold (1933).

„Deutsche Zauberwerke AG. – Kein Grund zum Verzagen, solange noch Kanzler am laufenden Band produziert werden."

Aufgabenstellung

1. Ordnen Sie die Karikatur in ihren historischen Kontext ein und erläutern Sie ihre Aussage! Schildern Sie dabei ausführlich die in der Karikatur angedeuteten Entwicklungen und Ereignisse!
2. Erörtern Sie, inwieweit die von März 1930 bis Januar 1933 ausgeübte Regierungspraxis den Buchstaben und dem Geist der Weimarer Verfassung entsprachen!
3. Erläutern Sie, worauf das Scheitern der Weimarer Republik zurückzuführen ist!

Erwartungsbild

1. Der Prüfling muss erkennen, dass in der vorliegenden Darstellung die Präsidialregierungen der Endphase der Weimarer Republik karikiert werden und Hindenburg als ein übermächtiger Präsident erscheint, von dem die Kanzler im wörtlichen Sinne abhängig sind. Einzugehen ist im Folgenden auf die Kanzlerschaft Brünings, Papens und Schleichers. Dabei sind folgende Punkte hervorzuheben:
   - **Brüning:** bildet im Mai 1930 ein nicht an die Parteien gebundenes Kabinett; er regiert auf Notverordnungsbasis, um seine Deflationspolitik durchzusetzen; er löst den Reichstag nach dessen Antrag auf Aufhebung der Notverordnungen auf; die NSDAP erzielt nach Neuwahlen große Gewinne; Brüning ist entgegen der Absprache mit Hindenburg auf die Unterstützung der SPD angewiesen; er setzt mit Tolerierung der SPD die Notverordnungspraxis fort; Hindenburg entzieht ihm im Mai 1932 das Recht zum Erlass von Notverordnungen.
   - **Papen:** besitzt von Anfang an nur schwachen Rückhalt im Reichstag; er setzt die Notverordnungspraxis fort; er veranlasst Hindenburg den Reichstag nach dessen Widerspruch aufzulösen; nach den Neuwahlen ist er gänzlich isoliert und lässt den Reichstag erneut auflösen; Hindenburg betraut General von Schleicher mit der Kanzlerschaft.
   - **Schleicher:** kann weder parlamentarische Unterstützung noch „Gewerkschaftsachse" erreichen.

     30. Januar 1933: Ernennung Hitlers zum Kanzler.

2. Es ist darauf hinzuweisen, dass der Erlass von Notverordnungen zwar vorgesehen, aber mit strengen Auflagen verbunden ist und die Verknüpfung von Artikel 48 und Artikel 25 der Weimarer Verfassung dem Geist der Verfassung deutlich widerspricht, da das Recht des Reichstages auf Ablehnung von Notverordnungen verfassungsmäßig verankert ist. Des Weiteren ist auszuführen, dass mit dem Tolerierungskurs der SPD ein „semi-parlamentarisches" System (Tormin, 1973) entsteht, in dem es keine aktive Opposition mehr gibt, das sich aber zumindest auf die passive Zustimmung des Parlaments stützen kann.
   Der Wechsel von Brüning zu Papen ist als ein Übergang von einer parlamentarisch tolerierten zu einer autoritären Präsidialregierung zu kennzeichnen. Dabei ist hervorzuheben, dass Papen den Reichstag bereits auflöste, weil die bloße Gefahr bestand, dass er Notverordnungen ablehnen würde; dieser Schritt ist als eindeutig verfassungswidrig einzustufen.

3. Es können unterschiedliche Faktoren benannt werden, z. B.:
   - die Unfähigkeit der großen Parteien, Kompromisse zu schließen,
   - der mangelnde Rückhalt in der Bevölkerung,
   - die wirtschaftliche Situation,
   - die Kamarilla um Hindenburg.

Aufgabe 2

Text 1: Aus einer Rede Briands vor der Völkerbundversammlung am 5. 9. 1929

„Ich denke, dass unter den Völkern, deren Länder geografisch zusammengehören wie die der europäischen Völker, eine Art von einem föderativen Band bestehen sollte. Diese Völker müssen in jedem Augenblick die Möglichkeit haben, in Kontakt miteinander zu treten, über ihre gemeinsamen Interessen zu diskutieren, gemeinsame Entschlüsse zu fassen, kurz, sie müssen untereinander ein Band der Solidarität knüpfen, das es ihnen erlaubt, widrigen Verhältnissen im gewünschten Augenblick zu begegnen, wenn sie eintreten sollten [...] Selbstverständlich wird die Gemeinschaft vor allem auf dem Gebiete der Wirtschaft tätig sein: dort ist es am nötigsten. Ich glaube, dass man auf diesem Gebiet Erfolge erzielen kann. Aber ich bin mir auch sicher, dass das föderative Band, ohne die Souveränität irgendeiner Nation anzutasten, die an dieser Gemeinschaft teilnehmen könnte, vom politischen oder sozialen Standpunkt aus gesehen, von Nutzen sein könnte."

Zitiert nach: Geschichte in Quellen. Weltkriege und Revolutionen 1914–1945. München ^{3}1979, S. 225

Text 2: Aus Stresemanns letzter Rede vor dem Völkerbund am 9. 9. 1929

„Ich komme zu der Frage, die in der Debatte dieser Tage erörtert worden ist. Das war die Neugestaltung der Staatenverhältnisse in Europa [...] Es gibt sehr viele, die jede Erörterung eines solchen Gedankens von vorneherein abgelehnt haben [...] Aber wenn ich diese Skepsis, die den ganzen Gedanken als undurchführbar abweist, zurückweise, so möchte ich doch bitten, dass wir uns in unserem Kreise darüber klar werden, welche Ziele mit diesen Erörterungen verfolgt werden. Politische Gedanken, namentlich mit irgendeiner Tendenz gegen andere Erdteile, lehne ich mit aller Entschiedenheit ab, ebenso alles, was wie eine wirtschaftliche Autarkie Europas aussehen könnte.

Wohl aber scheint mir viel durchführbarer zu sein, was heute noch der Erfüllung harrt. Was erscheint denn an Europa, an seiner Konstruktion vom wirtschaftlichen Gesichtspunkte aus so außerordentlich grotesk, dass die Entwicklung Europas nicht vorwärts, sondern rückwärts gegangen zu sein schein [...] Ist es nicht grotesk, dass sie aufgrund neuer praktischer Errungenschaften die Entfernung von Süddeutschland nach Tokio um 20 Tage verkürzt haben, sich aber in Europa selbst stundenlang mit der Lokomotive irgendwo aufhalten lassen müssen, weil eine neue Grenze kommt, eine neue Zollrevision stattfindet, als wenn das Ganze ein Kleinkrämergeschäft wäre, das wir in Europa innerhalb der gesamten Weltwirtschaft noch führen dürfen? [...] Wo bleibt in Europa die europäische Münze, die europäische Briefmarke? Sind diese aus nationalem Prestige heraus geborenen Einzelheiten nicht sämtliche Dinge, die durch die Entwicklung der Zeit längst überholt wurden und diesem Erdteil einen außerordentlichen Nachteil zufügen?"

Aus: Gustav Stresemann, Vermächtnis, Bd. III, Berlin 1933, S. 577ff.

Aufgabenstellung

1. Legen Sie anhand der Quellen dar, welche Form der „Europagedanke" bei Gustav Stresemann hat!
   Vergleichen Sie dazu die Ideen des französischen Ministerpräsidenten Aristide Briand!
2. Nennen Sie die Ziele der deutschen Außenpolitik in den zwanziger Jahren, und zeigen Sie, welche Stellung dabei Stresemann einnimmt!
   Gehen Sie auf wichtige Etappen seiner Außenpolitik ein!
3. Im Zusammenhang mit der Ostpolitik der Weimarer Republik wurden Begriffe wie „Revisionismus" und „Restaurationspolitik" gebraucht.
   Nehmen Sie dazu kritisch Stellung!

Erwartungsbild

1. Stresemann stimmt Briand insofern zu, dass er eine weitgehende wirtschaftliche Zusammenarbeit der europäischen Länder für möglich hält. Ja, sie ist sogar notwendig, um nicht ins wirtschaftliche Abseits zu geraten. Deshalb fordert er eine Neuordnung der Zollfragen oder eine europäische Währung bzw. Posteinheit.
   Ebenso unmissverständlich lehnt er alle Pläne eines politischen Zusammenschlusses der europäischen Staaten ab. Briands Idee einer föderativen Gemeinschaft europäischer Staaten ohne Antastung ihrer Souveränität zur gemeinsamen Verfolgung ökonomischer, sozialer und politischer Interessen stößt bei Stresemann auf Ablehnung.
   Stresemanns Politik war nicht europäisch orientiert, zur Einschränkung nationaler Souveränität um des Europagedankens willen war er nicht bereit.

2. Ziele der deutschen Außenpolitik waren:
   - Rückgewinnung der politischen Stärke Deutschlands,
   - Revision des Versailler Vertrags, besonders der territorialen Bestimmungen bzgl. der Ostgebiete,
   - Rückgewinnung „urdeutscher" Gebiete und Korrektur des polnischen Korridors.

   Stellung Stresemanns:
   - Dominanz nationaler Absichten,
   - kein Demokrat aus Überzeugung, eher Vernunftrepublikaner,
   - Ziel der Wiedererlangung einer halbhegemonialen Stellung Deutschlands in Europa,
   - Unterschied zu anderen Politikern in der Wahl der Mittel und Methoden (Verhandlungen, Kompromisse).

   Etappen der Außenpolitik:
   - **Rapallo** (16. 4. 1922): Deutschland und die Sowjetunion stellen keine Forderungen aneinander, die auf Kriegsursachen beruhen; Handelsbeziehungen werden intensiviert; beidseitige Information bei wirtschaftlichen Fragen; *Ziel:* Normalisierung des Verhältnisses; Aufbrechen der jeweils vorhandenen Isolation
   - **Locarno** (16. 10. 1925): Garantie des Status quo der französischen und belgischen Ostgrenzen; keine Gewalt bei Grenzveränderungen im Osten; *Ziel:* Rückkehr Deutschlands in die internationale Politik; Offenhalten der Revision der deutschen Ostgrenze
   - **Berliner Vertrag** (24. 4. 1926): Fortsetzung bzw. Bestätigung von Rapallo; *Ziel:* keine Festlegung auf eine Mächtekonstellation
   - Eintritt in den Völkerbund 1926 (vgl. Locarno).

3. Erwartet wird eine Reflexion über die Inhalte der Begriffe und den Zusammenhang zwischen dem Versailler Vertrag und der deutschen Außenpolitik der zwanziger Jahre.

Kurs 11/2: Nationalsozialismus und Zweiter Weltkrieg

Aufgabe 1

Text: Hitlers erste außenpolitische Erklärung vor dem Reichstag am 17. Mai 1933

[...] Wenn ich in diesem Augenblicke bewußt als deutscher Nationalist spreche, so möchte ich namens der nationalen Regierung und der gesamten nationalen Erhebung bekunden, dass gerade uns und dieses junge Deutschland das tiefste Verständnis beseelt für die gleichen Gefühle und Gesinnungen sowie für die begründeten Lebensansprüche anderer Völker. Die Generation dieses jungen Deutschlands, die in ihrem bisherigen Leben nur die Not, das Elend und den Jammer des eigenen Volkes kennen lernte, hat zu sehr unter dem Wahnsinn gelitten, als das sie beabsichtigen könnte, das Gleiche anderen zuzufügen. Unser Nationalismus ist ein Prinzip, das uns als Weltanschauung grundsätzlich allgemein verpflichtet. Indem wir in grenzenloser Liebe und Treue an unserem eigenen Volkstum hängen, respektieren wir die nationalen Rechte auch der anderen Völker aus dieser selben Gesinnung heraus und möchten aus tiefinnerstem Herzen mit ihnen in Frieden und Freundschaft leben [...]

[...] Wir haben aber keinen sehnlicheren Wunsch als den, beizutragen, dass die Wunden des Krieges und des Versailler Vertrages endgültig geheilt werden, und Deutschland will dabei keinen anderen Weg gehen als den, der durch die Verträge selbst als berechtigt anerkannt wird. Die deutsche Regierung wünscht, sich über alle schwierigen Fragen politischer und wirtschaftlicher Natur mit den anderen Nationen friedlich und vertraglich auseinander zu setzen. Sie weiß, dass jeder militärische Akt in Europa auch im Falle seines vollständigen Gelingens, gemessen an seinen Opfern, in keinem Verhältnis steht zum möglichen endgültigen Gewinn [...]

Aus: Paul Meier-Benneckenstein (Hrsg.), Das Dritte Reich im Aufbau: Übersichten und Leistungsberichte, Bd. I, Nr. 39, Berlin 1939, S. 83 und 90

Amerikanische Karikatur zur Rede Hitlers vom 17. Mai 1933

Aufgabenstellung

1. Stellen Sie dar, welche außenpolitischen Grundsätze Hitler in dieser Reichstagsrede vertritt und setzen Sie sie in Beziehung zur Außenpolitik seiner Vorgänger!
2. Beschreiben Sie anhand der Karikatur, wie diese Rede in Amerika aufgenommen wurde! Worauf könnte sich das offensichtliche Mißtrauen gegen Hitler stützen?
3. Erläutern Sie die tatsächliche außenpolitische Konzeption Hitlers und gehen Sie dabei auch auf deren ideologische Grundlagen ein!
4. Erörtern Sie, welche Hindernisse dieser Konzeption zum Zeitpunkt der Rede noch entgegenstanden!

Erwartungsbild

1. Es sollte ausgeführt werden, dass Hitler als Schwerpunkt seiner Außenpolitik die Friedenswahrung und die Verständigung mit anderen Völkern bezeichnet. Überdies muss erkannt werden, dass Hitler sich ausdrücklich in die Tradition seiner Vorgänger stellt, indem er als langfristiges Ziel seiner Außenpolitik die friedliche Revision des Versailler Vertrages bezeichnet.

2. Es muss erläutert werden, dass Hitler in der Karikatur als Kriegstreiber dargestellt wird, der nur scheinbar friedliche Absichten verfolgt, in Wahrheit aber Aufrüstung betreibt und zum Krieg bereit ist. Als Erklärung für dieses Misstrauen können Hitlers „Mein Kampf" oder auch das Parteiprogramm der NSDAP herangezogen werden, deren außenpolitische Grundsätze in offensichtlichem Widerspruch zu den in der Rede vertretenen Prinzipien stehen.

3. Die außenpolitische Konzeption Hitlers sollte als ein Stufenplan beschrieben werden, der nach der Vollendung der nationalsozialistischen Diktatur in Deutschland über die Revision des Versailler Vertrages zunächst zur Errichtung eines Großdeutschland führen sollte. Als weitere Schritte zur Hegemonialstellung in Europa sollten der geplante Krieg gegen den „Erbfeind" Frankreich und der „Lebensraumkrieg" gegen die Sowjetunion benannt werden. Es ist außerdem zu berücksichtigen, dass Hitler für diese erste Phase seiner Außenpolitik ein Bündnis mit England anstrebte.
   Als zweites, langfristiges Ziel der Außenpolitik Hitlers sollte sein Streben nach Weltmacht benannt werden, die nach einem Krieg gegen Amerika erreicht werden sollte.
   Bei der Darstellung der ideologischen Grundlagen der Außenpolitik Hitlers sollten folgende Begriffe genannt und erläutert werden:
   - Sozialdarwinismus,
   - Antisemitismus,
   - Antibolschewismus,
   - das Konzept der Eroberung neuen Lebensraumes.

4. Als Hindernisse, die dieser Konzeption im Juni 1933 noch entgegenstanden, können die vertraglichen Bindungen an Versailles und Locarno sowie die Mitgliedschaft Deutschlands im Völkerbund benannt werden. Des Weiteren ist auszuführen, dass zu diesem Zeitpunkt die Entwicklung Deutschlands zum Führerstaat noch nicht abgeschlossen und die wirtschaftliche Lage immer noch schwierig war. Zudem sollte erwähnt werden, dass die europäischen Großmächte Hitler zu diesem Zeitpunkt immer noch mit Misstrauen begegneten und er demzufolge zunächst über keine Bündnispartner verfügte.

Aufgabe 2

Text

[...] Dass wir alle in diese Lage kamen, wirft auf die Verantwortlichen, wie ehrenhaft ihre Motive auch sein mochten, vor dem Urteil der Geschichte einen schweren Schatten. Ein kurzer Rückblick zeigt, was wir nach und nach hingenommen oder verschleudert hatten [...]
Als das deutsche Heer kaum ein halbes Dutzend ausgebildeter Divisionen an die Westfront stellen konnte, als die Franzosen mit fast sechzig oder siebzig Divisionen über den Rhein oder in die Ruhr hätten vorstoßen können, da hatte es einen Sinn, für die Tschechoslowakei zu kämpfen. Aber das galt damals als unvernünftig, kopflos [...] Jetzt endlich erklärten sich die beiden Demokratien bereit, ihr Leben für die territoriale Integrität Polens aufs Spiel zu setzen. Die Geschichte, von der man sagt, sie sei vor allem ein Bericht über die Verbrechen, Torheiten und Nöte der Menschheit, durchsucht man vergeblich nach einer Parallele zu diesem plötzlichen und vollständigen Richtungswechsel einer Politik, die seit fünf oder sechs Jahren eine bequeme, versöhnliche Befriedung anstrebte und dann fast über Nacht die Bereitschaft entwickelte, einen offensichtlich nahe bevorstehenden Krieg von größtem Ausmaß und unter den allerschlimmsten Umständen auf sich zu nehmen [...]
[...] Nun war es endlich mit der britischen und französischen Nachgiebigkeit vorbei. Endlich war es zu einer Entscheidung gekommen, im ungünstigsten Augenblick und unter den unbefriedigensten Verhältnissen, zu einer Entscheidung, die mit Gewissheit zum Niedermetzeln von Millionen Menschen führen musste. Mit Bewusstsein und mit dem raffinierten Geschick, immer das Falsche zu tun, waren alle Trümpfe unbedacht verscherzt worden ...

Aus: Winston Churchill, Memoiren, Bd. I, 1. Buch, München 1948, S. 421ff.

Aufgabenstellung

1. Schildern Sie die Schwerpunkte des außenpolitischen Vorgehens Hitlers bis zum Kriegsausbruch!
2. Erläutern Sie, ausgehend von der Quelle, welche Haltung die europäischen Großmächte gegenüber Hitler einnahmen und welche Motive ihrer Politik zugrunde lagen!
3. Erörtern Sie, inwieweit die Kritik Churchills berechtigt ist!

Erwartungsbild

1. Als Schwerpunkte des außenpolitischen Vorgehens Hitlers sollten folgende Ereignisse benannt werden:
   - Mai 1933: Außenpolitische Rede Hitlers, in der er seine friedlichen Absichten beteuert,
   - Oktober 1933: Austritt aus dem Völkerbund, damit Ablehnung eines Systems der kollektiven Sicherheit,
   - Januar 1934: deutsch-polnischer Nichtangriffspakt, Beginn der zweiseitigen Verträge,
   - Juni 1934: deutsch-britisches Flottenabkommen, Stresa-Front zerfällt,
   - März 1936: Einmarsch ins Rheinland, damit Verstoß gegen den Versailler Vertrag und Bruch von Locarno,
   - 1936–1938: Legion Condor in Spanien,
   - November 1937: Hoßbachprotokoll (Hitler kündigt die Gewinnung neuen Lebensraums durch gewaltsame Expansion in Ostmitteleuropa bis spätestens 1943–1945 an),
   - März 1938: Einmarsch in Österreich, Proklamation des Großdeutschen Reiches,
   - April 1938: Beginn der nationalsozialistischen Unterminierung der Tschechoslowakei
   - September 1938: Münchner Konferenz (ČSR muss das Sudetenland an das Deutsche Reich abtreten, erhält aber von den Großmächten Grenzgarantien),
   - März 1939: Einmarsch in die „Resttschechei“, Protektorat Böhmen und Mähren,
   - März 1939: Stahlpakt mit Italien,
   - August 1939: deutsch-russischer Nichtangriffspakt,
   - 1. September: Beginn des deutschen Angriffs auf Polen.

2. Es muss erkannt werden, dass die europäischen Großmächte Hitler gegenüber eine Politik des **Appeasements**, also der „Beschwichtigung“ oder „Zähmung“ verfolgten. Folgende Motive für diese Politik sollten benannt werden: Es wurde angestrebt, die in Europa entstandenen Diktaturen in eine allgemeine Friedensordnung einzubinden, um so einen Krieg zu vermeiden. Im Hinblick auf Deutschland hoffte man, mit Zugeständnissen Spannungen entschärfen, Hitler in Verträge einbinden und ihn so von Gewaltanwendung abhalten zu können. Es muss freilich auch auf die Grenzen dieser Politik hingewiesen werden: Appeasement wurde nicht als Nachgeben um jeden Preis, sondern als ein Eingehen auf berechtigt erscheinende Ansprüche verstanden. Die Großmächte waren nicht gewillt, eine Ostexpansion Deutschlands hinzunehmen, versuchten aber, Zeit für die notwendige Aufrüstung zu gewinnen.

3. Bei einer ausgewogenen Beurteilung der Kritik Churchills sollte ausgeführt werden, dass Churchill zwar mit seiner Annahme, die Appeasementpolitik werde Hitlers Aggressivität nicht eindämmen, sonder eher verstärken, wohl recht hatte, andererseits muss aber darauf hingewiesen werden, dass nicht von Anfang an vorauszusehen war, das Hitler nicht gewillt war, sich in seiner Außenpolitik an vertragliche Verpflichtungen zu halten. Außerdem sollte erwähnt werden, dass es den europäischen Großmächten durch die Appeasementpolitik gelang, die zur Kriegsvorbereitung notwendige Zeit zu gewinnen.

Aufgabe 3

Text: Alfred Rosenberg[1], Totaler Staat?

In den letzten Monaten ist in vielen Reden und Aufsätzen die Anschauung zum Ausdruck gelangt, als trete nunmehr an die Stelle des Parteienstaates, an die Stelle eines liberalistisch zersplitterten Staatsgefüges der so genannte totale Staat. Dieser Staat beschlagnahme gleichsam das gesamte politische, wirtschaftliche und kulturelle Leben der Nation, sei Vormund, Leiter und Kommandierender aller Lebensäußerungen, um auf diese Weise die notwendige Einheit Deutschlands auf allen Gebieten zu sichern. Es ist bei diesen Auslassungen übersehen worden, dass der abstrakte Staat durchaus ein Gedanke des liberalistischen Zeitalters gewesen ist, der als technisches Machtinstrument neben Wirtschaft und Kultur als ein für sich Bestehendes hingestellt und demgemäß angebetet oder von anderen Strömungen leidenschaftlich bekämpft wurde. In Wirklichkeit war es so, dass die Vertreter des Staates vor dem Kriege oft kein Gefühl mehr dafür hatten, Diener des Volkes zu sein, sondern sie betrachteten den Staat als ein Ding für sich, das über der Nation schwebe und dessen Vertreter den Anspruch des Erhabenen über alle sonstigen Bürger besäßen. Diese abstrakte Staatsauffassung hatte sich auch nach 1918 nicht geändert, sondern nur ein anderes Vorzeichen erhalten.

Die Revolution des 30. Januar 1933 ist nun nicht etwa die Fortsetzung des absolutistischen Staates, wieder mit einem neuen Vorzeichen, sondern der Staat wird hier zum Volk und Volkstum in eine andere Beziehung gesetzt wie 1918, aber auch anders wie 1871. Was sich in diesem vergangenen Jahre vollzogen hat und in weiterem Umfange noch vollziehen wird, ist nicht die so genannte Totalität des Staates, sondern die Totalität der nationalsozialistischen Bewegung. Der Staat ist nicht mehr etwas, was neben dem Volk und neben der Bewegung, sei es als mechanistischer Apparat, sei es als herrschendes Instrument, bestehen soll, sondern als ein Werkzeug der herrschenden nationalsozialistischen Weltanschauung [...]

Würden wir fortlaufend vom totalen Staat sprechen, so würde nach und nach bei jüngeren Nationalsozialisten und kommenden Geschlechtern wieder der Begriff des Staates an sich ins Zentrum rücken und die Handlungen der Staatsbeamten als das Primäre empfunden werden. Betonen wir aber schon heute mit aller Deutlichkeit, dass es eine bestimmte politische Weltanschauung und Bewegung ist, die das Recht der Totalität beansprucht, so werden die Blicke der Generationen sich eben auf diese Bewegung richten und das Verhältnis zwischen Staat und NSDAP in einem ganz anderen Licht erblicken, als wenn man die Staatlichkeit an sich als das Höchste bezeichnen würde. Die nationalsozialistische Bewegung ist die geformte Kraft des Denkens des 20. Jahrhunderts zur Sicherung des gesamtdeutschen Volkes, seines Blutes und seines Charakters. Dieser Bewegung steht der Staat als machtvollstes und männlichstes Werkzeug zur Verfügung und hat seine Lebenskräfte und Antriebe immer wieder neu von der Bewegung zu empfangen, damit er geschmeidig und widerstandsfähig bleibt und der Gefahr einer Bürokratisierung und Versteinerung und Volksentfremdung entgeht. Erst in diesem Zusammenhang gesehen wird der nationalsozialistische Staatsbegriff richtig, blutvoll, und wir glauben, dass der Staat auch erst dadurch seine höhere Weihe, seine innere Stärke und seine größere Autorität bezieht, als wenn er, vielleicht von energischen Einzelnen geführt, doch zu einem Zweck an sich verwandeln könnte und deshalb verknöchern würde.

Aus all diesen Gründen empfiehlt es sich für alle Nationalsozialisten deshalb nicht mehr vom totalen Staat zu sprechen, sondern von der Ganzheit (Totalität) der nationalsozialistischen Weltanschauung, der NSDAP als Körper dieser Weltanschauung und vom nationalsozialistischen Staate als dem Werkzeug zur Sicherung von Seele, Geist und Blut des Nationalsozialismus als der epochalen Erscheinung, die im 20. Jahrhundert ihren Anfang genommen hat.

[1] Alfred Rosenberg (1893–1946), Reichsleiter der NSDAP, seit 24. Januar 1934 „Beauftragter des Führers für die Überwachung der gesamten geistigen und weltanschaulichen Schulung und Erziehung der NSDAP".

Aus: Völkischer Beobachter, Norddeutsche Ausgabe, Berlin. Nr. 9 v. 9. Januar 1934

Aufgabenstellung

1. Analysieren Sie die Darlegungen Rosenbergs zum Staat!
   Zeigen Sie, auf welchen Begriff von Staat er abzielt und wie dieser Staatsbegriff von der nationalsozialistischen Ideologie geprägt ist!
2. Rosenberg spricht von der „Revolution des 30. Januar 1933" (Z. 16).
   Was meint er damit, welcher andere Begriff existiert außerdem für das gesamte Ereignis?
   Setzten Sie sich kritisch mit dem historischen Geschehen und den Begriffen auseinander!
3. Die ersten Jahre der nationalsozialistischen Herrschaft in Deutschland waren geprägt durch die Sicherung der Macht, was auch mit „Gleichschaltung" bezeichnet wird.
   Zeichnen Sie diesen Prozess an wichtigen Etappen nach!

Erwartungsbild

1. Der nationalsozialistische Staatsbegriff hat nichts mit überkommenen Staatsvorstellungen zu tun. Staat wird gesehen „als ein Werkzeug der herrschenden nationalsozialistischen Weltanschauung" (Z. 23 f.). Staat ist also Instrument und steht in Funktion der Ideologie. Daraus folgt die „Gleichschaltung" aller staatlichen Institutionen mit der nationalsozialistischen Weltanschauung. „Einheit des Volksganzen", „Reinheit des Blutes" sind Schlagworte, die diese Ideologie und somit den Staatsbegriff bestimmen. Pluralität und Meinungsdifferenzierung werden abgelehnt. Auf eine sachlogische Argumentationsweise und geeignete Auswahl von Zitaten aus der Quelle ist zu achten!

2. Hier sind die wichtigsten Fakten zu nennen, die zur Ernennung Hitlers zum Reichskanzler am 30. Januar 1933 geführt haben, z. B. Bedeutung des Artikels 48 der Weimarer Verfassung, Präsidialkabinette, Hindenburg und die Kamarilla, wirtschaftliche Lage.
   Der Vorgang durch die Nationalsozialisten wird auch als „Machtergreifung" bezeichnet. Es ist festzuhalten, dass dieser Ausdruck ein die Tatsachen verschleiernder Kampfbegriff ist. Tatsächlich ist Hitler legal an die Macht gekommen, weil man ihn fatalerweise grob unterschätzte; er hat sie sich nicht in einem revolutionären Akt angeeignet. Hindenburg verfolgte, dem Rat Papens folgend, die Absicht, Hitler „einzurahmen", seine Unfähigkeit als Politiker klarzumachen und ihn letztlich ganz auszuschalten.

3. Wichtige Schritte der „Gleichschaltung" bis zur Vereidigung der Wehrmacht auf Hitler:
   - Auflösung des Reichstags (31. 1. 1933),
   - „Reichstagsbrandverordnung" (28. 2. 1933),
   - Ermächtigungsgesetz (22. 3. 1933),
   - Ausschaltung der KPD,
   - Gründung der „Deutschen Arbeitsfront", DAF (2. 5. 1933),
   - Zerschlagung der Gewerkschaften (2. 5. 1933),
   - Parteienverbot, Selbstauflösung der bürgerlichen Parteien (Juni/Juli 1933),
   - „Röhm-Putsch" – Ausschaltung der SA (Juni 1934),
   - Gleichschaltung der Länder, der Justiz, der Polizei,
   - Vereidigung der Wehrmacht auf Hitler (2. 8. 1934).

   Es ist deutlich zu machen, wie die Gewaltenteilung der Weimarer Republik sukzessiv aufgehoben und gleichzeitig die bürgerlichen Freiheits- bzw. Menschenrechte nivelliert werden.

Fragebeispiele

Kurs 11/1: Welt der Griechen und Entwicklung der attischen Demokratie – Rom: vom Stadtstaat zum „Imperium Romanum“

1. *Geben Sie einen Überblick über die innere Entwicklung der Polis Athen von der Frühzeit bis Kleisthenes.*
   Erwartetet wird ein Eingehen auf den Begriff der Polis; das Aufzeigen von Entwicklungslinien von der Monarchie über die Aristokratie bis zur Demokratie; die Einordnung der Reformen Solons, der Tyrannis der Peisistratiden und der Reform des Kleisthenes.

2. *Welchen Reflex haben die Perserkriege auf die Entwicklung der Demokratie?*
   Hier muss auf Bedeutung, Anlass und Verlauf der Perserkriege eingegangen werden. Besonders berücksichtigt werden muss die Partizipation der Theten am politischen Leben der Demokratie als Lohn für die Verdienste als Verteidiger der Polis als Ruderer der Trieren bei Salamis.

3. *Vergleichen Sie die attische und die moderne Demokratie.*
   Unterschiede sind beispielsweise: unmittelbare und repräsentative Demokratie, Ämterbesetzung durch Wahl und durch Los; Gruppeninteresse und Allgemeinwohlgedanke; Begriff von Freiheit und Gleichheit usw. Es muss deutlich werden, dass ein politisch wichtiger Begriff wie Demokratie einem tief greifendem historischen Wandel unterworfen ist!

4. *Beschreiben Sie den Weg Roms von der Monarchie zur Republik.*
   Hier ist auf die Bedeutung des Begriffs Republik einzugehen. Möglicherweise ist dieser von dem Begriff der Demokratie abzugrenzen. Dann muss auf die entscheidenden Phasen der Ständekämpfe eingegangen werden und das Begriffspaar „Patrizier“ und „Plebejer“ geklärt werden. Schließlich sollten die Institutionen der römischen Republik (Senat, Magistratur, Volksversammlung) möglichst umfassend geklärt werden.

5. *Benennen Sie die Charakteristika der griechischen Polis.*
   Sie ist zu kennzeichnen als politische Bürgergemeinde, charakteristisch ist das Streben nach Autonomie und Autarkie und der Kult einer Stadtgottheit.

6. *Welche wirtschaftlichen und gesellschaftlichen Veränderungen brachten die punischen Kriege für Rom mit sich?*
   Hinzuweisen ist auf: Flottenbau, Ausweitung der römischen Macht im Mittelmeerraum, Untergang des Kleinbauerntums durch Importe aus den neu erworbenen Provinzen und die massenhafte Einfuhr von Sklaven.

7. *Wie schützte sich die Verfassung der römischen Republik nach den Ständekämpfen vor Amtsmissbrauch ?*
   Hinzuweisen ist insbesondere auf das Prinzip der Annuität und der Kollegialität, auf das Interzessionsrecht, auf die Festlegung eines Mindestalters für die jeweiligen Ämter des cursus honorum, auf das Verbot der Ämterhäufung und die Möglichkeit der Anklageerhebung gegen einen Magistrat.

Kurs 11/2 Neuordnung Europas nach dem Ersten Weltkrieg – Weimarer Republik

1. *Geben Sie die wichtigsten Bestimmungen des Versailler Vertrags wieder!*
Die wichtigsten territorialen und militärischen Bestimmungen des Versailler Vertrages sind zu nennen. Dabei ist besonders das Problem der deutschen Ostgebiete hervorzuheben und die Tatsache der weitgehenden Entwaffnung zu berücksichtigen. Außerdem muss auf das Problem der Reparationszahlungen, die noch nicht weiter festgelegt waren, eingegangen werden. Schließlich muss Zweck und Wirkung des „Kriegsschuldartikels“ 231 erklärt werden.

2. *Inwiefern ist das Jahr 1923 als „Krisenjahr“ zu bezeichnen?*
Die Krisen des Jahres (Ruhrkampf, Inflation, Separatismus im Rheinland und in der Pfalz, „Roter Oktober“ in Sachsen und Thüringen, kommunistischer Putschversuch in Hamburg, Hitlerputsch in München) und die Art ihrer Überwindung sind zu nennen. An zwei Beispielen könnte die Gefährdung der Republik besonders dargestellt werden.

3. *Beschreiben Sie den Niedergang der Weimarer Republik!*
Hier muss auf strukturelle, politisch-soziale Grundbedingungen („Republik ohne Republikaner!“) eingegangen werden. Sodann sind die Wahl Hindenburgs zum Reichspräsidenten, die Bedeutung der Präsidialkabinette, der Versuch Brünings mit Notverordnungen zu regieren und die Wirtschaftskrise darzulegen. Der Aufstieg Hitlers sollte erklärbar, aber nicht als Naturnotwendigkeit beschrieben werden.

4. *Ist Bonn Weimar?*
Es muss ein Verfassungsvergleich angestellt werden, der zeigt, welche Schutzmechanismen im Bonner Grundgesetz eingebaut wurden bzw. es muss dargestellt werden, wo die Schwachstellen in der Weimarer Reichsverfassung lagen, die eine vollständige Korrumpierung des demokratischen Systems durch die Nazis ermöglichten.
Schutzmechanismen des Bonner Grundgesetzes:
   - stärkere Stabilität der Regierung,
   - Stärkung der Position des Kanzlers gegenüber dem Präsidenten,
   - Grenzen der Veränderbarkeit des Grundgesetzes, besonders der Grundrechte,
   - Maßnahmen gegen Verfassungsfeinde (Art. 18; 20,4 GG),
   - Regierungswechsel während einer Legislaturperiode bzw. Auflösung des Parlaments sehr erschwert.

5. *Welche unterschiedlichen Vorstellungen hinsichtlich der politischen Neugestaltung Deutschlands gab es im Herbst/Winter 1918?*
In diesem Punkt sind die Unterschiede zwischen parlamentarischer Demokratie und Rätedemokratie zu erläutern.
Wesentliche Elemente der Rätedemokratie: Vollzugsausschuss, gebildet aus der Vollversammlung der Arbeiter- und Soldatenräte, Einheitspartei, Rotationsprinzip, imperatives Mandat, Legislative und Exekutive sind nicht getrennt.
Wesentliche Elemente der parlamentarischen Demokratie: Regierung bedarf des Vertrauens des Parlaments, Mehrparteiensystem, Opposition, Gewaltenteilung, Grundrechte.

6. *Was versteht man unter einer Präsidialregierung?*
Zu nennen sind folgende Punkte: Der Präsident wird vom Volk gewählt und beruft eine Regierung, die sich ausschließlich auf seine Zustimmung stützt und damit nicht vom Vertrauen oder von Mehrheiten innerhalb des Parlaments abhängig ist.

Kurs 12/1: Nationalsozialismus und Zweiter Weltkrieg

1. *Legen Sie Elemente der nationalsozialistischen Ideologie dar!*
   Zu erklären sind folgende Elemente:
   - Rassenlehre/Antisemitismus (Herkunft/Sozialdarwinismus)
   - übersteigerter Nationalismus/Kampf um Lebensraum im Osten (Bezug zum Zeitalter des Imperialismus)
   - Führerprinzip/Gedanke der Volksgemeinschaft (Auswirkung in der Gleichschaltung)

2. *Legen Sie die NS-Außenpolitik bis zum Beginn des Zweiten Weltkriegs dar!*
   Der Übergang von einer Politik der Wechselbäder zu einer zunehmenden Aggressionspolitik ist deutlich zu machen. Mögliche Stationen: Reichskonkordat, Austritt aus dem Völkerbund, Einführung der allgemeinen Wehrpflicht, Rheinlandbesetzung, Olympiade, Unterstützung Italiens, Spanischer Bürgerkrieg, Anschluss Österreichs, Münchner Abkommen, Zerschlagung der Rest-Tschechei, Hitler-Stalin-Pakt.

3. *Beschreiben Sie die Rolle der Kirchen im NS-Staat!*
   Der Unterschied zwischen der Katholischen und der Evangelischen Kirche ist zu beachten. Von katholischer Seite gibt es das Reichskonkordat, das die Eigenständigkeit der Katholischen Kirche und ihrer Institutionen schützen und die Gleichschaltung verhindern soll. Hitler verstößt vielfach dagegen. Es kommt zur Enzyklika „Mit brennender Sorge", die das Regime scharf kritisiert. Die Evangelische Kirche teilt sich in die regimetreuen „Deutschen Christen" und die gegnerische „Bekennende Kirche". Eine offizielle Verurteilung der Massenvernichtung an den Juden unterbleibt von beiden Kirchen. Auf beiden Seiten gibt es bewundernswerte Einzelleistungen im Widerstand.

4. *Erläutern Sie Formen, Gruppen und Motivation des Widerstands!*
   Die unterschiedlichen Widerstandsgruppen sind zu nennen (militärisch, religiös, Jugendprotest, akademisch usw.). Dabei ist auf die unterschiedliche Zielsetzung einzugehen. Gründe für das Scheitern des Widerstands sind darzulegen. Das Beispiel des 20. Juli ist besonders zu berücksichtigen. Schließlich kann auf das Widerstandsrecht im Grundgesetz eingegangen werden.

5. *Was versteht man unter dem Prozess der „Gleichschaltung"?*
   Dieser Begriff ist zu erklären als die erzwungene Vereinheitlichung aller Institutionen in politischem, kulturellem und wirtschaftlichem Bereich und ihre Neuordnung nach den Prinzipien des Führerstaates.

6. *Welche Machtbefugnisse erhielt Hitler durch das Ermächtigungsgesetz vom 24. 3. 1933?*
   Durch die Aufhebung der Gewaltenteilung werden Reichstag und Reichsrat entmachtet, die Regierung übernimmt die Legislative und kann sogar verfassungswidrige Gesetze beschließen.

7. *Benennen Sie unterschiedliche Gruppen des deutschen Widerstandes und erläutern Sie deren Ziele!*
   Zu nennen sind z. B. der Kreisauer Kreis oder die Mittwochsgesellschaft als bürgerliche Gruppen ohne tatsächliche Umsturzpläne, der Widerstand aus dem Militär und seine Pläne für einen Staatsstreich sowie der sozialdemokratische und der kommunistische Widerstand (gegen das Regime gerichtete agitatorische Aktivitäten in Form von Aufrufen und Aufbau von konspirativen Gruppen). Hinzuweisen ist auf die spezifische Problematik des Widerstandes aus dem Bereich der Reichswehr. Weiterhin könnten die Weiße Rose oder die Edelweißpiraten genannt werden, wobei die Vorgehensweise der letztgenannten Gruppe problematisiert werden muss.

Kurs 12/2: Die deutsche Frage und die internationale Entwicklung

1. *Beschreiben Sie die Bedeutung des Potsdamer Abkommens!*
   Das Potsdamer Abkommen ist in der Nachfolge der wichtigen Kriegskonferenzen von Teheran und Jalta zu sehen. Die wichtigsten politischen, wirtschaftlichen und territorialen Bestimmungen sind zu nennen. Es ist darauf hinzuweisen, dass die Westalliierten die Bestimmungen als provisorisch, die Sowjetunion sie jedoch als endgültig ansieht. Die „vier D's" (Demilitarisierung, Dezentralisierung, Denazifizierung, Demokratisierung) sind besonders hervorzuheben.

2. *Welche Beschlüsse wurden auf der Konferenz von Potsdam gefasst?*
   Zu benennen sind die wichtigsten politischen Bestimmungen:
   - Alliierter Kontrollrat,
   - Demokratisierung,
   - Entnazifizierung,
   - Entmilitarisierung;

   wirtschaftliche Bestimmungen:
   - Deutschland als wirtschaftliche Einheit,
   - Reparationsregelungen;

   territoriale Bestimmungen:
   - Oder-Neiße-Linie,
   - Ostpreußen,
   - Königsberg.

   Auf den provisorischen Charakter der territorialen Bestimmungen und den Kompromisscharakter der gesamten Konferenz ist hinzuweisen.

3. *Erläutern Sie die wirtschaftliche und politische Bedeutung des Marshallplanes!*
   Es sollte ausgeführt werden, dass der Marshallplan von 1947 allen europäischen Staaten Wirtschaftshilfe durch Kreditvergabe und Sachlieferungen versprach. Es ist darauf hinzuweisen, dass sich mit diesem Angebot der Anspruch auf die politische und wirtschaftliche Führungsposition Amerikas verband und er insofern auf Druck der Sowjetunion von Polen, der ČSSR und Ungarn abgelehnt wurde.

4. *Benennen Sie wichtige Etappen auf dem Weg zur Entstehung der Bundesrepublik!*
   Zu nennen sind vor allem die Frankfurter Dokumente (Juli 1948), die eine Vereinigung der französischen Zone mit der Bi-Zone und die Ausarbeitung einer Verfassung durch eine verfassunggebende Versammlung empfahlen. Des weiteren sollte auf die Arbeit des Parlamentarischen Rates eingegangen werden, der zur Ausarbeitung des Grundgesetzes am 1. September 1948 zusammentrat. Auf die erste Bundestagswahl im August 1949 kann eingegangen werden.

5. *Charakterisieren Sie die Politik Konrad Adenauers!*
   Eine kurze biografische Skizze kann gegeben werden. Besonders die außen- und deutschlandpolitischen Zielsetzungen Adenauers (Westintegration, Festhalten am Alleinvertretungsanspruch der Bundesrepublik Deutschland) sind herauszuarbeiten. Als besondere Leistung könnten die Pariser Verträge genannt werden. Zu einer Bewertung der Person kann man durch einen Vergleich etwa mit Kurt Schumacher, besser aber mit Stresemann gelangen.

6. *Legen Sie die Deutschlandpolitik der sechziger und siebziger Jahre dar!*
Hier muss auf die grundsätzlich neu gestaltete Ostpolitik der sozialliberalen Koalition unter Brandt eingegangen werden. Nach den Jahren des Kalten Krieges lösen die Ideen von Status quo und friedlicher Koexistenz alte Verhärtungen auf. Die Ostverträge, die in ihren wichtigsten Bestimmungen darzulegen sind, führen zu einer gewissen Normalisierung im Umgang der beiden deutschen Staaten miteinander, bringen Erleichterungen für die Bevölkerung der DDR und bereiten langfristig den Umbruch 1989 vor.

7. *Wie kommt es zur Wiedervereinigung Deutschlands?*
Die internationalen Rahmenbedingungen müssen berücksichtigt werden (Solidarność-Bewegung in Polen, Glasnost und Perestroika in der UdSSR unter Gorbatschow). Die Vorgänge im Sommer 1989 bis zum 9. November 1989 sind zu erklären (z. B. Abbau von Grenzbefestigungen zu Österreich in Ungarn; Kritik an Wahlfälschungen bei den Kommunalwahlen in der DDR; Botschaftsbesetzungen in Prag/Budapest mit anschließenden Ausreisen von DDR-Bürger/innen; „Neues Forum“; Montagsdemonstrationen; Rücktritt Honeckers; Maueröffnung in Berlin).
Die innerdeutsche Sichtweise ist mit der internationalen zu vergleichen. Die Wichtigkeit des 2-plus-4-Vertrags als Voraussetzung für den Einigungsvertrag, der die Wiedervereinigung am 3. Oktober 1990 möglich macht, muss herausgearbeitet werden.

Grundkurs Geschichte (Sachsen): Abiturprüfung 1995
Aufgabe A – Alternative 1

M 1: Leopold von Ranke[1] über Perikles

[...] Perikles gehört zu den Volksführern aristokratischer Herkunft, welche sich an die Spitze der Demokratie stellten, und das eigene Leben derselben erweckten. Mit ... Solon wird man ihn nicht vergleichen. Er hat nicht die moralische Reinheit der Impulse, welche diese[n] leiteten. Er schritt ganz auf den Spuren seines Großoheims Klisthenes[2] einher. Den Demos, den Klisthenes eigentlich begründet hatte, hat Perikles zum Herrn des Gemeinwesens gemacht und vollkommen konstituiert, so daß eine Wiederbelebung des aristokratischen Prinzips kaum mehr zu erwarten stand. Der Gesichtspunkt, von dem bei ihm alles ausging, war die Entwicklung der Macht von Athen. Das lag schon insofern in der Beförderung der Demokratie, als es überall demokratische Regungen in Griechenland gab, die sich nun an Athen anschlossen. Zugleich aber erhob Perikles die Autorität Athens über den Seebund zu einer Stärke, gegen die kein Widerstand etwas vermochte. Es schloß alle Beziehungen aus, welche mit den Persern innerhalb des Bundes angeknüpft werden konnten ... Diese demokratische und maritime Macht bildete das Fundament zu der Größe der Stadt. In beiderlei Hinsicht stieß Perikles mit Sparta zusammen ... Er wußte wohl, daß er der Macht der Peloponnesier zu Lande nicht gewachsen sei; um derselben aber nicht gleich bei dem ersten Anfall zu unterliegen, griff er zu einer Maßregel, die, großartig in sich selbst, verhängnisvoll für ihn und Athen werden sollte. War es nicht in der Tat möglich, indem er das offene Land den Einfällen der Peloponnesier preisgab, dabei dennoch das Wesen der Macht nicht allein zu behaupten, sondern zu verstärken und auf diese Weise das maritime Übergewicht unerschütterlich festzusetzen? Auch die Angriffe von der Landseite her hätten, wenn sie keine Wirkung hervorbrachten, nach und nach unterbleiben müssen. Es liegt ein tragisches Geschick darin, daß dies Vorhaben durch das Eingreifen unberechenbarer Naturkräfte, deren wir gedachten, gebrochen wurde. Jene Seuche brach aus, die durch Thucidides'[3] unvergleichliche Schilderung jedermann vor Augen steht. Sie lähmte die Schwingen Athens auf immer und machte dem Leben des Perikles mitten in seiner Wirksamkeit ein Ende. Wohin Perikles Athen auf seinem Wege geführt haben würde, wer könnte das sagen zu wollen sich vermessen? Mitten in den umfassendsten Unternehmungen war seine Seele immer auf das Ideale und Schöne gerichtet. Die Doppelseitigkeit seiner Natur, indem er durch die Förderung der Kunst die Religion stärkte und durch die Förderung der Philosophie der freien Wissenschaft Raum machte, hat bewirkt, daß eines der großen Zeitalter der Kultur mit seinem Namen bezeichnet wird. Das ist die Unsterblichkeit auf Erden. In dem Staat aber trat mit seinem Tode eine Veränderung von Grund aus ein.

Männer von hoher Bedeutung können überhaupt nie ersetzt werden; denn die Bedingungen müßten sich wiederholen, aus denen ihre individuelle Stellung erwachsen ist. Der Tod des großen Führers, des ersten Bürgers, war dadurch doppelt empfindlich, daß er keinen Nachfolger hatte. In der demokratischen Bewegung hatte Perikles die Einheit, die aus dem leitenden Gedanken entspringt, aufrechterhalten. Nach seinem Tode mußte sich alles zersetzen und die Parteiung Platz greifen, die er zu beseitigen gewußt hatte.

[1] Leopold von Ranke, bekannter deutscher Historiker des 19. Jahrhunderts

[2] Kleisthenes, [3] Thukydides

Aus: Leopold von Ranke, Historische Charakterbilder, ausgewählt und eingeleitet von R. Sternfeld, Berlin o. J., S. 32ff.

Aufgaben:

1 Stellen Sie die Entwicklung der attischen Demokratie vor Perikles in den wichtigsten Etappen dar. 10 BE

2 Erläutern Sie die Demokratievorstellungen des Perikles. Erklären Sie, warum zu seiner Zeit „eine Wiederbelebung des aristokratischen Prinzips kaum mehr zu erwarten stand" (M 1, Z. 7). 12 BE

3 Erarbeiten Sie aus M 1, welche Bedeutung Ranke der Person des Perikles für den Verlauf der attischen Geschichte zuweist. Überprüfen Sie Rankes Aussagen. 14 BE

4 Wählen Sie einen nicht mehr im politischen Leben stehenden bekannten demokratischen deutschen Staatsmann des 20. Jahrhunderts aus.
Skizzieren Sie sein politisches Wirken.
Beachten Sie dabei die historischen Bedingungen, unter denen diese Person wirksam wurde. 14 BE

5 Legen Sie anhand von historischen Ereignissen dar, inwiefern nach dem Tod des Perikles „eine Veränderung von Grund aus" (M 1, Z. 34) eintrat. 10 BE

60 BE

Lösungsvorschlag

1 Nachdem Athen in der Frühzeit von Königen regiert worden war, übernahm im 7. Jahrhundert v. Chr. der Adel die Macht. Er übte seine Herrschaft über neun **Archonten**, ein alljährlich aus seinen Reihen gewähltes Beamtengremium, und den **Areopag** aus, der als oberste Kontrollinstanz fungierte und die Blutgerichtsbarkeit inne hatte. Möglicherweise gab es zu dieser Zeit bereits eine Volksversammlung **(Ekklesia)**, sie ermöglichte dem Demos aber keine politische Mitbestimmung.
Zu Beginn des 6. Jahrhunderts wurde diese Adelsherrschaft durch tiefgreifende Veränderungen im wirtschaftlichen Bereich erschüttert. Die hohe Verschuldung eines Großteils der Bauernschaft, die oft zu ihrer Versklavung führte, sowie die Unzufriedenheit mit der Willkürherrschaft des Adels führten zu sozialen Unruhen in Athen. Zu ihrer Beilegung einigte man sich auf einen Schiedsrichter, den aus adligem Geschlecht stammenden SOLON, der 594 v. Chr. zum Archonten gewählt wurde. Solon verfügte einen allgemeinen Schuldenerlaß und hob die Schuldsklaverei auf. Außerdem legte er eine Höchstgrenze für Landbesitz fest, führte jedoch keine umfassende Landreform durch. Diese Maßnahmen wurden durch eine politische Reform ergänzt. Ohne die traditionellen Strukturen völlig zu verändern, brach Solon das Machtmonopol des Adels dadurch, daß er den Zugang zu politischen Ämtern nicht länger von der Herkunft, sondern vom Einkommen des Anwärters abhängig machte **(timokratisches Prinzip)**. Das Ausmaß politischer Mitbestimmung sollte der Höhe des Beitrages zum Wehrdienst entsprechen. Solon teilte demzufolge die Bevölkerung in vier Vermögensklassen ein. Zur oberen Vermögensklasse gehörten Großgrundbesitzer und Kaufleute, die einen Jahresertrag von 500 Scheffeln nachweisen konnten. Sie trugen die Kosten für die Flotte und stellten aus ihren Reihen die Archonten. Die Ritter stellten mit einem jährlichen Ernteertrag von 300 Scheffeln die Reitertruppen, die **Zeugiten** (200-Scheffler) bildeten die **Hoplitenphalanx** und die **Theten**, die Klasse der Lohnarbeiter, stellten die Leichtbewaffneten im Heer. Alle Vermögensklassen konnten in den Gerichtshöfen und der Volksversammlung mit-

wirken. Dem timokratischen Prinzip entsprechend wurde der Areopag von einem Adelsrat in einen Rat ehemaliger Archonten umgewandelt. Ob Solon eine neue Institution, den Rat der 400, schuf, ist umstritten.
Wenn Solon auch mit seinen Reformen die attische Bürgerschaft stärkte, so gelang eine dauerhafte Beruhigung der Verhältnisse in Athen jedoch nicht. Die von ihm geschaffene Ordnung blieb zwar formal bestehen, wurde jedoch in den folgenden Jahrzehnten unter der **Tyrannis** des PEISISTRATOS und seiner Söhne dadurch ausgehöhlt, daß die wichtigsten Ämter ausschließlich an Vertrauensleute vergeben wurden.
Nach der Vertreibung der Tyrannen lebten die Kämpfe zwischen den Adelsgeschlechtern wieder auf, erneut drohte ein Bürgerkrieg. In dieser Situation setzte der Adlige KLEISTHENES im Jahre 508/7 v. Chr. eine **Phylenreform** durch, mit der er die alte gentilizische Ordnung aufhob und somit den Einfluß des Adels verringerte. Die Neuordnung der Phylen erfolgte nach territorialen Gesichtspunkten: Das Gebiet von Athen wurde in drei Zonen – das Stadtgebiet von Athen, Küsten- und Binnenland – gegliedert. Jede dieser Zonen wurde ihrerseits in Zehntel **(Trittyen)** aufgeteilt. Den 10 neuen Phylen wurden nun aus jedem Landesteil eine Trittys zugelost. Die kleinsten Verwaltungseinheiten bildeten die **Demen**. Jede Phyle stellte ein Hoplitenregiment mit einem **Strategen** an der Spitze und loste jährlich 50 Bürger aus, die für ein Zehntel des Jahres den neugeschaffenen **Rat der 500** leiteten. Der Vorsitz in der jeweils geschäftsführenden Phyle, der **Prytanie**, wechselte täglich.
Da die Macht des Areopags unangetastet blieb, hatte der Rat vornehmlich die Aufgabe, Vorlagen für die Volksversammlung vorzubereiten und die Tagesordnung festzulegen.
Die Reform des Kleisthenes brachte den Athenern die **Isonomia**, die Gleichheit vor dem Gesetz, wenn auch noch keine wirkliche Demokratie. Jedem Bürger standen zwar die Volksversammlung und der Rat der 500 offen, da aber politische Ämter immer noch Ehrenämter waren, bewarben sich zumeist vermögende Mitglieder des Adels für die Wahlämter des Strategen und der Archonten. Sie konnten sich freilich nicht mehr wie früher auf eine von ihnen abhängige Gefolgschaft stützen, sondern benötigten zur Durchsetzung ihrer politischen Absichten eine Mehrheit in der Volksversammlung.

2 Unter PERIKLES, der einem adeligen Geschlecht entstammte, wurde die Demokratie in Athen endgültig verwirklicht. Seiner Ansicht nach sollten möglichst viele Bürger politische Ämter bekleiden und an politischen Entscheidungen beteiligt werden. Eine seiner ersten Reformen bestand daher in der Entmachtung des immer noch ausschließlich mit Adligen besetzten Areopags, die er gemeinsam mit dem ebenfalls adeligen EPHIALTES im Jahre 462 v. Chr. durchführte.
Die wichtigsten Institutionen der attischen Demokratie zur Zeit des Perikles waren die Ekklesia, die Geschworenengerichte, der Rat der 500 und die Beamtenschaft.
Die **Volksversammlung** entschied über alle politischen, militärischen und finanziellen Fragen, sie war zuständig für die Wahl bzw. die Auslosung der Beamten sowie die Verleihung oder Aberkennung von Bürgerrechten. Alle männlichen Bürger Athens konnten in der Volksversammlung gleichberechtigt Anträge stellen, Reden halten und abstimmen.
Auch der **Rat der 500** war für sie alle zugänglich. Dem Rat oblag die Beamtenkontrolle, er berief die Volksversammlung ein und setzte ihre Tagesordnung fest. Durch die Auslosung der Ratsherren, das Verbot einer zweimaligen Amtsübernahme und den beständig wechselnden Vorsitz im Rat sollte vermieden werden, daß einzelne Mitglieder zu viel Macht erhielten.
Ähnliches galt auch für die **Beamtenschaft**: Neben der Kontrolle durch den Rat sollten Auslosung, jährlicher Amtswechsel und das Prinzip der Kollegialität Machtkonzentrationen und eigenmächtiges Vorgehen unmöglich machen. Ausgenommen vom Losverfahren waren lediglich das Amt des Strategen, bei dem auch eine mehrfache Wiederwahl möglich war, und Ämter, die gewisse Sachkenntnisse oder Vermögen erforderten.

Eine weitere Möglichkeit zur direkten Mitwirkung am öffentlichen Leben erhielt das Volk durch die Teilnahme an den **Volksgerichten**, in denen über Anträge streitender Parteien abgestimmt wurde. Sie setzten sich aus 6000 Mitgliedern zusammen, die über 30 Jahre alt sein mußten und ähnlich wie die Ratsmitglieder durch das Los bestimmt wurden.
Um eine Teilnahme breiter Bürgerschichten an dieser Form der direkten Demokratie wirklich zu ermöglichen, führte Perikles **Diäten** ein, die zunächst den Ratsmitgliedern und nach und nach den Inhabern verschiedener Ämter gewährt wurden. Erst gegen Ende des Jahrhunderts wurden Diäten auch für die Teilnahme an Volksversammlungen vergeben.
Durch die Beteiligung der attischen Bürger an allen Bereichen des politischen Lebens gelang es Perikles, wie Ranke ausführt, „den Demos ... zum Herrn des Gemeinwesens" (Z. 8) zu machen. Die Institutionen der direkten Demokratie und die Maßnahmen zu ihrer Absicherung schlossen eine Machtübernahme durch Gruppen des Adels auf verfassungsmäßigem Wege völlig aus; freilich boten die noch verbliebenen Wahlämter einzelnen Demagogen – nicht zuletzt Perikles selbst – die Möglichkeit, den Demos in ihrem Sinne zu beeinflussen.

3 Ranke betrachtet Perikles als einen der Männer von „hoher Bedeutung" (Z. 47), die in historisch einzigartigen Situationen zu Macht und Bedeutung gelangt und deswegen nicht ersetzbar seien. Die Verdienste des Perikles liegen Rankes Ansicht zufolge sowohl im politischen als auch im wirtschaftlichen und kulturellen Bereich. Seine politische Leistung, so Ranke, bestehe darin, die Demokratie in Athen zum Leben erweckt und sich an ihre Spitze gestellt zu haben. Diese Aussage ist sicherlich im wesentlichen zutreffend. Obwohl Perikles selbst dem Adel entstammte, suchte er die breite Masse am politischen Leben zu beteiligen und ordnete damit seine Standesinteressen dem Ideal einer Herrschaft des Volkes unter, das aus gleichberechtigten Bürgern bestehen sollte. Er nutzte freilich sein Strategenamt, das er bis kurz vor seinem Tode inne hatte, um die Volksversammlung zu lenken und Innen- und Außenpolitik in seinem Sinne zu gestalten. THUKYDIDES behauptete daher auch, daß Athen nur dem Namen nach eine Demokratie, in Wirklichkeit aber die Herrschaft des ersten Mannes gewesen sei.
Als Fundament der militärischen, d. h. maritimen Übermacht Athens bezeichnet Ranke zu Recht den **Attischen Seebund**, der sich unter Perikles und seinen Nachfolgern von einem gemeinschaftlichen Kampfbündnis griechischer Stadtstaaten gegen die Perser zu einem Machtinstrument Athens wandelte, mit dem eine Vielzahl griechischer Poleis unterdrückt wurden.
Die Strategie des Perikles bei dem aus dem Hegemoniestreben Athens resultierenden Kampf mit Sparta bezeichnet Ranke als „großartig" (Z. 23). In der Tat war der Plan des Perikles so einfach wie genial: Um der überlegenen Landstreitmacht Sparta wirkungsvoll begegnen zu können, sollten Landschlachten vermieden, die Bewohner des Umlandes hinter die Mauern Athens evakuiert und Entscheidungen auf See herbeigeführt werden. Dieser Plan mißriet freilich durch ein „tragisches Geschick" (Z. 31), den Ausbruch der Pest in Athen, der auch Perikles zum Opfer fiel. Der Tod des Perikles „mitten in seiner Wirksamkeit" (Z. 36) läßt für Ranke die Frage offen, welchen Weg Athen unter einer längeren Führung des Perikles eingeschlagen hätte. Ranke läßt hier allerdings außer Acht, daß Perikles sich seit 430 v. Chr. nicht mehr auf der Höhe seines Schaffens befand: Im Herbst dieses Jahres verlor er unter dem Vorwurf, Gelder unterschlagen zu haben, sein langjähriges Strategenamt.
Unbestreitbar sind die Verdienste des Perikles im Bereich der Kultur: Im sogenannten „Perikleischen Zeitalter" wirkten so bedeutende Künstler in Athen wie der Bildhauer PHIDIAS, ein Freund des Perikles, oder auch die Dichter AISCHYLOS, SOPHOKLES und EURIPIDES, die die klassische Tragödie formten. Auch die Philosophie fand in SOKRATES einen bedeutenden Vertreter.

4 Im folgenden soll das politische Wirken **Friedrich Eberts** dargestellt werden.
Friedrich Ebert wurde 1871 als Sohn eines Schneidermeisters in Heidelberg geboren und absolvierte dort nach Abschluß der Volksschulausbildung eine Sattlerlehre. Nachdem er sich schon frühzeitig in der Arbeiter- und Gewerkschaftsbewegung engagiert hatte, gelang ihm ein rascher politischer Aufstieg in der SPD. Seit 1905 gehörte er zum Parteivorstand; von 1913 bis 1918 war er Reichstagsabgeordneter. Nach dem Tod Bebels im Jahre 1913 wurde er neben Haase Vorsitzender der SPD, wenige Jahre später wurde er auch mit dem Fraktionsvorsitz betraut.
Unter seiner Führung nahm die SPD während des Ersten Weltkrieges eine gemäßigte, aber kritische Haltung ein und lehnte Annexionen ab. An der Friedensresolution von 1917 war Ebert maßgeblich beteiligt.
Im Verlauf der nächsten Zeit erwies sich Ebert als ein Politiker, der bereit war, auch unpopuläre Entscheidungen zu treffen und mitzutragen, um den Demokratisierungsprozeß zu fördern und eine Radikalisierung zu vermeiden. So trat er beispielsweise 1918 mit anderen SPD-Mitgliedern der Streikleitung des Berliner Munitionsarbeiterstreiks bei, um ihn in geregelte Bahnen zu lenken und schließlich zu beenden. Auf Eberts Wirken ist es zurückzuführen, daß die SPD sich wenige Monate später kurz vor Kriegsende an einer Regierung beteiligte, die vor der schwierigen Aufgabe stand, eine Verfassungsreform herbeizuführen, Waffenstillstandsverhandlungen einzuleiten und die politische Verantwortung für die militärische Niederlage des Kaiserreiches zu übernehmen.
Am 9. November übernahm er von Prinz Max von Baden das Amt des Reichskanzlers, am darauffolgenden Tag wurde er Mitglied des **Rates der Volksbeauftragten**, der als vorläufige Regierung fungieren sollte. Bereits am 12. November wurde ein Programm veröffentlicht, das die uneingeschränkte politische Freiheit der Bürger garantierte und umfassende sozialpolitische Maßnahmen in Aussicht stellte. Es erfolgte allerdings kein Versuch, Staat und Gesellschaft wirklich von Grund auf umzugestalten. Dieser Verzicht mag angesichts der unruhigen innenpolitischen Lage und der zahlreichen ungelösten außenpolitischen Probleme verständlich erscheinen, er führte aber auch dazu, daß die alten Machteliten erhalten blieben und Ebert sich zur Erhaltung der parlamentarischen Demokratie auf republikfeindliche Gruppen stützen mußte. So führte das bereits am 10. November vereinbarte sogenannte **Ebert-Groener-Bündnis** zu einer unheilvollen Abhängigkeit von der Reichswehr, die im folgenden halben Jahr insbesondere zur Bekämpfung linksradikaler Gruppen sowie zur Niederschlagung von Generalstreiks und erneut gebildeten Räterepubliken eingesetzt wurde. Es gelang so zwar, die Regierung und damit die Weimarer Republik zu stabilisieren, die Vorgehensweise trug allerdings Ebert und anderen Vertretern der SPD den Vorwurf ein, zu Verrätern der eigenen Gesinnungsgenossen geworden zu sein. Die Frage, ob es zu dem von Ebert gewählten Weg eine gangbare Alternative gegeben hätte, muß allerdings offenbleiben.
Ebert wurde im Februar 1919 von der **Nationalversammlung** zum Reichspräsidenten gewählt. Durch Gesetzesbeschluß wurde seine Amtszeit 1922 bis Juni 1926 verlängert.
Auch während seiner Präsidentschaft setzte Ebert sich mit ganzer Kraft für die Weimarer Republik ein und nutzte insbesondere im Jahr 1923 seine weitreichenden Machtbefugnisse, um die Regierung zu stützen und die zahlreichen Krisen mittels **Notverordnungen** zu bewältigen. Er nutzte zu diesem Zweck den Artikel 48 WRV als Basis für die Notverordnungspraxis – und war damit wieder dem Dilemma ausgesetzt, die Demokratie mit Mitteln stützen zu müssen, die zumindest dem Geist ihrer Verfassung widersprachen.
Als überzeugter Demokrat wurde Ebert nicht nur von enttäuschten Gesinnungsgenossen, sondern vor allem von rechtsextremen Gruppen angefeindet. Um seine Würde als Staatsoberhaupt zu wahren, mußte er eine Vielzahl von Prozessen führen. Besonders demütigend war für ihn das Urteil eines Magdeburger Gerichts, das seine Teilnahme am Munitionsarbeiterstreik von 1918 als Landesverrat bezeichnete. Er starb wenig später an den Folgen einer Bauchfellentzündung.

5 Mit dem **Peloponnesischen Krieg** begann die Auflösung der griechischen Poliswelt. Athen verlor seine Vormachtstellung und es kam zu Kämpfen zwischen den verschiedenen Stadtstaaten und Parteikämpfen innerhalb der einzelnen Polis. Das Gemeinwohl stand nicht länger im Vordergrund, sondern Einzelinteressen bestimmten das Handeln.
Athen wurde nach dem Tod des Perikles zum Spielball der Interessen ehrgeiziger Demagogen, die die Volksversammlung für ihre persönlichen Zwecke mißbrauchten. Als Beispiel ist ein Neffe des Perikles, ALKIBIADES, zu nennen, der die Volksversammlung zu einer Flottenexpedition gegen das mit Sparta befreundete Syrakus überredete, nach einer gegen ihn gerichteten Anklage zu den Spartanern floh und von dort maßgeblich zum Scheitern der athenischen Expedition beitrug. Dies hinderte ihn freilich nicht daran, später nach Athen zurückzukehren und bis zu seinem endgültigen Sturz im Jahre 407 v. Chr. die Position eines Feldherrn zu bekleiden.
Im weiteren Verlauf des Peloponnesischen Krieges machte ein Justizskandal die permanente Bedrohung und den Verfall der ursprünglichen demokratischen Ordnung besonders deutlich. Im sogenannten **Arginusenprozeß** im Jahre 406 v. Chr. hatten sich sechs Strategen – unter ihnen ein Sohn des Perikles – nach hohen Mannschaftsverlusten im Kampf gegen die Spartaner wegen angeblicher Vernachlässigung Schiffbrüchiger zu verantworten. Sie wurden jedoch nicht vor ein entsprechendes Gericht gestellt, sondern rechtswidrig von der Volksversammlung zum Tode verurteilt. Proteste von Ratsherren wie Sokrates blieben ohne Erfolg.
Insgesamt muß freilich festgestellt werden, daß die demokratische Ordnung mit der Niederlage Athens im Peloponnesischen Krieg nicht unterging, sondern trotz mancher Schwierigkeiten und Bestrebungen zur Errichtung einer oligarchischen Herrschaftsform bis zur Eroberung durch die Makedonen bewahrt blieb.

M 1: Vortrag des Ministers Fritsch vor Kurfürst Friedrich Christian und Kurfürstin Maria Antonia am 24. November 1763

Sachsen war die letzten 10 Jahre der Regierung Augusti II. in dem besten Zustande, in welchem es jemahls gewesen und dieses großen Königs onermüdete Arbeit ginge dahin, es noch immer weiter zu bringen.
Die Armee war näher 30 000 Mann stark, mit allen Requisitis wohl versehen und der König war bedacht, die onumgänglich nötigen haltbaren Plätze anzulegen, wovon die vielen Plans und Projecte zeigen[1] müssen, welche annoch vorhanden.
Die Finanzen waren in der besten Ordnung, wie annoch die, auch wegen des Hofaufwandes, unter seiner genauen Aufsicht gefertigten Reglements bezeigen[2]. Alle Collegia[3] waren, jedes unter seinem besonderen Chef, wohl besetzet ...
Bey dieser innerlichen guten Verfassung Sachsens war die Achtung in und außerhalb des Reiches groß und sich auf alle Fälle viel Gutes zu versprechen. Wenn auch nach dem Tod dieses großen Königs die Polnische Wahl Geld und Volk gekostet, so waren doch die Merseburgischen und die Weißenfelsischen Anfälle[4] vermögend, bey der eintretenden Ruhe alle zu ersetzen und die Kräfte zu vermehren.
Allein der auf das höchste getriebene Luxus des Hofes und der unumschränkte Einfluß zweyer unersätlicher Favoriten vereitelte alles Gute. Um Geld zu verschaffen, ward die Armee sacrificiret[5] und nur zum Vorwande gebraucht, von zum Theil corrumpirten Ständen Bewilligungen zu erlangen, welche durch übertriebenen Credit die Schuldenlast so hoch getrieben, daß man in eine Dependenz[6] von allen anderen fremden Mächten geraten, welche dem Herrn und Lande noch lange schwer werden wird, des letzteren unglücklichen inneren Umständen zu geschweigen. Da sich der Herr aller seiner Diener und Unterthanen entzogen, so konnte nicht fehlen, daß man des Herrn Dienst und Intresse verkennen lernte und sich fast jedermann nach dem einigen Wink und Willen des Favoriten richtete, von welchen Belohnungen oder Gnaden allein zu erwarten. [...]
Zum größten Unglück fiel der Favorit in die Hände eines Mannes, welcher mit seiner mäßigen Kenntnüß derer kleinen Finanzkünste die Verwegenheit hatte, sich der ihm anvertrauten Gewalt zur Corruption aller Stände und zur Untergrabung aller Verfassung zu mißbrauchen[7].
Um nun die Sachen wieder in einige mögliche Ordnung zu bringen, ist kein anderes Mittel als bedacht zu sein, es dahin einzuleiten, wo es Augustus II. gelassen und sich zu bemühen, die von ihm verbesserte Verfassung herzustellen.

1 im Original statt zeugen
2 im Original statt bezeugen
3 oberste Behörden
4 durch das Aussterben der Nebenlinien Sachsen-Merseburg 1738 und Sachsen-Weißenfels 1746
5 geopfert
6 Abhängigkeit
7 Gemeint ist Konferenzminister Johann Christian Graf von Hennicke (1692 – 1752), Brühls Berater in Finanzfragen

Aus: Die Staatsreform in Kursachsen 1762 – 1763, hg. von Horst Schlechte, Berlin 1958, S. 539ff.

Aufgaben:

1	Stellen Sie die außen- und innenpolitischen Faktoren dar, die die Wahl Augusts des Starken zum König von Polen ermöglichten.	10 BE
2	Erarbeiten Sie aus M 1, Z. 1 – 11, wie Thomas von Fritsch die letzten zehn Jahre der Regierungszeit Augusts des Starken beurteilt. Erläutern Sie seine Aussagen.	14 BE
3	Skizzieren Sie die Außenpolitik Augusts des Starken. Beurteilen Sie diese.	8 BE
4	Charakterisieren Sie unter Berücksichtigung verschiedener Gesichtspunkte die Regierungszeit Augusts des Starken als Kurfürst in Sachsen.	12 BE
5	Erklären Sie die in M 1 getroffenen Aussagen über August III. (Z. 21 – 25). Erläutern Sie die Konsequenzen für Sachsen in den Schlesischen Kriegen und im 7jährigen Krieg.	16 BE
		60 BE

Lösungsvorschlag

1 Im Jahre 1696 war der polnische König JOHANN SOBIESKI gestorben. Der Nachfolger mußte von den polnischen Adligen gewählt werden, denn Polen wurde nicht absolutistisch regiert, sondern hatte sich zu einer Art **Adelsrepublik** entwickelt. Offiziell hatte jeder Adlige das Recht auf Wahl des Königs. Tonangebend waren jedoch die großen Adelshäuser, die Magnaten, und die Bischöfe. Dem stand ein König mit geringen Machtbefugnissen gegenüber, auf dessen Wahl andere Staaten zunehmend Einfluß nahmen.

Nach dem Tode Sobieskis kristallisierten sich **10 Kandidaten** für den polnischen Thron heraus. Darunter waren neben Franzosen und mehreren Deutschen, wie Ludwig, Markgraf von Baden, auch der Neffe des verstorbenen Papstes Innozenz XI., Livio Odescalchi. Die meisten davon hatten jedoch bei den Polen keinen Rückhalt.
Aber auch der älteste Sohn des verstorbenen polnischen Königs, JAKUB SOBIESKI, fand **wenig Unterstützung**, denn der Adel fürchtete die Entstehung einer Dynastie und die Herausbildung absolutistischer Zustände.

Friedrich August von Sachsen gehörte zunächst nicht zum Kreis der Bewerber.
Zunächst schien es so, daß FRANÇOIS LOUIS DE CONTI, ein Vetter Ludwig XIV., die meisten Chancen habe. Der französischer König liebte seine Neffen zwar nicht, aber der französische Gesandte in Warschau de Polignac leistete gute Arbeit für de Conti. Er hatte den Primas für ihn gewonnen und schließlich auch eine Mehrheit der Wähler.
Ein Franzose als polnischer König, das war nun gar **nicht nach dem Geschmack der mächtigen Nachbarn**. Rußlands Zar drohte mit Krieg, falls man de Conti kröne und **Österreich** konnte auf keinen Fall einen Franzosen in seinem Rücken gebrauchen, drohten doch im Westen Auseinandersetzungen zwischen Habsburg und den Bourbonen um die Besetzung des spanischen Königsthrons. Zudem war auch die Südostflanke des Habsburgerreiches noch nicht gesichert, wo Österreich noch im Kampf gegen das Osmanische Reich stand. Dabei versuchte Frankreich das Bündnis zwischen dem Kaiser, Polen und Venedig gegen die Türken, die Heilige Liga, durch die Vermittlung eines Separatfriedens zwischen Polen und den Türken zu sprengen.
Mit der **Kandidatur Friedrich Augusts** war nun für Habsburg als auch für Rußland ein tragbarer Kandidat gefunden, der nun den Sieg Contis verhindern konnte, was von dem bei den polnischen Adligen unpopulären Jakub nicht zu erwarten war. Er hielt beiden Kaisern den Hinter- bzw. den Vorhof von unerwünschtem französischem Einfluß frei. Zugleich konnte Österreich hoffen, daß der Ehrgeiz des Kurfürsten nun gestillt und in eine ungefährliche Richtung gelenkt sei.
Dem Wettiner ging es bei der Unternehmung wohl um die **Erweiterung seiner Macht**, den Versuch, mit der sächsisch-polnischen Union **in den Kreis der Großmächte vorzustoßen**. Die neue Stellung seines Hauses würde ihm einen erweiterten außenpolitischen Handlungspielraum in Osteuropa verschaffen, den er alleine im Reich nicht gewinnen konnte. Die mit der polnischen Krone verbundene Rangerhöhung würde zugleich die Wettiner über andere Geschlechter im Reich herausheben, die sich wie z. B. die Hohenzollern ebenfalls um eine Königskrone bemühten.

Die erste **konkrete Mitteilung** über die Thronbewerbung des Wettiners stammt im **Februar 1697** aus Rom. Hier versuchte der sächsische Abgesandte in Besprechungen mit dem französischen Gesandten die Unterstützung Ludwig XIV. für die Kandidatur im Austausch gegen ein Bündnisversprechen für ein Vorgehen gegen Habsburg zu erreichen. Ludwig XIV. blieb jedoch mißtrauisch, zumal ein französischer Kandidat einen größeren politischen Gewinn dargestellt hätte. So wechselte Friedrich August auf die Seite Habsburgs, das darin die oben dargestellten Chancen sah.

Nun beorderte der Kurfüst im **April 1697** den **Obersten** JAKOB HEINRICH VON FLEMMING **nach Polen**. Dieser hatte familiäre Beziehungen zu den polnischen und litauischen Großen und war mit ihrer Mentalität vertraut. So ließ er die Franzosen zunächst weiter ihr Geld ausgeben und begann seinen eigentlichen Wahlkampf erst kurze Zeit vor der Wahl. Zusammen mit der Bekanntgabe von Kandidatur und **Glaubenswechsel Friedrich Augusts** zum Katholizismus waren die **Bestechungsgelder**, die Flemming ausgab, nun wegen der Überraschung besonders wirkungsvoll.

Am **26. Juni 1697** fand **die Wahl** statt. Obwohl der **Sachse deutlich unterlegen** war, traten seine Anhänger unter der Führung des Bischofs von Kujawien, Dambski, entschlossen auf und erklärten dem Primas, sie würden Friedrich August zum Gegenkönig wählen, wenn er de Conti ausrufe. Die Partei Contis schreckte davor zurück und man einigte sich, am nächsten Tag erneut eine Wahl abzuhalten. In der Nacht arbeitete Flemmings Geld und sein Branntwein weiter. Am **27. Juni 1697** gab es ein **ungefähres Gleichgewicht** der Kräfte. Der Primas rief nun de Conti zum König aus, der Bischof von Kujawien August zum König. **August der Starke reagierte entschlossen**. Mit sächsischen Truppen brach er nach Krakau auf und ließ sich dort krönen. Als der französische Prätendent schließlich am 15. September 1697 die polnische Küste mit sechs Schiffen erreichte, traten ihm sächsische Truppen entgegen und trieben ihn auf sein Schiff zurück. Nach einigem Zögern reiste er nach Frankreich zurück.

Die **Wahl Augusts** zum polnischen König ist also **auf eine Reihe von Faktoren zurückzuführen**. Sicher spielte auch Geld und Bestechung ein Rolle. Wichtiger jedoch waren die geschickte Wahlwerbung Flemmings vor und das schnelle Handeln des Wettiners nach der Wahl. Entscheidend jedoch war die Interessenlage der Nachbarstaaten. Letztlich hatten die benachbarten Mächte zunächst keinen allgemein anerkannten Kandidaten, der zugleich auch stark genug war, die polnische Adelsrepublik auch einigermaßen in den Griff zu bekommmen. In diese Lücke stieß der sächsische Kurfürst.

Dem Verlierer, Frankreich, blieb nicht viel anderes als beizugeben. Letztlich lagen für Ludwig XIV. die wirklich wichtigen Problemfelder im Westen: die spanische Erbfolge und der Pfälzische Erbfolgekrieg. Weitgehende Versprechen de Contis auf Rückeroberung von Gebieten Polens, die nun die Türken hielten, konnte dort nur zu neuen Schwierigkeiten führen, statt das durch den Auszug der Polen aus der Heiligen Liga diese geschwächt worden wäre. Auch waren die vielen Millionen, die Polignac versprach, in den französischen Staatskassen so leicht nicht aufzutreiben. In dieser Lage war der Kampf um die polnische Krone kein vorrangiges Ziel Ludwigs.

2 FRITSCH sieht die **letzten zehn Jahre** der Regierungszeit Augusts des Starken **vollkommen positiv**, eine Zeit besser als jemals zuvor (Z. 1 f.). Die Armee, die Finanzen und die Verwaltung seien in Ordnung, das Ansehen im Reich groß gewesen (Z. 4–11). Zwar habe nach dem Tod August des Starken die Wahl seines Sohnes Friedrich August II. zum polnischen König viel Geld gekostet, aber das Geld sei durch den Heimfall zweier Nebenlinien vorhanden gewesen und bei einer weiteren ruhigen Entwicklung hätten die Kräfte des Landes noch vermehrt werden können (Z. 11 ff.)

Zur Armee ist zu sagen, daß es August gelungen war, diese in den letzten Jahren zu reorganisieren. Das Zeithainer Lager 1730 bewies eindrucksvoll die Stärke des sächsischen Heeres, so daß sogar der preußische Soldatenkönig Friedrich Wilhelm I. beeindruckt war.

Bei den **Finanzen** gelang August schließlich gegen den Widerstand der Stände die Durchsetzung der Generalkonsumptionsakzise, einer Verbrauchs- und Besitzsteuer, die auch vom Adel aufzubrigen war. Dennoch war das Aufbringen von Geld bis zu seinem Lebensende ein Problem.

Was das **Regierungssystem** anbelangt, so hatte August seit seinem Amtantritt versucht, den **Einfluß der Stände zurückzudrängen** und zu beseitigen. Diese besaßen Mitbestimmungsrechte bei der Steuer- und Krediterhebung, der Veräußerung von Land, beim Abschluß von Bündnissen, ein Widerstandsrecht in Religionsangelegenheiten usw. Auch die Behörden mußten erst in seinem Sinne umgeformt werden. Fünf oberste Landesbehörden rivalisierten miteinander. Durch das **Geheime Kabinett** und die Oberste Rechnungsprüfungskammer schuf August eine straffere Verwaltung, losgelöst von den Ständen.
Zwar hatte er nach dem Sieg über Schweden 1711 den Generalangriff auf die Stände gewagt, indem er ihnen erklärte, daß er zukünftig ihre Mitherrschaft nicht mehr dulden werde. Schließlich aber mußte er ihnen das Recht auf Steuererhebung und Beschwerdeführung auf den Landtagen wieder eingestehen.

So ist August zwar auf dem Weg zum absolutistischen Herrscher ein Stück vorangekommen, eine **völlige Entmachtung der Stände gelang ihm jedoch nicht**.
Dazu sind **mehrere Gründe** zu nennen. Die polnischen Unternehmungen und der Nordische Krieg verschlangen viel Geld und banden die Kräfte des Kurfüst-Königs. Zu oft war er in Geldnot und militärischen Krisen und daher zu Kompromissen gezwungen, die eine Teilung der Macht zur Folge hatten. In einer solch starken Machtposition, daß er erfolgreich mit Gewalt gegen die Stände hätte vorgehen können, wie es der Brandenburger Kurfürst Friedrich Wilhelm getan hatte, befand sich August demnach nie. Zugleich aber stellten sich Hofbeamte, ja sogar Minister in dieser Frage gegen ihn. Außerdem stellte der Adel mit seiner fortschrittlichen Gutswirtschaft in Sachsen einen beachtlichen wirtschaftlichen Faktor dar. Insgesamt hatte August hier nicht die Kraft, einen klaren Trennungsstrich zu ziehen und entschieden gegen die Stände vorzugehen, etwa in dem er in den zwanziger Jahren neue Auseinandersetzungen mit ihnen aufgenommen hätte.

Und auch in der **evangelischen Kirche** hatte der Konvertit August keinen Verbündeten. Vielmehr wachte die Kirche eifersüchtig darüber, daß der Katholizismus sich im Stammland der Reformation nicht ausbreitete.

Andererseits entschied August, da wo es um ihm wichtige politische Ziele ging selbständig **ohne** Nachfrage oder **Mitwirken der Stände**, so z. B. beim Übertritt zum katholischen Glauben, beim Erwerb der polnischen Königskrone, bei Verkauf und Verpfändung von Rechten und Ämtern, um Geld zu erhalten, oder den Übertritt der Kurprinzen zum Katholizimus, den er gegen Stände, Kirche und Familie betrieb.

3 August strebte mit der polnischen Krone persönliche Machterweiterung und den Aufstieg Sachsen-Polens zur Großmacht an. Der von ihm begonnene **Nordische Krieg** führte jedoch nicht zu dem erträumten Ruhm und Landgewinnen im Baltikum, sondern zu dem entgegengesetzten Ergebnis. Die Initiative in der Kriegsführung ging an den schwedischen König Karl XII. über und nach einer Reihe von Niederlagen standen die Schweden 1706 in Sachsen. Im **Frieden von Altranstädt** mußte August dann auf die polnische Krone verzichten und den Kandidaten des Schwedenkönigs, Stanislas Leszczynski anerkennen. Die Schweden quartierten sich auf Sachsens Kosten im Lande ein. Schließlich aber profitierte der Wettiner von der Absicht Karls, nach Moskau zu ziehen, und damit auch den letzten Kriegsgegner, den russischen Zaren Peter den Großen zu besiegen. Bei **Poltawa** allerdings verloren die Schweden 1709 die entscheidende Schlacht; Karl floh zu den Türken. Nach seiner **Rückkehr nach Polen** war August allerdings auf die Hilfe Rußlands angewiesen, um sich gegen starken Widerstand polnischer Adliger durchzusetzen. Von nun an war er nur noch Herrscher von Rußlands Gnaden.

In der Zeit ab der Endphase des Krieges unternahm August nun Versuche, die Sicherung Sachsens gegen das zunehmende russische Gewicht in Polen durch **Anlehnung an Habsburg** zu erzielen. In diese Richtung zielte 1719 auch die Heirat des Kurprinzen Friedrich August mit der Habsburgertochter Maria Josepha, womit August sich zugleich für den Tod des Kaisers Möglichkeiten zur Mehrung der wettinischen Hausmacht auf Kosten der Habsburger erhoffte. Der Dreibund zwischen dem Kaiser, England-Hannover und Sachsen, verpflichtete Habsburg und England, Polen zu helfen, falls es angegriffen würde. Dieser Vertrag sollte das politische Gewicht des Kurfürst-Königs in Polen stärken.

Ende der zwanziger Jahre besserten sich auch die **Beziehungen zu Preußen**. Der Handelskrieg zwischen beiden Staaten wurde beendet und gegenseitige Besuche in Dresden und Berlin und die Teilnahme Friedrich Wilhelms I. am Zeithainer Lager festigten die Beziehungen zwischen dem Barockmonarchen und dem Soldatenkönig. Dann jedoch begannen Augusts **Bemühungen um eine antihabsburgische Koalition**, an der aber Preußen zu der Zeit noch kein Interesse hatte, so daß es zu einer Entfremdung mit dem nördlichen Nachbarn kam.

Demnach bleibt festzuhalten, daß **Sachsen beim Tode Augusts des Starken** keine zuverlässigen Freunde hatte. Preußen und Habsburg hatten an Stärke weiter zugenommen und Sachsen lag immer noch machtpolitisch zwischen beiden eingeklemmt. Das **Hauptziel** des Kurfürsten und Königs, einen großen starken Staat zu errichten, war **nicht erreicht**. August trug zwar dreißig Jahre die polnische Krone, aber in einem langen Krieg hatte er außer einigen erbeuteten schwedischen Fahnen nichts erhalten, ja er konnte froh sein, auf diesen Thron zurückkehren zu können. Und zudem stand die Frage im Hintergrund, wie denn der Sohn Augusts auch König von Polen werden könnte, wie es der Vater wünschte. Dies sollte sich erst nach dem Polnischen Erbfolgekrieg bewerkstelligen lassen.

4 Bei der Bewertung der Regierungszeit Augusts des Starken kann festgehalten werden: Außenpolitisch hatte der **Erwerb der polnischen Krone** nicht den erhofften Zuwachs an Macht gebracht, sondern viel Geld verschlungen. Wirtschaftlich schienen die beiden Staaten sich durchaus zu ergänzen; viel herausgekommen ist aber nicht. Vielmehr hatte sich August in Polen nie völlig durchsetzen können. Ein Teil der Adligen war immer gegen ihn, und seine Regierungszeit prägten endlose Auseinandersetzungen.

Der **Nordische Krieg** schädigte das Land durch Truppenaushebungen und finanzielle Lasten schwer. Der Höhepunkt der wirtschaftlichen Belastung war die Einquartierung der Schweden in Sachsen 1706/07, wozu rund 35 Millionen Reichstaler aufgebracht werden mußten. Um so erstaunlicher ist es, wie schnell das Land sich danach wieder erholen konnte. Die von August betriebene Politik des **Merkantilismus** förderte zielstrebig Handel und Gewerbe und die Gründung von Manufakturen. Die bekannteste ist die Prozellan-Manufaktur in Meißen, aber es entstanden auch Glashütten, Spiegelschleiferei, eine „Gewehr-Fabrique", Einrichtungen zur Bearbeitung von Wolle und in Lauchhammer wurde der erste Hochofen konzessioniert. In Bergbau und Hüttenwesen gelangen technische Verbesserungen. Dabei setzte sich August auch über Zunftbestimmungen hinweg, um die Wirtschaft des Landes zu fördern.

August erteilte Befehle, das **Verkehrswegenetz** zu verbessern und eine Vermessung der wichtigsten Straßen durch Adam Friedrich Zürner führte zu einer soliden Übersicht. Die Postmeilensäulen zeugen heute noch davon. Wirtschaftlich befand sich August also durchaus auf der Höhe der Zeit.

Eindeutig positv fällt das Urteil im Bereich der **Kultur** aus. Die Zeugnisse dieser Blütezeit reichen von der Architektur am Zwinger oder Schloßbauten über die Festkultur bis zu den Pretiosen im Grünen Gewölbe in Dresden.

Was nun die nicht erreichte völlige Entmachtung der **Stände** angeht, so läßt sich dies aus zwei Seiten beleuchten. Einerseits blieb Sachsen so hinter der Entwicklung in führenden Staaten zurück, andererseits bestanden überlieferte Mitwirkungsrechte fort, was die Willkür des Herrschers einschränken konnte.

Der **Übertritt zum katholischen Glauben** wirkte eher destabilisierend, fürchteten die evangelische Kirche und auch die Untertanen von nun an, daß auch sie bekehrt werden sollten. Auch Religionsversicherungsdekrete konnten dieses Mißtrauen nie völlig zerstreuen und angesichts der Bekanntgabe des Bekenntniswechsels des Kurprinzen 1717 kam es zu einer Staatskrise.
Daher wird man die **Leistungen Augusts differenziert sehen** müssen. Ihn in der Tradition der preußischen Geschichtsschreibung nur als sittenlosen Schwächling zu charakterisieren, wird seinen Leistungen aber nicht gerecht.

5 Nach der Quelle erfolgte die Leitung der **Regierungsgeschäfte durch Günstlinge** des sächsischen Kurfürsten Friedrich August II. und polnischen Königs August III. (Z. 15 f.) wie Graf Alexander Josef Sulkowski und Graf Heinrich von Brühl. Da sich der Herrscher den Regierungsgeschäften entzog, füllten die Favoriten diese Lücke aus und jedermann richtete sich nach deren „Wink und Willen" (Z. 21 ff.). **Übertriebener Luxus** verschlang eine Menge Geld. Um dieses zu beschaffen, wurde die **Armee vernachlässigt**, so daß sie schließlich nur noch 17 000 Mann umfaßte (Z. 15 ff.).

Bei dieser Kennzeichnung der Lage ist durchaus zutreffend, daß **Friedrich August II. politisch nicht interessiert war** und demnach auch über kein Konzept verfügte, wie das Werk August des Starken weiterzuführen wäre. Der Nachfolger widmete sich lieber der Jagd und der Kunst, insbesondere der Sammlung von Gemälden. Politik überließ er seinen Beratern. Anfangs stand der aus polnischem Adelsgeschlecht stammende ALEXANDER GRAF SULKOWSKI in der Gunst des Herschers am höchsten. Neben ihm stieg GRAF BRÜHL weiter auf, der es vom Pagen unter August dem Starken bis zum Premierminister unter seinem Sohn brachte. Nachdem Sulkowski 1738 entlassen wurde, ist er nun der unumstrittene Leiter der sächsischen Politik, der seinen König zu "nehmen" wußte, indem er ihm die Illusion eigenen Herrschens zu vermitteln verstand.
Die Konsequenzen dieser Sachlage waren in den **schlesischen Kriegen** bzw. im Siebenjährigen Krieg zu spüren. Letztlich stand das Land nur vor der Wahl entweder in Abhängigkeit von Preußen gegen Österreich vorzugehen oder unter Aufgabe eigener Ambitionen auf österreichisches Gebiet zusammen mit Habsburg der preußischen Machtausdehnung entgegenzutreten.

Beim **Ausbruch des Ersten Schlesischen Krieges** war Sachsen aber nicht wirklich gerüstet und hatte, da politisch überrascht, auch kein eigenes, der schwierigen Lage angemessenes Konzept.
Zunächst nahm das Land an der antipreußischen Koalition teil, um dann aber das Bündnis zu wechseln, nachdem dieses zerfallen war. Brühl verband sich im Herbst 1941 mit Preußen, Bayern und Frankreich. Entsprechend fielen die sächsischen Truppen in Böhmen ein. Der **Friede von Breslau** 1742 jedoch entschied den Ersten Schlesischen Krieg zugunsten Preußens. Sachsen ging leer aus, erhielt also weder die gewünschte Landbrücke nach Polen noch erreichte man Gewinne in Böhmen oder Mähren.

Sachsen fühlte sich geprellt und man **wandte sich nun Österreich** zu, zu dessen Vernichtung man eben noch angetreten war. Friedrich II. marschierte nun 1744 durch das Kurfürstentum nach Böhmen. Die entscheidende Schlacht des Krieges bei Kesselsdorf verloren die Sachsen und Österreicher gegen die Preußen, so daß der **Friede von Dresden** 1745 die vorhergehende territoriale Lage bestätigte.

Am schlimmsten hat aber der **Siebenjährige Krieg** (1756–1763) das Land heimgesucht. Nach der Kapitulation des sächsischen Heeres bei Struppen 1756 gliederte Friedrich es dem preußischen an – ein einmaliger Vorgang. Zugleich diente das Kurfürstentum den Preußen als Versorgungsgebiet und es wurde zum Kriegsschauplatz. Der Tiefpunkt des politischen Gewichts Sachsens war erreicht, als Friedrich August II. und Brühl nach Warschau ausweichen mußten. Das ganze wurde noch verschärft durch die persönliche Feindschaft, die Friedrich für Brühl empfand.
Nach sieben Jahren Krieg bestätigt der **Friede von Hubertusburg** den Status quo.

Brühl kann bei seiner Politik also durchaus Lavieren zwischen den Mächten, vielleicht sogar diplomatischer Dilettantismus vorgeworfen werden. Berücksichtigt werden muß aber auch, daß die mangelnde Kampfkraft des sächsischen Heeres (z. B. Feldzug in Mähren 1742, Niederlage der österreichisch-sächsischen Truppen bei Hohenfriedberg 1745, Schlacht bei Kesselsdorf 1745) der Grund dafür war, daß **Brühls Überlegungen nicht aufgingen**. Diplomatische Mittel allein, bei fehlender militärischer Absicherung konnten Sachsen bei den Auseinandersetzungen nicht das Gewicht verleihen, daß die Nachbarn für gute Beziehungen zu Dresden einen wirklichen Preis zu zahlen bereit gewesen wären. So hatte auch Brühl nach dem Zweiten Schlesischen Krieg nicht für die nötigen Rüstungen und Heeresvermehrungen gesorgt, sondern wurde an den Höfen von Paris und Wien für eine antipreußische Koalition tätig. Brühls Kardinalfehler war der Glaube, daß Macht durch Bündnissysteme, Soldaten durch Diplomatie ersetzt werden könnten. Beim Taktieren und Manövrieren sah er sich in seinem Element.
Zugleich sollte aber nicht vergessen werden, daß Friedrich II. Überfall auf Schlesien vorher nicht in die Politik einkalkuliert werden konnte.
Am Ende steht **Sachsen** zwar territorial ohne Verluste dar, aber es war **aus dem Kampf um eine europäische Rolle ausgeschieden** und Preußen hatte es beim politischen Gewicht endgültig in den Schatten gedrängt; das Land war politisch und militärisch eben nur noch eine Mittelmacht. Aber selbst auf diplomatischem Gebiet ist die herausragende Leistung der Anbahnung des Friedensschlusses nicht von Brühl, sondern vom Kurprinzen Friedrich Christian in die Wege geleitet worden.

M 1:

Aus: „Die Woche" vom 5. April. 1919, Berlin, 21. Jg., Nr. 14

Abb. v. l.: David Lloyd George (brit. Premierminister), Vittorio Orlando (ital. Ministerpräsident), Woodrow Wilson (amerik. Präsident), Georges Clemenceau (frz. Ministerpräsident), Ulrich Graf von Brockdorff-Rantzau (dt. Außenminister)

M 2: Aus einem Artikel von Dr. August Müller in „Die Woche“ vom 5. 7. 1919

[...] Es fehlt nicht an Stimmen, die für die ungünstige Gestaltung des Friedensvertrages den Umsturz verantwortlich machen wollen, auf den am 9. November das Siegel gedrückt wurde. Das ist zugleich wahr und falsch. Eine Revolution ist in Deutschland nicht gemacht worden, sie entstand mit Naturnotwendigkeit aus dem wirtschaftlichen und militärischen Zusammenbruch. Andererseits darf nicht verkannt werden, daß viele unserer Volksgenossen, die sich im November ohne Widerstreben auf den Boden der neuen Verhältnisse stellten, dabei von der Vorstellung geleitet waren, daß die Umwandlung des alten Obrigkeitsstaates in einen demokratischen Volksstaat die Friedensverhandlungen günstig beeinflussen würde. Diese Kreise, für die die Revolution eine nachträgliche Rechtfertigung durch einen wirklichen Frieden der Gerechtigkeit erfahren hätte, werden geneigt sein, unter dem Einfluß getäuschter Erwartungen den neuen Zustand der Dinge für etwas verantwortlich zu machen, wofür er nicht verantwortlich gemacht werden kann. Denn man braucht sich nur die Motive und Absichten der Entente, die sich so deutlich im Friedensvertrag entschleiern, vor Augen zu führen, um zu begreifen, daß nicht die Revolution, sondern die militärische Niederlage für das Schicksal Deutschlands entscheidend war. Wieder herstellbar ist das alte Regime überhaupt nicht. Jeder Versuch, den demokratischen Aufbau des neuen Staates zu zerstören, müßte zu Kämpfen führen, an denen Deutschland vollkommen verbluten würde; der nationale Zusammenhalt des verkleinerten Deutschlands ist nur zu erreichen, wenn alle Klassen und Parteien vorbehaltlos die Demokratie als die einzig mögliche Verfassungsform anerkennen. [...]

Aus: „Die Woche“, Moderne illustrierte Zeitschrift, 21. Jg., Nr. 27 vom 5. 7. 1919, S. 724

Aufgaben:

1.1	Erläutern Sie die Aussageabsicht, die in M 1 zum Ausdruck kommt.	10 BE
1.2	Die Pariser Friedenskonferenz wurde am 18. 1. 1919 eröffnet. Das Vertragswerk wurde der deutschen Delegation am 7. 5. 1919 übergeben. Vergleichen Sie M 1 mit den historischen Tatsachen.	8 BE
2	Legen Sie wichtige Bestimmungen des Versailler Vertrages nach Schwerpunkten geordnet dar. Wählen Sie einen Schwerpunkt aus. Erläutern Sie daran die Auswirkungen auf Deutschland.	10 BE
3	Erarbeiten Sie anhand des Textes M 2, welche möglichen Gründe der Autor „für die ungünstigste Gestaltung des Friedensvertrages“ (Z. 1 f.) anführt. Setzen Sie sich mit seiner Argumentation auseinander.	14 BE
4	Skizzieren Sie den Prozeß der „Umwandlung des alten Obrigkeitsstaates in einen demokratischen Volksstaat“ (M 2, Z. 8) in den Jahren 1918/19.	8 BE
5	Untersuchen Sie anhand der wichtigsten außenpolitischen Maßnahmen, ob es der deutschen Regierung bis 1926 gelang, die durch den Versailler Vertrag geschaffene Situation zu verändern.	10 BE
		60 BE

Lösungsvorschlag

1.1 Die Illustration aus der Berliner „Woche“ vom 5. April 1919 zeigt, umgeben von einer Vignette, die Regierungschefs der Siegermächte des Ersten Weltkriegs und den deutschen Außenminister am Verhandlungstisch. Ins Bild eingefügt ist eine Gedichtstrophe. Die Sitzordnung stellt LLOYD GEORGE, ORLANDO, WILSON und CLEMENCEAU dem mit dem Rücken zum Betrachter sitzenden und nur im Profil sichtbaren BROCKDORFF-RANTZAU gegenüber. Alle schweigen, die Mienen, vor allem die Clemenceaus, wirken versteinert, abweisend. Wilson steht als einziger und ist dadurch unter den übrigen Anwesenden hervorgehoben.
Die das Bild umrahmende Jugendstilvignette zeigt am unteren Rand Symbole des Krieges – einen Schädel, die Schulterstürze eines Gewehrs, einen Helm und drei Totenkränze –, am linken Bildrand eine Friedensgöttin, die mit der Rechten eine Friedenstaube nebst Zweig hält und mit der Linken einen Palmwedel reicht. Auch die Baumblüten im oberen Bilddrittel und das Feuer am rechten oberen Bildrand stehen für die Hoffnung auf Frieden.
Die Gedichtstrophe bringt die von den Bildelementen ausgedrückte Diskrepanz von sehnsüchtiger Friedenshoffnung und nüchterner Verhandlungspraxis zur Sprache: Die Verhandelnden werden in pathetischer Form aufgerufen, sich dem „heiligen Geist der Versöhnung“ zu öffnen.

1.2 Die Darstellung übergeht die historische Tatsache, daß eine deutsche Delegation nicht zu den Verhandlungen in Paris zugelassen war. Die Siegermächte, und zwar nicht nur die vier Großmächte, verhandelten unter sich und ließen auch **lediglich schriftliche Einwendungen gegen das am 7. Mai 1919 übergebene Vertragswerk** zu.
Historisch zutreffend ist, daß die wesentlichen Entscheidungen des Versailler Vertrags von den auf dem Bild vertretenen vier Großmächten getroffen wurden **(Rat der Vier)**. Gesichtsausdruck und Körperhaltung geben in etwa die vertretenen Positionen wieder. CLEMENCEAUS sehr finstere und vorwurfsvolle, auch ängstliche Miene repräsentiert die unnachgiebige Haltung **Frankreichs**, dem es auf eine dauerhafte Schwächung Deutschlands, auf umfangreiche Gebietsabtretungen, hohe Reparationszahlungen und einschneidende Rüstungsbeschränkungen ankam. Die Darstellung sieht im Frankreich Clemenceaus noch sehr den revanchelüsternen Erzfeind.
DAVID LLOYD GEORGES Miene zeigt weniger emotionale Abneigung als rationales, beobachtendes Kalkül. **Englands** Position war, was Europa betraf, traditionell auf die „balance of powers“ ausgerichtet. Eine allzu weitgehende Schwächung Deutschlands und Stärkung Frankreichs lag also nicht in seinem Interesse, wohl aber die Annexion der deutschen Kolonien und die Erhaltung Deutschlands als Handelspartner.
Der durch seine stehende Haltung hervorgehobene US-Präsident WILSON blickt im Gegensatz zu Clemenceau und Lloyd George Brockdorff-Rantzau nicht an, sondern schaut über die Runde hinweg in die Ferne. Dies repräsentiert die visionäre Friedensidee, die Wilson in seinen Vierzehn Punkten und seinem Völkerbundsprojekt formuliert hatte. Wilsons Haltung zeigt einerseits die Überlegenheit der USA als Financier auch der englischen und französischen Kriegsführung und als kriegsentscheidende Macht, andererseits aber auch pathetischen Idealismus.

2 Der Versailler Vertrag umfaßte **territoriale Bestimmungen**, die 13 % des ehemaligen deutschen Staatsgebietes und 10 % der ehemaligen Bevölkerung betrafen. Ein Teil der Gebiete war direkt an Nachbarstaaten abzutreten (das **Memelland** an Litauen, **Posen** und **Westpreußen** an Polen, das Hultschiner Ländchen an die Tschechoslowakei, **Elsaß-Lothringen** an Frankreich), ein weiterer Teil nach – mitunter fragwürdigen – Abstim-

mungen der betroffenen Bevölkerung (**Eupen-Malmédy** an Belgien, **Nordschleswig** an Dänemark, **Oberschlesien** an Polen). **Danzig** wurde Freie Stadt, das **Saarland** wurde für 15 Jahre gleichfalls dem Völkerbund unterstellt. Das **Rheinland** wurde **besetzt**, ein breiter Streifen rechtsrheinischen Gebiets zur **entmilitarisierten Zone** erklärt.
Die sonstigen militärischen Bestimmungen sahen eine **völlige Zerstörung** oder **Auslieferung** des **deutschen Kriegsmaterials** vor. Die **Wehrpflicht** wurde **abgeschafft**, das **Heer** auf **100 000**, die **Marine** auf **15 000 Berufssoldaten** beschränkt. Panzer-, Luft-, Gas- und U-Boot-Waffen wurde verboten. Über eine endgültige Reparationssumme konnte zwischen den Alliierten noch keine Übereinkunft erzielt werden. Nach dem Vertrag wurde daher eine Kommission eingesetzt, die bis 1921 die Höhe der **Reparationen** festlegen sollte. Rechtsgrundlage für alle Bestimmungen zum Nachteil Deutschlands war der Artikel 231, der Deutschland und seinen Verbündeten die **alleinige Kriegsschuld** gab.
Die **Auswirkungen** des Versailler Vertrages auf die junge Demokratie in Deutschland waren bekanntermaßen nachteilig. Weniger die materiellen als vielmehr die psychologischen Folgen waren beträchtlich. Zwar verlor Deutschland in Oberschlesien und Lothringen wichtige Industriegebiete, zwar stellten die Reparationen eine nicht unbeträchtliche Belastung der wirtschaftlichen Entwicklung dar, doch gleichwohl blieb Deutschland eine führende Wirtschaftsmacht mit einer mitunter besseren Konjunktur als in manchen Siegerstaaten.
Die Reparationsforderungen hingegen und vor allem der Kriegsschuldartikel wurden von vielen Deutschen nicht nur des nationalistischen Lagers als Demütigung empfunden. Für die Führer der Rechten bot sich hier eine willkommene Gelegenheit, die Vertreter des demokratischen und republikanischen Lagers als „Erfüllungspolitiker“ zu diffamieren und, wie sich vor allem beim Volksbegehren gegen den Young-Plan 1929 zeigte, die parlamentarische Demokratie als solche anzugreifen.
Dennoch bleibt mit Eberhard Kolb festzustellen: „Trotz des Versailler Vertrags behielt das Deutsche Reich den Status einer europäischen Großmacht und besaß auf längere Sicht die Möglichkeit, wieder einen aktiven Part in der europäischen Politik zu spielen, sogar mit größerer außenpolitischer Bewegungsfreiheit als vor 1914“ (Eberhard Kolb, Die Weimarer Republik, München/Wien 1984, S. 35).

3 Müller führt für die „ungünstige Gestaltung des Friedensvertrages (Z. 1 f.) die Revolution vom November 1919 und die „Motive und Absichten der Entente“ (Z. 13 f.) als mögliche Gründe an.
Ziel seines Artikels in der „Woche“ vom 5. Juli 1919 ist es, die demokratische Republik, die aus der Revolution vom November 1919 hervorgegangen war, vom Vorwurf, an der Härte der Bestimmungen des Versailler Vertrags schuld zu sein, zu entlasten. Zwei Monate nach Bekanntmachung der Friedensbedingungen, die in Deutschland einen Sturm der Entrüstung auslösten, geht es ihm um Schadensbegrenzung, um Verteidigung der Republik und um die Warnung, die Wiederherstellung des „alten Regimes“ (Z. 17) anzustreben.
Seine **Argumentation** ist durchaus überzeugend. Sie beginnt mit der These, daß die Revolution „mit Naturnotwendigkeit aus dem wirtschaftlichen und militärischen Zusammenbruch“ (Z. 4 f.) erfolgt sei. Müller räumt historisch zutreffend ein, daß viele die Republik nur deshalb akzeptiert hätten, weil sie sich von diesem Zugeständnis an die bei den Alliierten verbreitete Staatsform versprochen hätten, daß dies „die Friedensverhandlungen günstig beeinflussen würde“ (Z. 9). Eben diese, deren Erwartungen getäuscht worden seien, machten nun die Republik für den ungerechten Frieden verantwortlich.

Es sei aber „nicht die Revolution, sondern die militärische Niederlage für das Schicksal Deutschlands entscheidend (Z. 15 f.) gewesen. Für den Versailler Vertrag hätten die „Motive und Absichten der Entente" (Z. 18) den Ausschlag gegeben. Diese führt Müller hier nicht weiter aus.
Der Autor warnt eindringlich davor, das „alte Regime" des Wilhelminismus wiederherstellen zu wollen. Ein solcher Versuch würde Deutschland in nur noch schlimmere Kämpfe stürzen. Es sei daher von „allen Klassen und Parteien vorbehaltlos die Demokratie als die einzig mögliche Verfassungsform" (Z. 21 f.) zu akzeptieren. Nur dies gewährleiste „nationalen Zusammenhalt" (Z. 19 f.). Müller kommt damit auf eine entscheidende Schwäche der Weimarer Republik zu sprechen, den fehlenden Konsens über die angemessene Staatsform und über die ihr gemäße politische Verfahrensweise. Daß dieser Konsens auch in der Folgezeit nicht erreicht wurde, lag, wie hinzufügen wäre, wiederum nicht am Versailler Vertrag.

4 Die „Umwandlung des alten Obrigkeitsstaates in einen modernen Verfassungsstaat" begann bereits Ende September 1918, als die Oberste Heeresleitung den sofortigen Waffenstillstand und eine Parlamentarisierung verlangte. Nach einem Waffenstillstandsangebot, das der neuernannte Reichskanzler MAX VON BADEN am 3. Oktober 1918 an Wilson richtete, wurde „im Zeichen der militärischen Niederlage" (Kolb, a. a. O., S. 2) die **Parlamentarisierung der Reichsverfassung** durchgeführt. Zentrale Bestimmungen dieser **„Oktoberreform"**, die das Reich für wenige Tage in eine parlamentarische Monarchie umwandelte, war die Zulassung von Reichstagsabgeordneten als Minister und vor allem die Abhängigkeit des Reichskanzlers vom Vertrauen des Reichstags.
Die am gleichen Tag, dem 28. Oktober 1918, beginnende Aufstandsbewegung in den Küstenstädten, die sich bald über alle Großstädte des Reichs ausdehnte und **Arbeiter-** und **Soldatenräte** an die Macht brachte, überholte jedoch diesen verspäteten Reformversuch.
Am 9. November wurde in Berlin sowohl von PHILIPP SCHEIDEMANN wie auch VON KARL LIEBKNECHT die Republik ausgerufen. Die tags darauf gebildete provisorische Regierung des **„Rats der Volksbeauftragten"** setzte sich, unterstützt von bürgerlichen Kräften in den Ministerien, gegen den von den Berliner Räten gewählten **„Vollzugsrat"** durch, was einer Vorentscheidung zugunsten einer parlamentarischen Demokratie gleichkam.
Die Vertreter des Rätesystems erfuhren ihre endgültige Niederlage auf dem **Reichsrätekongreß** Mitte Dezember 1918 in Berlin, wo die MSPD die Mehrheit hatte und den 19. Januar 1919 als Wahltermin für die Nationalversammlung festsetzte.
Die wegen erneuter Aufstände in Berlin nach Weimar verlegte Nationalversammlung wählte **Friedrich Ebert** zum **Reichspräsidenten** und erarbeitete bis zum 31. Juli 1919 eine **Verfassung,** die am **11. August 1919 in Kraft trat**.

5 Die durch den Ausgang des Ersten Weltkriegs und den Versailler Vertrag entstandene Situation Deutschlands als einer isolierten und nicht gleichberechtigten Macht wurde bis 1926 teilweise überwunden.
Der erste Schritt in diese Richtung war der im April 1922 geschlossene Vertrag von **Rapallo**. Deutschland verständigte sich hierbei mit der gleichfalls isolierten Sowjetunion über einen Verzicht auf gegenseitige Ansprüche, über Wirtschafts- und diplomatische Beziehungen. Art. 116 des Versailler Vertrags, der der Sowjetunion Reparationsansprüche gegenüber Deutschland einräumte, wurde damit wirkungslos. Die Isolation war damit nach Osten durchbrochen. Die Westmächte nahmen die Gefahr einer deutsch-russischen Allianz gegen Polen, die etwa auch zur Grenzrevision hätte führen können, wahr.
Vor einer Annäherung mit den Westmächten verschärfte sich jedoch die Lage in Mitteleuropa infolge der **Ruhrbesetzung** durch Frankreich und Belgien am 9. Januar 1923. Die Reichsregierung setzte dem einen aussichtslosen passiven Widerstand der Ruhr-

bevölkerung entgegen, die Gehalts- und Unterstützungszahlungen steigerten die Inflation ins Uferlose. Die Wende kam hier mit dem Kabinett Stresemann, der den **Ruhrkampf aufgab**, die Währung konsolidierte und im April 1924 mit dem **Dawes-Plan** eine vorläufige Regelung des Reparationsproblems akzeptierte.
Der Weg war damit und nach einem Regierungswechsel in Frankreich frei für eine weitergehende Verständigung der ehemaligen Kriegsgegner. Diese wurde auf der Konferenz von **Locarno** im Oktober 1925 erzielt. Das Vertragswerk umfaßte neben Schiedsverträgen einen Garantiepakt für die Westgrenze zu Frankreich und Belgien, deren gewaltsame Revision nun ausgeschlossen wurde. Ein Jahr nach Locarno, am **10. September 1926**, wurde **Deutschland Mitglied im Völkerbund**.
Stresemann hatte damit zu einer außenpolitischen Entspannung beigetragen, die der Entfaltung der Wirtschaftskraft Deutschlands zugute kam. Deutschland trat mit Locarno wieder in den Kreis der führenden europäischen Nationen. Da wohl die West-, nicht jedoch die Ostgrenze garantiert worden war, blieb eine Revision des Versailler Vertrags im Osten immer noch im Bereich des Möglichen.
Dem ungeachtet bleiben die Restriktionen des Versailler Vertrags auch 1926 noch bestehen. War die Ruhrbesetzung 1925 beendet worden, so dauerte die des Rheinlands noch an. Auch die endgültige Regelung der Reparationsfrage stand noch aus.

M 1: Ankündigung des Vierjahresplanes

(Aus der Rede Adolf Hitlers bei der Eröffnung des 8. Reichsparteitages der NSDAP, Nürnberg, 09.09.1936)

Die deutsche Wirtschaft hat wie jede gesunde Nationalwirtschaft zunächst das Bestreben, die eigenen Möglichkeiten der wirtschaftlichen Erhaltung unseres Volkes so gut wie möglich auszunützen, um sich erst in zweiter Linie mit der in sich und damit auch an sich gesunden eigenen Wirtschaft an der Weltwirtschaft zu beteiligen.

Da nun der nationalsozialistische Staat unter keinen Umständen gewillt ist, eine Beschränkung seiner Volkszahl vorzunehmen, sondern im Gegenteil entschlossen ist, diese natürlichste Fruchtbarkeit der Nation zu steigern, sind wir gezwungen, die Folgen dieser Entwicklung für die Zukunft zu überlegen und zu bedenken. Eine wesentliche Steigerung des Bodenertrages ist nicht möglich, eine wesentliche Steigerung des Exports in absehbarer Zukunft kaum.

Es ist also die Aufgabe der nationalsozialistischen Staats- und Wirtschaftsführung, genauestens zu untersuchen, welche notwendigen Rohstoffe, Brennstoffe usw. in Deutschland selbst hergestellt werden können. Die dann dadurch eingesparten Devisen sollen in der Zukunft als zusätzlich der[1] Sicherung der Ernährung und zum Ankauf seiner Materialien dienen, die unter keinen Umständen bei uns beschafft werden können. Und ich stelle dies nun heute als das neue Vierjahresprogramm auf: In vier Jahren muß Deutschland in allen jenen Stoffen vom Ausland gänzlich unabhängig sein, die irgendwie durch die deutsche Fähigkeit, durch unsere Chemie und Maschinenindustrie sowie durch unseren Bergbau selbst beschafft werden können! [...]

Die notwendige Anordnung zur Durchführung dieses gewaltigen deutschen Wirtschaftsplanes habe ich soeben erlassen. Die Ausführung wird mit nationalsozialistischer Energie und Tatkraft erfolgen. Unabhängig davon kann Deutschland aber nicht auf die Lösung seiner kolonialen Forderungen verzichten. Das Lebensrecht des deutschen Volkes ist genau so groß wie die Rechte der ganzen Nationen! [...]

Soll diese gewaltige Aufgabe der wirtschaftlichen Erhaltung unseres Volkes gelingen, dann ist die Voraussetzung der geschlossene willensmäßige und staatsrechtliche Einsatz unseres Volkes, das heißt: ohne den inneren sozialen Frieden kann dieses neue Riesenprogramm seine Lösung nicht finden.

Die nationalsozialistische Staatsführung ist eine so souveräne und eine so über allen wirtschaftlichen Bedingungen stehende, daß in ihren Augen die Kennzeichnung „Arbeitnehmer und Arbeitgeber“ belanglose Begriffe sind. Es gibt keinen Arbeitgeber und es gibt keinen Arbeitnehmer vor den höchsten Interessen der Nation, sondern nur Arbeitsbeauftragte des ganzen Volkes. Der soziale Frieden schafft allein die Voraussetzungen, um die großen Aufgaben unserer nationalwirtschaftlichen Lage zu erfüllen. [...]

Je mehr wir die Größe der Aufgaben, die uns gestellt sind, erkennen und erfassen, um so klarer wird uns die Notwendigkeit des restlosen und geschlossenen Einsatzes aller schaffenden deutschen Menschen zur Erfüllung dieser Aufgabe. [...]

Ich würde nicht mit dieser Zuversicht in die deutsche Zukunft blicken und nicht mit diesem Vertrauen die Aufgaben stellen und an ihre Lösung glauben, wüßte ich nicht, daß der soziale Frieden in Deutschland garantiert ist durch die nationalsozialistische

Partei und daß der geschlossene Einsatz der deutschen Willens- und Arbeitskraft fundiert ist im Willen unserer Bewegung. Sie ist das über Menschen und Zeit hinwegreichende Instrument der in ihr selbst fundierten Führung des Volkes und damit des Reiches.

[1] so im Original

Aus: Völkischer Beobachter, Münchner Ausgabe, 49. Jg., 10.09.1936, S. 4

Aufgaben:

1 Skizzieren Sie die innen- und außenpolitische Entwicklung Deutschlands von 1933 an bis zum Zeitpunkt der Rede (M 1). 12 BE

2 Erarbeiten Sie aus M 1 die Ziele der NS-Wirtschaftspolitik und die damit verbundenen Anforderungen an das deutsche Volk. 12 BE

3 Stellen Sie die Maßnahmen der nationalsozialistischen Wirtschaftspolitik seit 1933 dar. 10 BE

4 Hitler redet in M 1 mehrfach vom „sozialen Frieden“ (M 1, Z. 27, 33, 41). Erläutern Sie, wie dieser Begriff von der nationalsozialistischen Ideologie verstanden wurde, und beurteilen Sie, ob der „soziale Frieden“ tatsächlich erreicht wurde. 14 BE

5.1 Beschreiben Sie verschiedene Verhaltensweisen der deutschen Bevölkerung gegenüber dem NS-Regime. 6 BE

5.2 Stellen Sie die Handlungen einer von Ihnen selbstgewählten bekannten Person oder Gruppe des Widerstandes dar.
Gehen Sie dabei auf die spezifischen Schwierigkeiten ein. 6 BE

60 BE

Lösungsvorschlag

1 In innenpolitischer Hinsicht hatte der NS-Staat bis 1936 seine Macht konsolidiert, die Phase der Machtergreifung und Gleichschaltung abgeschlossen und die Umwandlung des Weimarer Rechtsstaates in ein totalitäres System, den **„Führerstaat"** vollzogen.
Einer der ersten und wichtigsten Schritte auf diesem Weg erfolgte nach dem **Reichstagsbrand** am 27. Februar 1933 mit dem Erlaß der **Notverordnung zum Schutz von Volk und Staat**, in der wesentliche Grundrechte der Weimarer Verfassung außer Kraft gesetzt wurden. In Verbindung mit dem **Ermächtigungsgesetz** vom 24. März 1933, in dem das Parlament sich de facto selbst ausschaltete und seine Kontrollfunktion aufgab, war Hitlers Macht bereits wenige Wochen nach seiner Ernennung zum Kanzler fast unumschränkt. In den folgenden Monaten wurde die Zerstörung des politischen Systems von Weimar im Prozeß der sogenannten **Gleichschaltung** weiter fortgesetzt. Im Zuge dieses Prozesses wurden die Gewerkschaften zerschlagen, die Parteien lösten sich unter Druck selbst auf oder wurden verboten und durch die NSDAP als Staatspartei ersetzt. Die Länder verloren ihre Hoheitsrechte an das Reich und die gesamte Verwaltung wurde mit dem **Gesetz zur Wiederherstellung des Berufsbeamtentums** einer umfassenden „Säuberung" unterzogen. Auch Rundfunk und Presse wurden mit der Schaffung der **Reichskulturkammer** unter staatliche Aufsicht gestellt. Nachdem es Hitler gelungen war, im August 1934 die Ämter des Reichspräsidenten und -kanzlers in seiner Person zu vereinigen und damit auch die Reichswehr an sich zu binden, konnte er die „nationale Revolution" als beendet betrachten.
Auch im Hinblick auf seine Politik gegenüber der jüdischen Bevölkerung hatte Hitler bis zum Jahr 1936 bereits eine Weichenstellung vollzogen: Die Juden wurden durch die **Nürnberger Rassegesetze** des Jahres 1935 zu Bürgern minderen Rechts herabgestuft, sie wurden aus dem öffentlichen Dienst entfernt und durch die Einführung des Arierparagraphen, durch Arisierungsmaßnahmen und das Verbot von „Mischehen" in wirtschaftlicher, politischer und sozialer Hinsicht an den Rand der Gesellschaft gedrängt.
In außenpolitischer Hinsicht fand Hitler bei seiner Ernennung zum Reichskanzler eine weitgehend entspannte Situation vor. Der Versailler Vertrag war in wesentlichen Punkten revidiert worden, die vorzeitige Räumung des Rheinlandes war abgeschlossen, die Reparationszahlungen hatten sich weitgehend erledigt, Deutschland war ständiges Mitglied im Völkerbund und unterhielt gute Beziehungen zu den meisten europäischen Staaten sowie zur Sowjetunion und Amerika. Hitler schien die erfolgreiche, friedliche Revisionspolitik seiner Vorgänger zunächst fortsetzen zu wollen – allerdings dienten ihm die Revisionsbestrebungen nicht etwa zur Integration Deutschland in ein gesamteuropäisches Sicherheitssystem – er lehnte den Völkerbund ab –, sondern vielmehr zur Kriegsvorbereitung. Seine diesbezüglichen Vorstellungen hatte er schon im Februar 1933 vor seinen Generälen formuliert. In seinen öffentlichen außenpolitischen Erklärungen betonte er freilich immer wieder den Friedenswillen Deutschlands, um das Mißtrauen der europäischen Mächte zu zerstreuen. Gleichzeitig bemühte er sich, durch den Abschluß bilateraler Verträge künftige Bündnispartner zu gewinnen.
Nachdem Hitler bereits mit dem Abschluß eines **Konkordates** mit der Katholischen Kirche im Jahr 1933 einen großen außenpolitischen Erfolg erzielt hatte, schien er mit dem **Nichtangriffs-** und **Freundschaftspakt mit Polen** im Jahr 1934 neue Wege der Ostpolitik beschreiten zu wollen, die sogar hinter den revisionistischen Vorstellungen seiner Vorgänger zurückblieben. Der Pakt zeigte allerdings eine so deutliche antisowjetische Frontstellung, daß die Sowjetunion wenige Monate später in den Völkerbund eintrat. Hitler seinerseits hatte Abrüstungskonferenz und Völkerbund bereits Ende des Jahres 1933 verlassen und begann nun schrittweise, die verbliebenen Bestimmungen des Versailler Vertrages außer Kraft zu setzen. Kurz nach der Rückkehr des Saarlandes ins Deutsche Reich verkündete Hitler im März 1935 die **allgemeine Wehrpflicht** und

erklärte die Rüstungsbestimmungen des Versailler Vertrages für nichtig. Der gegen diese Vertragsverletzungen gerichtete Zusammenschluß Frankreichs, Englands und Italiens in der sogenannten **Stresa-Front** erwies sich umgehend als wirkungslos, die Einzelinteressen der beteiligten Staaten überwogen und veranlaßten zunächst England, in offener Absage an Stresa und den Versailler Vertrag ein **Flottenabkommen** mit Deutschland zu schließen. Im Zusammenhang mit der 1935 beginnenden Abessinienkrise, in der Hitler MUSSOLINI mit Rohstofflieferungen unterstützte, kam es zu einer deutsch-italienischen Annäherung, vor deren Hintergrund Hitler den nächsten Schritt wagte: Mit Hinweis auf das soeben ratifizierte französisch-sowjetische Bündnis kündigte er im März 1936 den **Locarnovertrag** und ließ kurz darauf Truppen in das entmilitarisierte Rheinland einmarschieren. Mussolini billigte diese Vertragsverletzung stillschweigend und nachdem beide Diktatoren General FRANCO im **Spanischen Bürgerkrieg** unterstützt hatten, legten sie im November 1936 die vertragliche Grundlage für die **„Achse Berlin – Rom“**. Im folgenden Jahr trat Mussolini dem zwischen Deutschland und Japan abgeschlossenen **Antikominternpakt** bei und wenn Hitler auch in seinem Werben um England erfolglos geblieben war, so hatte er doch nun eine Konstellation geschaffen, die eine Politik ohne England oder sogar gegen England möglich zu machen schien.

2 In seiner Rede vom 9. September 1936 bezeichnet Hitler das Streben nach möglichst weitgehender **Autarkie** als wichtigstes wirtschaftspolitisches Ziel Deutschlands. Dieses Ziel, so Hitler, solle durch eine Steigerung der Rohstoffgewinnung in Deutschland erreicht werden. Importe sollten demgegenüber auf ein notwendiges Minimum reduziert und der Außenhandel Deutschlands den Autarkiebestrebungen nachgeordnet werden.
Als notwendige Voraussetzung für die Bewältigung dieses „Riesenprogramm“ (Z. 33) bezeichnet Hitler den „sozialen Frieden“ (Z. 33). Das Volk müsse sich, so Hitler, als eine Gemeinschaft von „Arbeitsbeauftragten“ (Z. 39) begreifen, auf jeglichen Widerstand verzichten und sich bedingungslos dem großen Ziel unterordnen.

3 Die vordringlichste Aufgabe der nationalsozialistischen Wirtschaftspolitik bestand im Jahre 1933 darin, die Folgen der Weltwirtschaftskrise zu bekämpfen und insbesondere die Arbeitslosenziffern zu senken. Dies wurde in relativ kurzer Zeit durch unterschiedliche Maßnahmen erreicht.
Mit der Schaffung des **RAD**, eines zunächst freiwilligen Arbeitsdienstes, und der Einführung der allgemeinen Wehrpflicht gelang es, den Arbeitsmarkt wirksam zu entlasten. Zusätzlich wurde der Versuch unternommen, Frauen durch Ehestandsdarlehen und den massiven Einsatz von Propaganda vom Arbeitsmarkt zu verdrängen.
Darüber hinaus wurden zahlreiche Arbeitsplätze neu geschaffen, die zum Teil von nur geringem wirtschaftlichen Nutzen waren, zum Teil aber auch in Zusammenhang mit den Plänen zur Kriegsvorbereitung standen, wie z. B. das „**Unternehmen Reichsautobahn**“.

Durch die Vergabe weiterer Staatsaufträge, staatlicher Zuschüsse (beispielsweise für den privaten Wohnungsbau) und die Gewährung von Steuernachlässen oder sogar -streichungen (wie der Kfz-Steuer) konnte die Wirtschaft wieder in Gang gesetzt und die Zahl der Arbeitslosen von über 6 Millionen im Jahr 1933 auf knapp 2 Millionen im Jahr 1935 gesenkt werden. Der Lebensstandard der Arbeitnehmer blieb freilich niedrig, da Löhne und Gehälter einem Lohnstopp unterlagen.
Mit dem Jahr 1936 verlagerte sich die Ausrichtung der Wirtschaftspolitik zunehmend auf die **„Wehrhaftmachung“** Deutschlands, zu der das Einfrieren der Löhne einen finanziellen Beitrag leisten sollte. Zur weiteren Finanzierung der forcierten Aufrüstung zwang man die Banken, ihre Gelder in Anleihen anzulegen. Überdies wurde mit der Metallurgischen Forschungsanstalt eine Scheinfirma geschaffen, auf die Wehrmachtslieferanten Wechsel ziehen konnten. Zudem wurde die Notenpresse wieder verstärkt in Gang gesetzt.

Da die Produktion kriegswichtiger Güter von nun an endgültig im Vordergrund stand und man sowohl im industriellen als auch im agrarischen Sektor, der über den **Reichsnährstand** staatlich gelenkt wurde, nach Autarkie strebte, verschlechterte sich die Lage der Bevölkerung aufgrund der Konsumgüterverknappung weiter. Diese Situation war aufgrund des Primats der Kriegsvorbereitung nicht zu ändern, man versuchte aber, durch massiven Propagandaeinsatz möglicher Unzufriedenheit oder Kritik entgegenzuwirken. Außerdem ging man davon aus, daß die durch Rüstung belastete Wirtschaft nach den ersten Siegen im Krieg durch Ausbeutung der unterworfenen Länder saniert werden könne.

4 Hitlers Vorstellung von „sozialem Frieden" beinhaltete kein Konzept einer gesellschaftlichen Umgestaltung oder einer Überwindung von Klassengegensätzen. Es ging ihm vielmehr um die Schaffung einer eher vordergründigen „**Volksgemeinschaft**", die jegliche Individualität auslöschen und die Bevölkerung zu kritiklosem Gehorsam gegenüber dem Führerstaat erziehen sollte. Dieses Ziel versuchte man mit unterschiedlichen Mitteln, vor allem durch den Einsatz von Propaganda, aber auch durch offenen Zwang zu erreichen. Von großer Bedeutung waren in diesem Zusammenhang die zahlreichen NS-Verbände, wie z. B. die **HJ** oder der **BDM**, die ihren Mitgliedern durch Uniformierung und Indoktrination das Gefühl von Einheit und Gleichheit vermitteln sollten. Dem gleichen Zweck dienten auch propagandistische Maßnahmen wie der sogenannte Eintopfsonntag oder auch die Schaffung der NS-Gemeinschaft **KdF**.
Die Diskrepanz zwischen Anspruch und Wirklichkeit des Prinzips der Volksgemeinschaft wird insbesondere im Bereich des Arbeitslebens offensichtlich. Während einerseits die Betriebe nach dem Führerprinzip umstrukturiert und soziale Errungenschaften der Weimarer Republik, wie z. B. das Betriebsrätesystem, abgeschafft wurden, vereinigte man andererseits Arbeitgeber und Arbeitnehmer zwangsweise in der größten Massenorganisation des NS-Staates, der **DAF**. Die Mitgliedschaft war theoretisch freiwillig, tatsächlich konnte man sich ihr aber kaum entziehen, da ein ausgedehntes System der Überwachung und Organisationen wie die Gestapo Kritik oder Widerstand nahezu unmöglich machten. Klassengegensätze wurden damit nie aufgehoben, lediglich die Austragung von Konflikten wurde zu Lasten der Arbeitnehmer unmöglich gemacht.

5.1 Es gelang der nationalsozialistischen Regierung relativ rasch, in der Bevölkerung ein hohes Maß an Zustimmung zu erreichen. Dies gilt insbesondere für die bürgerlichen Schichten, auch der Widerstand der Arbeiterschaft verminderte sich jedoch angesichts der beginnenden wirtschaftlichen Erholung.
Da bereits seit November 1933 eine Einheitsliste der NSDAP vorgelegt wurde, ist es nahezu unmöglich, aus Wahlergebnissen ein Stimmungsbild der deutschen Bevölkerung abzuleiten. Es ist aber davon auszugehen, daß es neben denjenigen, die das neue Regime mit Begeisterung unterstützten, eine große Zahl von Unpolitischen gab, die sich nur soweit politisch betätigten, wie es aus beruflichen oder privaten Gründen erforderlich schien. Daneben gab es einzelne Widerstandskämpfer und -gruppen, die im Hinblick auf Motive, Vorgehensweisen und Zielvorstellungen sehr unterschiedlich waren und die aus den unterschiedlichsten Gesellschaftsschichten kamen: Es gab Widerstandsgruppen in bürgerlichen Schichten, in der Arbeiterschaft, in kirchlichen Kreisen und – insbesondere nach Kriegsausbruch – im Militär.
Der bürgerliche Widerstand befaßte sich insgesamt nicht mit konkreten Umsturzplänen, sondern vornehmlich mit moralischen und staatsrechtlichen Fragen sowie der Erarbeitung von Konzepten für eine zukünftige Staatsform. Als besonders einflußreiche Gruppe ist in diesem Zusammenhang der **Kreisauer Kreis** zu nennen, in dem sich unter Führung des GRAFEN JAMES VON MOLTKE Vertreter der unterschiedlichsten politischen Richtungen trafen.

Die Widerstandsgruppen der Arbeiterschaft konzentrierten sich vornehmlich auf Flugblattaktionen und Sabotageakte. Als Beispiele sind der **Rote Stoßtrupp** oder auch die **Rote Kapelle** zu nennen, die eng mit der Sowjetunion zusammenarbeitete und – ähnlich wie der Kreisauer Kreis – von der Gestapo zerschlagen wurde.
Im kirchlichen Bereich traten insbesondere Einzelpersonen mit ihrem Protest oder Aktionen gegen den Nationalsozialismus in den Vordergrund – zu nennen sind hier beispielsweise der Bischof von Münster, GRAF VON GALEN, oder Pfarrer NIEMÖLLER als Gründer des Pfarrernotbundes. Ein geschlossener Widerstand seitens der Kirche erfolgte jedoch nicht.
Der Widerstand des durch seinen Eid an Hitler gebundenen Militärs entwickelte sich nur langsam und nahm erst während des Krieges konkrete Formen an. Man beabsichtigte, Hitler durch ein Attentat zu beseitigen und einen Staatsstreich herbeizuführen. Entsprechende Pläne wurden von Generaloberst BECK bereits 1938 entwickelt. Nachdem mehrere Attentatsversuche gescheitert waren, formierte sich 1943 um den GRAFEN VON STAUFFENBERG eine gut organisierte, weitverzweigte Widerstandsgruppe, die zwar klar erkannt hatte, daß die militärische Niederlage Deutschlands nicht mehr abwendbar sein würde, aber dennoch um jeden Preis die Diktatur stürzen wollte. Wenn der Attentatsversuch vom 20. Juli 1944 auch scheiterte, so hat er doch dazu beigetragen, nach dem Krieg eine Verständigung zwischen Siegern und Besiegten zu ermöglichen.

5.2 Auch in den Kreisen deutscher Jugendlicher und Studenten entwickelte sich Widerstand. Zu den bedeutendsten Gruppen gehörte die **Weiße Rose**, der hauptsächlich Studenten aus München angehörten.Es bildeten sich im Laufe der Zeit weitere Gruppen bis nach Hamburg. Zum engsten Mitgliederkreis gehörten HANS und SOPHIE SCHOLL, ALEXANDER SCHMORELL, WILLI GRAF, CHRISTOPH PROBST und der Philosophieprofessor KURT HUBER.

Die meisten Jugendlichen entstammten dem Bildungsbürgertum, waren durch den christlichen Glauben geprägt und zum Teil selbst – wie Hans Scholl – begeisterte Mitglieder der Hitlerjugend gewesen, bevor sie sich, teilweise beeinflußt durch eigene Kriegserlebnisse, vom Nationalsozialismus abwandten.
Die Gruppe arbeitete hauptsächlich mit Flugblattaktionen und Wandparolen. Auf dem ersten Flugblatt, das im Sommer 1942 an 100 ausgewählte Adressen versandt wurde, prangerten sie die Fortführung des als sinnlos erkannten Krieges an. Es folgten weitere Flugblätter, in denen die nationalsozialistische Regierung als verbrecherisch gebrandmarkt und die Rückkehr zu rechtsstaatlichen Prinzipien gefordert wurde. Darüber hinaus wurde eine internationale Zusammenarbeit und insgesamt die „geistige Erneuerung" Europas propagiert.
Mit zunehmender Auflagenstärke wuchsen auch die Probleme der Gruppe, denn die Materialbeschaffung und die Verbreitung der Schriften wurden immer schwieriger und riskanter. Im Februar 1943 erschien das letzte Flugblatt in einer Auflagenstärke von 3000 Stück. Es wurde zum Teil verschickt, ein Teil wurde jedoch auch von den Geschwistern Scholl in der Münchner Universität verteilt. Bei dieser Aktion wurden sie entdeckt und inhaftiert. Der Kern der Gruppe wurde kurz darauf verurteilt und hingerichtet, weitere Mitglieder erhielten hohe Zuchthausstrafen.

Grundkurs Geschichte (Sachsen): Abiturprüfung 1995
Nachtermin – Aufgabe B

M 1: Auszug aus einer Rede Walter Ulbrichts

Was wollen wir 1955 erreichen?

Wir wollen den großen Fünfjahrplan zum Siege führen und damit die Arbeiter-und-Bauern-Macht in der Deutschen Demokratischen Republik weiter stärken. Wir wollen durch weitere Investitionen auf dem Gebiete der Energieerzeugung, des Kohlenbergbaus, der chemischen Industrie und der Metallindustrie die Bedingungen für den weiteren Aufstieg der Wirtschaft und damit für die weitere Verbesserung der Lebenshaltung der Werktätigen schaffen. Wir wollen durch ein strenges Sparsamkeitsregime erreichen, daß größere Mittel für die Zwecke der Produktion zur Verfügung stehen, was letzten Endes den Werktätigen selbst zugute kommt. Wir wollen erreichen, daß durch die vermehrte Erzeugung von Waren des Massenbedarfs und durch die Steigerung der Erträge in der Landwirtschaft die Versorgung der Bevölkerung verbessert wird. Wir wollen weiter erreichen, daß die Staatsmacht der Deutschen Demokratischen Republik weiter gestärkt und im Falle der Ratifizierung der Pariser Verträge nationale Streitkräfte geschaffen werden zum Schutze der großen Errungenschaften des Volkes.

Feindliche Kräfte und übelwollende Leute können es nicht lassen, die selbstkritische Aufdeckung von Schwächen und Mängeln in unserer wirtschaftlichen Arbeit zur Hetze gegen die sozialistische Planwirtschaft auszunutzen. Diese gegnerischen Kräfte können jedoch durch ihre Verleumdungen die Tatsache nicht verschleiern, daß in Westdeutschland unter den Bedingungen der Wirksamkeit des ökonomischen Grundgesetzes des Kapitalismus sich die Ausbeutung der Werktätigen immer mehr verschärft, um dem Monopolkapital und anderen kapitalistischen Unternehmen einen Maximalprofit zu sichern. Im Drang nach immer höheren Profiten betreiben die monopolkapitalistischen Kräfte die Aufrüstung und bereiten den Krieg zur Unterjochung und Ausplünderung anderer Völker vor.

Die kapitalistische Presse, die diesen Interessen des Großkapitals dient, ist weder gewillt noch ist sie imstande, das große Werk des Neuaufbaus in der Deutschen Demokratischen Republik zu beurteilen. Der Aufbau der neuen Gesellschaftsordnung ist eine so gewaltige Aufgabe, daß sie unmöglich in der Zeit des Fünfjahresplanes gelöst werden kann. In der Übergangsperiode, in der wir uns jetzt befinden, lernen die Arbeiterklasse und die mit ihr eng verbundene Intelligenz, die neue Gesellschaft aufzubauen und erziehen die kleinbürgerlichen Massen im Geiste des Fortschritts. Je gründlicher die Arbeiterklasse und die Werktätigen die Lehre vom Staat und von der politischen Ökonomie sich aneignen, um so besser sind sie imstande, die neuen Aufgaben zu lösen.

Aus: „Freie Presse“ vom 3. Januar 1955, S. 4, Stadtarchiv Zwickau

M 2: Auszug aus einer veröffentlichten Diskussion der Parteien der DDR zum Warschauer Vertrag

Allgemeine Zustimmung zum Warschauer Vertrag

Aus der Diskussion der Vertreter der demokratischen Parteien unserer Republik: Dr. Lothar Bolz, der die Aussprache eröffnete, sagte u. a.:
„Das erste Fazit, das wir Deutschen aus der Warschauer Konferenz zu ziehen haben, ist: Die Kräfte der friedlichen und demokratischen Wiedervereinigung Deutschlands sind stärker geworden, die berechtigte Zuversicht auf die Lösung vieler nationaler Grundaufgaben ist vervielfacht, die Wiedervereinigung Deutschlands ist durch Warschau nähergerückt.“

Aus: „Freie Presse“ vom 23. Mai 1955, S. 3, Stadtarchiv Zwickau

M 3: Zeitungsartikel von Rudolf Hertel, 1. Vorsitzender des Kreisverbandes Plauen-Stadt der CDU

Gemeinsam wollen wir ein Deutschland des Friedens schaffen.

Ich hatte in den letzten Tagen viele Gelegenheiten, mich mit westdeutschen Besuchern zu unterhalten. Sie alle brachten übereinstimmend zum Ausdruck, daß sie die Remilitarisierung ablehnen. Die Remilitarisierung würde sich aber aus der Ratifizierung der Verträge von London und Paris ergeben. Die Folgen davon wären ein grausamer Krieg Deutscher gegen Deutsche mit den furchtbarsten Waffen, die Zerstörung der von allen Menschen in harter Arbeit geschaffenen Werte, unzählige blutige Opfer und damit unendliches Leid in jeder Familie. Für alle Menschen guten Willens muß dies ein nicht zu überhörendes Signal sein, alle Kräfte gegen die Ratifizierung und die damit verbundenen Gefahren des Bruderkrieges und die Vertiefung der Spaltung Deutschlands einzusetzen.

Aus: „Freie Presse“ vom 3. Januar 1955, S. 1, Stadtarchiv Zwickau

Aufgaben:

1.1 Erarbeiten Sie aus M 1 wesentliche Aussagen Walter Ulbrichts zum Entwicklungsstand der DDR zu Beginn des Jahres 1955. 8 BE

1.2 Analysieren Sie die sprachliche Gestaltung des Textes (M 1).
Ziehen Sie dabei Rückschlüsse auf das Verhältnis der beiden deutschen Staaten zueinander. 10 BE

2 Skizzieren Sie Grundzüge der politischen Entwicklung in der Bundesrepublik Deutschland von 1949 bis 1955.
Zeigen Sie wesentliche Unterschiede zur politischen Struktur der DDR auf. 12 BE

3.1 Untersuchen Sie, welche Einschätzung die Pariser Verträge und der Warschauer Vertrag in M 2 und M 3 erfahren. 6 BE

3.2 Nehmen Sie zu den Einschätzungen in M 2 und M 3 Stellung.
Erläutern Sie die Folgen der beiden Vertragswerke für die deutsche Frage. 12 BE

4. USA und UdSSR beeinflußten nach dem Zweiten Weltkrieg maßgeblich die deutsche Entwicklung.
Erläutern Sie diese Aussage an einem Beispiel Ihrer Wahl. 12 BE

60 BE

Lösungsvorschlag

1.1 Ulbricht umreißt in seiner Neujahrsrede einerseits neue Aufgaben, andererseits zieht er aber auch Bilanz.
Auf innenpolitischem Gebiet sollen Produktionssteigerungen im Rahmen des „großen Fünfjahrplanes" zum Siege führen (Z. 1). Dadurch werde eine Stärkung der Arbeiter- und Bauern-Macht in der DDR erreicht. (Z. 2, 11 f.) Durch Intensivierung der Wirtschaft sollte die Leistungsfähigkeit der Produktion erhöht und damit das Lebensniveau der Bevölkerung verbessert werden. Eine Ertragssteigerung in der Landwirtschaft habe die Verbesserung der Versorgung der Bevölkerung zur Folge. Ulbricht schätzt diese gegenwärtige Phase als „Neuaufbau" (Z. 26) und „Übergangsperiode" (Z. 29) ein, in der die „Lehre vom Staat und von der politischen Ökonomie" (Z. 32 f.) an die „Werktätigen" (Z. 32) herangetragen werden muß. Nur so sind „die neuen Aufgaben zu lösen".

1.2 Aus Ulbrichts Ausführungen spricht eine optimistische, bejahende Zukunftssicht. Dies kommt vor allem durch das Einfügen von Attributen zum Ausdruck: „großer Fünfjahrplan" (Z. 1), „neue Aufgaben" (Z. 32 f.), „die großen Errungenschaften des Volkes" (Z. 13), „neue Gesellschaft" (Z. 30). Ulbrichts Rede ist durch die Verwendung von Schlagwörtern **propagandistisch** untermauert. Er macht regelrecht Reklame für sein System.
Dies zeigt also, daß sich die Position Ulbrichts nach dem Aufstand der Arbeiter am 17. Juni 1953 wieder gefestigt hat. Er hatte erkannt, daß nur Veränderungen in der Wirtschaft eine Verbesserung der Lebensbedingungen der Menschen hervorrufen können. Deshalb legt er in seiner Rede so großen Wert auf Produktionssteigerungen und erhöhte Konsumgüterproduktion.

Im Verhältnis zum Westen, insbesondere zur Bundesrepublik, bedient sich Ulbricht in seinen Ausführungen des **Vokabulars** des **Kalten Krieges**.
Diese Zuspitzung der deutsch-deutschen Beziehungen drückt er mit den Worten „Ausbeutung der Werktätigen", „dem Monopolkapital und anderen kapitalistischen Unternehmern einen Maximalprofit ... sichern", „Drang nach immer höheren Profiten", „betreiben die monopolkapitalistischen Kräfte die Aufrüstung" und „... zur Unterjochung und Ausplünderung anderer Völker" (Z. 23 f.) aus.
Der „kapitalistischen Presse" spricht er uneingeschränkt das Urteilsvermögen über den Neuaufbau in der DDR ab. Diese verfälschende Berichterstattung bezeichnet er vorwurfsvoll als „Verleumdungen" von „gegnerischen Kräften" (Z. 17 f.). Auch hier zeigt sich wiederum das gespannte **deutsch-deutsche Verhältnis**. Besonders auf außenpolitischem Gebiet versucht Ulbricht, der Bundesrebublik einen aggressiven Charakter nachzuweisen.
In Zeile 23 verwendet er den Begriff „Aufrüstung", und in den Zeilen 24 f. spricht er von der „Unterjochung und der Ausplünderung anderer Völker".
Ulbricht kritisiert seinerseits die Zustände in der Bundesrepublik, um indirekt die Überlegenheit des gesellschaftlichen Systems der DDR beweisen zu können.

2 Im Mai 1949 wurde das **Grundgesetz** verkündet. Es legte eine demokratische Republik fest. Die Bundesrepublik erhob damit den Anspruch, für das ganze Deutschland zu sprechen.
Erster Bundeskanzler wurde KONRAD ADENAUER mit einer bürgerlichen Koalition aus CDU/CSU, FDP und DP. Die Sozialdemokratie wurde damit in die Opposition verwiesen, was in den 50er Jahren zu harten innenpolitischen Auseinandersetzungen zwischen Regierung und Opposition über die Richtung der Politik (z. B. Westintegration, Saarfrage, Wiederbewaffnung) führte.

Die ersten Jahre der Republik waren von außenpolitischen Grundsatzentscheidungen geprägt. Adenauers Politik zielte auf die Rückgewinnung der deutschen Souveränität bei gleichzeitiger Eingliederung in den Westen. Adenauer betrieb hier eine konsequente Politik. In seinen Augen war die Sowjetunion nur dann zu ernsthaften Gesprächen über eine Wiedervereinigung Deutschlands bereit, wenn der Westen aus einer Position der Geschlossenheit und Stärke verhandeln kann. Die SPD befürchtete hingegen, daß die zusehende Eingliederung der Bundesrepublik in den Westen die Spaltung nur vertiefen, also die Möglichkeit zur Wiedervereinigung verbauen werde.

Der zweite Problemkreis, der zunächst umstritten war, die Wirtschaftsordnung, wurde durch den wirtschaftlichen Aufstieg zugunsten des Konzepts der sozialen Marktwirtschaft von LUDWIG ERHARD entschieden. Erste außenpolitische Erfolge und beginnendes Wirtschaftswunder waren die Grundlage für den Wahlgewinn der CDU/CSU bei den Bundestagswahlen 1953, bei denen sie ihren Stimmenanteil auf 45 % ausbauen konnte. Am 5. Mai 1955 wurde durch das Inkrafttreten der Pariser Verträge das Besatzungsstatut aufgehoben und die Bundesrepublik souverän. Adenauer hatte sein erstes Ziel erreicht: die **Westintegration**.

Parallel zur Gründung der Bundesrepublik Deutschland entstand am 7. Oktober 1949 auf dem Gebiet der sowjetischen Besatzungszone die Deutsche Demokratische Republik. Das seit 1945 bestehende Mehrparteiensystem behielt zwar formal seine Gültigkeit, aber die SED beharrte immer mehr auf ihren Führungsanspruch. Im Gegensatz zum Parteienpluralismus der Bundesrepublik und der Repräsentanz des Volkes in einem frei gewählten Parlament bestand in der DDR durch die führende Rolle der SED die Herrschaft einer Partei, die Diktatur der SED. Wahlen verkamen hier zu einem „Faltengehen" als Bekenntnis zur Staatstreue.

In der Bundesrepublik wurde das **Bundesstaatprinzip** im Grundgesetz (Art. 20 GG) verankert. Der dadurch gewährleistete Föderalismus stellt ein Element der Gewaltenteilung dar, soll den Machtmißbrauch verhindern und den Bürgerinnen und Bürgern eine größere Anzahl politischer Beteiligungsmöglichkeiten bieten.
Im Gegensatz zum Föderalismus der Bundesrepublik stand der **Zentralismus** der DDR, wo alle Kompetenzen bei der SED konzentriert wurden, und die Bundesländer 14 Bezirken weichen mußten. Ostdeutschland wurde wirtschaftlich und innenpolitisch am sowjetischen Vorbild ausgerichtet.

Den Aufbau militärischer Blöcke und Organisationen im Westen beantwortete die Sowjetunion mit der Zusammenfassung bisher schon bestehender Bündnisverträge im 1955 gegründeten **Warschauer Pakt**, in den die DDR integriert wurde. Damit waren aus zwei deutschen Teilstaaten militärische Gegner geworden.

3.1 Der Warschauer Vertrag verpflichtet zu Konsulationen in allen wichtigen Fragen der internationalen Politik, zu gegenseitigem militärischen Beistand sowie zur Unterstellung unter ein gemeinsames Oberkommando.
Die Parteien der DDR schätzen den **Warschauer Vertrag** in M 2 positiv ein. Durch diesen Vertrag käme es zu einer Stärkung der Kräfte der Wiedervereinigung. Große Zuversicht wird hinsichtlich der Lösung vieler nationaler Grundaufgaben ausgedrückt. In der DDR glaubt man, daß der Warschauer Vertrag die deutsche Wiedervereinigung näher rückt.

Auf der Londoner Neun-Mächte-Konferenz wurde der Beitritt der Bundesrepublik zur NATO, die Bildung der Westeuropäischen Union und eine Anpassung des Deutschlandvertrages beschlossen und in den Pariser Verträgen vollzogen.

Rudolf Hertel behauptet in M 3, die **Londoner** und **Pariser Verträge** wurden von den Bundesbürgern wegen der Gefahr der Remilitarisierung abgelehnt. Er sieht eine große Gefahr in einem Krieg Deutscher gegen Deutsche. Er fordert dazu auf, die Zerstörung der Werte, die sich die Menschen geschaffen haben, zu verhindern und sich daher gegen die Ratifizierung der Verträge auszusprechen.

3.2 Aus der Stellungnahme von Bolz wird nicht ersichtlich, warum die Gründung des Warschauer Paktes die Wiedervereinigung Deutschlands näherbringen sollte. Nach der offiziellen Eingliederung der DDR in einen Militärblock stehen sich nun zwei deutsche Staaten in unterschiedlichen Bündnissen gegenüber. Darüber können auch emotional unterlegte Formulierungen wie „wir Deutschen“ (Z. 3) nicht hinwegtäuschen. Da Lothar Bolz (NDPD) 1955 Außenminister der DDR ist, zeigen seine Ausführungen, daß auch die Parteien neben der SED voll den Kurs der SED nach Eingliederung in den Osten unterstützen.
Im Gegensatz zur Einschätzung von Rudolf Hertel ist festzuhalten, daß die Eingliederung der Bundesrepublik in den Westen keineswegs zu einem Bruderkrieg führte. Vielmehr war nur die sich seit 1946 andeutende Entwicklung der Scheidung Deutschlands in zwei Einflußzonen bis auf Berlin zum Abschluß gekommen. In Berlin geschah dies durch den **Mauerbau 1961**.
Allerdings erreicht die Bundesregierung nicht das Ziel, nach ihrer **Westintegration** aus einer gesicherten Position heraus mit der Sowjetunion in ein Gespräch über die Wiedervereinigung Deutschlands eintreten zu können. Die Sowjetunion war eben in den 50er Jahren nicht bereit, ihren Teil Deutschlands aus ihrem Machtbereich zu entlassen. Insofern hat Hertel recht, wenn er feststellt, daß die Pariser Verträge die Spaltung Deutschlands vertiefen würden. Was seine Behauptung, die Westdeutschen seien gegen Westintegration und Wiederbewaffnung betrifft, so ist richtig, daß die Remilitarisierung umstritten war und es eine breite „Ohne-mich“-Bewegung gab. Es bleibt aber die Tatsache, daß die westdeutsche Bevölkerung bei den Bundestagswahlen 1953 und 1957 die Parteien bestätigte, die den hier kritisierten Kurs steuerten. Insgesamt zeigt aber die Auseinandersetzung um die Eingliederung der beiden deutschen Staaten in Blocksysteme, daß damit langfristige Entscheidungen verbunden waren. Und tatsächlich konnte die Spaltung erst 1989/90 überwunden werden.

4 Wie die USA und die UdSSR nach dem Zweiten Weltkrieg die deutsche Entwicklung beeinflußten, soll am Beispiel der **Berliner Blockade** dargestellt werden. Bei Kriegsende war die Reichshauptstadt Berlin allein von der Sowjetarmee eingenommen worden. Im Protokoll der Europäischen Beratenden Kommission vom 12. September 1944 hatten aber die Alliierten den Dreimächtestatus (später den Viermächtestatus) der Stadt und die Einteilung in entsprechende Sektoren festgelegt. Regelungen für den Verkehr durch die sowjetische Zone wurden nicht getroffen. Ende November 1945 wurden lediglich für den Luftverkehr drei Luftkorridore nach Berlin eingerichtet. Nachdem der sowjetische Militärgouverneur Sokolowski am 20. März 1948 den Alliierten Kontrollrat verließ, der damit aufhörte zu existieren, kam es zu Behinderungen auf den Zufahrtswegen nach Berlin. Bereits zu diesem Zeitpunkt wurde eine kleine Luftbrücke eingerichtet. Als jedoch die westlichen Alliierten die DM-Währung der Westzonen auch in den Westsektoren Berlins einführten, wo vorher die Sowjetunion die Ostmark als alleinige Währung für verbindlich erklärt hatte, verhängte die Sowjetunion eine totale Sperre der Schienen- und Straßenwege, wenige Tage später auch der Wasserwege von und nach Westberlin. Damit waren die Westsektoren auch von Stromlieferungen aus dem Ostsektor und der Zufuhr von Frischmilch und anderen Lebensmitteln aus der sowjetischen Besatzungszone abgeschnitten.

Mit dem Anspruch, Berlin liege auf dem Territorium der sowjetischen Besatzungszone, trat die Sowjetunion aggressiv gegen die Rechte der Westmächte aufgrund des Viermächtestatus auf. Durch Aushungern sollte die Westberliner Bevölkerung mürbe gemacht werden. Die westlichen Besatzungsmächte wollte man zur Aufgabe ihrer Position in Berlin zwingen. Die Blockade hatte mehrere Ziele: Zum einen sollte sie die Schwäche der Westmächte und ihre instabile Position in Berlin verdeutlichen. Dabei sollte die Rolle der Sowjetunion als Führungsmacht der Weltöffentlichkeit durch die Brüskierung der USA dokumentiert werden. Zum anderen sollte der Aufbau eines Weststaates untergraben werden. Die Sowjetunion strebte das politische Ziel an, den sich abzeichnenden staatlichen Aufbau und die Einbindung Westdeutschlands und Westberlins in den westlichen Staatenblock zu verhindern.

Die Amerikaner und Briten reagierten auf diese Kampfansage mit der Einrichtung einer **Luftbrücke**. Die elfmonatige Blockade zeugte von einer einmaligen organisatorischen, technischen und menschlichen Leistung. Am 12. Mai 1949 wird die Berlin-Blockade durch das „Jessup-Malik-Abkommen" aufgehoben, nachdem ihre Nutzlosigkeit deutlich geworden war. Berlin wurde zum ersten Höhepunkt des **Kalten Krieges** in den Ost-West-Beziehungen. Die Sowjetunion hatte sich nicht durchsetzen können, jedoch erkannt, daß die Westmächte den Einsatz militärischer Mittel scheuten. Die Absichten der Sowjetunion verkehrten sich jedoch ins Gegenteil. Anstatt eine Entfremdung zwischen Westberlinern und Deutschen einerseits und den Westmächten (speziell den Amerikanern) andererseits zu erreichen, wurden diese nun von den Deutschen als Schutzmächte empfunden. Kompromißloser Antikommunismus wurde im Westen als bester Schutz gegen neue Erpressungsversuche angesehen. Die deutschen Ministerpräsidenten entschieden sich gerade auch unter dem Eindruck der Berliner Blockade für die Weststaatsgründung, zumal der Berliner Regierende Bürgermeister ERNST REUTER sie darin bestärkte.

Die maßgebliche Beeinflussung der deutschen Entwicklung durch die USA und die UdSSR kann auch anhand von anderen Beispielen aufgezeigt werden, z. B.
- generelle Entscheidungen aus der Besatzungszeit bis 1949 (z. B. Marshall-Plan, Potsdamer Konferenz)
- Einfluß der USA oder der UdSSR auf die Staatenbildung
- Stalinnote 1952
- Ereignisse vom 17. Juni 1953

u. ä.

Grundkurs Geschichte (Sachsen): Abiturprüfung 1996
Aufgabe A (Alternative 1)

M 1: Jochen Bleicken über Caesar

Mit der Konzentration aller politischen Macht in seinen Händen hatte Caesar die Herrschaft im Staat errungen, aber formal war er nicht Herrscher. Die alten Institutionen und Normen hatten ihre Kraft zwar eingebüßt, aber sie waren nicht verschwunden, und nichts war an ihre Stelle getreten. An eine Reform der politischen Organisation, die den veränderten Verhältnissen Rechnung getragen hätte, schien Caesar nicht zu denken, und ganz offensichtlich hat die öffentliche Meinung dergleichen auch nicht erwartet: Es war noch gar nicht in das allgemeine Bewußtsein gedrungen, daß die Militärdiktatur der Mächtigen die Basis der alten Ordnung zerstört hatte. Caesar regierte denn auch, wenn man das Wort benutzen darf, zunächst auf traditionelle Weise. (...)
Die Schwächung der traditionellen Institutionen und die maßlosen Ehrungen für Caesar ließen die Diskrepanz zwischen den herkömmlichen staatlichen Formen und der politischen Stellung Caesars wachsen und hoben allmählich auch die Frage nach der politischen Zukunft Roms ins Bewußtsein vor allem der Vornehmen: Wie konnte Caesar sich mit der alten „res publica", und d. h. vor allem mit der aristokratischen Gesellschaft versöhnen, und wie sollte sich seine Macht in ein solches Versöhnungswerk einordnen? Seine Gegner behaupteten später, Caesar habe König werden wollen, und verwiesen darauf, daß Antonius ihm bei dem Luperkalienfest[1] am 15. Februar 44 das Königsdiadem angeboten und Caesar es nur wegen des fehlenden Jubelgeschreis der Umstehenden abgelehnt habe, sowie darauf, daß die Statue Caesars an den Rostra[2] mit dem Diadem geschmückt worden sei. Aber der König war für die Römer seit Jahrhunderten der klassische Tyrann; Caesar müßte alle Maße verloren haben, sollte er an das Königtum gedacht haben. Solche Maßlosigkeit können unsere Quellen aber nicht bestätigen, und so ist das Bild von dem nach der Krone lechzenden Caesar das seiner Gegner. (...)
Nicht zuletzt das unausgeglichene Verhältnis zum Staat und der ihn tragenden Gesellschaft veranlaßte Caesar, im Frühjahr 44, nachdem er sich seit Beginn des Bürgerkriegs lediglich 15 Monate in Rom aufgehalten, die übrige Zeit auf Feldzügen zugebracht hatte, erneut ins Feld zu rücken, dieses Mal gegen die Parther, an denen die Schmach von Carrhae[3] noch nicht gerächt worden war. Doch in der letzten Senatssitzung vor dem Aufbruch in den Osten, an den Iden des März (15. 3. 44), wurde er im Senatslokal – es war ein Raum im Theater des Pompeius – zu Füßen der Statue des Pompeius ermordet. Die ca. 60 Verschwörer waren durchweg Senatoren (...).
Nicht alle trieb der edle Drang nach Freiheit zum Mord; manchen trug persönlicher Haß.

[1] altrömisches Fest zu Ehren des Hirtengottes Faunus
[2] altrömische Rednerbühne
[3] 53 v. Chr., Niederlage und Tod des Crassus gegen die Parther

Aus: Jochen Bleicken, Geschichte der römischen Republik, München 1992, S. 88ff.

Aufgaben:

1 Legen Sie dar, wie „Caesar die Herrschaft im Staate errungen" (Z. 1 f.) hat. 10 BE

2 Begründen Sie unter Einbeziehung der Verfassungsstruktur der römischen Republik nach den Ständekämpfen, warum während Caesars Herrschaft „die alten Institutionen und Normen ... ihre Kraft zwar eingebüßt" hatten, „aber sie waren nicht verschwunden, und nichts war an ihre Stelle getreten" (Z. 2 f.) 14 BE

3 Arbeiten Sie aus M 1 die Gründe für das Scheitern Caesars heraus. Erläutern Sie diese. 12 BE

4 Im 2./1. Jahrhundert v. Chr. gab es im „imperium Romanum" Versuche, die „res publica" zu stabilisieren.
Stellen Sie einen Versuch ausführlich dar.
Erklären Sie das Ergebnis. 12 BE

5 „Caesar war das einzige schöpferische Genie, das Rom hervorgebracht hat, und das letzte der Antike."[1]
Überprüfen sie diese Behauptung am Wirken Ocatavians/Augustus' oder einer anderen Herrscherpersönlichkeit Roms. 12 BE

60 BE

[1] Zvi Yavetz, Caesar in der öffentlichen Meinung, Düsseldorf 1979, S. 23

Lösungsvorschlag

1 Caesars Aufstieg im römischen Staat vollzog sich über mehrere Stationen. 63 v. Chr. war Caesar zum Pontifex maximus auf Lebenszeit gewählt worden und damit betraut, alle staatlichen Sakralakte zu überwachen. Er war ein Neffe des Marius, entstammte also einer vornehmen und angesehenen Familie, den Juliern. Pompeius, der im Osten erfolgreiche General, suchte im Jahre 60 v. Chr., enttäuscht darüber, daß der Senat ihn nicht ehrte, seine politischen Maßnahmen in den Ostprovinzen nicht anerkannte und seine Forderungen nach ziviler Versorgung seiner Veteranen nicht erfüllte, Bundesgenossen. Caesar und der steinreiche Licinus Crassus boten sich an. Sie wollten Pompeius bei der Veteranenversorgung helfen. So wurde das sogenannte **Erste Triumvirat** gegründet.
Schon früher schlossen sich Mitglieder führender römischer Familien zur Durchsetzung politischer Ideen zusammen. Aber durch die Einigungsformel „Es solle im Staate nichts geschehen, was einem von den Dreien mißfiel" kam zum Ausdruck, daß hier zwar formlos, aber wirkungsvoll ein für den Senat gefährliches Entscheidungsbündnis geschlossen worden war.
Das Triumvirat übte wirksam Druck aus. So wurde Caesar **59 v. Chr.** zum **Konsul gewählt**. Er benutzte seine Position zur Durchsetzung der von Pompeius gewünschten Forderungen. Nach seinem Konsulat wurde Caesar zweimal für je fünf Jahre **Statthalter** der römischen Nordprovinzen. Zwischen 58 und 51 v. Chr. eroberte er als Heerführer ohne Senatsauftrag Gallien. Dies stärkte seine politische Position, aber besonders seine militärische Macht, da er sich ein treuergebenes, kampferprobtes Heer verschaffte. Während seiner Abwesenheit formierte sich in Rom inzwischen eine Opposition gegen Caesar, die ihn stürzen wollte. Auch Pompeius stand ihm feindlich gegenüber. Ihm wurde gedroht, daß er als Staatsfeind behandelt würde, wenn er nicht sein Herr auflöse und nach Rom zurückkehre. Caesar ignorierte die gegen ihn erlassenen Senatsbeschlüsse. Als ihm klar wurde, daß er mit einer Anklage wegen mehrerer Verstöße gegen die Verfassung zu rechnen hatte, überschritt er 69 v. Chr. mit einer illegalen Truppenstärke den Grenzfluß Rubikon und marschierte mit seinen Legionen gen Rom.
Damit löste er den **Bürgerkrieg** aus. Rom fiel ihm kampflos in die Hände. Die meisten Senatoren waren geflohen. Von den verbliebenen ließ sich Caesar zum **Diktator** wählen. Nach vier Jahren Bürgerkrieg, während dessen Pompeius den Tod fand und sich zeigte, daß Caesar besiegte Gegner durchaus nicht vernichtete, sondern milde behandelte („clementia Caesaris"), hatte er jeglichen Widerstand unterdrückt. Der Senat erkannte seine Machtstellung an. Militärische, wirtschaftliche und sozialpolitische Erfolge machten ihn quasi zum Alleinherrscher.
Er tastete die Organe der römischen Republik nicht an, höhlte aber ihre Substanz aus, indem er wichtige Ämter im Staat auf seine Person vereinigte. Er wurde 48, 46 und 44 v. Chr. zum Konsul gewählt, gleichzeitig war er Diktator, womit er auch in der Stadt Rom den militärischen Oberbefehl inne hatte; ab 44 v. Chr. war er dann Diktator auf Lebenszeit.
So hatte er in rund 15 Jahren eine fast monarchische Stellung aufgebaut. Durch Ämter-, Titel- und Würdenhäufung gelangte er in eine gottähnliche Stellung. Immer häufiger zeigte er sich mit königlichen Insignien, scheute aber vor dem Titel „rex" zurück.

2 Tatsächlich ließ Caesar die alten römischen Institutionen formal unangetastet. Zunächst muß hier ein Blick auf die **Verfassungsstruktur** der römischen Republik, wie sie sich seit den Ständekämpfen darstellte, geworfen werden.
Wie der Geschichtsschreiber POLYBIOS bereits darlegte, hatte die römische Republik eine Mischverfassung, die demokratische, monarchische und aristokratische Elemente aufwies. Allerdings trifft diese Kennzeichnung allenfalls oberflächlich zu, da letztlich einige wenige Familien die Geschicke des Staates lenkten – streng genommen war die römische Republik also eine **Oligarchie**.

Regiert wurde hauptsächlich durch zwei Institutionen, den **Senat** und die **Magistratur.** Die Magistrate waren die jährlich vom gesamten Volk gewählten Beamten, die die Gesetze und Senatsbeschlüsse ausführten, dem Volk Gesetzesvorschläge machten und für Rechtsprechung, Kriegführung und allgemeine Verwaltung zuständig waren. Sie besaßen weitgehende Vollmachten (potestas bzw. imperium). Die Gewalt aber war strikt an das Amt gebunden und dieses war auf ein Jahr begrenzt (Annuitätsprinzip). Außerdem war jedes Amt (mit Ausnahme des Sonderamtes der halbjährigen Diktatur) mit wenigstens zwei Inhabern besetzt (Kollegialitätsprinzip). Der Aufbau einer persönlichen, eben monarchischen Machtstellung sollte dadurch verhindert werden.
Grundsätzlich war jeder Bürger unter Einhaltung einer festen Ämterlaufbahn (cursus honorum) in jedes Amt wählbar. Da aber die Ämter unbesoldet, jedoch kostspielig waren, und ein **timokratisches Wahlsystem** herrschte, das den Wohlhabenden große Vorteile bei der Berücksichtigung ihrer Stimmen brachte, sicherten sich die angesehensten Familien unter der Hand ihre Position. Vor allem das Konsulat wurde innerhalb der Nobilität besetzt.
Die großen Familien verfügten außerdem über das Herrschaftsorgan des Senats. Man mußte eine Magistratur bekleidet haben, um Senator zu werden. Also waren es in der Regel die Mitglieder der führenden Familien, besonders der Nobilität, die im Senat vertreten waren.
Aufgrund der Erfahrungen als Magistrat und des Ansehens der Familien kam den Senatoren höchste „auctoritas“ zu. Dieser Erfahrungs-, Leistungs- und Ansehensvorsprung stellte den Senat über die Magistratur. Nur durch persönliche Leistung, und *nur* durch sie, konnte man über mehrere Wahlen den „cursus honorum“ durchlaufen, im Dienst der öffentlichen Sache erzeugte persönliche Würde (dignitas) erlangen. Die Meinungen und Ratschläge des Senats (senatus consultum) waren für die gesamte Volksgemeinschaft von Bedeutung. So bestimmte der Senat die Richtlinien der Politik, gab Weisungen an die Beamten, denen diese unbedingt gehorchen mußten, und erließ dennoch keine Gesetze im eigentlichen Sinn.

Gesetze wurden, wie auch die Bestellung der Magistrate und die Entscheidung über Krieg und Frieden, durch die **Volksversammlungen** beschlossen. Hier lag ein durchaus demokratisches Element vor. Allerdings waren Entscheidungen durch bestehende Klientelbindungen der Wähler an einen Patron vorprogrammiert.

Caesar nun bediente sich der vorhandenen Struktur der Republik, die formal erhalten blieb. Die tatsächliche Macht wollte er aber alleine ausüben. Durch die **Diktatur auf Lebenszeit** (dictator perpetuus) war er Amtsträger mit unumschränkter Machtbefugnis, d. h. er hatte umfassende militärische und zivile Befehlsgewalt. Weder Annuitäts- noch Kollegialitätsprinzip hatten noch Gültigkeit. Caesar ernannte nun die Beamten praktisch selbst, er kontrollierte zumindest die Ämterbesetzung; außerdem schuf er neue Beamtenstellen. Den Senat vergrößerte er auf 900 Mitglieder, wobei hauptsächlich ehemalige Gefolgsleute darunter waren. Caesar gebrauchte außerdem den Titel „imperator“. Eine neue Herrschaftskonzeption entwickelte er allerdings nicht. Es gab keine neuen Institutionen oder Organe, formal blieb alles wie es war.

3 Im vorliegenden Material erklärt der Historiker Jochen Bleicken, aus welchen Gründen Caesar letztlich scheiterte. Diese sollen nun näher erläutert werden:
Zunächst fällt, wie in 2 bereits beschrieben, auf, daß Caesar die staatsrechtliche Struktur der römischen Republik nicht prinzipiell veränderte (Z. 2–6). „Caesar regierte ... zunächst auf traditionelle Weise.“ (Z. 9 f.).
Caesars zeitlich begrenzte Diktaturen waren eigentlich Provisorien. Man sah keine Alternativen zu ihnen. Zunächst wurde der Öffentlichkeit also kaum bewußt, daß Caesar sich anschickte, die Alleinherrschaft zu erringen, denn „daß die Militärdiktatur der Mächtigen die Basis der alten Ordnung zerstört hatte“ (Z. 8 f.), erkannte man erst später.

Caesar betrieb anfangs eine erfolgreiche Politik, besonders durch seine Feldzüge. Die daraus sich ableitenden „maßlosen Ehrungen für Caesar“ (Z. 11 f.) wiegten diesen in Sicherheit. So versuchte er – immer im traditionellen Rahmen – Schritt für Schritt seine Position auszubauen. Aber gerade dieser übermäßige Kult um seine Persönlichkeit, verbunden mit einer ständigen „Schwächung der traditionellen Institutionen“, führten zunehmend zum Widerspruch zwischen ihm und dem Senat (Z. 11–14). So suchten die Senatoren, d. h. also letztlich die alten aristokratischen Eliten, die ihren Einfluß auf das römische Staatswesen immer weiter schwinden sahen, sich aus Caesars Bevormundung zu befreien.
Ein Interessenausgleich war hier inzwischen nicht mehr möglich, die Kluft bereits zu groß. Die Frage: „Wie konnte Caesar sich mit der alten ‚res publica‘, d. h. vor allem mit der aristokratischen Gesellschaft versöhnen, und wie sollte sich seine Macht in ein solches Versöhnungswerk einordnen?“ (Z.14–17), konnte letztlich nicht befriedigend beantwortet werden.

Bleicken weist darauf hin, daß die Vermutung, Caesar habe sich zum König machen wollen, zwar nicht aus den Quellen belegbar ist und also als eine Unterstellung seiner Gegner gelten kann (Z. 23–25), daß aber Caesar durchaus Grund geboten hat, diese Vermutung aufkommen zu lassen, auch wenn er das ihm angebotene Diadem zurückgewiesen hat (Z. 17–21). „Aber der König war für die Römer seit Jahrhunderten der klassische Tyrann.“ (Z. 21–22). Bleicken sieht in dieser psychisch tiefsitzenden Furcht der Römer, insbesondere der Aristokratie, vor der Monarchie den Hauptgrund für das Scheitern Caesars, der seinerseits nicht deutlich genug diesem Verdacht, er wolle eine solche errichten, entgegentrat. Caesar wollte 44 v. Chr. Rom verlassen und abermals auf Feldzug gehen. Sein Verhältnis zu Staat und Gesellschaft war keineswegs ausgeglichen (Z. 26–30). Möglicherweise zielte er darauf ab, durch einen weiteren Triumph die römische Öffentlichkeit noch stärker hinter sich zu bringen. Da dies in den Augen vieler Senatoren nicht geschehen durfte, kam es also zur Verschwörung, die schließlich mit dem Mord an Caesar endete (Z. 30–33).
Bleicken vermutet allerdings auch, daß bei einigen nicht der Freiheitsdrang bzw. die Rettung der Republik die Motivation für den Mord darstellte, sondern auch persönlicher Haß eine Rolle spielte (Z. 24 f.). Schließlich waren die Attentäter auch nicht in der Lage, die Republik zu stärken, vielmehr folgten Chaos und Bürgerkrieg.

4 Im 2. und 1. Jahrhundert v. Chr. gab es verschiedene Ansätze zu einer Stabilisierung der römischen Republik, die immer wieder von sozialen bzw. wirtschaftlichen Krisen erfaßt wurde. Die wichtigsten dabei waren die **Reformversuche der Gracchen** (133–121 v. Chr.) und die **Heeresreform des Marius** (nach 107 v. Chr.). Auf die Reformversuche der Gracchen soll im folgenden näher eingegangen werden.

Die Expansion Roms zur Großmacht nach den Punischen Kriegen brachte tiefgreifende Veränderungen im politischen und sozialen Gefüge des römischen Staates mit sich. Die Konflikte in der Bevölkerung wurden dabei häufig gewaltsam ausgetragen.
Die Aristokratie war zwar durch Gesetz weitgehend von Handel und Geldgeschäften – beides blüte auf – ausgeschlossen (als private Zoll- und Steuerpächter in den Provinzen bildete sich der eigene Stand der Ritter aus), aber der Reichtum wurde in Grundbesitz angelegt. Die großflächigen Landgüter Italiens, die Latifundien, konnten mit Hilfe von Sklaven viel rentabler bewirtschaftet werden als die Ländereien der freien Bauern. Durch billige Getreideimporte aus den Provinzen und eine Umstellung der Agrarproduktion auf Wein und Oliven, was sehr kostspielig war, verschlechterte sich die Lage der Kleinbauern zusätzlich. Häufige Einberufungen zum Militär und Verwüstungen durch die Truppen Hannibals führten schließlich zu einer Massenverarmung der Kleinbauern. Viele gaben hochverschuldet ihren Hof auf und lebten fortan als besitzlose Proletarier in der Stadt Rom.

Diese verarmte Masse sorgte in Rom für ständig anwachsende soziale und wirtschaftliche Spannung. Die Proletarier wollten in den Volksversammlungen ihre Position legal einbringen; aber es gab keine Organisation des Proletariats.
Da der Anteil der Kleinbauern an der römischen Gesellschaft schrumpfte, bekam auch das Milizheer Rekrutierungsprobleme, weil es sich zum großen Teil aus dieser Bevölkerungsgruppe speiste. Deshalb mußte im 2. Jahrhundert v. Chr. verstärkt auf Bundesgenossenheere zurückgegriffen werden, etwa in Spanien oder in Sizilien. Diese forderten als Gegenleistung das römische Bürgerrecht.

Ein drittes Problemfeld stellte die Provinzialverwaltung dar. Die Provinzen wurden übermäßig ausgebeutet durch die Steuerpächter, die der staatlichen Kontrolle weitgehend entzogen waren. So kam es immer wieder zu Aufständen gegen die römische Herrschaft.

Rechtliche und soziale Ungleichgewichte nahmen also zu und drängten nach Lösung. Die Institutionen des Stadtstaates schienen zur Regierung eines großen Reiches nicht auszureichen, Reformen wurden gesucht.

TIBERIUS GRACCHUS, einer aristokratischen Familie entstammend, ließ sich 133 v. Chr. zum Volkstribun wählen und versuchte, solche Reformen durchzusetzen. Er wollte die weiten Flächen Italiens, den „ager publicus", die eigentlich im Staatsbesitz waren, neu verteilen, um die Situation der Kleinbauern zu verbessern und die sozialen Spannungen zu lösen. Der „ager publicus" war von Großgrundbesitzern als Ackerland vereinnahmt worden. Auf Kosten dieser sollten neue Siedlerstellen geschaffen werden. Tiberius Gracchus widersetzte sich sowohl dem Senat als auch seinem Amtskollegen, den er gesetzeswidrig durch ein Plebiszit aus dem Amt entfernen ließ. Er stütze sich voll und ganz auf die Volksversammlung. Er strebte seine Wiederwahl zum Volkstribun im Folgejahr an und verstieß so ebenfalls gegen die republikanische Ordnung. In der Volksversammlung kam es zum Tumult und Tiberius Gracchus wurde von einer Gruppe von Senatoren erschlagen.

Sein Bruder, GAIUS GRACCHUS, versuchte 10 Jahre später das Reformwerk weiter durchzusetzen. Auch er wurde Volkstribun. Er versuchte, die Ritter als neue, einflußreiche Schicht der römischen Bevölkerung in seine Reformpläne einzubinden, indem er das Repetundengericht ausschließlich mit Rittern besetzte. Dieses Gericht sollte bei unrechtmäßiger Bereicherung in der Provinzialverwaltung einschreiten. Die Steuerpächter sollten sich quasi selbst gegenseitig überwachen, was sie auch bereitwillig taten.
Als Gaius Gracchus aber Bauern außerhalb Italiens ansiedeln und den römischen Bundesgenossen das römische Bürgerrecht verleihen wollte, verlor er die Unterstützung der Ritter. Damit stand er dem senatorischen Widerstand machtlos gegenüber. Es kam zu Straßenkämpfen und Gaius Gracchus ließ sich durch einen Sklaven töten. Mit seinem Tod scheiterten die wichtigen Reformversuche.

In der Folgezeit zerfiel die römische Führungselite in die Gruppen der **Optimaten,** die den Einfluß des Senats stärken und die Besitzverhältnisse konservieren wollten, und der **Popularen,** die ihre politische Karriere mit Hilfe der Volksversammlung aufbauten. Die innere Geschlossenheit der Nobilität ging immer mehr verloren. Die „constantia", eine der Haupttugenden der Römer und Stützpfeiler der Republik, war dahin.

5 Zunächst läßt sich sicher sagen, daß Caesar ganz zweifellos bedeutende Leistungen für Rom vollbracht hat. Auf ihn geht eine umfassende Kalenderreform zurück. Er kümmerte sich durch Koloniegründungen um die Versorgung seiner Veteranen. Er führte ein Programm zur Schuldentilgung durch, das das erschütterte Vertrauen in die Geldwirtschaft wieder stärkte.
Rom wurde unter ihm weiter zur Welthauptstadt ausgebaut (Bau der Basilica Iulia, Erweiterung des Forum Iulium). Vor allem sorgte er sich um die Provinzen, deren Ausgestaltung einerseits und Berücksichtigung im politischen Denken Roms andererseits. Dadurch wurde eine Abkehr von der auf Italien konzentrierten Politik des Senats eingeleitet. Das Stichwort heißt hier **„Romanisierung des Reiches“**. Rom wurde unter Caesar zum Leitbild für die Völker des Reiches. Diese Tendenz setzte sich in der Kaiserzeit fort und erfuhr ihren Höhepunkt im 2. Jahrhundert unter Hadrian und Marc Aurel.

Dies alles sind sicherlich Verdienste, derer sich Caesar rühmen konnte. Aber war er wirklich ein „schöpferisches Genie“, wie Zvi Yavetz behauptet? Hätte sich ein solches Genie nicht gerade in der von Caesar unterlassenen grundlegenden Staatsreform zeigen müssen? Weil er eine entsprechende Konzeption nicht entwickelte, unternahm Caesar auch keine zur Herrschaftssicherung geeigneten Maßnahmen. Genialität läßt er gerade kurz vor seinem gewaltsamen Tod vermissen. Da er innenpolitisch immer stärker in Bedrängnis gerät, hier auch keine Impulse zu einer Neuorientierung geben kann, besinnt er sich fatalerweise auf seine eigentliche Stärke: Er beabsichtigt, Rom den Rücken zu kehren, zu seiner Armee abzureisen und im Osten Eroberungen zu planen und durchzuführen. Er scheint also doch eher Heerführer – dies sicher auf geniale Weise – als genial-schöpferischer Politiker gewesen zu sein.
Als solcher hätte er versuchen müssen, innenpolitische Schwierigkeiten zu lösen, im Kern zu beheben. Seine Widersacher hätte er von seiner Herrschaftskonzeption überzeugen müssen, statt sie immer weiter in die Defensive zu drängen und damit den Streit um seine Person weiter anzufachen. Durch außenpolitische Erfolge von innenpolitischen Problemen abzulenken, wurde ja von den unterschiedlichsten Politikern zu allen Zeiten immer wieder versucht. Genial kann man dies aber kaum nennen, da Probleme auf probate Art und Weise eben letztlich nicht gelöst werden und nichts Neues entsteht.

Yavetz' Äußerung scheint vor dem Hintergrund dieser Überlegungen also stark übertrieben. Besonders die Behauptung, Caesar sei das einzige Genie Roms und das letzte der Antike, ist schlicht falsch, wenn man Caesar mit Octavian/Augustus vergleicht.
Dieser nämlich vermied prinzipielle Fehler Caesars, d. h. alles, was an Selbstherrschaft und Königtum erinnerte. Seine Amtsvollmachten waren alle im republikanischen Rahmen denkbar und damit – besonders für die senatorische Aristokratie – erträglich. Angeblich tat Octavian nichts anderes, als die alte Ordnung wieder herzustellen. Er legalisierte seine Position durch Rückgabe all seiner Amtsbefugnisse an den Senat (27 v. Chr.); er trat nach altrömischer Tradition auf und bestellte republikanische Magistrate. Das alles geschah aber letztlich nur zum Schein, denn aus Furcht vor einem neuen Bürgerkrieg übertrug ihm der Senat, zunächst auf zehn Jahre, die Herrschaft über die neuerworbenen Provinzen. Damit lag bei Octavian und nicht beim Senat der Oberbefehl über den größten Teil der Armee. Außerdem ehrte der Senat ihn mit dem Titel „Augustus“, der eigentlich Göttern vorbehalten war. Weitere Titel (princeps, pater patriae) und Amtsbefugnisse (Volkstribunat, jährliches Konsulat, pontifex maximus) häufte er an.
Auf dieser Grundlage reformierte er den Staat grundlegend. Neue Senatoren wurden allein durch ihn ernannt. Den Ritterstand schloß er nach oben und unten hin ab. Magistrate wurden in der Regel nach seinem Vorschlag ernannt, die wichtigsten Provinzen durch kaiserliche Beamte verwaltet. Augustus stützte sich bei seiner Machtausübung auf ein Heer von neuen, ihm treu ergebenen Beamten, die die Reichsverwaltung übernahmen

und letztlich von ihm abhängig waren. So wurde unter ihm die Monarchie vorsichtig, doch zielgerichtet verwirklicht. Eventuelle Gegner wurden entweder rigoros ausgeschaltet oder sanft in Sicherheit gewiegt.
Augustus besaß hohes persönliches Ansehen aufgrund seiner Leistungen, die in der Sicherung des Reiches nach innen und außen bestanden.
Der Prinzipat des Augustus war zwar noch nicht die absolute Monarchie der späten römischen Kaiserzeit, er schuf jedoch bereits die gesellschaftlichen Strukturen, auf welche diese aufbaute.

So zeigt sich Augustus als weit wirkungsvolleres, also auch schöpferischeres Genie als etwa Caesar.

M 1: Auszug aus der Broschüre mit dem Verfassungsentwurf von Bernhard Moßdorf (April 1831)

Constitution, wie sie das sächsische Volk wünscht
„Und wird sie nicht gewährt, so pochen Wir mit den Flintenkolben an!"
(Deckblatt der Broschüre)

Von den allgemeinen Rechten der Sachsen

4. Die Sachsen sind vor dem Gesetze gleich.
5. Die Verfassung erkennt weder Vorrechte der Geburt, noch des Standes, noch des Vermögens an. Es giebt keinen Adel mehr; ...

Von der Staatsgewalt

30. Die Souverainetät liegt im Volke. Von ihm geht alle Gewalt aus.
33. Es übt seine Souverainetät folgendermaaßen aus:
    Die gesetzgebende Gewalt ist die Kammer der Volksvertreter und dem Könige gemeinschaftlich übertragen.
    Die vollziehende Gewalt ist dem Könige allein übergeben.
    Die richterliche Gewalt wird, unabhängig von der gesetzgebenden und vollziehenden, durch Richter und Geschworne ausgeübt.

Von der Gewalt der Kammer

65. Das Recht, Gesetze vorzuschlagen, steht sowohl der Kammer als dem Könige zu.
66. Kein Gesetz kann eher angenommen werden, als bis darüber artikelweise berahtschlagt und abgestimmt worden ist.
67. Ein Gesetzesvorschlag, der von der Kammer oder dem Könige verworfen worden ist, kann während derselben Sitzung[1] nicht wieder vorgebracht werden.
68. Ohne die Zustimmung dieser beiden Gewalten erlangt kein Gesetzesvorschlag Kraft. Hat aber die Kammer ihn angenommen und eine neu gewählte Kammer in der folgenden Sitzung[1] ihn genehmigt, so wird er auch ohne Zustimmung des Königs Gesetz.

Vom Könige

81. Der König nimmt nicht eher Besitz vom Throne, als bis er im Schooße der Kammer folgenden Eid geleistet hat:
    „Ich schwöre, dem sächsischen Volk treu zu sein und seine Verfassung und seine Gesetze aufrecht zu erhalten."

Von der Abänderung der Konstitution

132. Die Freiheit des Volkes kann erweitert, aber nicht beschränkt werden.

Schluß

133. Die Beschützung der ... Konstitution ist dem Freiheitssinne und dem Muthe aller Sachsen anvertraut.

(Die Schreibweise folgt der Vorlage)

[1] Sitzungsperiode

Aus: Constitution, wie sie das sächsische Volk wünscht, Dresden 1831, S. 1–16

M 2: Auszug aus den Erinnerungen von Carl Gustav Carus[1]

Mit dem April dieses Jahres[2] erneuten sich jetzt die Szenen der Unruhe und Aufregung der Stadt. Der weitverbreiteten Wirkung jenes schon oben gedachten[3] Bürgerclubs war es zuzuschreiben, daß abends wieder die Straßen mit lärmenden Müßiggängern sich füllten, Laternen zerschlagen wurden und bald es sich zeigte, daß die Bürgergarden, welche im vorigen Jahre sich gebildet hatten, nicht imstande waren, dem Unfuge Schranken zu setzen. Es war mir, der das königliche Haus und insbesondere die jungen Prinzen so wahrhaft verehrte und hochhielt, ein ergreifender Anblick, aus meinen Fenstern zu gewahren, daß Prinz Johann, dem die Regierung das Kommando sämtlicher Kommunalgarden des Königreichs übergeben hatte, nachdem er zur Schlichtung des heranwachsenden Sturmes mit einigen Adjutanten zu Pferde am Gewandhause gehalten hatte, plötzlich genötigt wurde, der Menge zu weichen und nach den Hauptplätzen, wo bereits Militär aufgestellt war, sich zurückzuziehen.
Ich mußte sehen, wie den mit seinem Gefolge die Moritzstraße Hinabsprengenden der wütende Pöbel mit Schreien, Schimpfen und Pfeifen verfolgte, und freute mich bloß seines guten Pferdes, das ihn sicher und ohne zu stürzen über das glatte Pflaster dahintrug; denn welche Folgen ein Fall in diesem Gewühl hätte haben müssen, war unschwer zu denken. Diese unleugbarsten Tendenzen zu einem republikanischem Sansculottismus[4] sowie die Entdeckung eines Verfassungsentwurfs von extremster Färbung, den man einem gewissen Dr. Moßdorf zuschrieb, welcher sonst als heller befähigter Kopf ..., später aber ganz in diesem wilden Treiben untergegangen war, bestimmten nun freilich zu ernsten Maßregeln. Das Militär bemächtigte sich der Hauptstraßen, und nach mehrern Aufforderungen zum Auseinandergehen, welche mit Schmähungen und Steinwürfen beantwortet wurden, erfolgten einige scharfe Salven, wobei mehrere Menschen (größtenteils Unschuldige) stürzten und das Volk sich endlich verlief. Von dieser blutigen Krisis an, welche die Höhe der fieberhaften Aufregung gebrochen hatte, kehrte nach und nach der Stadt wieder größere Ruhe zurück, die Regierung blieb der vom Prinzen Friedrich schon im vorigen Jahre gegebenen Zusicherung einer Konstitution getreu, die Arbeiten dafür gingen unter Lindenaus Mitwirkung unausgesetzt vorwärts, und bekanntlich wurde es somit möglich, am 4. September, gerade ein Jahr nach dem zuerst ausgebrochenen Sturme, dem Lande eine Verfassungsurkunde vorzulegen, welche, wenn auch nicht ohne Mängel, doch jedenfalls zu den bessern gehört, wie sie in der Neuzeit in verschiedenen Ländern irgend zur Entwicklung gekommen sind.

(Die Schreibweise folgt der Vorlage)

[1] seit 1827 Leibarzt der sächsischen Könige, Medizinprofessor, Verfasser grundlegender medizinischer Schriften und Maler
[2] 1831
[3] von Carus in seinen Erinnerungen schon vorher erwähnt
[4] Sansculotten: radikale Revolutionäre während der Französischen Revolution

Aus: Carl Gustav Carus, Lebenserinnungen und Denkwürdigkeiten. Nach der zweibändigen Originalausgabe von 1865/66, neu herausgegeben von Elmar Jansen, Weimar 1966, Bd. 1, S. 512f.

Aufgaben:

1	Stellen Sie die innere Entwicklung Sachsens von 1806 bis 1831 dar.	10 BE
2	Geben Sie einen Überblick über die Zusammensetzung und die Stellung der beiden Ständekammern und die Rolle des Königs im politischen System Sachsens nach der Verfassungsurkunde vom 4. 9. 1831.	12 BE
3	Erarbeiten Sie aus M 1 die wichtigsten Bestimmungen des Moßdorfschen Verfassungsentwurfs vom April 1831. Erläutern Sie die grundsätzlichen Unterschiede zur sächsischen Verfassung vom 4. 9. 1831.	14 BE
4	Charakterisieren Sie den Standpunkt des Verfassers zu den Ereignissen in M 2. Erklären Sie, warum der Moßdorfsche Verfassungsentwurf nicht verwirklicht wurde.	12 BE
5	Stellen Sie die weitere innenpolitische Entwicklung in Sachsen in den dreißiger und vierziger Jahren dar. Zeigen Sie dabei die Entwicklungen auf, die zur Revolution von 1848 führten.	12 BE
		60 BE

Lösungsvorschlag

1 In der Schlacht bei **Jena und Auerstedt** 1806 wurden die verbündeten Armeen der Preußen und Sachsen von den französischen Truppen unter Napoleon vernichtend geschlagen. Während Preußen im Vertrag von Tilsit harte Friedensbedingungen auferlegt bekam, wurde Sachsen im **Frieden von Posen** erstaunlich großzügig behandelt. Statt Gebietsabtretungen erhielt Sachsen den Cottbuser Kreis. Es wurde zum Königreich erhoben und Friedrich August III., als König nun der I., wurde zugleich Herzog von Warschau. Allerdings mußte Sachsen dem Rheinbund beitreten und Truppenkontingente stellen.
Angesichts dieser Lage sah der sächsische König keinen Grund, im Inneren tiefgreifende Reformen durchzuführen, um feudale Strukturen abzustreifen, wie dies im benachbarten Preußen geschah.

Aus politischen Gründen, der strategischen Lage mit der Anwesenheit französischer Truppen im Land und aufgrund seines streng rechtlich-formal gebundenen Gewissens blieb FRIEDRICH AUGUST I. denn auch bis zur **Völkerschlacht 1813** auf der Seite Napoleons. Der König mußte sich in Leipzig in Gefangenschaft begeben und über das Schicksal seines Landes wurde auf dem **Wiener Kongreß** ein Tauziehen ohne sein Beisein veranstaltet. Im Ergebnis blieb Sachsen zwar als unabhängiges Königreich bestehen, mußte aber im Norden und Westen des Landes mehr als die Hälfte seiner Fläche und fast die Hälfte der Einwohner an Preußen abtreten.

Aber auch nach der Verkleinerung des Landes blieb im Innern alles beim alten. Der Kabinettsminister Minister Graf DETLEV VON EINSIEDEL führte eine **konservativ-beharrende Politik.** Nach dem Ableben Friedrich August I. 1827 kam sein 71jähriger Bruder ANTON **auf den Thron.** In Regierungsangelegenheiten völlig unerfahren, veränderte er an der Politik seines Vorgängers, außer bei einigen äußeren Formen, nichts. Die Stimmen der Opposition wurden jedoch lauter.

Aber erst von der **Julirevolution in Frankreich** gingen die Impuls aus, die Sachsen aus seiner restaurativen Verharrung befreiten. Nach den **lokalen Unruhen** von Leipzig und Dresden im September 1830, („dem zuerst ausgebrochenen Sturme" (M 2, Z. 30), die sich über das Land ausbreiteten, gab der König nach und machte **bürgerlich-liberale Zugeständnisse:**

- Mitregentschaft des als liberal geltenden Prinzen FRIEDRICH AUGUST,
- Verfassungsversprechen und
- Zusicherung von Reformen. Der mit den Liberalen sympathisierende BERNHARD VON LINDENAU, zum Kabinettsminister berufen, wurde zur gestaltenden Kraft des Reformwerkes.

2 Am 4. September 1831 trat ein Jahr nach den Revolutionsereignissen die erste sächsische Verfassung in Kraft. Die „Ständeversammlung" setzte sich danach aus zwei Kammern zusammen. Zu der **ersten Kammer** gehörten als Mitglieder die volljährigen Prinzen des königlichen Hauses, Standesherren, hohe Geistliche, die Bürgermeister von acht sächsischen Städten, 22 Rittergutsbesitzer und ein Vertreter der Universität Leipzig. Die **zweite Kammer** bestand aus zwanzig Abgeordneten der Rittergutsbesitzer, fünfundzwanzig der Städte, fünundzwanzig der Bauern und fünf von Handel und Fabrikwesen. Das Wahlrecht war an einen Zensus gebunden.

Nach der Verfassung besaßen die Kammern das **Haushalts-** und **Gesetzesrecht**. Dem **König** stand weiter **allein die Gesetzesinitiative** und der Erlaß der Ausführungsbestimmungen zu. Eine Ablehnung eines Gesetzesvorschlags war nur durch beide Kammern möglich oder sie mußte in einer Kammer mit einer Zweidrittelmehrheit erfolgen. Vom Bundestag in Frankfurt gefaßte Beschlüsse konnte die sächsische Regierung aber auch ohne Zustimmung der Stände ausführen. Demnach waren die **Rechte des Parlaments**, also der Legislative, **eingeschränkt**. Zudem war die erste Kammer durch ihre Zusammensetzung als konservativ und königstreu einzustufen, so daß eventuell „progressive" Tendenzen der zweiten Kammer leicht zu konterkarieren waren.

Insgesamt **betonte die Verfassung die Stellung des Königs** und der Exekutive. Die Regierungsbildung war alleiniges Recht des Monarchen, die Regierung bedurfte zu ihrer Amtsführung nicht des Vertrauens der Kammern.

Dennoch kann festgehalten werden, daß trotz altständischer Überreste es sich bei der neuen sächsischen Verfassung aber durchaus um ein **charakteristisches Beispiel des frühkonstitutionellen Systems** handelte.

3 Die **wichtigsten Bestimmungen** des Verfassungsentwurfs des Rechtsanwalts BERNHARD MOSSDORF sind die Gleichheit vor dem Gesetz (Art. 4), wobei Vorrechte durch die Geburt entfallen (Art. 5). Die Souveränität liegt beim Volk (Art. 30), das durch eine „Kammer der Volksvertreter" (Art. 33) seine Macht ausübt. Die konservative „Erste Kammer" entfällt also. Dementsprechend hat bei Moßdorf das Parlament auch das Recht der Gesetzesintiative und der König hat gegen dessen Beschlüsse nur ein aufschiebendes Veto (Art. 68). Der Eid des Königs ist nicht nur wie bisher auf die Verfassung, sondern auch auf Treue zum sächsischen Volk abzulegen (Art. 81).

Der vorliegende Entwurf von Moßdorf ist also der eines parlamentarisch verfaßten Staatssystems. Der **Schwerpunkt liegt beim Volk** und seiner Vertretung. Die Machtverhältnisse zwischen Krone und Parlament sind klar zugunsten der letzteren verschoben. Das Volk bestimmt über sein Schicksal aus dem ihm angeborenen Recht, nicht aus der Gnade des Herrschers. Programmatisch sind solche Aussagen wie „Die Freiheit des Volkes kann erweitert, aber nicht beschränkt werden" (Art. 132) und der Text des Deckblatts der Broschüre. Die „Constitution, wie sie das sächsische Volk wünscht" wird nicht mehr huldvoll von einem Monarchen gewährt, sondern zur Not „mit den Flintenkolben" eingefordert. Folgerichtig heißt es daher: „Die Beschützung der ... Konstitution ist dem Freiheitssinne und dem Muthe aller Sachsen anvertraut." (Art. 133)

Moßdorf betont zwar **die Volkssouveränität**, verlangt aber nicht die Abschaffung des Königtums. Es kann, vom Volk legitimiert, weiterbestehen. So ist sein Vorschlag denn auch nicht republikanisch. LINDENAU hingegen verblieb bei seinem Verfasungsentwurf in den konstitutionellen und liberalen Anschauungen des Besitzbürgertums seiner Zeit, in denen Volk und Monarch ihre Beziehungen in einer Verfassung auf dem **Wege der Vereinbarung** festlegen. Der Entwurf Moßdorfs blieb zwar nur Papier, aber sein Erscheinen verdeutlicht, daß diese demokratische politische Richtung schon um 1830 in Sachsen bestand. Sie fand ihren Rückhalt in **Dresden im Bürgerverein**, der vorwiegend vom Kleinbürgertum getragen wurde. In der Revolution von 1848 lebte sie unter der Führung ROBERT BLUMS in Leipzig wieder auf.

4 Die Aufzeichnungen des Gelehrten und Leibarztes der sächsischen Könige, CARL GUSTAV CARUS, zeigen deutlich dessen **Unverständnis für die Staatsidee von Moßdorf**. Sicher ist die enge Bindung von Carus an das Königshaus aufgrund seiner Stellung in Rechnung zu stellen. Darüber hinaus aber sind seine Auffassungen repräsentativ für besitzbürgerliche und aristokratische Kreise. Erschreckt durch einen „Verfassungsentwurf von extremster Färbung" (M 2, Z. 18 f.) und den Unruhen beim Verbot des Bürgervereins traten sie auf die Seite des Königtums und der Regierung gegen den „wütenden Pöbel" (M 2, Z. 14) und begrüßten den Einsatz von Soldaten zur Niederschlagung der unkoordinierten Aufstände der Kleinbürger und Handwerker vom 17./18. April 1831.

Das **liberale Bürgertum sah** letztlich mit der konstitutionellen Monarchie, wie Lindenau sie vorsah, **sein Ziel erreicht**. Nach dem vorherigen verfassungslosen Zustand konnte man dies durchaus als Gewinn ansehen. Zudem würden die zu erwartenden Reformen den Staat weiter im bürgerlich-liberalen Sinne umwandeln.

Bürgertum und Königtum vereinten sich in dem Interesse, die **bestehende Ordnung** gegen die „Pöbelherrschaft" der Kleinbürger zu **verteidigen**. An mehr politischen Rechten, die dieser radikaleren sozialen Gruppe zu gute gekommen wären, hatte keiner der beiden Gewalten Interesse.

Das **Bürgertum hielt** eben letztlich **an dem Monarchen fest**, brachte ihm teilweise Zuneigung entgegen (M 2, Z. 6 ff.) und zog sie einem „republikanischem Sansculottismus" (M 2, Z. 17 f.) vor, den sie bei den gewalttätigen Auseinandersetzungen nach dem Verbot des Bürgervereins zu erkennen glaubten. Für es gehörte die Verfassung vom 4. September 1831 „zu den bessern" (M 2, Z. 32). Die **Kräftekonstellation** bei der Revolution **von 1848/49** wurde hier vorweggenommen.

Aber neben der Ablehnung durch das Bürgertum machten auch andere Tatsachen eine Umsetzung des Moßdorfschen Entwurfs unmöglich. Gegen die geschlossene Ablehnung der Regierung, die in dem Verfassungsentwurf eine Gefahr für ihre liberal-aristokratische Reformpolitik sah, hatte der Dresdner **Bürgerverein keine Machtmittel** zur Verfügung. Sie verbot deshalb den Bürgerverein, was zu den Aprilunruhen führte. Moßdorf wurde verhaftet und zu fünfzehn Jahren strenger Festungshaft auf dem Königstein verurteilt. Dort wurde er 1833 unter ungeklärten Umständen ermordet.

Unabhängig davon war es für die sächsische Regierung auch unmöglich, eine andere als eine konservativ-liberale Verfassung gegen das **Mißtrauen** von außen, insbesondere **Österreichs**, zu verteidigen.

5 Zunächst einmal wurde eine liberale **Reformpolitik** verwirklicht. Die **Städteordnung** von 1832 gewährte den Städten weitgehende Selbstverwaltung. Das „Gesetz über die Ablösungen und Gemeinheitsteilungen" ermöglichte die **Befreiung der Bauern** von den Feudallasten wie Fronden und andere Dienstbarkeiten. Diese mußten allerdings ihre bisherigen Dienstherren entschädigen. Die dazu gegründete Landrentenbank schoß die Summen vor, die der Bauer dann abzuzahlen hatte. Dadurch wurde die Verkleinerung der Höfe wie in Preußen verhindert.

Die **Oberlausitz**, bisher mit Sonderrechten im Staatsverband ausgestattet, wurde den Erblanden rechtlich gleichgestellt. Durch Reformen in **Verwaltung und Justiz** traten an die Stelle des Geheimen Kabinetts sechs Fachminister, die Rechte und Pflichten der Beamten wurden festgelegt und eine einheitliche Verwaltungsgliederung des Landes geschaffen. Justiz und Verwaltung wurden voneinander getrennt, wenn auch die Patrimonialgerichtsbarkeit als unterste Instanz belassen wurde. Das Volksschulgesetz von 1835 sicherte den Unterhalt der Schulen und verbesserte die Ausbildung der Lehrer. Die **Landgemeindeordnung** von 1838 gewährte auch diesen Orten gewisse Rechte in der Selbstverwaltung. Die Einführung der **Gewerbefreiheit** 1861 schloß die Reformen auf wirtschaftlichem Gebiet ab. Zwar waren schon vorher durch Konzessionen für die Errichtung von Fabriken und Unternehmen Zunftbestimmungen zum Teil durchlöchert worden, dennoch geschah die Einführung der vollen Gewerbefreiheit relativ spät. Und dies, obwohl Sachsen doch in der ersten Hälfte des 19. Jahrhunderts die führende Industrieregion Deutschlands war.

Gab es also durchaus Fortschritte im bürgerlich-liberalen Sinne, so ist in den vierziger Jahren ein **Erstarken konservativer Gedanken** bei König FRIEDRICH AUGUST II. und der Regierung festzustellen. Lindenau trat folgerichtig 1843 als leitender Minister zurück, womit die eigentliche Reformperiode als beendet bezeichnet werden kann.

Sein Nachfolger, TRAUGOTT VON KÖNNERITZ, führte eine **konservative Politik**, in der die bürgerlichen Rechte eingeschränkt wurden. Zugleich geriet zu dieser Zeit der Obrigkeitsstaat aber auch zusehends unter Kritik. Lichtfreunde und Deutschkatholiken, entstanden als zwei religiöse Gruppierungen, wirkten schließlich auch maßgeblich im Sinne **politischer Opposition**. ROBERT BLUM stellte sich an die Spitze der „radikalen" Opposition. Die **Leipziger Unruhen** von 1845 zeigten, welcher Graben zwischen Regierung und Volk entstanden war, als eine Demonstration von Bürgern von der Leipziger Garnision durch Blutvergießen beendet wurde. Die **Wirtschaftskrise 1847** verstärkte in Sachsen wie im übrigen Deutschland die allgemeine Unzufriedenheit. Der Mißmut führte dann unter dem Einfluß der **revolutionären Bewegung von 1848** auch in Sachsen zu Veränderungen. Diese wurden jedoch nicht durch Massendemonstrationen, Kämpfe oder Bauernaufstände ausgelöst, sondern durch einen „Adressensturm" von Stadtverordneten an den König Friedrich August II.

Grundkurs Geschichte (Sachsen): Abiturprüfung 1996
Ersttermin – Aufgabe B

M 1: Aus der Rede Walter Ulbrichts auf der 13. Tagung des Zentralkomitees der SED

In einer Wochenzeitung der DDR habe ich gelesen, nach Kassel werde oft festgestellt, Herr Brandt beharre weiter auf der Alleinvertretungsanmaßung, es habe sich also in seiner Politik gar nichts verändert. – So einfach kann man das nicht sagen. Die Bereitschaft zur Aufnahme von Verhandlungen über Gewaltverzicht zeigt, daß sich doch etwas geändert hat. Was die DDR betrifft, so haben wir die Initiative zu Besprechungen über einen Vertrag über gleichberechtigte Beziehungen mit der BRD auf völkerrechtlicher Grundlage rechtzeitig ergriffen. (...)
Die Politik der Bonner Regierung erweckt den Eindruck, daß in ihr mit verteilten Rollen gespielt wird. Herr Brandt bemüht sich, auf dem Wege sogenannter „innerdeutscher Beziehungen“ die DDR unter Kuratel der Bonner Regierung zu bekommen. Er hatte sich zu diesem Zweck den Minister für „innerdeutsche Fragen“ nach Kassel mitgebracht, der die fünf Grauen Pläne zur Organisierung der Konterrevolution in der DDR mit sich herumschleppt. Kassel zeigte jedoch, daß es besser gewesen wäre, Herr Brandt hätte einen Minister zur Organisierung des Kampfes gegen den Faschismus und Revanchismus in der Bundesrepublik in seiner Regierung. Dieser hätte in Kassel eine nützliche Arbeit leisten können. Der Wirtschaftsminister Schiller hat sich in der Regierung Brandt auf die Verhinderung der Mitbestimmung der Werktätigen spezialisiert. Und der Verteidigungsminister Schmidt bemüht sich gemeinsam mit Hitlergeneralen um die Militarisierung und Aufrüstung. Das alles entspricht zwar den Beschlüssen des Saarbrückener Parteitages der SPD, aber nicht einer Entspannung und Friedenspolitik gegenüber der DDR.
Tatsache ist, daß die Regierung Brandt unter dem Druck der CDU erklärte, daß sie sich noch nicht von der revanchistischen Adenauer-Politik getrennt hat. Die Bonner Regierung beharrt unter dem Druck der CDU/CSU auf irrealen Zielsetzungen, die hinter einem Vorhang nationaler Demagogie versteckt werden. (...)
Kassel hat nochmals besonders klar die Unversöhnlichkeit der beiden Gesellschaftssysteme in der Deutschen Demokratischen Republik und in der westdeutschen Bundesrepublik international bewußt gemacht. Kassel hat eindeutig bewiesen, daß auch in Zukunft irgendwelche „Sonderbeziehungen“ nicht denkbar sind. Es ist also auch ohne Sinn und erschwert nur die internationale Zusammenarbeit und den internationalen Austausch, wenn Regierungen dritter Staaten etwa eine Einigung der DDR und der BRD über „innerdeutsche Beziehungen“ abwarten wollen, bevor sie normale diplomatische Beziehungen mit der DDR aufnehmen und pflegen. Sie müßten dann nämlich bis zum Sankt-Nimmerleins-Tag warten.

Aus: Walter Ulbricht, Bemerkungen zu den Beziehungen zwischen der DDR und der BRD, Rede auf der 13. Tagung des ZK der SED 9./10. Juni 1970, Berlin 1970; in: Neues Deutschland, 25. Jg. Nr. 164 vom 16. Juni 1970

M 2:

Frau Holle tz-Zeichnung: Haitzinger

Aus: „tz München" vom 17. Januar 1978

Aufgaben:

1	Skizzieren Sie den Stand der deutsch-deutschen Beziehungen Mitte der 60er Jahre.	8 BE
2	Erklären Sie die grundsätzlichen Änderungen in der Ostpolitik, die durch die Regierung Brandt eingeleitet wurden. Gehen Sie auf das dieser Politik zugrundeliegende Konzept ein.	12 BE
3	Erarbeiten Sie aus M 1 die Grundgedanken Ulbrichts. Erläutern Sie diese.	14 BE
4	Beschreiben Sie die Aussage der Karikatur (M 2). Vergleichen Sie diese mit den politischen Erwartungen, die die Bundesregierung mit der „Neuen Ostpolitik" verband.	12 BE
5	Charakterisieren Sie die innenpolitische Entwicklung der DDR in den 70er Jahren. Berücksichtigen Sie dabei die Erwartungen der Menschen und die Ergebnisse der Politik.	14 BE
		60 BE

Lösungsvorschlag

1 Mit Beginn der 60er Jahre schien die Deutschlandpolitik der Bundesregierung allmählich in eine Sackgasse zu geraten. Die **Berlinkrise** 1961 und die **Kubakrise** 1962 verdeutlichten, wie schnell aus politischen Gegensätzen der Blöcke neue Krisen und Kriegsgefahren entstehen konnten. Die Kubakrise veranlaßte CHRUSCHTSCHOW, seine Außenpolitik des „offensiven Risikos" aufzugeben und auf den von KENNEDY angebotenen Entspannungskurs einzuschwenken. Das neue außenpolitische Konzept Kennedys und die sich anbahnende Entspannung brachten die Bonner Deutschlandpolitik seit 1962 in eine problematische Situation. Die Bundesrepublik mußte ihre bisherige Deutschlandpolitik überdenken bzw. aufgeben. Der neuen Politik der **Entspannung** standen die Ziele der bundesrepublikanischen Wiedervereinigungspolitik entgegen. Der Mauerbau zeigte, daß der Osten nicht aufgeben wird. Eine Politik der Stärke führte also hier nicht weiter. Die Bundesrepublik vertrat den Anspruch, die einzig legitime Vertreterin des deutschen Volkes zu sein. Durch Wahlen legitimiert sei sie berechtigt, auch für die Deutschen in der DDR zu sprechen. Folglich wurde die staatliche Existenz der DDR negiert. Das läßt sich auch im Sprachgebrauch nachweisen: SBZ, Zone, Mitteldeutschland. Durch die Hallstein-Doktrin sollte die Anerkennung der DDR durch andere als die kommunistischen Staaten verhindert werden. Diese grundsätzliche Position bestimmte bis zum Regierungsantritt der sozialliberalen Koalition die Politik der Bundesregierung, wenn auch unter Bundeskanzler KIESINGER eine erste Flexibilisierung eintrat, z. B. Beantwortung des Schreibens von Ministerpräsident Stoph 1967. Was die Haltung der DDR-Führung unter WALTER ULBRICHT angeht, so befand sie sich in einem Übergang. Verbal hielt auch sie am Ziel der deutschen Einheit fest, jedoch wurde zusehends betont, wie weit die beiden deutschen Staaten sich politisch, wirtschaftlich und kulturell auseinanderentwickelt hätten. Eine Vereinigung sei nur dann möglich, wenn in der Bundesrepublik die „friedliebenden Kräfte" den Imperialismus und Kapitalismus überwunden hätten. In den Mittelpunkt der Politik rückte immer mehr das Bemühen um internationale Anerkennung und der Kampf gegen die „Alleinvertretungsanmaßung" der Bundesrepublik, womit die SED Mitte der 60er Jahre begann, sich von ihrer gesamtdeutschen These loszusagen.

Ernster zu nehmen waren die Schaffung einer Staatsbürgerschaft der DDR (21. 2. 1967), die Behinderung der kirchlichen Verbindungen und ein Jahr später Maßnahmen gegen West-Berlin: Sperrung der Transitwege für „Minister und leitende Beamte" des Bundes (13. 4. 1968) sowie der Paß- und Visumzwang im Transitverkehr und die Verdoppelung des Pflichtumtauschs für westdeutsche Besucher (11. 6. 1968). In der Verfassung vom 9. April 1968 gab es noch die „ganze deutsche Nation", aber schon „das Volk" der DDR. Parallel dazu unternahm die DDR-Führung jedoch einige innerdeutsche Initiativen (Angebot eines Zeitungsaustauschs 1964, Erlaubnis für DDR-Rentner, ins westliche Ausland zu reisen, Diskussion zwischen SPD und SED über einen Rednleraustausch 1966, Brief Stophs an Kiesinger 1967). Offensichtlich war die DDR-Regierung an einer Entkrampfung des Verhältnisses zu Bonn nur in dem Maße interessiert, als solche Schritte sie dem Ziel der völkerrechtlichen Anerkennung näherbringen sollten. Die DDR-Regierung war nicht an Dialogen interressiert, die auf ihr Staatsgebiet übergreifen und dort Wünsche nach mehr Demokratie wecken könnten. Das zeigt die Absage des Redneraustauschs unter dem Vorwand des „Handschellengesetzes". Die Politik der DDR befand sich demnach Mitte der 60er Jahre in einer Übergangsphase.

2 Mit der Bundestagswahl 1969, der Bildung der sozialliberalen Koalition und der Wahl Willy Brandts zum Bundeskanzler wurden endgültig neue Weichen in der **Ostpolitik** gestellt.
Mit Willy Brandt und Walter Scheel begann der konsequente Abbau der Konfrontation mit allen Ostblockstaaten einschließlich der DDR, ohne die Westbindung der Bundesrepublik in Frage zu stellen.
Die Anerkennung der gegenwärtigen Grenzen in Europa sollte die Regime im Osten stabilisieren, ihnen die Angst um die Existenz nehmen, sie zunächst im Inneren festigen. Die Regierungen würden dann zu Gesprächen über praktische Fragen der Zusammenarbeit und menschliche Erleichterungen bereit sein. Dies würde auf Dauer zu Liberalisierungen in diesen Staaten führen. Solch eine bewegliche Politik könnte also Veränderungen hervorrufen. Egon Bahr stellte deshalb die Formel auf **„Wandel durch Annäherung"**. Die Bundesrepublik wollte durch diese Politik den Zusammenhalt der ganzen deutschen Nation durch zunehmenden Austausch zwischen den Menschen in der Bundesrepublik und in der DDR wahren und die Lebensfähigkeit Westberlins sichern. Die sozialliberale Koalition leitete damit eine Phase der **Entspannung** zu den östlichen Nachbarn einschließlich der DDR ein.

Die grundsätzliche Änderung ist also die offizielle Anerkennung der Nachkriegssituation in Europa, das Abrücken von bisher zäh verteidigten Rechtsansprüchen, der Verzicht auf die Hallstein-Doktrin und damit die **Anerkennung der Existenz der DDR** als Staat. Eine völkerrechtliche Anerkennung wird jedoch abgelehnt. Durch diese neue Politik erhält die Bundesregierung neuen diplomatischen Spielraum im Kontakt mit Osteuropa: Die Wahrung der Einheit der Nation ist weiter möglich; zugleich kann aber auch durch Verträge ein geregeltes Neben-, vielleicht sogar Miteinander zwischen Staaten unterschiedlicher Gesellschaftsordnungen angestrebt und die Frage der Wiedervereinigung offen gehalten werden.

3 In Zeile 4 spricht Ulbricht von der veränderten Haltung der Bundesrepublik, da eine Bereitschaft zur Aufnahme von Verhandlungen vorliege. Die DDR habe die Initiative zu Besprechungen über einen Vertrag über völkerrechtlich gleichberechtigte Beziehungen mit der Bundesrepublik Deutschland ergriffen (Z. 6 ff.). In Zeile 11 betont Ulbricht, daß die Bundesrepublik Deutschland auf dem Weg innerdeutscher Beziehungen die DDR unter „Kuratel" der Bonner Regierung stellen wolle und dazu Pläne habe. In den Zeilen 14 ff. konstatiert er, daß es in der Bundesrepublik Deutschland auch unter der neuen Regierung Brandt Faschismus, Revanchismus, Militarisierung und Aufrüstung gäbe. Selbst die Mitbestimmung der Werktätigen werde verhindert. Er stellt fest, daß diese Fakten in keiner Weise einer Entspannungs- und Friedenspolitik entsprächen (Z. 22). Das Treffen des Bundeskanzlers Brandt und des Ministerpräsidenten Stoph in Kassel habe noch einmal die Unversöhnlichkeit der beiden Gesellschaftssysteme in der DDR und der Bundesrepublik Deutschland gezeigt. Sonderbeziehungen zwischen den beiden deutschen Staaten seien also nicht möglich (Z. 26 ff.), und dritte Staaten sollten daher auch nicht länger mit der Aufnahme diplomatischer Beziehungen zögern (Z. 29 ff.).
In Zeile 35 faßt er seine Haltung zusammen und betont seine feste und unveränderbare Position.

Der Auszug aus der Rede Walter Ulbrichts ist eine **Propagandarede**. Es werden bewußt Thesen des Kalten Krieges verwendet, um die beginnende Entspannung abzubremsen. Ulbricht fühlte sich in der Defensive, da er spürte, daß er seine Maximalpositionen, nämlich die völkerrechtliche Anerkennung der DDR als Voraussetzung für eine Normalisierung der Beziehungen zwischen beiden deutschen Staaten, nicht würde durchsetzen können. Die Sowjetunion hatte am Abschluß der Ostverträge besonderes Interesse und ließ dies durch den starken Mann der DDR nicht gefährden. Zugleich sah Ulbricht deutlich die Gefahren von menschlichen Erleichterungen für die Stabilität seines Regimes.

Die beiden Treffen in Erfurt und Kassel, die in der Öffentlichkeit von großen Erwartungen begleitet wurden, brachten demnach keine Annäherung der unterschiedlichen Standpunkte. Schon in ihrer ersten Regierungserklärung am 28. Oktober 1969 hatte die sozialliberale Koalition den Anspruch vorgetragen, das Verhältnis zwischen den beiden deutschen Staaten zu normalisieren. In ihrem **„20-Punkte-Programm“** legte die Bundesregierung detailliert Möglichkeiten für eine vertragliche Regelung der Beziehungen zwischen den beiden Staaten in Deutschland vor. Die DDR beharrte jedoch aus den dargelegten Gründen auf ihrem Standpunkt.

4 Die Karikatur zeigt im oberen Bildbereich eine grimmig blickende Frau Holle, die die SED symbolisiert und eisige Kälte verbreitet. Sie verdeutlicht das **Festhalten der SED** an ihrer **entspannungsfeindlichen Haltung**. Die Menschen in Ost und West sind durch Stacheldraht getrennt und frieren, obwohl sie an Beziehungen zueinander interessiert sind. Dies wird durch die traurigen Gesichter, die einander zugewandt sind, deutlich.
Obwohl durch Verträge (Grundlagenvertrag, Verkehrsvertrag) Vorleistungen der Bundesrepublik erbracht wurden, blieb das innerdeutsche Verhältnis weiterhin eisig. Es kam nur zu geringfügigen menschlichen Erleichterungen, weil sich die Regierung der DDR ihrer Bevölkerung nicht sicher fühlte. Die nationale Frage blieb ungelöst, es mangelte an demokratischen Rechten und der wirtschaftliche Vorsprung der Bundesrepublik konnte nicht aufgeholt werden. Die DDR hatte sich in den 70er Jahren zwar stabilisiert, das demonstriert das große wirtschaftliche Gewicht im RGW und die damit verbundene internationale Anerkennung. Dennoch sah die Führung unter Honecker, um den Bestand des eigenen Staates zu sichern, keinen anderen Ausweg, als die Abgrenzung nach Westen beizubehalten und die Opposition im eigenen Staat zu bekämpfen.
Der Grundgedanke der neuen Ostpolitik, durch politische Anerkennung der Existenz der DDR eine Liberalisierung im zweiten deutschen Staat zu fördern, war nicht vollständig aufgegangen.

5 Die innenpolitische Entwicklung der DDR in den 70er Jahren verlief sehr widersprüchlich. Am 3. Mai 1971 mußte Ulbricht von der Funktion des Ersten Sekretärs der SED zurücktreten. Sein Nachfolger wurde ERICH HONECKER.
Die politische Linie der SED unter Honecker wurde auf dem VIII. Parteitag der SED im Juni 1971 abgesteckt. Sie stand unter dem Motto der „Einheit von Wirtschafts- und Sozialpolitik“. Damit wurde den Bürgern soziale Verbesserungen auf der Grundlage einer Korrektur der wirtschaftlichen Situation in Aussicht gestellt. Intensivierung und Rationalisierung hießen die neuen Schlagwörter. Löhne und Renten wurden erhöht.
Das Wohnungsbauprogramm sorgte für eine höhere Lebensqualität. Die Konsumgüterindustrie wurde ausgebaut. **Sozialpolitische Leistungen** ermöglichten einer berufstätigen Frau Mutterschaftsurlaub und eine Kinderbetreuung. Westliche Sender konnten ungestört empfangen werden. All diese Maßnahmen der DDR-Regierung mußten in der Bevölkerung als nachlassender politischer Druck empfunden werden.
Im August 1975 gehörte die DDR wie auch andere Ostblockstaaten zu den Teilnehmern an der Konferenz über Sicherheit und Zusammenarbeit in Europa und zu den Unterzeichnern der Schlußakte von Helsinki. In diesem Dokument wurden auch die Achtung der „Menschenrechte und Grundfreiheiten, einschließlich der Gedanken-, Gewissens-, Religions- oder Überzeugungsfreiheit für alle“ vereinbart.
In der DDR wurde dadurch die Diskussion über die Menschenrechtsverletzungen durch das SED-Regime belebt. Forderungen nach Freizügigkeit und mehr Freiheit wurden lauter, mehr Ausreiseanträge gestellt.

Die Regierung der DDR reagierte mit der Politik der Abgrenzung gegenüber der Bundesrepublik und mit Druck gegenüber der eigenen Bevölkerung. 1974 wurde die Verfassung der DDR in wesentlichen Punkten geändert. Alle Hinweise auf eine einheitliche deutsche Nation und eine Wiedervereinigung Deutschlands wurden gestrichen. Die DDR wurde durch einen „Freundschafts- und Beistandsvertrag“ 1975 aufs engste mit der Sowjetunion verbunden.
An der innerdeutschen Grenze kam es zum weiteren Ausbau der Sperranlagen bis zur Errichtung von Selbstschußanlagen.
Den Einheitslistenwahlen zur Volkskammer im Oktober 1976 folgte eine Phase des wirtschaftlichen Niedergangs und der Stagnation. Die Zuwachsraten der Industrie gingen zurück und die Nettoverschuldung im Westen stieg erheblich. Das Konsumgüterangebot war unbefriedigend, Versorgungsengpässe waren keine Seltenheit. Die wirtschaftlichen Rahmenbedingungen verschlechterten sich.
Die Unzufriedenheit der Bevölkerung drückte sich in allgemeiner Passivität und im Rückzug in private Bereiche aus. Dennoch gab es auch erste **Opposition**. Regimekritikern drohten Ausweisungen und Diskriminierungen. ROBERT HAVEMANN, RUDOLF BAHRO oder WOLF BIERMANN wurden unterschiedlichen repressiven Maßnahmen unterzogen (Hausarrest, Haft, Abschiebung und Ausbürgerung).
So sind die 70er Jahre in der DDR zwiespältig zu sehen: Es wurden bei den Menschen in der DDR Hoffnungen geweckt und Illusionen zerstört.

Grundkurs Geschichte (Sachsen): Abiturprüfung 1997
Ersttermin – Aufgabe A

M 1: Auszug aus einer Stellungnahme Hitlers 1929

(Im Jahre 1929 gab es in Deutschland Bestrebungen rechter Kreise, die verfassungsmäßigen Rechte des Reichspräsidenten zu stärken. Dazu nimmt Hitler in einer undatierten Denkschrift Stellung, die am 11. Mai 1929 vertraulich an die wichtigsten Funktionäre der NSDAP versandt wurde.)

Ob die Weimarer Verfassung im einzelnen die Macht den Ministern gibt oder dem Reichskanzler, dem Reichspräsidenten oder dem Parlament, kommt am Ende immer wieder auf dasselbe hinaus. Denn alle diese Faktoren sind miteinander verwandte Erscheinungen unserer „westlichen" Demokratie. Sie wurzeln in einem vermeintlichen „Volkswillen", dessen Charakteristikum aber in der Tatsache liegt, daß er den inneren wirklichen Willen des Volkes nicht im geringsten repräsentiert. Die parlamentarischen Majoritäten des Reichstags sowohl als der Reichspräsident, die Reichsminister und der Reichskanzler sind eben nicht Erwählte des „Volkswillens", vielmehr Gewählte der öffentlichen Meinung. Diese öffentliche Meinung kann aber niemals mit dem Volkswillen an sich identifiziert werden. Sie ist nur der Ausdruck der mangelhaften politischen Einsicht sowie des beschränkten politischen und ökonomischen Verständnisses der Masse. Diese mangelnde Einsicht der Masse wird in der Demokratie von den Fabrikanten der öffentlichen Meinung in geschicktester Art und Weise berücksichtigt und verwendet, um mit Hilfe der Presse und des Einwirkens ähnlicher Faktoren eine Meinung zu verbreiten, die, je öffentlicher sie auftritt, um so weniger dem wirklichen inneren Volkswillen entspricht. Solange aber dieser künstlich erzeugten und durch die Presse geleiteten öffentlichen Meinung und dem treibenden Kapital dahinter nicht eine politische Kraft gegenübersteht, die von diesen Faktoren unabhängig ist und nur den natürlichen inneren Willen des Volkes repräsentiert, werden Versuche, auf dem Wege von Majoritätsentscheidungen Änderungen in einer Verfassung durchzuführen, immer belanglos bleiben. Sie können aber unter Umständen sogar schädlich werden, wenn dadurch die Auffassung befestigt wird, daß man durch solche rein äußerlichen Mittelchen[1] überhaupt eine Verbesserung der bestehenden Zustände zu erreichen vermag, während in Wirklichkeit nur wieder ein Teil jener Kraft vergeudet wird, die für einen grundsätzlichen Kampf in Frage käme, so daß damit am Ende der bestehende Zustand, wenn auch auf indirektem Wege, sogar noch eine Stärkung erfährt. [...]

In Deutschland zeigt sich das Bild der Demokratie in einer so erbärmlichen Weise, daß es unverständlich ist, von ihr zu erwarten, daß sie selbst auf eine Stelle mit größtem Wirkungsvermögen Männer starker Energie setzen wird, außer sie ist sich der Tätigkeitsrichtung derselben von vorneherein vollständig sicher, daß heißt: die Repräsentanten werden im Sinne und im Wesen der Demokratie die Volkszersetzung weiter fortführen.

Ein Mann aber, der von der Vorsehung – und an diese ist auch hier zu glauben – zum Führer bestimmt ist, wird sich ohnehin sein Handeln niemals durch die lächerlichen Kompetenz-Grenzen einer Verfassung vorschreiben oder beengen lassen, wenn das Handeln nach der Verfassung zum Ruin seines Volkes führen muß. Sollte aber ein im öffentlichen Leben stehender politischer Führer von anderen, also dritter Stelle aus zur „Diktatur" ausersehen sein und nun die Erfüllung dieses Wunsches von der Erweiterung der verfassungsmäßig festgesetzten Rechte abhängig machen, dann soll man den nur gleich zum Teufel jagen und sich nicht von solch einem Schwächling blenden lassen; denn der beweist damit klar und eindeutig, daß ihm die höhere, ihn selbst zwingende Befähigung für diese Mission vollkommen fehlt. Niemals wird ein nicht zum höchsten berufener Mann, nur durch eine von anderer Seite vorgenommene Erleichterung seines Weges, zu höchsten Entschlüssen und Taten kommen. Denn die letzte Kraft wächst ja gerade im Kampf mit den Widerständen, und die größten, entscheidenden Handlungen, die geniale Köpfe dieser Erde ausführten, waren nicht wenig bedingt durch die meist notwendige Vernichtung gegnerischer Kräfte und deren Einrichtungen.

[1] gemeint ist die Erweiterung der Rechte des Reichspräsidenten

Aus: Albrecht Tyrell, Führer befiehl ... Selbstzeugnisse aus der „Kampfzeit" der NSDAP, Bindlach 1991, S. 319ff.

Aufgaben:

1 Skizzieren Sie die innere Entwicklung der Weimarer Republik zwischen 1924 und dem Frühjahr 1930. 10 BE

2 Erarbeiten Sie aus M 1 die grundsätzliche Auffassung Hitlers über die Demokratie. 12 BE

3 Hitler behauptet, daß die Weimarer Republik den „inneren wirklichen Willen des Volkes nicht im geringsten repräsentiert" (Z. 6).
Überprüfen Sie diese Behauptung Hitlers vor dem Hintergrund der politischen Realität der Weimarer Republik. 14 BE

4 Beschreiben Sie die verfassungsmäßige Stellung des Reichspräsidenten und erläutern Sie Hindenburgs politisches Handeln in der Zeit von 1930 bis 1933. 14 BE

5 Stellen Sie an zwei Maßnahmen dar, wie Hitler und die Nationalsozialisten bis zum Sommer 1934 die „Vernichtung gegnerischer Kräfte und deren Einrichtungen" (Z. 48/49) verwirklichten. 10 BE

60 BE

Lösungsvorschlag

1 Nachdem die junge deutsche Republik durch recht turbulente Anfangsjahre gegangen ist, die geprägt waren von zahlreichen politischen Unruhen, und deren Höhepunkt fraglos das sog. Krisenjahr 1923 darstellte, begann ab 1924 eine **Phase relativer Stabilität.** Voraussetzung dafür war in erster Linie die **Währungsreform** vom November 1923. Dadurch konnte die Inflation und somit die tiefgreifende Wirtschaftskrise zunächst überwunden werden. Gekoppelt an die Außenpolitik Stresemanns begann der **wirtschaftliche Aufstieg.** Durch die Regelung der Reparationen im **Dawes-Plan** (1924) fand Deutschland den Anschluß an die Weltwirtschaft wieder. Die Deutschland gewährten kurzfristigen Auslandskredite wurden von den deutschen Banken in langfristige umgewandelt und in neuartige Industriezweige investiert, die anhaltenden Erfolg versprachen, z. B. die Flugzeugindustrie oder die Rundfunktechnik. Allerdings darf dieser ökonomische Aufschwung nicht ohne den Blick auf **zwei Risikofaktoren** beschrieben werden: Ob die in hochwertiger Qualität gefertigten Produkte auch abzusetzen waren, konnte nicht abgesehen werden; und außerdem lebte die deutsche Wirtschaft von kurzfristigen Auslandskrediten, was sie extrem krisenanfällig machte. Stresemann warnte denn auch vor dem „Aufstieg auf Pump". Die Konjunktur war genau genommen eine „Scheinkonjunktur".

Hand in Hand mit den wirtschaftlichen Erfolgen und der Verbesserung des Lebensstandards, gerade auch der unteren Schichten der Bevölkerung, konnten zwischen 1924 und 1929 auch wichtige soziale Maßnahmen getroffen werden. Der Zugang zu den **Sozialleistungen** wurde **erweitert,** z. B. für Familienangehörige, und die Arbeitslosenversicherung 1927 eingeführt.

Demgegenüber steht aber auch, daß soziale Errungenschaften der Revolution von 1918 wie der Acht-Stunden-Tag in vielen Bereichen seit Ende des Krisenjahres 1923 zunehmend durch längere Arbeitszeiten verdrängt wurden. Die ebenfalls 1918 von den Arbeitgebern anerkannte **Tarifautonomie** erlebte bald die Kompromißlosigkeit von Arbeitgeberverbänden und Gewerkschaften. Da sie keine funktionstüchtige Einrichtung war, wurde sie ab 1923 durch die staatliche Zwangsschlichtung ergänzt bzw. eingeschränkt, was die Kompromißbereitschaft der Tarifparteien weiter herabsetzte.

Die Regierungskoalitionen in den mittleren Jahren der Republik bis 1928 bestehen aus **Kabinetten der bürgerlichen Parteien,** zu denen sich zweimal sogar die DNVP gesellte. Was auf den ersten Blick als Stabilisierung der Republik gewertet werden kann, ist aber andererseits gekennzeichnet durch fortwährende Regierungskrisen und -neubildungen. Letzlich handelt es sich um eine **Dauerkrise des Parlaments,** wo sich keine stabile Mehrheit zur Unterstützung einer Regierung fand. Diese Vorgehensweise war jedoch nur solange möglich, als wirtschaftlich und politisch einigermaßen ruhiges Fahrwasser zu durchqueren war. Als mit der Weltwirtschaftskrise 1929/30 dann eine wirkliche große Herausforderung auf die damals bestehende Große Koalition aus SPD, DDP, Zentrum und DVP zukam, erwies sich gerade das Parteiensystem nicht als fähig, die anstehenden Probleme zu lösen und dankte zugunsten der Macht des Reichspräsidenten ab. Der Weg aus der Krise wurde mit der Bildung des **ersten Präsidialkabinetts** unter Heinrich Brüning durch Hindenburg gesucht. Damit war der Anfang vom Ende der Weimarer Republik gesetzt.

Sicher war der frühe Tod von **Reichspräsident Friedrich Ebert** ein Verlust für die Republik und die Wahl eines kaiserlichen Generalfeldmarschalls zu seinem Nachfolger eine Niederlage der Demokraten. Allerdings hätte Hindenburg bei einer fortdauernden Stabilität des Staats auch als nationale Integrationsfigur rechte Kreise für die Republik gewinnen können.

Durch die Krisen gebeutelt, durch die Erinnerung an den „Schmachfrieden von Versailles", den man der Republik anlastete, belastet, gelang der Weimarer Republik **Mitte der zwanziger Jahre eine Stabilisierung,** die viele Beobachter nach den tumultreichen

Anfangsjahren nicht mehr erwartet hatten. Es war eine Zeit nicht ohne Belastungen, und Lösungen konnten oft nur ansatzweise gefunden werden, aber verglichen zu den vorangegangenen und nachfolgenden Jahren „golden“.
Besonders bemerkenswert allerdings ist der **wissenschaftliche und technische Fortschritt** und die **kulturelle Blüte** in jener Zeit. Zahlreiche deutsche Wissenschaftler erhielten internationale Auszeichnungen bis zu Nobel-Preisen. Vor allem in der Literatur und in der Kunst brach eine bemerkenswerte Entwicklung an, die unter dem Etikett **„Goldene zwanziger Jahre“** allgemeine Bekanntheit erfahren hat. Wenn auch der einschränkende Hinweis gemacht werden muß, daß es sich hier wohl um eine Stadt-, d. h. Elitenkulturentwicklung handelt, so ist die Liste der **Schriftsteller und Künstler** doch enorm. Stellvertretend seien genannt: die Schriftsteller Thomas und Heinrich Mann, Gerhart Hauptmann, Erich Maria Remarque, Bert Brecht, die Philosophen Martin Heidegger und Karl Jaspers oder die Künstler Oskar Kokoschka und George Grosz.
Allerdings ist anzumerken, daß viele Intellektuelle der Republik kritisch gegenüber standen.
Die **Filmindustrie** blühte, Kinos und Cabarets verzeichneten wachsenden Besucherandrang. **Musik aus Amerika** wurde populär und brachte wenigstens in die Großstädte einen Hauch von Internationalität.
Ab **1928/29** ist dann eine Zunahme der **wirtschaftlichen und politischen Labilität** zu verzeichnen. Die **Weltwirtschaftskrise** wirkte sich im oben genannten Sinne verheerend in Deutschland aus. Die USA zogen die kurzfristigen Kredite aus Deutschland ab und schützten gleichzeitig durch Importzölle ihre eigene Wirtschaft, wodurch in Deutschland Absatzprobleme begannen. Die Folgen waren Produktionsrückgang infolge schwindender Kaufkraft, steigende Arbeitslosigkeit und dadurch gleichzeitige Steuerverluste bei schnell ansteigenden staatlichen Soziallasten.
Not und Existenzangst prägten weite Teile der Bevölkerung, die dadurch politisch zunehmend radikalisiert wurde.

2 Hitler legt in seiner Denkschrift an Funktionäre der NSDAP vom 11.05.1929 folgende Gesichtspunkte dar:
Die **Demokratie** und ihre Institutionen (Reichstag, Reichspräsident, Regierung) **verkörperten nicht den Willen des Volkes,** sondern seien Produkte der öffentlichen Meinung, (Z. 4–9). „Diese öffentliche Meinung kann aber niemals mit dem Volkswillen an sich identifiziert werden“ (Z. 9 f.). Der Masse fehle es an politischer Einsicht und an Verständnis für politische und ökonomische Sachverhalte. Dieser Umstand würde in der Demokratie durch die „Fabrikanten der öffentlichen Meinung, der Presse und dem Kapital“, für deren Interessen ausgenutzt (Z. 11–18). Über **Mehrheitsbeschlüsse,** die auf eine irgendwie geartete Änderung der Verfassung abzielen, sei **keine Verbesserung der beklagenswerten Zustände zu erreichen,** meint Hitler (Z. 16–21). Er hält das grundsätzliche demokratische Prozedere gar für schädlich, da es von den Problemen ablenke und „in Wirklichkeit nur wieder ein Teil jener Kraft vergeudet wird, die für einen grundsätzlichen Kampf gegen die bestehende Ordnung in Frage käme“ (Z. 24 f.).
Für Hitler steht fest, daß das **Wesen der Demokratie** in der **„Volkszersetzung“** besteht; die demokratischen Politiker würden alles tun, um diesem Wesen gerecht zu werden. Darum hätten „Männer starker Energie“, zu denen er sich wohl selbst rechnet, auch nicht die Chance, auf wichtige Positionen im Staat zu gelangen (Z. 29/30).
„Ein Mann aber, der von der Vorsehung … zum Führer bestimmt ist, wird sich ohnehin sein Handeln niemals durch die lächerlichen Kompetenz-Grenzen einer Verfassung vorschreiben oder beengen lassen, wenn das Handeln nach der Verfassung zum Ruin eines Volkes führen muß.“ (Z. 34–37). Dieser Satz belegt eindeutig die verfassungsfeindliche Gesinnung Hitlers, der sich als eben dieser von der Vorsehung bestimmte Führer sah.

Ein solcher Führer lasse sich seine Kompetenzen auch nicht verfassungsmäßig einschränken (Z. 37–40). Vielmehr würde ein solcher berufener Mann den Kampf gegen das System aufnehmen bis zur letzten Konsequenz: „die meist notwendige Vernichtung gegnerischer Kräfte und deren Einrichtungen“ (Z. 48 f.).

Zusammenfassend läßt sich also sagen: Hitler sieht als Grundübel für die Zersetzung des Volkes das demokratische System an, das deswegen durch ein **nach dem Führerprinzip gestaltetes Staatssystem** zu ersetzen ist. Nur ein solcher Staat könne gewährleisten, daß das Volk zu neuem Aufstieg gelange.

3 Die **Aussage Hitlers,** daß die Weimarer Republik den „inneren wirklichen Willen des Volkes nicht im geringsten repräsentiert“ (Z. 6), ist in **dieser Entschiedenheit abzulehnen,** ja gemessen an den historischen Tatbeständen als falsch zu qualifizieren.
Zunächst muß festgehalten werden, daß die **Weimarer Reichsverfassung** den Bürgern **demokratische Mitwirkungsrechte** einräumte, wie sie bis dahin in Deutschland nicht im entferntesten gegolten haben. Die Souveränität des Staates liegt beim Volk, dessen Willen durch den von ihm gewählten Reichstag verkörpert wird. Das Wahlrecht ist allgemein, gleich, direkt und geheim und gilt für die ganze wahlberechtigte Bevölkerung (Männer und Frauen!) über 20 Jahren. Das reine Verhältniswahlrecht, das keine Sperrklauseln kennt, begünstigt kleine Parteien, so daß im Volk existierende Sondermeinungen berücksichtigt werden. Darüber hinaus wählt das Volk das Staatsoberhaupt, den Reichspräsidenten, direkt und ist durch Volksentscheide direkt an der Legislative beteiligt. Das Volk hat also eine verfassungsmäßig garantierte außerordentlich große Bedeutung im politischen Prozeß. Es erwies sich jedoch, daß die Einführung der plebiszitären Komponente ein treffliches Mittel für demagogische Stimmungsmache bot. Deswegen wurden im Grundgesetz der Bundesrepublik Deutschland diesbezüglich Änderungen vorgenommen.
Zum Scheitern der Demokratie trugen darüber hinaus gerade die **radikalen politischen Kräfte** bei, die aus ihrer antidemokratischen Grundeinstellung heraus wichtige Repräsentanten des Staates (und somit der Demokratie) und ihre politischen Erfolge öffentlich diskreditierten.
Beispielsweise war Friedrich Ebert heftigster Anfeindung ausgesetzt. Stresemanns Außenpolitik wurde selbst in seiner eigenen Partei nicht verstanden. So geriet er, der konservative Revisionspolitiker, in den Ruf des „Erfüllungspolitikers“, der die deutschen Interessen Schritt für Schritt an das Ausland verkauft. Die Hetze auf ihn in der deutschen Presse war beispielhaft. Auch aus Gründen des fehlenden Verfassungsschutzes in der Weimarer Republik konnten **populistische Lügen und Hetzparolen** ungehindert einer breiten Öffentlichkeit immer wieder vorgehalten werden (Stichwort: Dolchstoßlegende). Populistische Forderungen extremer politischer Positionen, meist aus dem rechten Lager, standen in starkem Gegensatz zum verantwortungsbewußten Handeln der Politiker, die gerade ab 1924 für das Wohl des Volkes entscheidende Arbeit leisteten.
Es ist außerdem nicht außer acht zu lassen, daß manche **unpopulären Entscheidungen** der politischen Willensträger in der Weimarer Republik **oft aus Sachzwängen** und praktischen Erwägungen heraus erfolgten. Ein **Beispiel** dafür ist die bereits o. g. **Außenpolitik** Stresemanns, die langfristig einer Revision der Bestimmungen des Versailler Vertrages dienen sollte, jedenfalls was die deutsche Ostgrenze und die Reparationsbestimmungen betraf, die allerdings zähe und langwierige Verhandlungen als geeignetere Methode zur Erreichung des politischen Zieles ansah als die Konfrontation, die aber von nicht wenigen Zeitgenossen als einzige Möglichkeit erachtet wurde, woduch Stresemann in arge Legitimationsprobleme geriet.
Ein anderes Beispiel für politisches Handeln aus Sachzwängen heraus, das dem deutschen Volk wohl nicht gänzlich zu vermitteln war, erkennt man in der **Annahme des Versailler Vertrages.** Auf heftige Proteste der deutschen Regierung gegen den Vertrag

reagierten die Alliierten mit einem Ultimatum, das bei Nichtannahme des Vertrags die Beendigung des Waffenstillstandes und die sofortige Besetzung Deutschlands zur Folge gehabt hätte. Trotz der öffentlichen Erregung und des Rücktritts von Reichskanzler Scheidemann war die Akzeptanz des unseligen Vertrages als unvermeidliche Folge eines verlorenen Krieges zu den damaligen Konditionen unumgänglich, wenn schlimmeres Unglück für Deutschland bzw. seine Bevölkerung vermieden werden sollte. So war die Unterzeichnung des Vertrages durch die Minister Müller und Bell am 28.06.1919 ein Akt der politischen Vernunft.
Nur in propagandistischer Verblendung kann man behaupten, hierbei sei nicht im Interesse des Volkes gehandelt worden und der Volkswille habe etwa die Fortsetzung des Krieges verlangt.
Gerade diese Hetze von rechts trug mit dazu bei, daß ein Teil der Bevölkerung nie lernen konnte, die Leistung der so geschmähten Politiker wirklich zu würdigen oder Sachzwänge zu erkennen. **Radikale versuchten** also gerade, den Menschen ihre Sicht der Wirklichkeit aufzuzwängen und den **Willen des Volkes** für ihre Zwecke zu **manipulieren.**
Dennoch darf nicht unerwähnt bleiben, daß bis 1930 alle Regierungen der Weimarer Republik über eine **parlamentarisch-demokratische Legitimierung** verfügten. Bei den Wahlen bis 1930 blieben die Rechtsradikalen eine Splittergruppe von ein paar Prozent, die KPD blieb eng auf ihr Milieu beschränkt. In dieser Republik gab es, entgegen eines anderslautenden Diktums, durchaus auch Republikaner.
Es kann auch angemerkt werden, daß die durchgeführte Politik durchaus dem Willen der Mehrheit des Volkes nicht widersprochen hat, da sämtliche **Volksbegehren** bzw. **Volksentscheide** gegen die Maßnahmen der Regierung, zum Teil von radikalen Gruppen in die Wege geleitet, **scheiterten,** da sie nicht die notwendige Zustimmung der Wahlberechtigten fanden. Dies gilt selbst beim Volksentscheid über den Young-Plan, zu dessen Durchsetzung die Rechten eine beispiellose Hetzkampagne entfaltet hatten.
Erst die **Weltwirtschaftskrise** und die damit einhergehende politische Radikalisierung der Bevölkerung **führte zur Funktionsunfähigkeit** des parlamentarischen Systems und zur massenhaften Abkehr der Menschen von der Demokratie.
Durch das verfassungsrechtliche Mittel der **Präsidialkabinette** wurden die demokratischen Spielregeln quasi ad absurdum geführt, zumal diese Präsidialkabinette keine zeitlichen Begrenzungen erfuhren. Hier wurde der **Volkswille** nicht durch das republikanische System als solches mißachtet, viel eher wurde **„von oben“ autokratisch-autoritär** versucht, einen Weg aus einer eingestandenermaßen schwierigen Situation zu finden. Dabei baute man auf Mittel, die seit den Tagen der preußisch-deutschen Monarchie bekannt waren, indem das Staatsoberhaupt, Reichspräsident von Hindenburg, seine ihm von der Verfassung zugestandenen Rechte (Stichwort: Ersatzkaiser) voll nutzte, dabei den verhängnisvollen Ratschlägen eines kleinen erzkonservativen Beraterkreises (Kamarilla) folgend.
Zusammenfassend läßt sich also festhalten, daß die Weimarer Verfassung dem Volk weitreichende Mitbestimmungsrechte einräumte, die aber „von oben“ behindert wurden; einer populistischen Hetzpropaganda stand ein in demokratischen Dingen unerfahrenes Volk gegenüber, das das politische Handeln der Entscheidungsträger oft nicht durchschaute; **Hitlers Behauptung hält** also einer historischen **Überprüfung nicht stand.**

4 Zunächst soll die **Stellung des Reichspräsidenten** nach der Weimarer Verfassung beschrieben werden.
Danach ist der Reichspräsident mit einer **überdurchschnittlichen Machtfülle** ausgestattet. Er verdankte dies mehreren Umständen. Zunächst fiel mit der Abdankung des Kaisers die monarchische Spitze in Deutschland weg, die ein wichtiger Identitäts- und Orientierungsfaktor gewesen ist. Diese Lücke wollten die Väter der Verfassung füllen, zumal das deutsche Volk trotz der ihm in der Bismarckschen Reichsverfassung zuge-

standenen Rechte weitgehend in autoritären und obrigkeitsstaatlichen Denkmustern verharrte. Die Demokratie war 1918/19 über weite Teile der Bevölkerung als eine Art Folge des verlorenen Krieges gekommen, nicht aus eigenem Entschluß und Wunsch. Dieser Wirklichkeit sollte bei der Erarbeitung der neuen Verfassung 1919 Rechnung getragen werden. So kam es zur reichhaltigen Kompetenzausstattung für das Staatsoberhaupt, das eine **Art „Ersatzkaiser"** darstellen sollte.
Nun zu der **verfassungsrechtlichen Lage** im einzelnen: der Reichspräsident wurde direkt vom Volk auf 7 Jahre gewählt, was eine überdurchschnittlich lange Dauer darstellt. Er vertrat das Reich völkerrechtlich und war Oberbefehlshaber über die Streitkräfte. Reichskanzler und Reichsminister wurden vom Präsidenten ernannt, sie bedurften aber zu ihrer Amtsführung des Vertrauens des Reichstags. Ein besonderes Recht war die Verfügung über den Notstandsartikel 48. Danach konnten bei erheblicher Störung der öffentlichen Sicherheit und Ordnung geeignete Maßnahmen ergriffen, sogar Grundrechte außer Kraft gesetzt oder die Reichsexekution durchgeführt werden (Beispiel: Roter Oktober in Sachsen 1923). Die Maßnahmen waren aber auf Verlangen des Reichstages wieder außer Kraft zu setzen. Der Reichspräsident konnte dann höchstens von seinem Recht der Parlamentsauflösung Gebrauch machen, aber nur einmal aus demselben Grund, was aber an den **Machtverhältnissen zwischen den beiden Staatsorganen** nichts Grundsätzliches änderte. Solange nämlich der Reichstag über eine funktionsfähige Mehrheit verfügte, lag das Schwergewicht der Macht bei ihm und der von ihm gestützten Regierung.
Zur im Vergleich zu anderen Verfassungen, wie z. B. dem Grundgesetz, starken Stellung des Präsidenten ist anzumerken, daß die Nationalversammlung 1919 in diesen Befugnissen eine **Art „Reserveverfassung"** sah. Sie sollte ein **Regieren in Krisenfällen ermöglichen,** wenn z. B. Aufstände drohten oder wenn eine parlamentarische Regierungsmehrheit wegen parteipolitischer Interessenkonflikte nicht zustande käme. Hierin kommt **das Mißtrauen** selbst **der Verfassungsväter** gegen den sog. Parteienstaat zum Ausdruck, dem man eine überparteiliche Staatsspitze gegenüberstellen müsse.
Der **Art. 48** sollte dann aber eine **verhängnisvolle Wirkung** im politischen Handeln Hindenburgs zwischen 1930 und 1933 haben.

Auf die Unfähigkeit der Reichstagsparteien, zu regierungstragenden Mehrheiten zu gelangen, **reagierte Hindenburg** im **Frühjahr 1930 mit durchaus verfassungsrechtlichen Mitteln.** Er ernannte den Zentrumspolitiker **Brüning** zum Reichskanzler und begründete das erste **Präsidialkabinett,** das also nicht mehr eine Reichstagsmehrheit bzw. Legitimation durch den Reichstag, sondern lediglich das Vertrauen des Reichspräsidenten voraussetzte. Hindenburg, als alter preußischer General ohnehin konservativ-monarchistisch eingestellt und dem demokratischen Prozeß eher abhold, war der ewigen Streiterein müde. Er wollte rasch Lösungen sehen. Vor allem sah er die Chance gegeben, die von ihm mißachtete SPD durch ein Präsidialkabinett, das durchgehend konservativ besetzt war, auszuschalten. Als Brüning die Zustimmung des Reichstages für sein **Sparprogramm** zur Behebung der wirtschaftlichen Not nicht erlangte, sollte dieses **mit Hilfe des Artikels 48 durchgesetzt werden.** Da im **Reichstag** die Aufhebung der Notverordnungen verlangt wurde, ließ Hindenburg selbigen auflösen und Neuwahlen ausschreiben. Bei diesen Neuwahlen erreichte die **NSDAP einen erdrutschartigen Sieg.** Aus einem funktionsunwilligen war ein funktionsunfähiges Parlament geworden. Brüning wurde abermals Kanzler „von Hindenburgs Gnaden". Er regierte eigentlich nur noch mit Hilfe von Notverordnungen, wobei er aber auf die Duldung durch die SPD angewiesen war, um zu verhindern, daß Notverordnungen vom Parlament aufgehoben oder Mißtrauensanträge gegen die Regierung angenommen würden. Hitler zum Kanzler zu machen, was dieser forderte, lehnte der Präsident zu dieser Zeit noch ab; er empfand eigentlich nur tiefe Verachtung gegenüber dem „böhmischen Gefreiten", der für Hindenburg ein Emporkömmling war.

Die **Reichspräsidentenwahl 1932** gewann Hindenburg im 2. Wahlgang nur durch die Untersützung der SPD, die ihn im Vergleich zum ebenfalls kandidierenden Hitler als das geringere Übel ansah. Das Wissen darum, daß ein beträchlicher Teil der konservativen Parteigänger von einst nicht ihm, sondern Hitler die Stimme gegeben hatte und er mit Unterstützung der verhaßten SPD und des Zentrums Erfolg hatte, führte zu der merkwürdigen Reaktion, daß er um so grimmiger die SPD ablehnte und keinerlei Versuche unternahm, diese Partei zu integrieren, um dadurch einen weiteren Aufstieg der NSDAP eventuell zu verhindern.
Als Brüning den Plan äußerte, alle nicht sanierungsfähigen ostelbischen Güter aufzuteilen, intervenierten die Gutsbesitzer bei Hindenburg, der ihnen ein offenes Ohr schenkte und **den Kanzler entließ.** Hier zeigte sich deutlich, daß Hindenburg von rechtskonservativen Kreisen leicht manipulierbar war und deren Druck nicht standhalten konnte. Dadurch wurde die innere Situation der Republik immer instabiler.
In der Folgezeit erhielt die bereits genannte **Kamarilla,** eine Art Schattenkabinett von Beratern um Hindenburg, immer größeren Einfluß auf ihn und seine politischen Entscheidungen. So waren die **Berufungen von Papens und von Schleichers** zu Kanzlern wohl hauptsächlich auf diesen Einfluß zurückzuführen. Darüber hinaus waren diese Präsidialkabinette eher hilflose Versuche, einen Weg aus der Misere zu finden.
Die **Reichstagswahlen vom November 1932** brachten einen starken Verlust an Wählerstimmen für die NSDAP. Schleichers kurzes Intermezzo als Kanzler verlief glück- bzw. erfolglos. Noch im Januar 1933 sprach sich Hindenburg gegen eine **Kanzlerschaft Hitlers** aus. Aber nachdem sich sein Beraterstab unter Führung von Papen bei ihm für Hitler stark machte, gab er seinen Widerstand auf. Er ernannte am 30.01.1933 Hitler zum Reichskanzler in einem konservativ besetzten Kabinett, von dem er und seine Berater naiverweise glaubten, es rahme Hitler ein, könne ihn also kontrollieren.
Hindenburg kann man insofern also als „Steigbügelhalter" bei der Machtübernahme der Nationalsozialisten bezeichnen, als daß durch ihn erst Hitler völlig legal zum Kanzler wurde.
Insgesamt läßt sich festhalten, daß dem **Greis Hindenburg** in den Krisenjahren der Weimarer Republik eine Verantwortung zukam, die dieser eigentlich weder tragen wollte, da er im Grunde **antidemokratische Grundeinstellungen** hatte, noch konnte, da er auch aus Altersgründen dazu nicht in der Lage war. **Sein Handeln,** das eher als spontan denn als konzeptionell beschrieben werden kann, **begünstigte den Niedergang der Republik maßgeblich,** obwohl die angewandten verfassungsmäßigen Mittel eigentlich zur Stabilisierung hätten beitragen sollen.
Dem über Achtzigjährigen, der sich von Beratern abhängig machte, fehlte es insgesamt an politischem Verständnis und demokratischer und republikanischer Grundüberzeugung und endlich auch an Entscheidungskraft.

5 Bis zum Sommer 1934 vollzog sich im Zuge der Gleichschaltung der Ausbau der nationalsozialistischen Herrschaft und damit einhergehend die Beseitigung der parlamentarischen Demokratie.
Zwei Maßnahmen dazu seien exemplarisch herausgegriffen und beschrieben: Am **27.02.1933 brannte der Reichstag.** Das war für Hitler die Gelegenheit, seinen Kampf gegen die KPD, möglicherweise auch gegen die SPD, einen entscheidenden Schritt voran zu bringen. Die NS-Propaganda sprach von einer kommunistischen Verschwörung, die nur mit fester Hand und weitreichenden Mitteln bekämpft werden könne. Zwar wurde der Täter van der Lubbe bald der Öffentlichkeit präsentiert, aber die **Verfolgung politischer Gegner,** besonders der KPD, sollte noch Monate dauern. Die Grundlage dafür legte bereits am 28.02.1933 die „Verordnung des Reichspräsidenten zum Schutz von Volk und Staat", die sog. **„Reichstagsbrandverordnung".** Sie setzte „bis auf weiteres" alle durch die Verfassung garantierten Grundrechte außer Kraft. Zwar verließ Hitler

damit formaljuristisch nicht den Boden der Verfassung, denn die Verordnung war eine nach Art. 48 gegebene Notverordnung. Aber sie bedeutete natürlich einen **entscheidenden Schlag gegen die demokratischen Grundordnung,** da sie nie zurückgenommen wurde. Zudem beruhte sie auf einem propagandistischen Lügenmärchen, da eine Verschwörung der KPD nie nachgewiesen werden konnte. Sie schuf sozusagen den permanenten Ausnahmezustand. Sie ermöglichte die Zerschlagung der KPD und die massenweise Inhaftierung nicht nur kommunistischer Regimegegner und bildete schließlich – und dies ist vielleicht am weitreichendsten – die **Grundlage für einen psychologisch operierenden staatlichen Terror,** der der Stabilisierung der Macht sehr zuträglich war.
Zusammen mit dem **Ermächtigungsgesetz** bildete die Reichstagsbrandverordnug die wichtigste Grundlage für die NS-Herrschaft. Zusammen lassen sich beide als die „Verfassung des NS-Staates" qualifizieren, da die Weimarer Verfassung offiziell ja bis 1945 gültig war, durch beide Maßnahmen allerdings in perfider Weise außer Kraft gesetzt wurde.
Am 22.03.1933 legte Hitler dem neu gewählten Reichstag das sog. Ermächtigungsgesetz vor. Es bedeutete die dauerhafte **Ausschaltung des Parlaments,** also eigentlich die Beseitigung des Parlamentarismus und der Gewaltenteilung und somit das wirkliche Ende der demokratischen Grundordnung. Für eine solche Veränderung der Verfassung war eine Zweidrittelmehrheit bei der Abstimmung erforderlich. Die **KPD-Abgeordneten** waren bereits **verhaftet** und die **SPD** würde **dagegen stimmen.** Also brauchte Hitler außer den Stimmen seiner eigenen Partei und seines deutschnationalen Koalitionspartners **bei Zustimmung** der bürgerlichen Splitterparteien vor allem die **des Zentrums,** letzteres vor allem um der Wirkung nach außen willen, denn durch einen Geschäftsordnungstrick konnte auch in einem um die verhafteten und nicht eingeladenen Abgeordneten die verlangte Mehrheit erreicht werden. Hitler verwies auf die Wichtigkeit des Gesetzes, um der Regierung mehr Autorität und Stabilität in der schwierigen Zeit zu verleihen. Außerdem könne die Regierung dadurch schneller handeln, wenn sie nicht jedesmal um Erlaubnis für eine Initiative ersuchen müsse. Er versicherte, daß die Rechte der Kirchen dadurch nicht beeinträchtigt würden. Im übrigen würde er das Gesetz auf jeden Fall durchsetzen, drohte er. Vor der Berliner Krolloper (dem Tagungsort des Reichstages nach dem Brand) waren SA und andere Kampfverbände aufgezogen und heizten die Atmosphäre an. **Gegen den Widerstand** der **SPD-Abgeordneten stimmten die anderen Parteien dem Gesetz zu,** teils aus Einschüchterung, teils aus Gutgläubigkeit oder weil sie so die kirchlichen Belange am besten geschützt sahen. Das Parlament entmachtete sich mit dieser Zustimmung zu dem Gesetz selbst, denn nun konnte die Regierung selber Gesetze erlassen, die auch von der Verfassung abweichen konnten. Allerdings durfte weder die Existenz des Reichstags, des Reichsrats noch die Rechte des Reichspräsidenten beeinträchtigt werden. Verträge mit fremden Staaten konnte die Regierung fortan selbständig ohne Zustimmung anderer Institutionen schließen. Das Ermächtigungsgesetz wurde mehrfach verlängert und galt wie die Reichstagsbrandverordnung während des gesamten NS-Regimes. Damit konnte der totalitäre NS-Staat auf legale, aber nicht legitime Weise aufgebaut werden.
(**Andere Punkte, an denen die Gleichschaltung** bzw. die Machtsicherung der Nationalsozialisten dargestellt werden könnte:
- Verbot bzw. Selbstauflösung von Parteien und Gesetz gegen die Neubildung von Parteien; NSDAP als alleinige Staatspartei
- Auflösung der Gewerkschaften und Einrichtung der DAF
- Gleichschaltung der Länder
- „Röhm-Putsch", Ausschaltung der SA und der Judikative als eigenständige Gewalt
- Ausrufung als „Führer" und Vereidigung der Reichswehr auf die Person Hitlers)

Grundkurs Geschichte (Sachsen): Abiturprüfung 1997
Ersttermin – Aufgabe B

M 1: Der Sozialdemokrat Günter Markscheffel am 14.10.1963 zum Rücktritt Konrad Adenauers als Bundeskanzler

Für uns ist Konrad Adenauer ein politischer Gegner. Er genießt unseren Respekt als der Mann, dessen Zähigkeit im Amt des Bundeskanzlers dazu führte, daß der westliche Teil Deutschlands, die Bundesrepublik, Aufnahme in die Gemeinschaft der freien Völker fand. Aber niemand vermag zu sagen, ob der Bundeskanzler Dr. Adenauer dieses Ziel im Wissen um dessen Begrenztheit ansteuerte. Der westliche Teil Deutschlands ist nicht Deutschland, sondern nur ein Teil, der stellvertretend für das ganze Volk sprechen will und kann. Auch weiß niemand, ob der Bundeskanzler Dr. Konrad Adenauer die Vision einer geeinten deutschen Nation in einem Staat hatte oder ob er glaubte, nichts anderes formen zu können als das, was heute die Bundesrepublik ist.
Andere nicht weniger bedeutende Männer, ein Kurt Schumacher, ein Ernst Reuter und mit diesen die Deutsche Sozialdemokratie, hatten die Ziele der deutschen Politik weiter gesteckt. Ihre Politik war von Anfang an auf das ganze Deutschland gerichtet. Sie sagten es offen und handelten danach. Vielleicht liegt hier der tiefere Grund für die oft scheinbar unüberbrückbaren Gegensätze, die sich in den ersten Nachkriegsjahren zwischen den beiden großen politischen Parteien in der späteren Bundesrepublik gebildet hatten.
Aber ein Konrad Adenauer wäre gescheitert, hätte nicht die Sozialdemokratie ihr Bekenntnis zum Grundgesetz der Bundesrepublik abgelegt und dieser durch ihr immerwährendes Drängen nach einem sozialen Inhalt des jungen Staates die Substanz gegeben, die notwendig war, um dem Ansturm der kommunistischen Diktatur standhalten zu können; und die Bundesrepublik hätte nie das werden können, was sie heute ist, wäre die Bevölkerung der deutschen Hauptstadt Berlin unter Führung der Sozialdemokratie nicht entschlossen und fähig gewesen, den Verlockungen kommunistischer „Einheitsparolen" zu widerstehen. Nicht der scheidende Bundeskanzler hat die deutsche Arbeiterbewegung dem demokratischen Staat verpflichtet. Sie tat es selbst schon in der Republik von Weimar und setzte das Werk des Heranführens der Arbeiterschaft an den Staat nach dem zweiten Weltkrieg fort. [...]
Konrad Adenauers politische Klugheit manifestierte sich lange Jahre in der richtigen Einschätzung der Bedürfnisse früherer Kriegsgegner Deutschlands und späterer Bundesgenossen der Bundesrepublik. Es gab eine Zeit, in der man von einer „Ära Adenauer – Dulles[1]" sprechen konnte, was gleichbedeutend war mit der Identität der Interessen der kleinen Bundesrepublik und denen der großen USA. In dieser Zeit, entstand auch das von Adenauer geprägte Wort: „Keine Experimente!", jener politische Wegweiser in den Stillstand und die Zementierung des einmal Gegebenen. Es mag sein, daß viele Deutsche dem scheidenden Bundeskanzler gerade wegen dieser Worte gefolgt sind. Sie wünschten nach dem Zusammenbruch Ruhe, wollten keine Experimente, dachten dabei aber wohl kaum daran, daß die Versteinerung der deutschen Politik kein Vorwärts im Sinne der Erfüllung unserer nationalen Aufgaben sein konnte.

Man sollte jedoch niemandem daraus einen Vorwurf machen, denn die Sehnsucht nach Ruhe war nach einem so fürchterlichen Zusammenbruch, wie ihn unser Volk 1945 erlebte, durchaus legitim. Eine andere Frage ist es, ob eine Staatsführung ihre Pflicht erfüllt, wenn sie nicht mehr tut, als ein Volk in diesem Wunsch zu bestätigen. [...]
Wir nehmen Abschied von dem Bundeskanzler Adenauer, der seine Zeit überdauert hat. Das Neue ist im Werden.

[1] John Foster Dulles: Außenminister der USA (1953 – 1959)

Aus: Die Adenauer-Ära. Die Bundesrepublik Deutschland 1949 – 1963. Hg. von Werner Bührer, München 1993, S. 349 ff.

Aufgaben:

1	Skizzieren Sie den Weg zur Gründung der Bundesrepublik Deutschland ab 1947.	10 BE
2	Erarbeiten Sie aus M 1 die Position Markscheffels zur Deutschland- und Innenpolitik der Regierung Adenauer und der Opposition.	10 BE
3.1	Nennen Sie die Grundprinzipien der Außen- und Deutschlandpolitik Adenauers.	06 BE
3.2	Untersuchen Sie, ob es in den 50er Jahren Alternativen zu dieser Politik gab.	12 BE
4	Erklären Sie, warum viele Westdeutsche in den 50er Jahren „keine Experimente" (Z. 35) wünschten.	10 BE
5	Erläutern Sie die Aussage „Das Neue ist im Werden" (Z. 43) für die Zeit von 1963 bis Anfang der 70er Jahre.	12 BE
		60 BE

Lösungsvorschlag

1 Die unterschiedlichen deutschlandpolitischen Konzeptionen der Siegermächte waren grundsätzlich fest in den ideologischen und machtpolitischen Positionen verankert, doch bedeutet die Jahreswende 1946/47 eine entscheidende Neuorientierung der USA in Form der jetzt betriebenen Weststaatauflösung. Diese Neuorientierung bedeutete eine Abkehr vom Potsdamer Prinzip einer strikten Niederhaltung Deutschland.
„Der Patient verfällt, während die Ärzte beraten." Mit diesen Worten beurteilte der amerikanische Außenminister Marshall die unnachgiebige Situation, unmittelbar nach dem Scheitern der Moskauer Außenministerkonferenz (1947), auf der die deutschlandpolitischen Fragen im Mittelpunkt standen. Die Versorgungsprobleme im zerstörten Europa, der Bürgerkrieg Griechenlands und der sowjetische Druck auf die Türkei förderten die neuen politischen Strukturen: Der Marshallplan und die Truman-Doktrin wurden zu wichtigen Bausteinen der neuen amerikanischen Eindämmungspolitik **(Containment Policy).**
Die Entscheidung für einen deutschen Weststaat reifte unter den Bedingungen dieses sich rasch verschlechternden Klimas zwischen den USA und der Sowjetunion. Als die Londoner Außenministerkonferenz ohne Ergebnisse abbrechen mußte, bedeutete dies den Schlußpunkt unter der Zusammenarbeit der Siegermächte. Die USA zeigten sich jetzt entschlossen, die Weststaatlösung durchzusetzen.
Zieht man eine Bilanz für das Jahresende 1947, so muß man feststellen, daß statt einer internationalen Friedensordnung eine Zweiteilung der Welt entstanden war. Zwei ideologische Lager standen sich gegenüber; der **kalte Krieg** hatte begonnen.
Die Entscheidung für einen deutschen Weststaat fiel auf der Sechs-Mächte-Konferenz in London 1948. An der Konferenz nahmen die westlichen Siegermächte und die Benelux-Staaten teil, entscheidend war zunächst die Harmonisierung der einzelnen deutschlandpolitischen Positionen. Die Beteiligten akzeptierten schließlich die Weststaatlösung, woraufhin die westdeutschen Ministerpräsidenten ermächtigt wurden, eine Versammlung einzuberufen, die eine demokratische Verfassung ausarbeiten sollte. Aufgrund dieser Entwicklung verließ der sowjetische Militärgouverneur Sokolowski den alliierten Kontrollrat, damit war das Exekutivorgan der Alliierten außer Funktion.
Die nächsten Wochen und Monate wurden von einer Politik der Nadelstiche geprägt.
Der rasante Währungsverfall ließ von Anfang an bei den Alliierten keinen Zweifel über eine Währungsreform, Unstimmigkeiten gab es über den Verlauf und Zeitpunkt. Nach den Londoner Beschlüssen gingen die Westmächte dazu über, eine Währungsreform für die Trizone durchzuführen. Flankiert wurden die Maßnahmen durch den Frankfurter Wirtschaftsrat; unter Erhard begann damit die Entwicklung der **sozialen Marktwirtschaft,** die zum wirtschaftspolitischen Grundsatz wurde.
Während der Währungsreform erreichten die Spannungen in Berlin ihren Höhepunkt. Die Sowjetunion behinderte zunächst und sperrte schließlich die Zufahrtswege nach Berlin. Eine Versorgung erfolgte in den nächsten Monaten unter ungeheuerem Aufwand aus der Luft. Die Sowjetunion beabsichtigte, die Berlinfrage für sich zu entscheiden und wollte eine westdeutsche Staatsgründung verhindern; nach zehn Monaten war die Blokkadepolitik gescheitert, die Sowjetunion öffnete die Zufahrtswege.
Das Hauptergebnis der Londoner Sechs-Mächte-Konferenz waren drei Dokumente **(Frankfurter Dokumente),** die in konkreten Ausführungen zur Gründung eines Weststaates aufriefen:
- Errichtung einer Verfassunggebenden Versammlung (Parlamentarischer Rat),
- Neuordnung der jeweiligen Ländergrenzen,
- Grundzüge eines Besatzungsstatuts.

Die deutsche Seite reagierte mit Vorbehalt; die Sorge vor einer Zementierung der Teilung bestimmte die Diskussion und führte schießlich zu Änderungsanträgen. Der Übergangscharakter und die Vorläufigkeit des Weststaates wurde betont und das Verfassungswerk **„Grundgesetz“** genannt.
Der sich Anfang September 1948 konstituierende Parlamentarische Rat setzte sich unter dem Vorsitz von Konrad Adenauer aus 65 gewählten Ländervertretungen zusammen. In den Beratungen kamen von den vertretenen Parteien unterschiedliche Vorstellungen bzgl. Staatstheorie und Föderalismus zum Tragen.
Bei der Ausgestaltung der Verfassung spielten die Erfahrungen mit der Weimarer Reichsverfassung eine wichtige Rolle (konstruktives Mißtrauensvotum, Recht auf Widerstand, Fünf-Prozent-Hürde seit 1953).
Im Besatzungsstatut vom April 1949 wurden Kontroll- und Überwachungseinrichtungen vorgesehen, die eine volle staatliche Souveränität einschränkten.
Mit der Verkündung des Grundgesetzes am 23.05.1949 erfolgte die Gründung der **Bundesrepublik Deutschland.** Die Bundestagswahlen fanden im August statt. Am 12. September erfolgt die Wahl des ersten Bundespräsidenten Theodor Heuss; am 15. September wird Adenauer zum Bundeskanzler gewählt, und es folgt die Bildung einer Koalitionsregierung aus CDU/CSU, FDP und DP.

2 Markscheffel würdigt zunächst in dem vorliegenden Text Adenauers „Zähigkeit im Amt“ und seine Leistungen bei der Anbindung der Bundesrepublik an die „Gemeinsamkeit der freien Völker“ (Z. 2 ff.).
Weiterhin stellt er die Frage, ob nicht durch die Westintegration die Wiedervereinigung geopfert wurde. Nach Markscheffel haben Schumacher, Reuter und die Deutsche Sozialdemokratie ihre politischen Ziele „weiter gestreckt“, indem sie der Wiedervereinigung deutschlandpolitische Priorität zuschrieben. Mit dieser kurzen Übersicht beschreibt der Autor die Positionen von CDU und SPD in den 50er Jahren.
Im weiteren Verlauf betont er die außerordentliche Kooperation der SPD bis zum gegenwärtigen Zeitpunkt und nennt als herausragende Aspekte:
- Bekenntnis zum Grundgesetz,
- soziale Impulse,
- Heranführung der Arbeiterschaft an den Staat.

Nur so hätte die Bundesrepublik die nötige „Substanz“ erhalten, um der Herausforderung durch die „kommunistisch(e) Diktatur standhalten zu können“ (Z. 21 ff.).
Im letzten Abschnitt betont der Autor die mangelnde Eigenständigkeit und Flexibilität der Politik Adenauers, die schließlich zu einem politischen „Stillstand“ und einer „Zementierung“ geführt habe (Z. 30).
An der Staatsführung Adenauers kritisiert er mangelnde Unabhängigkeit und Eigenständigkeit bei den politischen Entscheidungsprozessen.

3.1 In der Regierungserklärung vom 20.09.1949 formulierte Adenauer eine Rangordnung seiner politischen Ziele:
Eine möglichst rasche und vollständige Integration in die „westeuropäische Welt“ sei anzustreben. Eine umfassende Integration sollte militärische Sicherheit, internationale Gleichberechtigung und Mitsprache ermöglichen. Eine Abkehr von der Demokratie und ein neutrales, von der Sowjetunion abhängiges Deutschland, sollte verhindert werden.
Ein Zusammenschluß unter der Führung der USA bedeutete für Adenauer die Garantie für Freiheit und Frieden. Die Bundesrepublik sollte durch Integration, Vertragssysteme und eine verläßliche Politik in den europäischen Institutionen ihren Beitrag dazu leisten.

Die Wiedervereinigung war durch die Präambel des Grundgesetzes vorgegeben. Da die Wiedervereinigung in den Händen der Sieger lag, war sie nur mit der Unterstützung der Westmächte möglich.
Westintegration und **internationale Mitarbeit** waren die vorrangigen Ziele seiner Politik, mit dem Gewinn eines außenpolitischen Handlungsspielraumes sollte aus der Position der Stärke heraus eine Wiedervereinigung angestrebt werden.
Die diplomatischen Beziehungen wurden von diesen Grundsätzen geprägt; aus dem Grundgesetz leitete Bonn den **Alleinvertretungsanspruch** der Bundesrepublik ab. Als die Bundesrepublik 1955 souverän wurde, unterstrich sie diesen Anspruch u. a. mit der **Hallstein-Doktrin.**

3.2 Die Frage impliziert eine grundsätzliche Offenheit der Situation, bei ihrer Beantwortung aber müssen ein außerordentlich komplexes außen- und innenpolitisches Beziehungsgeflecht und die möglichen Handlungsspielräume berücksichtigt werden. Bis heute hält die Dikussion um vermeintlich „verpaßte Chancen“ und Alternativen an.
Die politischen Konzeptionen und der Führungsstil Adenauers lösten nicht nur bei der Opposition, sondern auch in den eigenen Reihen Kontroversen aus. Der Gedanke eines neutralisierten Nationalstaates, der eine Brücke zwischen Ost und West bilden sollte, wurde von der Berliner CDU um Kaiser propagiert. Die SPD unter Schumacher maß der Wiedervereinigung absolute Priorität zu und forderte unaufhörlich das Selbstbestimmungsrecht der Deutschen und bezeichnete Adenauer als „Bundeskanzler der Alliierten“. Politisch wirksam wurden diese Ansätze einer anderen Politik in den 50er Jahren aufgrund der Mehrheitsverhältnisse nicht.
Die SED unternahm in den Jahren 1949–1955 regelmäßig deutschlandpolitische Vorstöße, Grotewohl schlug einen mit Vertretern aus beiden deutschen Staaten besetzten Rat vor, der eine provisorische Regierung vorbereiten, die vier Mächte bei der Ausarbeitung eines Friedensvertrages unterstützen und gesamtdeutsche Wahlen vorbereiten sollte. Trotz annähernd vollständiger Ablehnung durch den Bundestag unternahm Grotewohl im nächsten Jahr einen erneuten Versuch der Annäherung unter dem Motto **„Deutsche an einen Tisch“.** Aufgrund der globalpolitischen Situation und der als fehlend betrachteten demokratischen Legitimation der Regierung Grotewohl stießen diese Vorstöße auf große Skepsis, die wiederum wurde von der politischen Propaganda der SED aufgegriffen und Adenauer als „Separatist“ und „Spalter“ verunglimpft.
Kurz vor der Unterzeichnung des Deutschland- und des EVG-Vertrages stiftete ein politischer Vorstoß der Sowjetunion Verwirrung: Stalin bot den Westmächten an, in ganz Deutschland freie Wahlen durchzuführen, wenn sich Deutschland zur Neutralität verpflichtet. Die Angebote und Forderungen der **Stalin-Noten** waren heftig umstritten. Während Adenauer strikt ablehnend reagierte, verlangten Teile der FDP und der SPD eine eingehende Prüfung der Noten und verurteilten nachhaltig die vorschnelle Ablehnung. Die Westmächte und die Bundesregierung werteten die Vorschläge aufgrund der Nachverhandlungen und der Entwicklungen der letzten Jahre (Sowjetisierung Osteuropas, Berlinblockade, Korea-Krieg) ebenfalls als Störmanöver und Unterminierung der Integrationsbemühungen.
Bei der Reaktion auf die Stalinnoten wird deutlich, daß es für Adenauer keine Alternativen zur eingeschlagenen Richtung gab, er hielt an den Grundpositionen seiner Deutschlandpolitik fest und war „fest davon überzeugt, daß, wenn wir auf diesem Weg fortfahren, der Zeitpunkt nicht mehr allzu fern ist, zu dem die Sowjetunion sich zu einem vernünftigen Gespräch bereit erklärt.“
Die Westmächte und der Bundeskanzer hatten Grundentscheidungen getroffen, die die Außen- und Deutschlandpolitik vorprägten und die Handlungsspielräume in den jeweiligen Stituationen weitgehend einengten. Somit wurde die Westintegration der Bundesrepublik erreicht, die Spaltung aber vertiefte sich.

4 Mit der Parole **„Keine Experimente"** hatte die CDU erfolgreich Wahlkampf geführt, in vielfacher Hinsicht entsprach man damit dem Lebensgefühl der Bundesrepublik in den 50er Jahren. Dieses beinahe geflügelte Wort ist vielseitig auslegbar.

Die deutsche Wirtschaft erholte sich in den 50er Jahren vor dem Hintergrund der von Erhard vertretenen **sozialen Marktwirtschaft** und den verschiedenen Förderprogrammen. Sozialpolitische Maßnahmen für sozial Schwache, Kriegsopfer und Flüchtlinge (Lastenausgleich) linderten das Elend und gaben materielle Sicherheit und eine positive Zukunftssicht. Das **Wirtschaftswunder** brachte aber auch ein politisches Desinteresse und einen Rückzug ins Private mit sich. Viele Deutsche erlebten mögliche Folgen politischen Engagements während der Entnazifizierung. Flucht, Zerstörung, Gefangenschaft und die deutsche Teilung förderten das Bedürfnis nach der Verdrängung der eigentlichen Ursachen; ein großes Sicherheitsbedürfnis bestimmte das Verhalten und stärkte die Regierungsparteien.

Die politischen Vorgänge in der SBZ, die Umformung in eine Volksdemokratie stalinistischer Prägung förderten eine antikommunistische Grundhaltung, die auch in der innenpolitischen Auseinandersetzung instrumentalisiert wurde.

Die SPD bot offenbar keine tragfähigen Alternativen; bei drei Bundestagswahlen vereinigte sie jeweils nur ein Drittel der Wählerstimmen auf sich. Erst mit dem **Godesberger Programm (1959)** öffnete sich die Partei mit neuen politischen Grundsätzen einem breiteren Wählerspektrum.

Der Rückzug ins Private und das politische Desinteresse weiter Bevölkerungskreise förderte sicher auch die Entfaltung der politischen Grundsätze Adenauers.

5 Mit den vieldeutigen Worten „Das Neue ist im Werden" schließt der Autor und bezieht sich hiermit auf verschiedene politische Entwicklungen der vorangegangenen Jahre, die ihn zu dieser Einschätzung bewegen.

Der Mauerbau (1961) und die Kubakrise (1962) führten an den Rand eines neuen Weltkrieges. Der jetzt einsetzenden internationalen Entspannungspolitik fügte sich die Bundesrepublik nur schwer ein. Der Regierung Adenauer fiel es schwer, sich von politischen Grundsätzen zu verabschieden. Nach dem Rücktritt Adenauers folgte unter Erhard eine zaghafte Öffnung nach Osten, doch unter dem allgemeinen Machtverschleiß zerbrach die kleine Koalition. In der Großen Koalition begann sich die SPD zu profilieren und neue deutschlandpolitische Grundsätze zu formulieren.

Mitte der 60er Jahre bildete sich ein Gegengewicht zu den im Parlament vertretenen Parteien. Nach der Ermordung Benno Ohnesorgs (1967), den Diskussionen um die Notstandsgesetzgebung (1968) und dem Vietnamkrieg formierte sich die sogenannte **„Außerparlamentarische Opposition"** (APO), die die Jugend politisierte und die etablierten Parteien auf verschiedene Art und Weise herausforderte.

Nach dem Erfolg bei den Bundestagswahlen 1969 stellt die sozialliberale Koalition unter Brandt die Weichen für eine neue Ostpolitik. Bereits 1963, also zum Zeitpunkt der Veröffentlichung von Markscheffels Text, hatte Bahr die Grundzüge einer neuen Ostpolitik vorgestellt.

Brandt war um die Verständigung mit den Nachbarn im Osten bemüht, ohne dabei die Westbindung zu vernachlässigen; folgende Schritte hielt er hierbei für wichtig:

- Anerkennung des territorialen Status quo,
- wirtschaftliche und kulturelle Zusammenarbeit und
- Gewaltverzichtsabkommen.

Die neue politische Ausrichtung wurde in Brandts Regierungserklärung unterstrichen, worin er zum ersten Mal von zwei deutschen Staaten sprach. Die nächsten Monate bestimmte der kontinuierliche Abbau der Konfrontation mit allen Ostblockstaaten (Ostverträge, Viermächteabkommen für Berlin). Der Wahlsieg 1972 bestätigte die eingeschlagene Richtung in der Ostpolitik.

Das deutsch-deutsche Verhältnis blieb schwierig und wurde von der Frage um den völkerrechtlichen Status der DDR immer wieder bestimmt. Mit dem Verkehrsvertrag (1972) und dem Grundlagenvertrag (1973) wird das Bemühen um eine gutnachbarliche Beziehung Bonns deutlich und fand auch international Anerkennung.
Durch großangelegte Reformprogramme, versuchte die Koalitionsregierung auch gesellschaftspolitische Neuanfänge in den Bereichen Arbeitswelt, Schule und Recht, die aber z. T. an der Finanzierbarkeit scheiterten.
Markscheffel sollte Recht behalten, die SPD gab in den späten 60er und beginnenden 70er Jahren entscheidende politische Impulse, die in der Folge auch teilweise von der CDU adaptiert wurden.

Grundkurs Geschichte (Sachsen): Abiturprüfung 1998
Ersttermin – Aufgabe A

M 1: Aus einer anonymen Flugschrift, Berlin, Juli 1813.

Deutsche! ihr rühmet Euch längst eurer Fortschritte in der Cultur, ihr konntet auch stolz seyn auf die Männer die eure Sprache und Literatur verherrlicht haben. Eure Fürstenhäuser hatten fremden Thronen neuen Glanz verschafft, und der Genius der Humanität war jenen Sprößlingen in ferne Zonen gefolgt zum Heile halb barbarischer Völker. Die Wissenschaften hatten bey Euch ihre wahre Heimath, ihr eignetet Euch die Schätze jeder fremden Zunge an, ihr sammeltet gleichsam alle Strahlen der Erkenntniß in einem Brennpunkt. Aber doch wart ihr in eurem scheinbaren Reichtum arm, ärmer als die Bewohner der asiatischen Steppen ohne Schrift und ohne Kunst und Wissenschaft, denn ihr hattet kein Vaterland mehr, [...] Schmach würde von nun an euren Namen bedecken, wenn das Wunder, das unserer Zeit aufbehalten ward, euch Muth für die heilige Sache der Nationalunabhängigkeit, euren Glauben an eine höhere Leitung der menschlichen Angelegenheiten, und daß sie diesen Muth mit glücklichem Erfolge krönen werde, nicht unüberwindlich machte. Es sey aber kein Schattengut, nach welchem wir ringen. Fest und unerschütterlich werde wie auf einem Felsengrund der Tempel des Rechts für die Völker deutscher Zunge errichtet. Hier möge der Geringe im Volke Schutz und Gerechtigkeit gegen den Mächtigen, der Unterthan gegen den Fürsten finden, nach alter deutscher Weise. Verwünschung demjenigen, der sich diesem hohen Gerichtshofe entziehen wollte, dieser Tempel der Themis[1] werde ein Paladium[2] deutscher Freyheit! Ihm leihe seine starke Hand ein Oberhaupt nur zum Schirme bestimmt und zur Verherrlichung der deutschen Nation – selbst von deutscher Abkunft, durch theure Erinnerungen der Großthaten seiner Vorfahren an seine Nation gekettet. Aber auch dieser Mächtige erkenne das heilige Gesez über sich an, das in gemeinschaftlicher Berathung die erlauchten Repäsentanten der Nation entworfen. [...]

Unter diesem doppelten Schuze sollen die germanischen[3] Völker unter ihren mancherlei Verfassungen die Bürgerrechte ruhig genießen. [...] Es kehre wieder die alte Mannigfaltigkeit der Staaten deutscher Nation – dem Feinde des deutschen Namens werde der vieljährige Raub mit dem Schwerdte wieder entrissen – wer in der allgemeinen Anarchie sich lostrennte, gebe die deutschen Bürger ihrem Vaterlande wieder zurück, denn sonst würde, was die Nothwendigkeit entschuldigen könnte, Gewaltthat und Usurpation werden; freie Städte sollen gleich geachtet werden Königlichen Gebieten und Fürsten sich nur als Glieder eines Oberhauses betrachten, zu dem ein in seiner Art nicht weniger achtenswerthes Haus der Gemeinen[4] gehört. Unter dem Panier des gemeinschaftlichen Vaterlandes, unter dem Schuze allgemeiner Geseze, die Jedem Recht sprechen, fühle sich der Unterthan zugleich als freyer deutscher Mann in der Ausübung der ewigen Rechte der Menschheit, in dem Genusse seines Eigenthums, der Früchte seiner Arbeit.

Noch einmal benuzet die Erfahrung der Jahrhunderte – die großen Lehren der Zeit können nun fruchtbringend werden – die unerforschlich leitende Hand hat euch nach Jahren des Leides und der Unterdrückung wie durch ein Wunder befreyt. – Verdienet den Segen eurer Enkel, denen Ihr Sicherheit, Frieden und Wohlstand als Erbtheil hinterlassen werdet, wenn Weisheit und Kraft und Ernst Euch jetzt leiten, wenn Ihr dem Wahlspruch nicht ungetreu werdet, Gott, Freyheit, Vaterland.

Aus: Die Erhebung gegen Napoleon 1806–1814/15, hrsg. von Hans Bernd Spies, Darmstadt 1981, S. 304–306

(Rechtschreibung und Zeichensetzung folgen der Vorlage)

1 Themis: griechische Göttin der Gerechtigkeit
2 Schutzschild
3 Gemeint ist: der deutschen Völker
4 Gemeint Ist: ein Unterhaus als Kammer der Volksvertreter

Aufgaben:

1 Stellen Sie die Auswirkungen des Vormachtstrebens Napoleons auf Deutschland als Ganzes und auf Preußen und Sachsen im Besonderen bis zum Erscheinen der Flugschrift dar. 12 BE

2.1 Erarbeiten Sie aus M 1 die Vorstellungen des Verfassers über die zukünftige Gestaltung Deutschlands.
Bestimmen Sie seinen politischen Standpunkt. 12 BE

2.2 Charakterisieren Sie den Stil der Flugschrift und erklären Sie, welche Wirkungen der Verfasser beim Leser erzielen möchte. 10 BE

3 Legen Sie in Grundzügen die innenpolitische Entwicklung in Deutschland in der Zeit von 1815 bis zum Frühjahr 1848 dar. 12 BE

4 Untersuchen Sie am Beispiel einer Verfassung des 19. Jahrhunderts in Deutschland, inwieweit liberale Grundsätze darin verwirklicht worden sind. 14 BE

60 BE

Lösungsvorschlag

1 Die Herrschaft Napoleons führte in Deutschland zu grundlegenden Umwälzungen. Frankreich strebte zunächst den Besitz der deutschen Gebiete auf dem linken Rheinufer an. Nach den Friedensschlüssen von Campo Formio (1797) und Lunéville (1801) war klar, dass das Rheinland nicht mehr zum Reich gehören würde. Zudem wurde festgehalten, dass die Reichsstände, die Herrschaftsgebiete verloren hatten, rechts des Rheins entschädigt würden. Unter maßgeblichem Einfluss Napoleons und des russischen Zaren Alexander I. kam es so zum **Reichsdeputationshauptschluss** von 1803, der die politische Landkarte Deutschlands völlig umgestaltete. Durch Säkularisation (Auflösung geistlicher Territorien) und Mediatisierung (Aufhebung selbständiger politischer Herrschaften) verschwanden geistliche Gebiete, freie Reichsstädte und kleinere weltliche Herrschaften, die zum Teil mehrere Jahrhunderte Bestand gehabt hatten. Ihre Gebiete wurden den umliegenden größeren Staaten zugeschlagen, die so zu Mittelstaaten aufstiegen.

Unter dem Druck Napoleons unterzeichneten 16 west- und süddeutsche Reichsstände 1806 die **Rheinbundakte** und schieden damit aus dem alten Reich aus. Nachdem der Kaiser des Heiligen Römischen Reiches Franz II. schon 1804 einen österreichischen Kaisertitel angenommen hatte, legte er nun unter Napoleons Druck die römische Krone nieder. Damit hörte das Reich, das rund 900 Jahre bestanden hatte, auch offiziell auf zu bestehen.
Der Rheinbund ermöglichte es dessen „Protektor“ Napoleon, Süd- und Mitteldeutschland in sein Einflussgebiet einzubeziehen. Außerhalb des napoleonischen Herrschaftsbereiches befanden sich in Deutschland nur noch wenige Staaten wie Preußen, Sachsen und Österreich.
Nachdem **Österreich** nun im Dritten Koalitionskrieg und während der österreichischen Erhebung von 1809 gegen Napoleon weitergekämpft hatte, änderte der neue Staatskanzler Fürst Metternich nach dem schweren Frieden von Schönbrunn den Kurs der Außenpolitik. Er versuchte sich mit Napoleon zu arrangieren.
Preußen, das 1792 am Ersten Koalitionskrieg halbherzig teilgenommen hatte, hatte sich nach dem Baseler Frieden von 1795 ganz auf sein Herrschafts- und Einflussgebiet in Norddeutschland zurückgezogen. Sachsen, seit 1792 um Reichstreue bemüht, sah sich aber nach dem wenig ruhmreichen Ende eben dieses Reiches auf seinen mächtigen nördlichen Nachbarn verwiesen, wollte es nicht dem Einfluss Napoleons erliegen.
Die **Niederlage** der preußisch-sächsischen Armee **bei Jena und Auerstedt 1806** beendete eine Epoche.

Der Zusammenbruch Preußens zeigte die Reformbedürftigkeit nicht nur der Armee, sondern des absolutistischen preußischen Staates auf. Im **Tilsiter Frieden 1807** musste Preußen harten Bedingungen zustimmen: Verlust sämtlicher Gebiete westlich der Elbe und der Erwerbungen aus der zweiten und dritten Teilung Polens. Die militärische Räumung des restlichen Staatsgebietes wurde von der Zahlung einer Kriegsentschädigung in zunächst nicht festgelegter Höhe abhängig gemacht.
Sachsen hatte sich nachträglich für neutral erklärt und musste im Dezember 1806 in den Frieden von Posen einstimmen. Das bisherige Kurfürstentum wurde zum Königreich erhoben, das allerdings dem Rheinbund beitreten musste. Damit war selbstverständlich auch die Heeresfolge für Napoleon verbunden. Gebietlich erhält Sachsen Cottbus, das bisher eine preußische Enklave in sächsischem Gebiet gewesen war, und Friedrich August von Sachsen wird zugleich neuer Herrscher des aus preußischen Abtretungen neu gegründeten Herzogtums Warschau.
Beim Vergleich der beiden Friedensregelungen in Folge der gleichen Niederlage – die mit Preußen hart, die mit Sachsen doch recht milde – wird das dahinter liegende Prinzip Napoleons des „teile und herrsche“ erkennbar.

Entsprechend unterschiedlich verlief auch die **innenpolitische Entwicklung in den beiden Staaten**. Während Preußen unter Freiherr vom Stein den Zusammenbruch zum Anlass nahm, den feudalen Ständestaat grundlegend zu modernisieren, hielt Sachsen an den bestehenden Zuständen im Wesentlichen fest. Schließlich schien man ja sogar als eine Art Gewinner aus der Krise hervorgegangen zu sein.
Die Niederlage der „Grande Armée" in Russland brachte den Anfang vom Ende der Herrschaft Napoleons. Die Preußen fingen an, sich gegen die Fremdherrschaft zu erheben und die **Befreiungskriege** begannen.
Überzeugt von der Stärke Napoleons, von Natur aus ein zögerlicher und gewissenhafter Mensch, blieb König Friedrich August I. von Sachsen bis zur Niederlage in der Völkerschlacht von Leipzig im Oktober 1813 auf der Seite der Franzosen.

2.1 Der Verfasser der anonymen Flugschrift vertritt folgenden Gedankengang:
Die Deutschen rühmten sich zwar, eine Kulturnation zu sein. Dies sei aber nur ein scheinbarer Vorteil anderen Völkern gegenüber, da die Deutschen eben kein eigenes Vaterland mehr besäßen (vgl. Z. 1–9).
Jetzt, im Jahre 1813, gelte es, sich für die „Nationalunabhängigkeit" einzusetzen und Gott werde „diesen Muth mit glücklichem Erfolge krönen" (vgl. Z. 9–13).
Zur inneren Struktur des neuen Vaterlandes führt der Verfasser aus: Sie solle den Deutschen Rechtssicherheit und Bürgerrechte gewährleisten, auch gegenüber den Fürsten (vgl. Z. 13–19, 34–37). Den Fürsten kommt dabei die Aufgabe zu, den Schutz der Bürger sicherzustellen und die Größe Deutschlands zu verkörpern, und zwar unabhängig von Partikularinteressen (vgl. Z. 19–22).
Aber auch der Monarch ist gebunden an das allgemein gültige Gesetz und den Willen der Volksvertretung (vgl. Z. 22–24). Dieses Parlament soll aus zwei Kammern bestehen, und zwar einem Oberhaus aus Vertretern der Fürsten und der freien Städte und einer gewählten Volksversammlung, dem „Haus der Gemeinen" (vgl. Z. 31–33).
Was den Staatsaufbau Deutschlands angeht, so wird ein Bundesstaat angestrebt, um die Entfaltung der einzelnen Bundesglieder zu sichern, „unter dem Panier des gemeinsamen Vaterlandes" (vgl. Z. 25–27, 33 f.).
Der **Verfasser** ist demnach ein **Liberaler**, der sich für die Einheit Deutschlands und den bürgerlichen Verfassungsstaat einsetzt.

2.2 Der **Stil** ist **pathetisch** (z. B. „dieser Tempel der Themis werde ein Palladium deutscher Freyheit" Z. 18 f. „Verdienet den Segen eurer Enkel, ... wenn ihr dem Wahlspruch nicht ungetreu werdet, Gott, Freyheit, Vaterland" Z. 40–43), **blumig** (z. B. „die unerforschlich leitende Hand hat euch nach Jahren des Leides und der Unterdrückung wie durch ein Wunder befreyt" Z. 39 f.), **patriotisch-national** (z. B. die Beschreibung der Deutschen in Z. 1–7; „zur Verherrlichung der deutschen Nation – selbst von deutscher Abkunft, durch theure Erinnerungen der Großthaten seiner Vorfahren an seine Nation gekettet." Z. 20–22).
Der Überschwang der Sprache lässt sich daher erklären, dass in der Zeit der napoleonischen Kriege das **deutsche Nationalgefühl erwachte.** Zudem ist nach der Niederlage Napoleons in Russland und dem Beginn der Befreiungskriege das Ende der verhassten französischen Herrschaft in Sicht.

Hiermit stehen auch die beabsichtigten **Wirkungen** im Zusammenhang. Dadurch, dass er den Menschen in Preußen und in Deutschland Stolz auf die Leistungen der deutschen Nation in der Vergangenheit vermittelt, möchte der Verfasser erreichen, dass sie den Gegensatz zur heutigen Lage erkennen und zu entschlossenem Handeln angeregt werden. Bei der Flugschrift handelt es sich also um einen **Appell an die Bürger** zum Einsatz in den Befreiungskriegen für die Einheit Deutschlands und für den Verfassungsstaat.

Zugleich stellt das Dokument aber auch den **Versuch** dar, die **Fürsten** auf einen solchen Staat **zu verpflichten**, jetzt wo diese noch auf den Einsatzwillen des Volkes zur Verjagung Napoleons angewiesen sind (vgl. Z. 22–24, Z. 33–37).
Bei der fremdwortgefüllten Bildungssprache der Quelle, die auf einen Intellektuellen als Verfasser schließen lässt, kann gefragt werden, inwieweit dieser Stil breitere Kreise wirklich erreichen konnte.

3 Auf dem **Wiener Kongress** wurde in Bezug auf Deutschland die Gründung eines **Deutschen Bundes** beschlossen, einer losen Vereinigung souveräner Staaten. Laut Art. 2 der Bundesakte bestand sein Zweck in der Erhaltung der äußeren und inneren Sicherheit Deutschlands und der Unabhängigkeit der deutschen Staaten. Als einziges gemeinsames Organ bestand der Bundestag, ein Gesandtenkongress, der in Frankfurt zusammentrat. Innenpolitisch wurde in Artikel 13 nur allgemein und in lakonischer Kürze landständische Verfassungen gefordert, die zunächst allerdings nur in einigen Staaten, z. B. in Sachsen-Weimar, Bayern, Baden und Württemberg gewährt wurden.
So verwirklichte die Lösung des Kongresses in keiner Weise die Forderungen vieler Menschen nach staatlicher Einheit Deutschlands und bürgerlichen Freiheiten.
Abgesichert durch die Heilige Allianz, versuchten die meisten Fürsten eine **Politik der Restauration**, wobei die Menschen als Untertanen gesehen wurden, die dem mehr oder weniger absolutistischen Herrschaftsanspruch des Monarchen und seiner Regierung zu folgen haben und deren Mitsprache nicht oder kaum erwünscht war.
Enttäuscht von den politischen Zuständen, nach den Umbrüchen der Kriegsjahre Ruhe und Frieden wünschend, fand sich der größte Teil des Bürgertums mit den herrschenden Zuständen ab. Nach einer Witzfigur aus den „Fliegenden Blättern“ erhielt diese Zeit ihren Namen: **Biedermeier**.
Menschen, die sich mit dieser Lage nicht abfinden wollten, waren insbesondere Intellektuelle wie Studenten, Professoren und Schriftsteller.
Nach dem Wartburgfest 1817 und der Ermordung des konservativen Schriftstellers und russischen Staatsrates August von Kotzebue 1819 reagierten die Fürsten mit den **Karlsbader Beschlüssen**, die Unterdrückungsmaßnahmen gegen Einrichtungen und Personen enthielten, die wegen ihrer nationalen oder liberalen Einstellung als verdächtig galten. Einen ersten Einschnitt brachte die **Juli-Revolution 1830** in Frankreich. Die Ereignisse dort führten zur **Stärkung des liberalen Elements** in Deutschland und zu revolutionären Ereignissen wie dem Hambacher Fest 1832. So erhielten nun weitere Staaten wie auch das Königreich Sachsen eine Verfassung. Zugleich wurde dort mit einer Reform der gesellschaftlichen und staatlichen Struktur begonnen.
Auf diese Entwicklung folgte eine erneute Phase restaurativer Politik, bis **1848 revolutionäre Ereignisse** aus Frankreich wieder auf Deutschland übergriffen. Vom Südwesten ausgehend ging eine Protestwelle (Petitionen, Versammlungen usw.) durch das Land. Die Fürsten der kleinen und mittleren Staaten gaben nach und bewilligten die liberalen Freiheiten. Nur in Berlin und Wien konnte die revolutionäre Bewegung erst nach Straßenkämpfen mit dem Militär siegen.
Liberale und demokratische Politiker aus Parlamenten und Städteversammlungen trafen sich ohne eigentliches Mandat in **Heidelberg** zu einer **Versammlung**. Diese berief ein **Vorparlament** nach Frankfurt ein, dessen Teilnehmer Wahlen zu einer Nationalversammlung beschlossen. Am 18. 5. 1848 trat das **erste gesamtdeutsche Parlament in Frankfurt** in der Paulskirche zusammen.

4 Für diese Untersuchung bieten sich verschiedene Verfassungen an, z. B. die sächsische Verfassung von 1831, die preußische Verfassung von 1850, die Paulskirchenverfassung von 1849 oder die Reichsverfassung von 1871.

Die Untersuchung sei hier am Beispiel der **sächsischen Verfassung von 1831** durchgeführt.
Danach bestand das weiterhin **„Landstände"** genannte Parlament aus zwei Kammern. Die erste Kammer umfasste 42 Mitglieder aus Adel, Klerus und dem hohen Bürgertum aufgrund von Geburt, Amt oder Besitz. Die zweite Kammer bestand aus 75 indirekt nach Gruppen gewählten Abgeordneten: 20 Vertreter der Rittergutsbesitzer, 25 der Städte, 25 der Bauern und fünf Angehörige des Handels und der Industrie.
Dabei kam dem Parlament das **Gesetzgebungs- und das Haushaltsrecht** zu. Beschlüsse des Bundestages traten allerdings auch ohne Zustimmung der Kammern in Kraft. Das Recht zum Erlassen der Ausführungsbestimmungen lag ebenfalls beim König bzw. seiner Regierung. Die Kammern besaßen auch **kein Recht der Gesetzesinitiative,** das beim Monarchen verblieb. Allerdings hatten sie ein Antragsrecht.
Das Ablehnen eines Gesetzesvorschlags des Königs musste entweder durch eine Mehrheit in beiden Kammern oder durch eine Zweidrittelmehrheit in einer Kammer geschehen.
Die **Ernennung der Minister** hing alleine vom Herrscher ab. Darauf hatte die Volksvertretung keinen direkten Einfluss.

Die Verfassung enthielt auch einen **Grundrechtskatalog**. Allerdings liegt dabei der Schwerpunkt mehr auf der Festschreibung der staatsbürgerlichen Freiheit als der Sicherung individueller Freiheitsrechte. So finden sich in dieser Aufstellung Bestimmungen über Erwerb und Verlust der Staatsangehörigkeit, zur Sicherung des Eigentumsrechts, Gleichheit der staatsbürgerlichen Rechte, freie Berufswahl usw., aber keine eindeutige Festlegung der Presse-, Versammlungs- und Meinungsfreiheit.
Was den Grad des liberalen Einflusses bei dieser Verfassung angeht, so handelt es sich hierbei um ein **Beispiel des frühkonstitutionellen Typs,** wie er z. B. auch in den süddeutschen Staaten eingeführt worden war. Es besteht ein Zwei-Kammer-Parlament. Mit der aristokratischen ersten Kammer soll der gewählten zweiten Kammer mit eventuell bürgerlich-fortschrittlichen Tendenzen ein Gegengewicht beigeordnet werden.
Die **Rechte des Parlaments** bei der Gesetzgebung sind **eingeschränkt**. Die preußische Verfassung oder die Reichsverfassung von 1871 hingegen kennen das Initiativrecht des Parlamentes.
Zudem ist die Stellung des Parlaments durch die Regelungen zur Verabschiedung eines Gesetzes geschwächt. Entweder mussten beide Kammern einem Gesetz zustimmen wie in den frühen süddeutschen Verfassungen oder es bedurfte wie in Sachsen wenn eine Kammer zustimmte in der ablehnenden Versammlung sogar einer Zweidrittelmehrheit, was natürlich nur schwer zu erreichen war.
In diesen Verfassungen blieben Exekutive und Legislative streng getrennt, was durchaus liberalem Gedankengut entsprach. **Das Parlament hat** höchstens eine **indirekte Einflussmöglichkeit auf die Regierung**, einen Ansatz parlamentarischer Kontrollgewalt, da die sogenannte Ministerverantwortlichkeit in den Verfassungen festgelegt ist oder in der Praxis sich durchgesetzt hatte. Mit ihrer Unterschrift unter Akte des Monarchen von politischer Tragweite, der sogenannte Gegenzeichnung, übernahmen die Minister dafür die Verantwortung, d. h. sie mussten in der Volksvertretung Rede und Antwort stehen. Im Extremfall war sogar an eine Klage vor einem Staatsgerichtshof gedacht, sofern er vorhanden war.
Wahlberechtigt sind nach der Sächsischen Verfassung von 1831 und anderer süddeutscher Verfassungen nur männliche Bürger mit Besitz oder Mindeststeuersumme. Damit war der größte Teil der Bürger nicht wahlberechtigt: Frauen, abhängig Beschäftigte wie Arbeiter, Diestboten oder Knechte usw. Viele Liberale störte allerdings das ungleiche Wahlrecht nicht. In ihren Augen waren ein gewisser Besitz und eine bestimmte Bildung Voraussetzung,

um wirklich in politischen Fragen mitreden zu können und um für den Staat nützlich zu sein. Der „ungebildeten Masse“ schrieben sie Eigensucht und Unfähigkeit zu, die das Staatsschiff auf den Grund setzen würden.
Insgesamt **entspricht** also **die sächsische Verfassung** von 1831 **in Teilen den liberalen Vorstellungen**. Behielt auch der Herrscher eine starke Stellung, so ist seine absolute Macht doch eingeschränkt. Dabei sind die Landesverfassungen der ersten Hälfte des 19. Jahrhunderts bei den Rechten des Parlaments restriktiver als spätere Verfassungen wie die der Paulskirche oder die des Deutschen Reiches von 1871.
So können die sächsische und andere Verfassungen dieser Periode den Maßstäben der parlamentarischen Demokratie nicht genügen. Sie sind jedoch angesichts der vorausgehenden verfassungslosen Zeit ein Fortschritt.

Grundkurs Geschichte (Sachsen): Abiturprüfung 1998
Ersttermin – Aufgabe B

M 1: Auszug aus einer Rede von Dr. Robert Ley[1] am 15. 10. 1936 in der Deutschlandhalle Berlin

Wir danken dem Führer, dass er auf dem vorjährigen Parteitag die Parole ausgab: Kampf gegen den Juden und gegen den Bolschewismus. Die Partei hat sich gesammelt, das Volk hat sich formiert. Siebzig Millionen marschieren. Der Feind ist der Jude, der Feind ist der Bolschewist. Jud' bleibt Jud', und Moskau bleibt Moskau!

Das ist die Parole. Wir geben nie nach! Ich glaube, das haben jetzt allmählich unsere offenen und heimlichen Gegner gemerkt. […]

So kämpfen wir weiter. Wir richten unseren Appell an die Gutwilligen. Wir sind nicht wie ein Elefant im Porzellanladen, der alles zerschlägt, um dann im Aufbau sein Können zu beweisen. Nein, was gut ist, das übernehmen wir. Wer gutwillig ist, der ist unser Freund. Wir reichen jedem die Hand, wir appellieren und predigen und predigen immer von neuem: helft uns aufbauen, helft mit!

Wenn es nicht reicht, dieses Predigen, und die Böswilligen nicht mitkommen wollen, dann haben wir allerdings auch die notwendige Entschlossenheit, das zu vernichten, was schlecht und gemein ist. Es hat keinen Wert Verträge zu machen. Alle Tarifverträge reichen nicht hin, um die Gemeinheit zu bannen. Die Gemeinheit im Menschen bannt man nur dadurch, dass man die Front der Guten und der Anständigen aufrichtet und die Schlechten und die Gemeinen in die Zuchthäuser einsperrt und vernichtet. Das ist allein das Richtige.

So sehen wir heute stolz in die Welt und sind glücklich über unser Deutschland. Es ist eine Lust zu leben und eine Freude, schaffen zu dürfen. Beim letzten Parteitag habe ich die ungeheure Weltgeltung der Parole gegen den Bolschewismus erneut aufs tiefste begriffen. Dadurch ist Adolf Hitler weit über die Grenzen seines Landes hinausgewachsen. Er hat Deutschland zur Vernunft gebracht, und wir wissen es heute, er will und wird auch einmal die Welt zur Vernunft bringen.

Moskau hat seinen Kampf verloren. Das hat sich bereits erwiesen. Nicht, als ob es den Kampf abgeben würde, das kann es nicht mehr, wir werden es ja nicht mehr loslassen, wir werden es stellen, denn wir können nicht diese beiden Weltanschauungen nebeneinander dulden. Es ist unmöglich. Wie das Gute das Böse vernichten muss, so müssen wir auch kämpfen, bis die Vernunft in der Welt wieder Geltung erhalten hat. Das ist unsere Losung.
Moskau hat bereits den Kampf verloren. In allen Völkern stehen mutige Männer auf, mutige Männer treten in Erscheinung, es ist überall der gleiche Gang und der gleiche Kampf. […]

Adolf Hitler ist bereits für all diese Menschen die Lichtgestalt geworden. Alle diese Menschen schauen auf ihn. Er ist der Führer. Der Jude ist schon dumm, glauben Sie mir das, er ist nicht klug, wie unsere Bürgerlichen meinten.

Sobald man ihn in die Höhe zupft, zappelt er an allen vieren. Das beobachten wir jetzt in der ganzen Welt. Etliche Juden werden heute sagen: Hätten wir doch den Hitler in Ruhe gelassen! Wozu schrieben wir in Paris über Hitler? Wozu taten wir das in London, in Madrid und allüberall, wozu das?

Ja meine Freunde, das ist der Fluch der bösen Tat. Adolf Hitler ist unser Glaubensbekenntnis. Unserm Volke ist er Lebensinhalt geworden, dir und mir. Wir glauben an diesen Mann. Wir glauben, dass er auch den Endkampf besteht und der Welt den Frieden bringen wird.
Das glauben wir!

[1] Leiter der Deutschen Arbeitsfront (DAF)

Aus: Dr. Robert Ley. Wir alle helfen dem Führer, München 1937, S. 98–102

Aufgaben:

1	Erarbeiten Sie aus M 1 die wesentlichen Aussagen. Gehen Sie dabei auf Stil und Ausdrucksniveau der Rede ein.	10 BE
2	Legen Sie in Phasen gegliedert dar, wie Hitlers Parole vom „Kampf gegen den Juden“ (Z. 2) ihre Umsetzung im Dritten Reich fand.	12 BE
3	„So sehen wir heute stolz in die Welt und sind glücklich über Deutschland. Es ist eine Lust zu leben und eine Freude, schaffen zu dürfen“ (Z. 19 f.).	
3.1	Erklären Sie, warum Menschen in Deutschland bis weit in den 2. Weltkrieg hinein so empfanden, wie es in diesem Zitat von Ley (Z. 21 f.) zum Ausdruck kommt.	10 BE
3.2	Stellen Sie an zwei Beispielen aus unterschiedlichen Bereichen Motive und Wirkungsmöglichkeiten des Widerstandes dar.	12 BE
4	„Er hat Deutschland zur Vernunft gebracht, und wir wissen es heute, er will und wird auch einmal die Welt zur Vernunft bringen“ (Z. 23 f.). Setzen Sie sich, unter Einbeziehung der historischen Entwicklung bis 1945, mit dieser Aussage Leys über Hitler kritisch auseinander.	16 BE
		60 BE

Lösungsvorschlag

1 Die von Dr. Robert Ley am 15. 10. 1936 in der Berliner Deutschlandhalle gehaltene und in gekürzter Fassung vorliegende Rede enthält im Wesentlichen folgende Aussagen:

- Die nationalsozialistische Bewegung habe an Stärke gewonnen, nicht zuletzt wegen der eindeutigen Zielstellung im Kampf gegen die Juden und den Bolschewismus (Z. 1–4).
- Der eingeschlagene Weg werde unbeirrbar fortgesetzt und an alle Kräfte appelliert, den Aufbau zu unterstützen (Z. 5–11).
- Um das Erreichen des Zieles nicht zu gefährden, müsse man die „Anständigen“ aufrichten und die „Schlechten“ einsperren (Z. 12–18).
- Durch die Politik des Führers seien bereits große Erfolge zu verzeichnen und ein optimistisches Lebensgefühl erreicht worden (Z. 19–24).
- Auch der Kampf gegen Moskau und die Juden werde für den Nationalsozialismus erfolgreich sein (Z. 25–33).
- Der Verfasser legt ein überschwängliches Bekenntnis zu Hitler ab (Z. 34–45).

Die appellative Rede zielt auf die **Gefühle einer breiten Masse** ab, mit allgemeinen und unverbindlichen Formulierungen wird ein Standardthema vorgetragen: die „Jüdisch-bolschewistische Weltverschwörung“. Dieses Thema wird formelartig immer wieder in der Rede eingesetzt, die nur einen sehr **geringen Sachgehalt** besitzt. Einschüchterungen, Drohungen und die Verunglimpfung der Juden sind **Propaganda** auf niedrigstem Niveau.

2 Mit dem Sieg des Nationalsozialismus war 1933 der Antisemitismus Staatsdoktrin in Deutschland geworden, der an traditionelle antisemitische Vorurteile, besonders den Rassenantisemitismus, anknüpfte. Die Verfolgung der Juden im Dritten Reich begann nicht systematisch, vielmehr entwickelte sie sich sukzessive und wurde von verschiedenen Instanzen beeinflusst. Es lassen sich retrospektiv verschiedene Phasen unterscheiden:

- **Diskriminierung und erste Verfolgung 1933–1938**
  Sofort nach der Machtergreifung kam es zu ungezügelten Übergriffen, die Opfer waren in erster Linie Vertreter der jüdischen Sozialisten, Kommunisten und Intellektuelle. Die heftigen Proteste der Auslandspresse führten die neuen Machthaber in ihrer Propaganda auf Intrigen der Juden zurück. Am 1. April 1933 kam es daher zur ersten zentral gelenkten Aktion, dem Boykott jüdischer Geschäfte. Das „Gesetz zur Wiederherstellung des Berufsbeamtentums“ (1933) forderte den Nachweis arischer Abstammung als Voraussetzung für das Beamtentum.
  Die Nürnberger Gesetze (1935) waren der Höhepunkt dieser ersten Phase und bildeten die Grundlage für weitere antijüdische Maßnahmen. Sie bestanden aus dem „Reichsbürgergesetz“ und dem „Gesetz zur Verteidigung des deutschen Blutes und deutscher Ehre“.
  Durch eine Reihe weiterer Gesetze, Erlasse und Verordnungen wurde die Diskriminierung der Juden weiter vorangetrieben und eine bürgerliche und gesetzliche Ungleichheit hergestellt.

- **„Reichskristallnacht“**
  In der Nacht vom 9. auf den 10. November 1938 kam es in ganz Deutschland zu der von den Nationalsozialisten sogenannten „Reichskristallnacht“; dem Pogrom fielen 91 Juden zum Opfer. 7 500 Geschäfte von Juden wurden zerstört, 191 Synagogen niedergebrannt, Häuser und Wohnungen geplündert und viele jüdische Friedhöfe geschändet. Die Gestapo verschleppte 30 000 Juden in Konzentrationslager. Gerichte sprachen die Brandstifter und Mörder in Scheinprozessen frei. Den Vorwand zu diesen Ausschreitungen bot das Attentat des jüdischen Jugendlichen Herschl Grünspan auf den Sekretär

der deutschen Botschaft von Rath in Paris. Der Pogrom ist kaum als spontaner Vergeltungsanschlag für das Attentat anzusehen, vielmehr handelte es sich um eine geplante und von oben geleitete Aktion. Am 12. November wurde den Juden eine „Sühneabgabe“ auferlegt. Es folgte die Liquidierung von Geschäften und die „Arisierung“ von Immobilien. In dieser Phase wurde eine Verdrängung der Juden aus dem Wirtschaftsleben erreicht und die jüdische Auswanderung aus Deutschland vorangetrieben.

- **Ghettos, Deportation, Massenerschießung 1939–1941**
  Mit Kriegsausbruch kam es zu weiteren Einschränkungen für die deutschen Juden: Erlass von Sperrstunden, Einteilung zu Zwangsarbeit, Verbot des Besitzes von Rundfunkgeräten und schließlich das verbindliche Tragen des Judensternes (1941).
  Mit der deutschen Besetzung Polens begann sofort die Diskriminierung, Verfolgung und Deportation der polnischen Juden in Ghettos. Ab Anfang 1940 wurden die Ghettos von der Außenwelt abgeriegelt und das Ziel systematischer Deportation aus Deutschland.
  Mit dem Überfall auf die Sowjetunion 1941 gingen zunächst die Wehrmacht und „Einsatzgruppen der Sicherheitspolizei und des SD“ zu planmäßigen Massenerschießungen über.

- **„Endlösung“**
  Am 20. Januar 1942 wurde die „Endlösung der Judenfrage“ im sogenannten „Wannseeprotokoll“ niedergelegt. Alle Juden Deutschlands und der besetzten Gebiete sollten jetzt in Ghettos zusammengezogen und in die neu errichteten Vernichtungslager nach Osten gebracht werden. Ein riesiger Apparat wurde entworfen und in Bewegung gesetzt, um Millionen von Menschen zu erfassen, gefangen zu nehmen, zu transportieren und schließlich zu ermorden. Massenerschießungen, Vergiftungen und schließlich der Einsatz von Zyklon B sollten die Juden töten. Arbeitsfähige wurden von Alten, Kranken und Müttern mit Kindern getrennt und in den Konzentrationslagern bis zur physischen Vernichtung ausgebeutet. Mehr als sechs Millionen Menschen fielen diesem Genozid zum Opfer.

3.1 In diesem Zitat konstatiert Ley eine allgemeine Akzeptanz der nationalsozialistischen Herrschaft und eine weit verbreitete Zufriedenheit der Bevölkerung. Es stellt sich die Frage, inwieweit diese Einschätzung zutrifft: so kann eine Antwort nicht mit Zahlenmaterial belegt werden, weil keine freien Wahlen mehr stattfanden. Aber Hinweise zeigen, dass die Zustimmung sehr hoch war: Es gibt Stimmungsberichte der Gestapo, der SPD (Sopade-Berichte) sowie verschiedene private Aufzeichnungen (z. B. Victor Klemperer), die darauf aus waren, die „Stimme des Volkes“ festzuhalten. Sie alle berichten von einem großen Einverständnis zwischen „Volk“ und „Führer“ in den Jahren der nationalsozialistischen Herrschaft. In der Literatur wird auch von einer „konsensualen Diktatur“ (Goldhagen) gesprochen.
Wie lange diese Zustimmung anhielt und ob es zu einer Abkehr, gar zu einer Distanzierung weiter Bevölkerungsteile in den zwölf Jahren der Diktatur kam, lässt sich nicht genau feststellen.

Die NSDAP war die erste Volkspartei Deutschlands; durch konsequenten Medieneinsatz, eine monumentale Selbststilisierung und einen propagierten Führermythos wurde die Attraktivität noch gesteigert. Mit der Ausschaltung des revolutionären Potentials innerhalb der Partei (Röhmputsch) und dem Übergang des Reichspräsidentenamtes auf Hitler war der absolute Führungsanspruch durchgesetzt, es folgte bis 1939 eine innen- und außenpolitische Festigung. Vor allem **Erfolge in den Bereichen Wirtschaft, Arbeitsmarkt, Sozial- und Außenpolitik** prägten die öffentliche Wahrnehmung des Dritten Reiches.

Der spürbare Aufschwung in der Wirtschaft und die Verringerung der Arbeitslosenzahl in den Jahren 1934/35 ist auf staatliche Finanzierung, kombinierte autarkie- und rüstungswirtschaftliche Programme sowie auf eine weltweite Konjunkturbesserung zurückzuführen.
Die Sozialpolitik wird im Wesentlichen von den verschiedenen nationalsozialistischen Massenorganisationen („Nationalsozialistische Volkswohlfahrt“, „Winterhilfswerk der Deutschen Nation“, „Kraft durch Freude“) geprägt, die fest in die Rahmenbedingungen eingebunden waren. Mit öffentlichen Inszenierungen stilisierte sich das NS-Regime als Verteiler sozialer Wohltaten und hatte damit großen Erfolg. Tatsächlich waren die staatlichen Leistungen im Vergleich zur Weimarer Republik rückläufig.

Die Rückgliederung des Saargebietes (1935), die Wiederherstellung der deutschen Wehrhoheit (1935), die Besetzung der entmilitarisierten Zone des Rheinlandes (1936), der Anschluss Österreichs (1938) und der Sudetengebiete (1938) sowie die vatikanische Unterstützung für eine Antikominternpolitik und schließlich die deutsche Intervention im spanischen Bürgerkrieg brachten innen wie außen eine große Popularität.

Bei Beginn des Krieges (1939) gab es für den überwiegenden Teil der Bevölkerung keinen Grund, die Systemakzeptanz aufzukündigen, der schnelle Sieg über Polen und der Westfeldzug wurden überwiegend positiv aufgenommen. Am 2. Februar 1943 gaben die Reste der 6. Armee in Stalingrad auf, in der deutschen Bevölkerung und der Truppe löste diese Nachricht einen Schock aus. Tiefe Niedergeschlagenheit und eine deutlich zutage tretende Kritik an der politischen und militärischen Führung waren die Folge.

3.2 Zunächst ist es wichtig, den **Widerstandsbegriff** zu klären: als Widerstand im engeren Sinne sollten nur die auf den Sturz des Regimes zielenden Aktivitäten bezeichnet werden. Die Erscheinungsformen des Widerstands in Deutschland sind vielfältig und während der ganzen Zeit nationalsozialistischer Herrschaft festzustellen. Die am Widerstand beteiligten Einzelpersonen und Gruppen waren faktisch erfolglos. In der Literatur werden drei unterschiedliche **Widerstandstypen** zusammengefasst:
- Widerstandstypus Arbeiterschaft 1933–1936
- Widerstandstypus Kirche und Alltag 1936–1941
- Widerstandstypus Eliten 1938–1945

Zwei **Beispiele** aus den zuletzt genannten Widerstandstypen sollen Motive und Wirkungsmöglichkeiten verdeutlichen: Der Widerstand der katholischen Kirche und die Verschwörung des 20. Juli.

Beide großen **Kirchen** standen zunächst nach der Machtübernahme dem Regime neutral gegenüber. Durch den Abschluss des Reichskonkordates zwischen dem Deutschen Reich und dem Heiligen Stuhl schien das Fortbestehen der katholischen Organisationen und Schulen gesichert, allerdings um den Preis des Verzichts auf parteipolitische Einflussnahme. Die Hoffnungen trogen jedoch in den nächsten Jahren. Mit dem Ausbruch des Zweiten Weltkrieges wurde der Kampf zwischem dem Katholizismus und der NSDAP heftiger. Angesichts fortschreitender Bedrohung und Einschränkung bemühten sich Bischöfe, die im Konkordat verbrieften Rechte zu bewahren. Im Zusammenhang mit den Euthanasiemorden suchten einige Bischöfe, besonders Graf Galen, die Konfrontation mit den Machthabern. Eine gemeinsame Aktion aller Bischöfe gab es aber in diesem Zusammenhang nicht. Man kann zu dem Schluss kommen, dass der eigene Konflikt mit dem Nationalsozialismus im Vordergrund stand und zu den jeweiligen Formen des Widerstands führte. Verschlossen hat sich die katholische Kirche hingegen den Verbrechen an den europäischen Juden und anderen Randgruppen. Das relativ geschlossene katholische Milieu, die besondere Autorität des Klerus und die verbliebenen katholischen Organisationen hätten sicher weitere Möglichkeiten des Widerstandes gehabt.

Verschiedene teils enger, teils locker verbundene Oppositionsgruppen fanden sich im Kreis der Eliten aus Wehrmacht und Verwaltung zur **Verschwörung des 20. Juli** zusammen. Ihr anfänglicher Konsens mit gesellschafts-, außen- und großmachtpolitischen Zielen der neuen Regierung hinderte sie daran, von Anfang an Widerstand zu leisten. Ende der dreißiger Jahre steigerten sich die Vorbehalte zur deutlichen Opposition und konkreten Attentatsplänen gegen Hitler. Zentrale Figuren aus der militärischen Opposition waren General Ludwig Beck, Oberst Henning von Treskow und Oberst Claus Schenk Graf von Stauffenberg, auf ziviler Seite sind besonders Carl Friedrich von Goerdeler und die Mitglieder des Kreisauer Kreises zu nennen. In den Verhören nach dem gescheiterten Attentat wurden die unterschiedlichen Motive des Widerstands deutlich: Judenverfolgung, Abschaffung der Bürgerrechte, staatliche Willkür und der Kampf gegen die Kirchen.
Keiner der Beteiligten fühlte sich zum Verschwörer berufen und die internen Diskussionen um die Eidbindung und die Legitimität eines Attentates verdeutlichen ein starkes Zögern und haben somit auch zum Scheitern beigetragen. Die Widerstandsbewegung des 20. Juli besaß reale Durchsetzungschancen und ist die wichtigste Oppositionsbewegung im Dritten Reich, wie problematisch die politischen Ordnungsvorstellungen einzelner nationalkonservativer Vertreter auch erscheinen mögen. Das Gelingen des Umsturzes hätte Millionen Menschen das Leben gerettet, da doch die letzten Monate des Krieges und der NS-Herrschaft schwerere Opfer als die Jahre zuvor forderten.

4 In dem Zitat verwendet Ley in leicht abgewandelter Form zwei Mal die Phrase „zur Vernunft bringen“. Er fasst damit zunächst die **vermeintlichen Erfolge Hitlers** zusammen und entwickelt eine ähnliche Perspektive für die nächsten Jahre. Diese eher umgangssprachliche Wendung ist sehr unverbindlich, doch wurde sie sicher von einem wohlmeinenden Publikum verstanden. Im ersten Teil des Zitats aus dem Jahre 1937 konstatiert Ley, dass Hitler Deutschland zur Vernunft gebracht habe. In der Wahrnehmung eines großen Teils der Bevölkerung befand man sich tatsächlich zu diesem Zeitpunkt in einer Phase der „Ruhe und Ordnung“ und war mit dieser Einschätzung sicher einverstanden. Doch welcher Preis wurde hierfür gezahlt, hinter der Fassade des von Hitler aufgebauten Ordnungsstaates entwickelte Himmler kontinuierlich das System der SS mit den außernormativen Instrumentarien von Schutzhaft und Konzentrationslager. Minderheiten und politische Gegner wurden von der ersten Stunde an verfolgt. Die politische Gleichschaltung führte zur Vernichtung pluralistischer Strukturen und die scheinbare wirtschaftliche Konsolidierung wurde mit einer extrem hohen Staatsverschuldung erkauft. Die rechtsstaatlichen und verfassungsmäßigen Strukturen gab man während der nationalsozialistischen Herrschaft vollständig auf.

Die **außenpolitische Perspektive,** die Ley im zweiten Teil des Zitats vorzeichnet, trat für weite Teile Europas ein. Erst nach der Eroberung wurden Pläne entwickelt, wie der Kontinent regiert und ausgebeutet werden sollte. In den westlichen Ländern hielt man sich an bestehende Konventionen im Umgang mit den Kriegsgegnern. Wo sich Widerstand abzeichnete, setzte die Verfolgung, Hinrichtung, Deportation in Konzentrationslager und weitere Vergeltungsaktionen ein. Im Osten Europas war die deutsche Politik weitaus brutaler, es ging um Expansion des deutschen „Siedlungsraumes“. Vertreibung und gezielte Ausrottungspolitik gegenüber Juden, Polen und anderen slawischen Völkern waren Kennzeichen der Besatzungspolitik.
Erst eine weltweite Anti-Hitler-Koalition konnte die Entwicklung stoppen und machte das ganze Ausmaß der Zerstörung und Vernichtung deutlich. In diesem Zusammenhang erscheinen die Worte Leys wie Hohn.

Grundkurs Geschichte (Sachsen): Abiturprüfung 1999
Ersttermin – Aufgabe A

M 1: Auszug aus dem Zwickauer Wochenblatt vom 8. März 1848

An meine Sachsen.

Bei den ernsten Ereignissen des Auslandes und der hierdurch in mehrern Staaten Deutschlands entstandenen Aufregung drängt es Mich, vertrauensvoll zu meinem treuen Volk von Stadt und Land zu reden.

Als ich Sachsen im Einverständnisse mit den Vertretern des Landes die Verfassung verlieh, that Ich es in der Zuversicht, sie werde die Treue, welche Jahrhunderte lang Sachsens Fürsten und Volk eng verband, neu beleben und befestigen, in Tagen des Friedens den Aufschwung des Gemeinwohls nach allen Richtungen kräftig fördern, in Tagen der Gefahr für Gesetzlichkeit und Ordnung ein festes Bollwerk sein.

Ich bin stolz darauf, daß meine Regierung an redlicher, offener Verfassungstreue von keiner andern übertroffen wird. Mein Volk und selbst das Ausland haben dies anerkannt. Ihr werdet mein Streben vergelten, indem ihr meinem Zurufe Folge leistet.

Gern vernehme Ich die Stimme, den Rath der verfassungsmäßigen Vertreter meines Volks; doppelt gern in Zeiten der Gefahr. Sobald die neuen Wahlen beendigt sein werden, spätestens zum Anfang des Monats Mai d. J. bin Ich entschlossen, die Stände zu versammeln, um Mich mit ihnen über Alles, was als wahres Bedürfniß für das Staatswohl erscheint, zu verständigen.

Namentlich werde Ich ihnen, nachdem auch die mitverbündeten Regierungen jedem einzelnen Staate die Aufhebung der Zensur frei gegeben haben, die nunmehr in erweiterte[m] Maaße zulässige Vorlage über die Presse [...] zugehen lassen.

Harret ruhig und im Vertrauen auf Das, was Ich schon gethan und noch thun werde. Greift nicht den Befugnissen der von euch selbst gewählten Landesvertreter vor; nur was im verfassungsmäßigen Wege zu Stande kommt, trägt die Bürgschaft sichern Bestehens.

Ruhe und Ordnung, Gesetzlichkeit, unverrücktes Festhalten an dem Rechtszustande, welches die Verfassungsurkunde begründet hat. Eintracht zwischen Fürst und Volk, Muth und Vertrauen, Das ist es, worauf Deutschlands Freiheit und Selbstständigkeit beruht. Das ist es wodurch wir allein jeder Gefahr mit Erfolg entgegentreten können.

Sachsen, bewahrt eure alte Treue!

Dresden, den 6. März 1848

Friedrich August

Rechtschreibung und Zeichensetzung folgen der Vorlage

Aus: Zwickauer Wochenblatt. Nummer 20, vom 8. März 1848

M 2: Auszug aus einem Flugblatt in Altenburg vom 21. 7. 1848

Volkskatechismus der Altenburger Republikaner

Die republikanischen zehn Gebote

Wie heißt das erste Gebot? Ich, das Volk, bin der Herr im Lande: du sollst nicht Götzen haben neben mir.

Was ist das? Das Volk sind alle diejenigen Staatsbürger zusammen, die nicht zu hochmütig sind, sich zum Volk zu rechnen; das Volk sind mit anderen Worten alle diejenigen Menschen, welche nicht auf anderer Unkosten leben, sondern sich durch redliche und fleißige Arbeit ernähren wollen.

Wer sind denn die Götzen? Das sind diejenigen, welche etwas Besonderes sein wollen neben oder über dem Volk, und welche auf anderer Leute Unkosten leben wollen; oder: das sind diejenigen, welche sich Weihrauch anbrennen und Opfer bringen lassen vom sauren Schweiß des Volkes, ohne diesem dafür einen Gegendienst zu leisten.

Wer sind denn diese Leute? Das sind z. B. die Fürsten dieser Welt, die Landesherren, die Hohenpriester und Pharisäer, die Geldkönige und Hofschranzen. Sie alle lassen sich beinahe göttliche Ehre erweisen, sie wollen heilig und unverletzlich und unverantwortlich sein. In ihrem Namen soll man das Haupt beugen und für sie pflichtschuldigst in der Kirche beten. Was sie befehlen, das soll geschehen, und wenn sie etwas gebieten, so soll es gleich dastehen. Deswegen wollen sie nichts wissen von freien Staatsbürgern, sondern alle Welt soll ihnen untertan sein; alle Untertanen aber sollen sie fürchten, sie lieben und ihnen vertrauen. Deswegen machen sie immer schöne Worte und viele Versprechungen, die sie aber nicht erfüllen können, weil sie Götzen sind. Wer sich auf sie verläßt, der ist verlassen. Damit aber die Menschen nicht hinter den wahren Wert dieser Götzen kommen, so haben diese es gern, wenn das Volk hübsch dumm bleibt.

Wenn aber nun das Volk dahinterkommt, was zu diesen Götzen ist? Dann geht es wie mit allen Götzen, man lacht über sie und wundert sich, daß man solange vor ihnen im Staub gekniet hat. Man stellt die Götzenbilder in einen Winkel oder in eine Raritätenkammer und fängt an, dem Verdienste die Krone aufzusetzen.

Altenburg, am 21. Juli 1848 — Dr. Douai

Rechtschreibung und Zeichensetzung folgen der Vorlage

Aus: Karl Obermann, Einheit und Freiheit. Berlin 1950, S. 491

Aufgaben:

1 Stellen Sie an aussagekräftigen Ereignissen dar, wie sich das Verhältnis zwischen Volk und Monarchen in Deutschland in der Zeit von 1806 bis 1820 entwickelt hat. 12 BE

2 Beschreiben Sie wesentliche politische Veränderungen in den 30er-Jahren des 19. Jahrhunderts in Sachsen und ihre Auswirkungen auf das Verhältnis von Volk und Monarchie. 12 BE

3 Erarbeiten Sie aus M 1 und M 2 die politischen Grundpositionen und vergleichen Sie diese. 10 BE

4 Erläutern Sie die Ergebnisse der Revolution von 1848/49 und überprüfen Sie, ob sich Auffassungen aus M 1 bzw. M 2 durchsetzen konnten. 12 BE

5 „Was sie[1] befehlen, das soll geschehen [...] alle Untertanen aber sollen sie fürchten, sie lieben und ihnen vertrauen. Deswegen machen sie immer schöne Worte und viele Versprechungen [...]".
(M 2, Z. 17–21)
Untersuchen Sie, inwieweit sich diese drei Behauptungen im Nationalsozialismus **oder** in der Geschichte der DDR wieder finden. 14 BE

60 BE

[1] gemeint sind in diesem Zusammenhang die Herrschenden

Lösungsvorschlag

1 Das Verhältnis zwischen Volk und Monarchen in Deutschland ist im angegebenen Zeitraum durch einen Wechsel von relativer Interessengleichheit und starker Gegensätzlichkeit geprägt. Die unterschiedlichen herrschaftlichen, territorialen und sozialen Strukturen innerhalb Deutschlands führten darüber hinaus zu individuellen Entwicklungen. Im Folgenden sollen Hauptentwicklungslinien aufgezeigt werden.

Mit der Unterzeichnung des **Rheinbundvertrags** am 16. Juli 1806 traten 16 süddeutsche Staaten offiziell aus dem Reichsverbund aus, die Erosion des **„Heiligen Römischen Reiches Deutscher Nation"** war damit eingeleitet. Mit der Abdankung Kaiser Franz I. von Österreich im August 1806 fand das alte Reich sein formales und klägliches Ende, das lediglich teilnahmslos registriert wurde. Begeisterungsstürme beim Einmarsch französischer Truppen in Berlin nach der Niederlage Preußens bei **Jena und Auerstedt** (1806) sind Ausdruck der Hoffnung auf Reform und politische Neugestaltung. In Spottliedern auf den geflohenen preußischen Monarchen wurde ein grundsätzliches Desinteresse am Schicksal der Monarchie deutlich.
Der katastrophale Zusammenbruch Preußens offenbarte strukturelle Schwächen und die Divergenz von Staat und Gesellschaft der nachfriderizianischen Zeit. So führte bspw. das rapide Bevölkerungswachstum zu hoher Arbeitslosigkeit und trug zu einer verbreiteten Orientierungs- und Hoffnungslosigkeit in der jungen Generation bei.
Der gewaltige Reformstau brachte in Preußen unter der Leitung **Steins** und **Hardenbergs** ein umfassendes Reformwerk „von oben" auf den Weg (ab 1807), das auf eine Neuordnung von Staat und Gesellschaft zielte, um so die gesellschaftlichen Kräfte an den Staat heranzuführen und für den Wiederaufbau zu motivieren.
Obgleich **Napoleon** versuchte, die eroberten Länder von den Errungenschaften der Französischen Revolution profitieren zu lassen, z. B. den **Code Civil** einführte und territoriale Vereinfachungen vornahm (Rheinbundstaaten), wurde die Herrschaft Frankreichs zunehmend als Fremdherrschaft empfunden. Ehemals begeisterte Anhänger der Französischen Revolution und Napoleons wie Gentz und Fichte entwickelten sich zu erbitterten Gegnern, das Verhältnis zu dem Monarchen Napoleon verschlechterte sich zusehends.
Die Bereitschaft zum Widerstand gegen die französische Fremdherrschaft wuchs nicht nur in Deutschland, sondern führte in Spanien (1809) und in Österreich (1809) zu größeren Aufstandsbewegungen. Die Niederlage der „Grande Armeé" in Russland brachte den Anfang vom Ende der Herrschaft Napoleons. Das von Napoleon in Europa entfachte Nationalbewusstsein bewirkte zunehmend eine Identifikation, besonders jüngerer Bildungskreise mit der deutschen Nation. Anders als in den Kriegen des 18. Jahrhunderts meldete sich zu den **Befreiungskriegen** eine große Zahl Freiwilliger aus allen gesellschaftlichen Schichten. Die Nationalisierung des Krieges fand in den verschiedensten Publikationen dieser Zeit Ausdruck. Der Dresdner Dichter Theodor Körner forderte am 5. April 1813 das „Volk der Sachsen" auf, sich gegen Napoleon zu erheben, in dem berühmten Aufruf „An mein Volk" beschwor der preußische König Friedrich Wilhelm III. erstmalig in einem direkten Aufruf die Zugehörigkeit zur deutschen Nation und rief zum Kampf auf. Zu diesem Zeitpunkt wird eine deutliche Interessenkongruenz innerhalb Deutschlands quer durch alle sozialen Schichten deutlich, die den Sieg ermöglichte.
Der hohe nationale Erwartungsdruck an den **Wiener Kongress 1814/15** konnte nicht erfüllt werden. Viele Deutsche, die auf einen Bundesstaat mit einem vom Volk gewählten Parlament gehofft hatten, enttäuschte der neue Staatenbund.

Der nächste Zeitraum ist von studentischen Einzelaktionen gekennzeichnet: Das von Studenten vieler deutscher Universitäten veranstaltete **Wartburgfest** am 18. Oktober 1817 stand bereits im Zeichen des nationalen Protestes gegen Kleinstaaterei und Neoabsolutismus. Als unmittelbare Reaktion auf das Fest wurde die **Allgemeine Deutsche Bur-**

schenschaft gegründet, die erste gesamtdeutsch konzipierte Organisation innerhalb der Nationalbewegung. In ihren „Grundsätzen und Beschlüssen des 18. Oktober“ wurden nationale und radikaldemokratische Ansätze formuliert. Nicht nur bei den Regierenden, auch innerhalb der bürgerlichen Gesellschaft war man über die Perspektive einer nationalen und revolutionären Entwicklung beunruhigt. **Metternich** nutzte diese Krise und die allgemeine Empörung nach der Ermordung **August von Kotzebues** (1819) durch den Studenten **Karl Ludwig Sand** mit den **Karlsbader Beschlüssen.** Alle Verbindungen der Studenten, besonders die Burschenschaften, wurden verboten. Die Universitäten sollten überwacht und die Presse noch strenger zensiert werden. Eine zentrale Untersuchungskommission zur Aufdeckung „revolutionärer Umtriebe“ wurde in Mainz eingerichtet.
Die Reaktionspolitik des Deutschen Bundes war so durchgreifend, dass alle patriotischen Initiativen zum Erliegen kamen. Besonders die Burschenschaften und führende Vertreter des preußischen Patriotenkreises wie Ernst Moritz Arndt wurden verfolgt und als **„Demagogen“** diskriminiert. Viele sahen sich um die Früchte ihres Einsatzes während der Befreiungskriege betrogen. Deutlich zeigte sich, dass die Nationalbewegung noch keine starke gesellschaftliche Kraft darstellte. Der Rückzug ins Private wurde angetreten, eine ruhige, gedämpfte und konfliktscheue, nach Ausgleich strebende Lebensweise wurde gesucht, die **Biedermeierzeit** begann.

2 Im Jahr 1830 wurde ganz Europa von einer Revolutionsbewegung erfasst. Das Königreich Sachsen wurde von dieser Entwicklung ebenfalls erreicht: Hier kam es im September in Leipzig und Dresden zu Ausschreitungen gegen das feudale Stadtregiment. Das Städtebürgertum versammelte sich und stellte weitreichende Forderungen nach Reformen. Unter diesem Eindruck wurde auf Geheiß von König Anton die erste sächsische Verfassung erarbeitet und unter der Mitregentschaft **Friedrich August II.** am 4. September 1831 in Kraft gesetzt.
Unter dem besonderen Einfluss von **Bernhard August Lindenau** erhielt Sachsen eine durch altständische Vorstellungen geprägte konstitutionelle Monarchie. Die Stellung des Königs war durch die Ernennungsrechte, Rechte bei der Gesetzgebung und der Ausübung der vollziehenden Gewalt, sehr stark. Ihm zur Seite standen die ernannten Minister der verschiedenen Ressorts. Der Landtag bestand aus zwei nach feudalständischem Prinzip zusammengesetzten Kammern. Die Rechte der beiden Kammern waren begrenzt, Immunität der Abgeordneten bestand nur ansatzweise, ein Einfluss auf die Besetzung von Ministerämtern war nicht möglich. Gesetzentwürfe der Regierung konnten entweder durch beide Kammern, oder durch die Zweidrittelmehrheit einer Kammer abgelehnt werden. Beschlüsse des Deutschen Bundes wurden ohne Kammerzustimmung durch königlichen Erlass in Kraft gesetzt. Das strenge, nicht allgemeine Zensuswahlrecht zur zweiten Kammer ermöglichte faktisch nur einer kleinen Gruppe das aktive und passive Wahlrecht. Die wachsende Zahl der Lohnarbeiter, Frauen, Juden und Almosenempfänger war nicht wahlberechtigt.
Die **sächsische Verfassung** erhielt keineswegs uneingeschränkte Zustimmung. Das liberale Bürgertum war zwar weitgehend mit der Verfassungsentwicklung zufrieden, aber auch der unterdrückte, radikaldemokratische Verfassungsentwurf von **Bernhard Moßdorf** aus dem Jahre 1831 war noch Jahre später populär.
Die Verfassung wurde durch ein umfassendes Reformwerk in den 30er-Jahren ergänzt. Diese Reformperiode endete mit dem Rücktritt des populären Lindenau 1843. Die Städteordnung räumte den Städten eine weitgehende Selbstverwaltung ein, die Landgemeindeordnung vereinheitlichte die unterschiedlichen Dorfverfassungen Sachsens. In dem „Gesetz über die Ablösungen und Gemeinheitsteilungen“ wurden die Bauern Sachsens von den Feudallasten nach Zahlung einer Entschädigungsleistung befreit und eine Überbrückungsfinanzierung wurde durch die Landrentenbank ermöglicht. Weitere Reformen in Verwaltung und Justiz zielten auf eine systematischere und sachlichere Gliederung der

verschiedenen Aufgabenbereiche. Auch das Bildungswesen wurde reformiert, das Volksschulgesetz sicherte den Unterhalt der Schulen, verbesserte die Lehrerausbildung, erneuerte die Curricula und führte eine Schulaufsichtsbehörde ein.
Die Verfassung und die Reformen beeinflussten Sachsens Weg in die Moderne unumkehrbar. Der durch das Bürgertum in Gang gesetzte, durch liberale Politiker um Lindenau und Friedrich August II. beförderte Reformprozess ist der Beginn der Mitwirkung breiter Schichten des Bürgertums an der Mitbestimmung. Binnen weniger Jahre wurde aus einem strukturell unterentwickelten Mittelstaat ein Zentrum der Wirtschaft und Kultur.

3 Die beiden Texte aus dem Jahr 1848 sind Beispiele für die politische Publikationskultur dieser Jahre. Sie unterscheiden sich in Form, Inhalt und Stil, gemeinsam ist der Adressat, nämlich eine politisierte Öffentlichkeit.

Der als Auszug vorliegende Aufruf Friedrich August II. vom 8. März (M 1) ist eine unmittelbare Reaktion auf die Ereignisse des Jahres 1848 in Frankreich. Zunächst beschwört der Monarch die traditionelle Treue und Bindung zwischen Herrscherhaus und Volk, die zum „Aufschwung des Gemeinwohls" geführt habe (Z. 5–10). Die vorbildliche „Verfassungstreue" von Monarch und Regierung in der Vergangenheit bedinge auch eine Loyalität des Staatsvolkes (Z. 11–16). Friedrich August II. signalisiert in Anbetracht der angespannten Situation die Bereitschaft, sich in der Volksvertretung „über Alles, was als wahres Bedürfnis für das Staatswohl erscheint zu verständigen," (Z. 20–21). Der Autor endet mit der Aufforderung, „Ruhe und Ordnung, Gesetzlichkeit" zu wahren, dies garantiere ein funktionierendes Staatswesen (Z. 30–34).

Der Auszug der Flugschrift, von Dr. Douai unterzeichnet (M 2), versucht im Stil eines Katechismus, mit Frage und Antwort die politische Lage zu analysieren und Ableitungen vorzunehmen. Zunächst hält er fest, dass das Volk „Herr im Lande" sein soll (Z. 3–4). In der Folge beschreibt er die Lage und entwickelt ein Gegensatzpaar zwischen dem redlichen und fleißigen „Volk" auf der einen Seite und den auf Kosten des Volkes lebenden „Götzen" – gemeint sind hiermit die Landesherren, der Adel, die Kirche und das reiche Bürgertum (Z. 9–15). Durch Versprechungen und Beschwichtigungen würden sie versuchen, die Untertanen dumm zu halten, um so ihre Machtbasis zu bewahren (Z. 18–26). Der Autor endet mit der Erkenntnis, wenn diese Strukturen durchschaut würden, ginge es den „Götzen" an den Kragen (Z. 27–30).
Die hoheitliche Mitteilung „An meine Sachsen" des sächsischen Königs Friedrich August II. vom März wurde landesweit veröffentlicht und ist in dieser direkten Form sicher ein Novum. Das Flugblatt (M 2) hat keinen amtlichen Charakter und wurde wahrscheinlich auch nur regional verbreitet (Altenburg). Der Autor von M 2 bekennt sich zu seinen Ausführungen entweder mit seinem richtigen Namen oder einem Pseudonym.
Inhaltlich werden zwei gegensätzliche Positionen deutlich: M 1 beschwört die Harmonie zwischen Fürst und Volk, fordert Ruhe und deutet im Rahmen der bestehenden monarchischen Ordnung mögliche Veränderungen an. Der Autor von M 2 scheint hierauf unmittelbar Bezug zu nehmen und fordert den Wandel zu einer eine radikaldemokratischen Staatsform. Beide Materialien sind Beispiele für politisches Publikationswesen und der Diskussionskultur im 19. Jahrhundert.

4 Eine Erläuterung zu den Ergebnissen der Revolution von 1848/49 muss in verschiedenen Zeitabschnitten dargestellt werden. Obwohl man insgesamt ein formales Scheitern feststellen kann, hinterließ die Revolution dennoch ihre Spuren bis in die Gegenwart.

Mit der **Zurückweisung der Kaiserwürde** durch Friedrich Wilhelm IV. wurde die Niederlage der Frankfurter Nationalversammlung eingeleitet. Preußen sprach im Mai der Nationalversammlung die Berechtigung ab, weiterhin als gesetzgebendes Organ zu agieren: Die Vertreter Preußens, Österreichs, Sachsens, Hannovers und Badens wurden aus Frankfurt abgezogen. Ein Versuch, die Verfassung gegen diese Widerstände durchzusetzen, scheiterte schließlich an der fortschreitenden Auflösung der Nationalversammlung und dem Ausscheren führender liberaler Abgeordneter. Das nach Stuttgart geflüchtete **Rumpfparlament** wurde schließlich im Juni von württembergischen Truppen auseinander getrieben. Die letzten Funken der Aufstandsbewegung wurden im Juli 1849 von preußischen Truppen in Rastatt niedergeschlagen: „Einheit und Freiheit" wurden nicht realisiert.

Die politischen Ziele der Revolution wurden also nicht erreicht. Mit der Wiederherstellung des Deutschen Bundes wurden die Strukturen und das Bewusstsein des alten Obrigkeitsstaates fortgeschrieben. Die Nationalversammlung war auseinander gestoben und der Parlamentarismus wurde mit Füßen getreten. Eine gemeinsame Verfassung mit dem zentralen Grundrechtskatalog nach nordamerikanischem und französischem Vorbild blieb ohne Rechtswirksamkeit.
Es gab aber auch „kleine" Erfolge der Revolutionsjahre: Preußen wurde Verfassungsstaat, Neuerungen im Bereich der Behördenorganisation, der Rechtspflege, der Agrar- und Gewerbeordnung wurden in den folgenden Jahren beibehalten und weiterentwickelt.
Kurz- und mittelfristig kam es zu einer verstärkten Auswanderung von rund 1,1 Millionen enttäuschter und hoffnungsloser Deutscher, der Verlust an Ideen und freiheitlicher Energien ist nicht abzuschätzen. In der Auseinandersetzung mit dem Scheitern verbreitete sich in Teilen der Bevölkerung die Überzeugung, einen grundsätzlichen Mangel an politischer Begabung zu besitzen. Dennoch wurde ein Lernprozess in Gang gesetzt, politische Erfahrungen wurden auf den unterschiedlichsten Ebenen gemacht, die Parteienbildung wurde im weitesten Sinne vorbereitet und deutlicher als je zuvor war klar, was „Deutschland" politisch und geografisch bedeutete. Längerfristig betrachtet, formulierte die Verfassung der Frankfurter Nationalversammlung von 1849 Prinzipien, an denen sich sämtliche deutsche Verfassungen orientierten – freilich auf jeweils unterschiedliche Weise.

Der Grundrechtskatalog fand fast unverändert Eingang im 2. Hauptteil der Verfassung des Deutschen Reiches von 1919, die Grundrechte des Grundgesetzes von 1949 wurzeln in präzisierter Form ebenfalls in dem Vorgängerwerk; damit wird die fortdauernde Aktualität dieses Erbes der Revolution deutlich.
Die Schaffung des Nationalstaates scheiterte, aber dennoch führte die Diskussion darüber und die nachfolgenden Entwicklungen zu einer eindeutigen Weichenstellung: „Deutschland" wurde von nun an kleindeutsch, unter preußischer Führung definiert.

Die jeweils in den Materialien formulierten Auffassungen konnten sich nicht durchsetzen. Friedrich August II. gab in den Märztagen des Jahres 1848 dem ersten Ansturm der Revolution nach. Er setzte ein liberales Ministerium ein, förderte die Pressefreiheit, akzeptierte ein freieres Wahlgesetz und zeigte Bereitschaft für weitere politische Zugeständnisse (vgl. M 1). Allerdings lehnte er im Frühjahr 1849 die Anerkennung der Reichsverfassung ab und ließ mit preußischer Unterstützung den Maiaufstand in Dresden niederschlagen. Insofern ging er hinter seine ursprünglichen Angebote zurück und war zu wirklicher Machtteilung offenbar nicht bereit. Die radikaldemokratischen Gedanken, die der Autor Dr. Douai im Juni 1848 formulierte (M 2), leben auch in der Aufstandsbewegung des Dresdner Maiaufstandes fort, aber hier endete die Entwicklung wie bereits oben beschrieben und findet keine unmittelbare Fortsetzung. Die Maikämpfer wurden mit äußerster Härte verfolgt, demokratische Vereinsstrukturen wurden verboten und schließlich hob der wieder einberufene vormärzliche Landtag die Presse- und Versammlungsfreiheit auf.

5 In den Zitatpassagen werden Merkmale der autoritären Herrschaftsform aufgezählt:

- das Verlangen des Herrschers nach absoluter Kontrolle und Gehorsam des Staatsvolks,
- Ehrfurcht, Zustimmung und Vertrauen sollen das Verhältnis zwischen Herrscher und Staatsvolk prägen,
- die Festigung der Machtstrukturen erfolgt durch gezielten Einsatz von Propagandamitteln.

Alle drei Merkmale finden sich in verschiedener Ausprägung und Ausführung in absolutistischen und totalitären Herrschaftsformen des 19. und 20. Jahrhunderts wieder.
Im Nationalsozialismus finden wir diese Merkmale am deutlichsten und extremsten ausgeprägt. Mit der Titulatur aus dem Jahre 1942 „Führer der Nation, Oberster Befehlshaber der Wehrmacht, Regierungschef und absoluter Inhaber der vollziehenden Gewalt, Oberster Gerichtsherr und Führer der Partei" beanspruchte Hitler die absolute Autorität im Staat. Sein Wille, der Führererlass, war Gesetz. Dieses Führer- und Gefolgschaftsprinzip übertrug Hitler auf Partei, Staat, Wirtschaft und die gesamte Gesellschaftsordnung. Solche Strukturen erwecken zunächst den Eindruck einer gradlinig von oben nach unten funktionierenden Staatsmaschinerie. Unklare Ressortaufteilung und die Konkurrenz von Entscheidungsträgern in Verwaltung und Partei bewirkten aber eine dauernde Kompetenzüberschneidung mit einem entsprechenden Chaos **(Polykratie).** Trotz zunehmender politischer Misere litt der Führermythos nicht.
Gegen Illoyalität bzw. politische Opposition ging Hitler mit äußerster Härte vor, als Beispiel sei hier nur der „Röhmputsch" genannt. Die nationalsozialistische Diktatur ist eine **„Diktatur mit dem Volk",** die sich weit bis in den Krieg hinein auf eine breite Zustimmung stützen konnte (konsensuelle Diktatur), die wenigen unabhängigen Quellen (Viktor Klemperer, Sopade-Berichte) unterstreichen diese Einschätzung. Eine besondere Qualität hat die private Führerverehrung, die vor keiner heroischen, pseudoreligiösen und rhetorischen Überhöhung zurückschreckte, dies wird z. B. in den unzähligen Geburtstagsbriefen deutlich. Der Nationalsozialismus kannte wie keine andere Diktaturform die herrschenden Mentalitäten, Sehnsüchte, Bedürfnisse, Erwartungen, Hoffnungen und machte sie auf bislang unbekannte Art und Weise nutzbar. Das Ergebnis war die starke Bindung zwischen Volk und Führer, die bis zum Beginn der militärischen Niederlagen Ende 1941 anhielt.
Die wirksamste Art, die Gesellschaft gleichzuschalten und zu indoktrinieren, sah Hitler in der Propaganda. Im Jahre 1933 wurde der bisherige Reichspropagandaleiter und Gauleiter von Berlin **Dr. Josef Goebbels** Chef des neugeschaffenen „Ministeriums für Volksaufklärung und Propaganda". Die ganze Medienlandschaft wurde gleichgeschaltet, nach und nach wurde die unabhängige Presse verboten. In den Medien Funk, Wochenschau und Spielfilm wurde das politische Programm transportiert und eine Sinnstiftung für die Bevölkerung geliefert. Durch ein verzweigtes Spitzelsystem sollte versucht werden, die aktuelle Volksstimmung aufzugreifen, um gegebenenfalls Richtungsänderungen in der Berichterstattung vorzunehmen. Trotzdem wurde das Nachrichtenmonopol durch das illegale Hören ausländischer Sender häufig unterlaufen.

Natürlich gibt es eine Kontinuität der oben genannten Herrschaftsmerkmale seit dem 19. Jahrhundert, aber sie sind gleichsam ein Minimalkonsens jeglicher autoritärer Herrschaftsform. Die individuellen Ausprägungen, Ausführungen und das Bedingungsgefüge sind daher zu beachten. Die **Demagogenverfolgung im 19. Jahrhundert** ist sicher nicht mit dem hochtechnisierten und effektiven Überwachungs- und Polizeiapparat der Nationalsozialisten zu vergleichen.
Der Herrscher des 19. Jahrhunderts beruft sich auf das „Gottesgnadentum" und leitet hiervon seine Herrschaftslegitimation ab. Der nationalsozialistische Staat beruft sich auf seine Massenbasis in der Bevölkerung, die so genannte „Volksgemeinschaft", die durch gezielte Aktionen gebunden wurde. Auch findet die Anwendung und Durchsetzung der genannten Merkmale im Nationalsozialismus eine nicht gekannte Radikalität.

M 1: Auszug aus dem Bericht eines Amerikaners, der sich vor dem zweiten Weltkrieg und noch im Herbst 1939 in Deutschland aufhielt

Nach meinen Erfahrungen hat der Kriegsausbruch mehr zur Schwächung der Hitlerlegende beigetragen als alles, was je gegen Hitler gesagt worden ist. Wenn ich von „Schwächung" spreche, meine ich den Beginn einer Entwicklung, nicht etwa schon die Zerstörung des Glaubens an Hitler. Die Psychologie der meisten Deutschen ist für uns Amerikaner nicht leicht zu verstehen. Wir haben nie so etwas wie einen Führerkultus gekannt. [...] Irgend etwas im deutschen Charakter, wenigstens in großen Teilen des Volkes, neigt zur Heroisierung, und zur fanatischen Verteidigung des angehimmelten Kaisers oder Hitlers oder sonst wessen. So hatten sich die meisten Deutschen, einschließlich der Hitlergegner, tatsächlich eingeredet, Hitler werde alles „friedlich" gelingen, er werde einen Krieg verhüten und wer weiß was noch vollbringen. Diese Leute haben einen tüchtigen Schock bekommen. [...] Es kommt da ein anderer Charakterzug dieser lärmenden und scheinbar sehr selbstbewußten Leute zum Durchbruch, daß sie nämlich plötzlich nicht mehr recht an sich glauben und Hilfe von anderer Seite erwarten. [...]

Ich möchte beinahe glauben, daß es in Deutschland mehr als in anderen großen Ländern Leute gibt, die hervorragendes Fachwissen haben, höfliche, gut erzogene Menschen sind, aber für die Welt außerhalb Deutschlands eine Verachtung zeigen, deren sie sich kaum bewußt sind. Verzeihen Sie, wenn ich das einfach als „deutsche Dummheit" bezeichne. An dieser Beschränkung hat bisher kein Regierungssystem etwas geändert. [...] Das alles ist schwer zu erklären und ich bin in Gefahr, als nationaler Pharisäer angesehen zu werden, aber ich stehe da vor einem Rätsel: ein Volk, das eifrig die Wissenschaft und Technik des Auslands verfolgt, sie übernimmt und vertieft und verbessert, dazu ein Volk, das ausgezeichnete Psychologen hervorbringt, läßt sich immer wieder von Menschen regieren, die unfähig sind, vom Auslande zu lernen und die nicht wissen, welchen Platz Deutschland in der Welt wirklich einzunehmen hat.

Das scheint mir das Entscheidende zu sein, und hier viel mehr als in militärischer und ökonomischer Schwäche, die ich einstweilen nicht zu erkennen vermag, sehe ich die Sicherheit für Deutschlands Niederlage. Man trifft nur ganz wenige Deutsche, die begreifen können, daß Deutschland wegen seiner geographischen Lage und seiner Einengung durch immer bedeutende Mächte (Frankreich, England, Italien, Rußland) nie die Weltmacht werden kann, die England seit Jahrhunderten ist und vielleicht in veränderter Form bleiben wird [...]. Nehmen wir einmal an, die deutschen Truppen würden Siege erfechten und die britische Blockade würde gebrochen, Deutschland würde dennoch nicht siegen, weil es sofort ins Grenzenlose sich verlieren und Kriegsziele aufstellen würde, die eine Weltkoalition gegen es zustande bringen würde. [...] Aus dieser Blindheit hat man Hitler alles zugetraut, und daher die Enttäuschung, daß er den Frieden nicht bewahren konnte. Ich glaube nach meinen Erfahrungen auch nicht an die berühmte „deutsche Treue". Wenn die feindliche Propaganda dauernd Hitler als Sündenbock hinstellt und der Krieg ohne entscheidende Siege Deutschlands sich lange hinzieht, wird sich das Volk von Hitler trennen. Um ihn geschart werden dann nur die Interessenten bleiben und vor allem die vielen, die wegen persönlicher Verbrechen einen Umschwung mit dem Tode zu bezahlen haben würden. Wie die

Armee handeln würde, weiß niemand. Die Opposition ist im allgemeinen sehr nüchtern. Irgend eine geschlossene und zielklare Opposition besteht gar nicht, jeder kritisiert was anderes, und jeder will was anderes oder will gar nichts als Hitler stürzen und Rache nehmen und wieder mehr Freiheit haben. Ich habe aber niemanden in Deutschland getroffen, der den Umschwung von der unterirdischen Opposition erwartete.

Ich fand wenige Deutsche, die an Deutschlands Niederlage glauben, auch Hitlergegner haben großes Vertrauen in die Armee und in die Luftwaffe, vor allem aber in die Unterseeboote und alle sind überzeugt, daß Hitler nötigenfalls einen ganz rücksichtslosen Krieg wagen wird, auch einen unerhört grausamen.

Bericht abgeschlossen am 8. Januar 1940

Rechtschreibung und Zeichensetzung folgen der Vorlage

Aus: Deutschland-Berichte der Sozialdemokratischen Partei Deutschlands, Sopade, 1934–1940, 7. Jahrgang, 1940, Salzhausen 1980, S. 9–11

Aufgaben:

1	Skizzieren Sie die Phasen der NS-Außenpolitik bis zum Erscheinen von M 1.	10 BE
2	Erarbeiten Sie aus M 1, wie der Verfasser die Haltung der Bevölkerung zum NS-Regime und das Verständnis der Deutschen für Politik einschätzt.	10 BE
3	Vergleichen Sie die Aussagen des Verfassers über den möglichen Kriegsverlauf (vgl. Z. 33–37) mit Fakten aus dem 2. Weltkrieg.	12 BE
4	„Wenn die feindliche Propaganda dauernd Hitler als Sündenbock hinstellt und der Krieg ohne entscheidende Siege Deutschlands sich lange hinzieht, wird sich das Volk von Hitler trennen“ (Z. 39–41). Zeigen Sie, dass diese Einschätzung nicht zutraf und begründen Sie dies.	14 BE
5	Der Verfasser von M 1 behauptet, dass sich Deutschland immer wieder von Menschen regieren lässt, „die nicht wissen, welchen Platz Deutschland in der Welt wirklich einzunehmen hat“ (Z. 25/26). Untersuchen Sie an der Außenpolitik eines deutschen Staatsmannes ab 1815 (die NS-Zeit ausgenommen), inwiefern diese Aussage zutrifft.	14 BE
		60 BE

Lösungsvorschlag

1 Die **NS-Außenpolitik** kann in **drei Phasen** eingeteilt werden: Revision, Annexion, Aggression. Dabei kann allerdings nicht davon ausgegangen werden, dass Hitler von Anfang an einen genauen Plan des zeitlichen Ablaufs der Expansion oder seiner Eroberungen gehabt hätte. Vielmehr wollte er aufrüsten und die Reaktion der anderen Mächte abwarten. Irgendwann würde man die neu geschaffene Wehrmacht einsetzen können. Mögliche Schritte würden sich aus den Umständen ergeben.

- Revision
  In der ersten Phase des Vorgehens, der **Revision,** konnte es sich zunächst nur um die Abänderung der Bestimmungen des Versailler Vertrages handeln, die von den Deutschen als besonders drückend empfunden wurden. Dieser erste Abschnitt der NS-Außenpolitik ist gekennzeichnet durch ein vorsichtiges Taktieren Hitlers.
  Er betonte in Reden seinen **Friedenswillen** und schloss überraschend einen **Nichtangriffspakt mit Polen.** Dieses Abkommen war zwar eine Abkehr von der bisherigen Politik der Weimarer Republik gegenüber dem östlichen Nachbarn, doch konnte Hitler gerade damit seinen Friedenswillen demonstrieren und das französische Bündnissystem in Osteuropa schwächen. Ist der kurzfristige Zweck damit erklärt, so bleibt die Frage, ob Hitler ein langfristiges Ziel verfolgte. Vielleicht hielt er Polen für den möglichen „Juniorpartner" des Reiches beim Vorgehen gegen die Sowjetunion.
  Geschickt benutzte Hitler die Weigerung Frankreichs abzurüsten, um die Genfer Abrüstungskonferenz zu verlassen und aus dem **Völkerbund auszutreten,** nicht ohne dabei seinen „unerschütterlichen Friedenswillen" zu bekunden.
  Damit war letztlich der Weg zur Revision von Versailles, den die Regierungen der Weimarer Republik ab 1924 gegangen waren, beendet. Hitler hatte kein Interesse, die Bestimmungen des Friedensvertrages durch internationale Übereinkunft und durch die Einbindung Deutschlands in ein europäisches System zu überwinden, sondern er benötigte zur Verwirklichung seiner expansiven Ziele Handlungsfreiheit.
  1935 wagte Hitler sich einen Schritt weiter vor. Nachdem die im Versailler Vertrag zugesicherte **Volksabstimmung** ein überwältigendes Ergebnis für die Rückkehr des **Saargebietes** nach Deutschland gebracht hatte, verkündete er im März 1935 die Einführung **der allgemeinen Wehrpflicht.** In Stresa versuchten im April Italien, Frankreich und England eine gemeinsame Abwehrfront gegen weitere Vertragsbrüche Hitlers aufzubauen, die so genannte Front von Stresa. Sie wurde aber schon zwei Monate später von England desavouiert, indem das Vereinigte Königreich ein **Flottenabkommen** mit Hitler schloss. England war der erste Staat, der die Aufrüstung Deutschlands, und damit auch den Bruch von Teilen des Versailler Vertrages, rechtlich anerkannte.
  Im März 1936 ließ Hitler seine Truppen in das entmilitarisierte **Rheinland** einmarschieren, ein Bruch nicht nur des Versailler, sondern auch des Locarno-Vertrages. London und Paris rafften sich nicht zu einem militärischen Einschreiten auf und so blieb es bei diplomatischen Protesten.
  Die Ereignisse des Jahres 1936 sollten Hitlers außenpolitische Situation weiter verbessern, zunächst ganz ohne sein Zutun.
  War der **Duce** 1934 noch dem nationalsozialistischen Griff nach Österreich entgegengetreten, so brachte allein die Existenz Hitlers ihm bei seinem spätkolonialen Angriffskrieg auf Abessinien Entlastung. Die unentschlossene, halbherzige Haltung Frankreichs und Englands führten zu Sanktionen des Völkerbundes, die **Italien** nicht wirklich schadeten, Mussolini aber empörten und ihn an die Seite Hitlers trieben. In **Spanien** kam es zum Zusammenwirken der beiden faschistischen Staaten auf der Seite des Generals Franco bei dessen Aufruhr gegen die Republik. Die Grundlagen für die **„Achse Berlin-Rom"** waren gelegt.

– Expansion
Nach dieser Verbesserung der strategischen Lage und dem bisherigen Verhalten der westlichen Staaten sah Hitler 1937/38 die Zeit gekommen, eine neue Phase seiner Außenpolitik einzuleiten: die **Expansion,** der Griff über die Reichsgrenzen, unter Berufung auf das Selbstbestimmungsrecht der Völker.
Im Februar 1938 setzte er den österreichischen Bundeskanzler Schuschnigg unter Druck und erzwang von ihm die Annahme von Forderungen, die Österreichs Selbstständigkeit stark einschränkten. Schuschnigg, wieder in Wien, machte den verzweifelten Versuch, durch die Ansetzung einer Volksabstimmung, die Unabhängigkeit des Staates zu sichern. Hitler nutzte die Krise aus, und es kam zur **Eingliederung Österreichs** in das nun Großdeutsche Reich. Da die meisten Österreicher den Anschluss begrüßten, blieb der Protest Englands und Frankreichs schwach.
Danach wandte sich Hitler dem nächsten Ziel zu: der Tschechoslowakei. Eigentlich war er dabei schon zu einer kriegerischen Aggressionspolitik bereit, aber die Nachgiebigkeit von England und Frankreich in der Sudetenfrage gaben ihm dazu keinen Anlass. So kam als Folge der Münchner Konferenz das **Sudetenland** zum Reich, während die übrige Tschechoslowakei sogar Garantiezusagen erhielt.

– Aggression
Hier liegt nun der Beginn der dritten Phase der NS-Außenpolitik. Die Nachgiebigkeit der Westmächte hatte Hitlers Appetit nun nicht etwa befriedigt, sondern nur angeregt. So wurde im März 1939 mit der **Besetzung der so genannten Rest-Tschechei** der Griff über die Volkstumsgrenzen vollzogen und der Weg der nackten Gewalt endgültig beschritten. Somit war klar geworden, dass es Hitler nicht um die Revision von Versailles ging. Es hatte sich gezeigt, dass er auch durch große Zugeständnisse nicht bereit war, sich in ein Konzert der Mächte einzufügen, sondern eine militärische Expansion nach Osten anstrebte.
Alle diplomatischen Zusicherungen an das bedrohte Polen und Warnungen von England und Frankreich missachtend, griff das Reich am **1. 9. 1939 Polen** an und löste damit den zweiten Weltkrieg aus.

2 Der amerikanische Beobachter schätzt in seinen Reiseeindrücken die Haltung der deutschen Bevölkerung gegenüber dem NS-Regime folgendermaßen ein:
In der Bevölkerung sei **das Vertrauen in Hitlers Staatskunst** und seine politischen Fähigkeiten weit verbreitet, wie bei den Deutschen sowieso eine Vorliebe für Führerfiguren festzustellen sei (vgl. Z. 5–11).
Der Ausbruch des Krieges habe zu einer Schwächung der Hitlerverehrung und zu einer gewissen Ratlosigkeit geführt. Die Bevölkerung sei der Überzeugung gewesen, Hitler werde weitere Erfolge ebenfalls ohne Krieg erzielen (vgl. Z. 1–4, 9–11, 37f.).
Eine erfolgversprechende Oppositionsbewegung gegen Hitler bestehe nicht (vgl. Z. 44–49).
Allerdings meint der Verfasser des Berichts, **dass sich das deutsche Volk von Hitler trennen werde,** wenn es geschickter ausländischer Propaganda gelinge, das Vertrauen in den „Führer“ zu untergraben und der Weltkrieg sich ohne entscheidenden deutschen Sieg lange hinziehen werde (vgl. Z. 39–41).
Zum Verständnis der Deutschen für Politik führt der Berichterstatter aus, dass bei vielen Menschen einem großen Fachwissen ein auffälliger **Mangel an Fähigkeit zu politischem Denken** gegenüberstehe. Deshalb ließen sich die Deutschen auch immer wieder von Menschen regieren, die unfähig seien, das politische Gewicht ihres Landes in der Welt richtig einzuordnen (vgl. Z. 15–26). Durch die Missachtung der Machtverhältnisse sei **Deutschlands Niederlage im Krieg vorauszusehen.** Nach großen Siegen würde das Reich sich ins Grenzenlose verlieren, und dadurch eine Weltkoalition gegen sich zustande bringen (vgl. Z. 26–36).

3 Annahmen
Der amerikanische Beobachter geht von der **Annahme großer deutscher Siege** aus, die aber letztlich **ohne durchschlagenden Erfolg** bleiben. Vielmehr würde Deutschland, geblendet von dem Erreichten, sich **ins Grenzenlose verlieren** und Kriegsziele aufstellen, die eine **Weltkoalition** gegen Hitler zustande bringen würden (Z. 33–36).

- Große deutsche Siege
  In dieser Einschätzung ist dem Verfasser zuzustimmen. Der **Krieg gegen Polen** war nach einigen Wochen beendet. Im Frühjahr 1940 wandte sich Hitler zunächst nach Norden und ließ in einer überraschenden Aktion **Dänemark und Norwegen** besetzen. Damit sollte die Nordflanke und die Eisenerzzufuhr aus Schweden gesichert werden.
  Aber auch gegen den Angstgegner **Frankreich** gelang mittels des strategischen Prinzips der raschen Vorstöße gepanzerter Verbände durch Nordfrankreich (Sichelschnitt) ein überraschend schneller und klarer Sieg. Das Land musste um Waffenstillstand bitten, der am 22. 6. 1940 in Compiègne unterzeichnet wurde. Hitler befand sich nach diesen Siegen auf dem Höhepunkt seiner Macht.
  Nach dem schnellen Zusammenbruch Frankreichs versuchte der Diktator erneut, mit **England** zu einer Friedensregelung auf der Grundlage seiner Lieblingsvorstellungen zu kommen: der Teilung der Welt in ein deutsch beherrschtes Kontinentaleuropa und ein britisches Weltreich in Übersee. Da London nicht bereit war, sich mit einem solchen Zustand in Europa abzufinden, war die Auseinandersetzung unvermeidlich. Der Versuch der Luftwaffe, die Lufthoheit über England zu erringen, scheiterte jedoch völlig.

- Verlust ins Grenzenlose
  Das Jahr 1941 sollte die endgültige Entscheidung über den weiteren Verlauf des Krieges bringen. Hitler verlor nach den bisherigen Siegen den Blick für das Erreichbare. Ohne England besiegt zu haben, wandte er sich wieder seinen eigentlichen Absichten zu: der **Eroberung von Lebensraum im Osten.** In einem erneuten Blitzkrieg bis zum Winter sollte die Sowjetunion niedergerungen sein, eine katastrophale Fehleinschätzung der Widerstandskraft des Gegners und der Weite des Raumes. Zwar erzielte die deutsche Wehrmacht auch zunächst große Erfolge (riesige Geländegewinne, Kesselschlachten), aber der „Genosse Winter“ stoppte den deutschen Vormarsch vor Moskau.

- Ausweitung zu einer Weltkoalition
  Zwar hatten die Vereinigten Staaten Großbritannien zusehends stärker unterstützt (z. B. Leih- und Pachtgesetz von März 1941), offen in den Krieg gegen das Reich eingetreten waren sie aber noch nicht. Dies besorgte nun Hitler. Nach dem japanischen Überfall auf die amerikanische Pazifikflotte in Pearl Harbour, erfolgte die amerikanische Kriegserklärung an Japan. In seiner Maßlosigkeit **erklärte Hitler** wenige Tage später **der USA** ebenfalls **den Krieg.**
  Damit hatte Deutschland, wie es der amerikanische Beobachter vorausgesehen hatte, eine Weltkoalition gegen sich aufgebracht, gegen die es keine Siegchance hatte. Letztlich hatte der Versuch dazu geführt, das internationale Mächtesystem mit Gewalt zugunsten Deutschlands zu verschieben. Die totale Niederlage war nur noch eine Frage der Zeit, auch wenn die erste große Katastrophe im Osten, nämlich Stalingrad, erst ein Jahr später eintrat.

4 Die **alliierte Propaganda** ist den hier vorgeschlagenen Weg durchaus gegangen. Über Rundfunk, aber auch mit Flugblättern, wurde versucht, die deutsche Bevölkerung zu beeinflussen.
Auch zeichnete sich ab dem Winter 1942/43 die **Niederlage des Reiches** immer deutlicher ab. Spätestens nach der alliierten Landung in der Normandie war auch für Zeitgenossen klar zu erkennen, dass Widerstand den Krieg nur verlängern konnte, ein Sieg aber realistischerweise nicht mehr erreichbar war.

- Haltung der Bevölkerung
  Die vom Verfasser des Berichts erwarteten Folgen traten jedoch nicht ein. Die **Bevölkerung** zeigte bis weit in den Krieg hinein **Zustimmung zum Regime,** und insbesondere zu Hitler, oder hatte sich mit ihm arrangiert, sich angepasst. Daran konnten auch partielle Missstimmungen, z. B. wegen Versorgungsmängeln oder Sorgen des Alltags, nichts Grundlegendes ändern.
  Auch die schwierigere Kriegslage ab 1943 verminderte die Loyalität der Bevölkerung, besonders gegenüber Hitler, nicht wesentlich. Erst mit der Sicherheit der heraufziehenden totalen Niederlage begann die Bevölkerung vom NS-Regime abzurücken. Erst die militärische Kapitulation und der völlige Zusammenbruch Deutschlands konnten den Bann brechen, den Hitler auf die Bevölkerung ausübte.

- Gründe
  Für die oben gemachten Feststellungen können eine **Reihe von Gründen** angeführt werden. **Einflussversuche von außen** konnten daran wenig ändern. Sie **wurden als Feindpropaganda** unbarmherziger Kriegsgegner **abgetan.** Die Luftangriffe auf deutsche Städte und die Verbrechen der Roten Armee beim Erreichen des deutschen Bodens waren bezüglich der psychologischen Rückwirkungen eher kontraproduktiv. Sie verhinderten eine Abwendung, sie schweißten die Bevölkerung und das Regime vielmehr zusammen, in einer Haltung des „jetzt erst recht" und der Furcht vor der Rache durch die Sieger nach dem Motto „wehe den Besiegten".
  Wenn man fragt, wie es zu dieser Bindung der Menschen an solch ein verbrecherisches Regime kommen konnte, so sind die Zeit des Krieges, aber auch die Jahre davor zu betrachten.
  Wenn die Deutschen auch keinerlei Begeisterung beim Ausbruch des Zweiten Weltkriegs zeigten, so stärkten die **militärischen Erfolge** der ersten Jahre, insbesondere der über den „Erbfeind" Frankreich, doch das Ansehen der NS-Führung.
  Während des Kriegs ließ die hemmungslose Ausbeutung der besetzten Gebiete und die millionenfache Ausnutzung der Arbeitskraft von Gefangenen und Zwangsarbeitern die deutsche Bevölkerung **die wirtschaftliche Belastung weniger spüren.** Die Hungerjahre für die Deutschen kamen nach dem Krieg, nicht während des Krieges.
  Die **Konzentration** der Menschen **auf die Bewältigung** des zusehends schwerer werdenden **Alltags** verengte den Blick. Die Sorge um das Schicksal von Angehörigen ließ für politische Überlegungen immer weniger Raum.
  Hinzu kommt, dass die **Furcht vor dem Bolschewismus** in der deutschen Bevölkerung tief verankert war, was vom Regime natürlich geschickt ausgenutzt wurde.
  In der Friedenszeit schienen Hitler und seine Partei große Erfolge errungen zu haben. Auf wirtschaftlichem Gebiet war die **Vollbeschäftigung** erreicht worden, auf außenpolitischem Feld die **Revision des Versailler Vertrages** einschließlich der Zusammenfassung aller Deutschen in einem Reich.
  Hinzu kam die Schwäche und die **Uneinigkeit des Widerstandes** gegen das Regime. Ihm fehlte der überragende Kopf wie auch das überzeugende Programm. Welche Staatsform sollte man auch anstreben, war doch die Demokratie immer noch mit dem Makel des Scheiterns der Weimarer Republik verbunden? So fehlte letztlich eine realistische Alternative.
  Auch darf die Wirkung der **Propaganda** und der Selbstdarstellung des Regimes nicht unterschätzt werden. Demgegenüber standen **Druck und der Terror** gegen Gegner, angenommene und wirkliche.
  Das Zusammenspiel all dieser Tatsachen kann verdeutlichen, warum der vom Verfasser des Berichts erwartete Effekt nicht eingetreten ist.

5 Für die Untersuchung kommen eine Reihe von Staatsmännern in Frage, bei denen die Behauptung widerlegt oder aber ihr zugestimmt werden kann. So gelang z. B. Otto von Bismarck die Einordnung Deutschlands in ein europäisches Staatensystem, Kaiser Wilhelm II. hingegen schätzte bei seinem Weltmachtstreben die politische Lage des Reiches falsch ein, was schließlich zu seiner Einkreisung in Europa führte.
Ausführlich soll hier auf die Außenpolitik des ersten Kanzlers der Bundesrepublik Deutschland, **Konrad Adenauer,** eingegangen werden.

– Grundkonzeption
Es kann von folgender **Grundkonzeption** ausgegangen werden: Der junge Staat stand nach seiner Gründung noch unter Besatzungsstatut. Also musste das erste Ziel der Bonner Politik die Erreichung der Souveränität sein, um in allen Deutschland betreffenden Fragen ein Mitspracherecht zu erlangen. Zugleich galt es für die Sicherheit dieses Staates zu sorgen und die Wiedervereinigung anzustreben. Als Weg dorthin kam für Adenauer nur die Eingliederung in den Westen in Frage.
Dafür sind mehrere Gründe anzuführen. Der Kanzler fürchtete die Sowjetunion. In seinen Augen war sie eine expansive Kraft, deren Führer bestrebt waren, Schwäche und Uneinigkeit des Westens zu ihren Gunsten auszunutzen. Ihre militärische Stärke stellte eine ständige Gefahr für Westeuropa dar. Nur gemeinsam könnte der Westen dem widerstehen, Freiheit und Demokratie könnten nur zusammen bewahrt werden. Eine Neutralisierung Deutschlands ließ in seinen Augen nur ein gefährliches Machtvakuum in Mitteleuropa entstehen.
Zugleich würde eine Eingliederung der Bundesrepublik in die westliche Staatengemeinschaft Kriege in Westeuropa ein für alle Mal unmöglich machen, insbesondere zwischen Deutschland und Frankreich. Dabei war ihm die Aussöhnung gerade zwischen diesen beiden Völkern eine Herzensangelegenheit. Eine feste Einbindung der Bundesrepublik in die westliche Wertegemeinschaft würde zugleich deren demokratisches System festigen, die Deutschen gleichsam vor sich selbst schützen.
Eine Politik der Stärkung des Westens, so weiter Adenauers Überlegungen, würde langfristig auch die Sowjetunion zu einer vernünftigen Lösung der deutschen Frage veranlassen.

– Umsetzung
Diese Politik wurde **in den fünfziger Jahren umgesetzt.** 1950 erfolgte der Beitritt der Bundesrepublik zum Europarat, 1951 war sie Gründungsmitglied der Montanunion, d. h. der sechs Staaten, die einen gemeinsamen Markt für Kohle und Stahl schufen. Die 1952 unterzeichnete Europäische Verteidigungsgemeinschaft, die im Kern eine integrierte Armee der sechs Mitgliedsländer vorsah, scheiterte 1954 an der Ablehnung durch das französische Parlament. An diese Stelle traten die Pariser Verträge. Die Bundesrepublik wurde souverän, wobei die Vier-Mächte-Verantwortung für Fragen, die Deutschland als Ganzes und Berlin betrafen, bestehen blieb. Zugleich wurde sie Mitglied in der NATO. Mit der Gründung der Europäischen Wirtschaftsgemeinschaft 1957 begann ein wirtschaftlich-politischer Integrationsprozess, der bis heute andauert.

– Angemessenheit
Man kann davon ausgehen, dass Adenauer diese Politik auch aus innerer Überzeugung verfolgte. Sie **passte** aber auch **genau in die Zeit.** Während des Kalten Krieges war der Westen daran interessiert, das wirtschaftliche, aber zunehmend auch das politische und militärische Potenzial Westdeutschlands zur Verstärkung seiner Position gegenüber der UdSSR zu nutzen. Im Gegenzug waren die Westmächte bereit, der Bundesrepublik mehr Rechte zuzugestehen, dies aber nur bei entsprechenden Sicherungen. Die Angst vor der Unberechenbarkeit der deutschen Politik bestand durchaus fort, und insbesondere Frankreich fürchtete um seine Sicherheit.

In dieser Lage bot das Streben Adenauers nach der Integration in den Westen die Lösung für alle Schwierigkeiten: Mehr Souveränität und Sicherheit für die Bundesrepublik und zugleich Sicherheit vor Westdeutschland bei Nutzung seines Potentials für den Westen ließen sich so gemeinsam erreichen.

Somit lässt sich als Ergebnis der Untersuchung feststellen, **dass die Aussage,** dass deutsche Politiker nicht wissen, welchen Platz dieses Land in der Welt wirklich einzunehmen habe, **nicht zutrifft.**

Grundkurs Geschichte (Sachsen): Abiturprüfung 2000
Ersttermin – Aufgabe A

M 1: Auszüge aus der Rede des SPD-Vorsitzenden Kurt Schumacher auf einer Tagung der SPD am 24. 05. 1951 zum Schuman-Plan

In dem heutigen großen Spannungsfeld zwischen Ost und West steht Deutschland auf der westlichen Seite. Aber wenn wir zum Westen gehören, dann heißt das nicht, daß wir uns jedem nationalegoistischen Wunsch jedes einzelnen Landes des Westens unterwerfen. Die Notwendigkeit der Gleichheit beruht darauf, daß nur die Gleichheit aller Völker ein funktionsfähiges Europa schaffen kann, das allein imstande ist, den totalitären Ansturm aus dem Osten abzuwehren. [...]

Der Schuman-Plan ist, da er nur sechs Länder umfaßt, nicht ein europäischer Plan, sondern ein regionaler Spezialpakt innerhalb Europas. Er umfaßt die Länder eines gewissen kulturellen, politischen und wirtschaftlichen Typs. Dieser Typ ist konservativ und klerikal, er ist kapitalistisch und kartellistisch. Er ist bei der großen Auseinandersetzung der Prinzipien restaurativ und liegt nicht im Sinne der modernen Arbeiterbewegung. [...]

Die kohlekaufenden Länder haben alle ein gemeinsames Interesse – und das bitte ich als das vordergründige Ziel des Schuman-Plans zu betrachten –, nämlich: aus Deutschland herauszuholen möglichst viel und möglichst billige Kohle und in Deutschland produzieren zu lassen möglichst wenig und möglichst teuren Stahl! [...]

Mit dem Schuman-Plan wird eine Marktordnung geschaffen, die Frankreich und den anderen Ländern die Konkurrenz der deutschen Stahlindustrie vom Halse schafft, aber den Zugriff auf die deutsche Kohle aus privilegierter Position heraus ermöglicht. [...]

Von den 260 Millionen Tonnen Kohle und den 32 Millionen Tonnen Stahl, die die sechs Schuman-Plan-Länder erzeugen, fördert Deutschland 51 Prozent der Kohle und 38 Prozent des Stahls. Diese 51 Prozent und 38 Prozent ergeben zusammen eine deutsche Leistung im Produktions- und Umsatzwert von 45 Prozent. Diese 45 Prozent müssen der Ausgangspunkt unserer Ansprüche bei der Vertretung der Schuman-Plan-Länder in dieser Behörde sein.

Im Rat der Außenminister stellt die Deutsche Bundesrepublik von sechs Vertretern einen. Das sind 16 Prozent. In der Hohen Behörde stellen wir zwei von neun Vertretern, das sind 22 Prozent. In der gemeinsamen Versammlung sollen wir 18 von 78 Delegierten, gleich 23 Prozent haben. Das vergleiche man mit den 45 Prozent, die wir im Produktions- und Umsatzwert stellen. [...]

Die Zusammensetzung der Hohen Behörde ist nicht nur nationalpolitisch zu sehen, sie hat auch eine klassenpolitische Bedeutung. Acht Kapitalmanager sollen einem Gewerkschafter gegenüberstehen. Das ist das „paritätische Mitbestimmungsrecht" für Kohle und Eisen im europäischen Rahmen. Ich meine, die deutsche Mitbestimmung in diesen Wirtschaftszweigen erleidet aus dieser internationalen Organisationsform eine sehr starke Einbuße. Es gibt in dem Plan nicht nur privilegierte Völker, es gibt auch privilegierte Klassen. Aber die Schlacht um das Mitbestimmungsrecht der arbeitenden Menschen in Deutschland ist noch lange nicht geschlagen. [...]

Die wirtschaftliche Integration Westeuropas können wir nur in einer Weise betreiben, durch die das ganze Deutschland einmal in eine europäische Zusammenarbeit einbezogen werden kann. Wenn heute das ganze Deutschland im Schuman-Plan zur Debatte stünde, würde man sich nicht so intensiv bemühen, dieses ganze Deutschland in das Vertragswerk einzubeziehen. Denn das wäre dann ein Brocken, der mit den Kräften der sechs klerikal-kapitalistischen Länder nicht zu bewältigen wäre. Es ist kein Schritt zur europäischen Integration, wenn man uns den Weg zur deutschen Einheit im Rahmen der europäischen Integration versperrt. Das aber ist das Ergebnis des heutigen Plans für die deutsche Einheit. Da kamen die Unterhändler aus Paris[1] zurück, aber mit keinem Wort wurde etwas gesagt über die deutsche Einheit, mit keinem Wort über die Saar. Darüber durfte nicht geschwiegen werden, wenn der Geist ehrlicher Gemeinsamkeit die Verhandlungen getragen hätte. Wenn im besonderen die Bundesregierung in diesen Fragen ihre Stimme nicht erhoben hat, dann ist das gegenüber dem deutschen Volke nicht zu entschuldigen. […]

Um den Weg nach Europa frei zu halten, müssen wir den Schuman-Plan ablehnen. Wir lehnen ihn ab aus der Gesinnung der internationalen Sozialisten. Wir lehnen ihn ab aus den Notwendigkeiten der Arbeiterbewegung. Wir lehnen ihn ab aus den Gründen der Selbstbehauptung des deutschen Volkes. Wir lehnen ihn gleicherweise ab als internationale Sozialisten wie als deutsche Patrioten. Wir lehnen ihn ab als Europäer! Wir wollen die Zusammenarbeit der Freien und Gleichen!

(Rechtschreibung und Zeichensetzung folgen der Vorlage.)

1 Ort der Erarbeitung des Vertrages zur Gründung der Europäischen Gemeinschaft für Kohle und Stahl

Rede Kurt Schumachers auf der Tagung der Sozialen Arbeitsgemeinschaften der SPD in Gelsenkirchen am 24. 5. 1951. In: Telegraf-Schriftenreihe für Politik, Wirtschaft und Kultur, 1951, Heft 1

M 2: Karikatur aus der Stuttgarter Zeitung vom 14. 04. 1951

Der Geist Stresemanns: „Lassen Sie sich nicht drausbringen, Kollege, das Geschrei gehört dazu – bei mir haben sie nur von der anderen Seite geschrien". (Im Hintergrund Kurt Schumacher).

Aus: Bundesrepublik Deutschland 1949–1989. Materialien zu Geschichte, Wirtschaft, Gesellschaft, hrsg. v. Friedrich Diestelmeier u. a.. Tübingen 1989, S. 167

Aufgaben:

1. Fassen Sie – nach selbstgewählten Gesichtspunkten geordnet – die Aussagen Kurt Schumachers in M 1 zum Schuman-Plan[1] zusammen. 10 BE

2. Erarbeiten Sie die Aussagen von M 2. 10 BE

3. Vergleichen Sie die Rahmenbedingungen für eine deutsch-französische Verständigung unter Stresemann und Adenauer. 14 BE

4. Erläutern Sie die Grundkonzeption der Außenpolitik Adenauers und deren Umsetzung. 12 BE

5. „Es ist kein Schritt zur europäischen Integration, wenn man uns den Weg zur deutschen Einheit im Rahmen der europäischen Integration versperrt." (Z. 44–46)

   Prüfen Sie, inwieweit dieser Vorwurf für die Zeit der Kanzlerschaft Adenauers (1949–1963) berechtigt ist. 14 BE

60 BE

[1] Der Plan des französischen Außenministers Schuman („Schuman-Plan") ist die Vorlage für die Gründung der „Europäischen Gemeinschaft für Kohle und Stahl" (kurz mit EGKS oder Montanunion bezeichnet).

Lösungsvorschlag

1 Der SPD-Vorsitzende **Kurt Schumacher** lehnt in seiner Rede von 1951 den Schuman-Plan mit politischen und wirtschaftlichen Argumenten und im Hinblick auf die Interessen der Arbeiterbewegung ab.
Politisch wirft er dem Vorschlag des französischen Außenministers Robert Schuman vor, es handele sich um keinen wirklich europäischen Plan, sondern es sei ein „regionaler Spezialpakt" (Z. 7/8).
Wirtschaftlich gehe es den übrigen Staaten hauptsächlich um die Ausbeutung Deutschlands bei Kohle und Stahl. Um dies problemlos bewerkstelligen zu können, sei die BRD im Ministerrat und in der Hohen Behörde auch nicht entsprechend ihrer Wirtschaftskraft vertreten (Z. 13–16, 26–30).
Nur ein Europa gleichberechtigter Völker könne aber „dem totalitären Ansturm aus dem Osten" widerstehen (Z. 4–6).
Zudem verstoße dieser Plan gegen die **Interessen der Arbeiterbewegung**. Mit ihm wollten „sechs klerikal-kapitalistische Länder" (Z. 44) – gemeint sind die durch starke christdemokratische oder bürgerliche Parteien gelenkten oder beeinflussten Regierungen der Mitgliedsstaaten der EGKS – eine Restaurierung konservativer kapitalistischer Verhältnisse erreichen. Es gehe bei diesem Vorhaben Schumans um die Privilegierung der besitzenden Klasse sowie darum, die Mitbestimmungsrechte deutscher Arbeitnehmer in ihren Betrieben durch die „europäische Hintertür" abzubauen. So stünde den acht „Kapitalmanagern" (Z. 32) auch nur ein Gewerkschaftsvertreter als Mitglied in der Hohen Behörde gegenüber (Z. 31–38).
Schumachers Vorwürfe gipfeln schließlich in dem **Vorwurf**, das Ziel des Plans sei die **Verhinderung der deutschen Einheit** durch die europäische Integration, und er kritisiert, dass die Bundesregierung Adenauers diese Folgen der westeuropäischen Einigung den deutschen Bürgern nicht offenlege (Z. 42–52).

2 Die **Karikatur** (M 2) zeigt den deutschen Bundeskanzler **Konrad Adenauer**, wie er den Grundstein zur deutsch-französischen Verständigung legt. **Gustav Stresemann**, Außenminister der Weimarer Republik von 1923–1929, schwebt – dargestellt als Geist und mit einer Friedenspalme in der Hand – über Adenauer und klopft ihm aufmunternd auf die Schulter. Der Zeichner verdeutlicht so die Parallelität zwischen Stresemanns und Adenauers Bemühungen um die deutsch-französische Aussöhnung. Allerdings lässt er Stresemann in einem Kommentar auf einen gravierenden Unterschied hinweisen: Während in den 1920er-Jahren die rechten Parteien, die in den Locarno-Verträgen und besonders in der Anerkennung der Westgrenze und der Entmilitarisierung des Rheinlands eine unannehmbare Verzichtleistung sahen, gegen die Annäherung an Frankreich protestierten, seien es nun die linken Parteien, die Adenauers Verständigungskurs ablehnten. Als Vertreter der Linksparteien ist im Hintergrund der SPD-Vorsitzende **Kurt Schumacher** dargestellt, der laut protestierend ein Plakat mit der Aufschrift „Gegen den Schuman-Plan" schwenkt. So wird durch die Zeichnung und die Bildunterschrift der Eindruck vermittelt, als wende sich Kurt Schumacher generell gegen die deutsch-französische Verständigung und als ließen sich die Proteste der SPD gegen den Schuman-Plan mit denen der rechten Parteien gegen die Locarno-Politik gleichsetzen. Durch diese undifferenzierte Darstellung diffamiert der Karikaturist die Haltung des SPD-Vorsitzenden. Schumacher war nicht gegen die europäische Verständigungspolitik und befürwortete – im Unterschied zu den rechten Parteien der Weimarer Republik – die demokratische Entwicklung in Deutschland. Aber als NS-Verfolgter verstand er sich als Repräsentant des „anderen" antifaschistischen Deutschlands und forderte die Gleichstellung Deutschlands mit den anderen Staaten in Europa.

3 Beim **Vergleich der Rahmenbedingungen** für eine deutsch-französische Verständigung nach dem Ersten und dem Zweiten Weltkrieg lassen sich **Gemeinsamkeiten und Unterschiede** feststellen.
So lassen sich im **Verlauf der Weltkriege** Parallelen erkennen: 1914 wie auch 1940 marschierten deutsche Truppen in westliche Nachbarländer ein und besetzten sie teilweise oder vollständig. Am Ende des Kriegs stand jeweils die Niederlage Deutschlands, während Frankreich zu den großen Siegermächten gehörte, wenn es auch nach dem Zweiten Weltkrieg erst in der Endphase des Krieges als vierte Siegermacht anerkannt wurde.
Die **Politik Frankreichs nach beiden Kriegen** weist ebenfalls Ähnlichkeiten auf: Sie war geprägt von tiefem Misstrauen und einem großen Sicherheitsbedürfnis gegenüber dem östlichen Nachbarn. Aufgrund dieser Interessenlage trat Paris nach 1918 und 1945 für eine deutliche Schwächung der Machtstellung Deutschlands ein.
Der Versailler Vertrag erschien den Franzosen zu diesem Zwecke noch zu milde, hätten sie das Rheinland doch gerne von Deutschland abgetrennt und das Saarland Frankreich angegliedert. So stellte dann die Ruhrbesetzung 1923 einen Versuch dar, noch nachträglich eine Verschärfung der Vertragsbestimmungen zu erreichen und eine französische Hegemonie in Europa zu sichern.
Nach dem Zweiten Weltkrieg setzte sich die französischen Regierung das Ziel, Deutschland durch die Abtretung der Gebiete östlich von Oder und Neiße, die Abtrennung der Saar und die Internationalisierung des Ruhrreviers entscheidend zu schwächen. Zudem sollte der Rest des ehemaligen Reichsgebiets einen lockeren Staatenbund mit schwacher Zentralgewalt bilden.
Deshalb versuchten die Franzosen sämtliche Maßnahmen zu verhindern, die eine stärkere Einheit Deutschlands zu präjudizieren schienen. So lehnte die französische Regierung auch die Errichtung von deutschen zentralen Verwaltungsstellen ab, obwohl sie das Potsdamer Abkommen vorsah.
Einige Jahre **nach dem Kriegsende** 1918 und 1945 trat aber bei den westlichen Siegermächten, bedingt durch Änderungen der weltpolitischen Lage, ein **Umdenkungsprozess** ein und es entstand die Bereitschaft, den Deutschen entgegenzukommen.
In den 20er-Jahren erschien im Westen zunehmend die Sowjetunion als Unsicherheitsfaktor. Ein Übergreifen von deren sozialistischer Ideologie auf Deutschland oder eine Ostorientierung der deutschen Politik (Geist von Rapallo) sollten verhindert werden. Bei den Alliierten wuchs aber auch die Einsicht, dass die politische Lage in Europa nur stabilisiert werden könne, wenn sie eine begrenzte Änderungen des Versailler Vertrages zugestehen würden. Auf deutscher Seite erkannte die Regierung, dass sie den Vertrag selbst zunächst hinnehmen musste und eine Protestpolitik oder eine Erfüllungspolitik, die den Beweis erbringen sollte, dass der Vertrag nicht erfüllbar sei, keine Revisionsfortschritte brachten. Diese Einsichten waren die Basis für die unter maßgeblicher Führung des deutschen Außenministers Stresemann und seines französischen Kollegen Aristide Briand geführte **Locarno-Politik**, die auf eine Aussöhnung zwischen Deutschland und Frankreich zielte und eine stärkere Westorientierung des Deutschen Reichs bedeutete.
Nach 1945 war es wiederum die Furcht vor der Ausdehnung des sowjetischen Einflusses, die die Westmächte dazu veranlasste, die Gründung eines deutschen Weststaates anzustoßen. Frankreich erkannte wie nach dem Ruhr-Einmarsch 1923, dass sich eine eigenständige, allein an französischen Interessen orientierte Politik gegen die USA und Großbritannien nicht durchsetzen ließ. Es musste daher – wie in den 1920er-Jahren bei der Reparationsfrage zugunsten Deutschlands und der europäischen Entspannungspolitik (Locarno) – auch Ende der 40er-Jahre von seiner Blockade- und Verzögerungspolitik Abstand nehmen. Frankreich entwickelte so eine konstruktive Politik gegenüber seinem östlichen Nachbarn: Die wirtschaftliche, politische und militärische **Integration Westeuropas**. Als vorteilhaft erwies sich, dass wiederum Politiker die Regierungsverantwortung trugen, die als überzeugte Europäer eine Verbesserung des beiderseitigen Verhältnisses anstrebten: Bundeskanzler Konrad Adenauer und der französische Außenminister Robert Schuman.

Bei allen Gemeinsamkeiten bei diesem Vergleich zwischen 1918 und 1945 bestehen aber auch **gravierende Unterschiede**.
Nach dem Ersten Weltkrieg wurde die politische und wirtschaftliche Position des Reiches durch den Versailler Vertrag zwar geschwächt, es blieb aber als potenzielle Großmacht erhalten.
Nach dem Zweiten Weltkrieg gingen die Alliierten entschiedener vor: Die Gefahr, die von Deutschland ausging, sollte ein für alle Mal beseitigt werden. Daher wurde das Land in Besatzungszonen eingeteilt und die oberste Staatsgewalt von den Alliierten übernommen. Eine deutsche Regierung existierte nicht mehr. Die territorialen Abtretungen (Ostgebiete jenseits von Oder und Neiße) wogen wesentlich schwerer als die des Versailler Vertrags. Zudem waren weite Teile des Landes zerstört und über 10 Millionen Flüchtlinge und Vertriebene mussten zusätzlich aufgenommen werden.
Tief greifende Reformen sollten Deutschland demokratisieren und damit seine Integration in die Weltgemeinschaft ermöglichen. Deshalb nahmen die Siegermächte nach 1945 auf die Umgestaltung des politischen Regierungs- und Parteiensystems großen Einfluss. Sie förderten und kontrollierten den Aufbau der politischen Institutionen, beteiligten sich aber auch an der Information und „Umerziehung" der deutschen Bevölkerung.
Als Adenauer 1949 zum Bundeskanzler gewählt wurde, war er im Gegensatz zu den Regierungen der Weimarer Republik zunächst der Regierungschef eines Staatswesens, das unter Besatzungsstatut stand. Zudem konnte er nur als der Vertreter eines deutschen Teilstaates sprechen, da 1949 in der Ostzone die DDR gegründet worden war.

4 Bei Adenauers Politik ist von **folgenden Zielen** auszugehen:
Als vordringlichste Zielsetzung strebte er für die junge Bundesrepublik **Souveränität**, also die Hoheit in den sie betreffenden Fragen an. Westdeutschland könnte erst dann **gleichberechtigt** in den wichtigen europäischen Angelegenheiten mitsprechen. Zu dieser Gleichberechtigung gehörte nach Adenauers Auffassung auch eine **nationale Armee**.
Diese Ziele – Souveränität und Gleichberechtigung – standen im Kontext der konkreten Absicht, die Bundesrepublik sowohl wirtschaftlich und politisch als auch militärisch in die westliche Staatenwelt zu integrieren. Adenauer hoffte, auf diese Weise auch die **Wiedervereinigung** Deutschlands zu erreichen.

Diese Politik basierte auf folgendem **Weltbild** Adenauers:
Eine Neutralität Deutschlands in der Mitte Europas lehnte der Kanzler ab. Hierbei fürchtete er eine Expansion der Sowjetunion. Deren Ziel sei es, zunächst die Bundesrepublik und dann ganz Westeuropa unter ihren Einfluss zu bringen. Nur im Verbund mit dem Westen könne die Freiheit der Bundesrepublik gegenüber Russland erhalten bleiben. Eine feste Bindung an die USA und Westeuropa sollte die Deutschen auch vor einer Schaukelpolitik zwischen Ost und West bewahren, die Deutschland machtpolitisch nur „zwischen alle Stühle" führen würde. Der Westen, inklusive der Bundesrepublik, könne nur aus einer Position der Stärke Moskau erfolgreich entgegentreten.
Adenauer hoffte, dass der Westen in der Sowjetunion einen inneren Wandel begünstigen werde. Mit Zugeständnisse, z. B. auf wirtschaftlichem Gebiet, könnten die westlichen Staaten den Kreml dann dazu veranlassen, einer Wiedervereinigung Deutschlands zuzustimmen. Die Idee der Westintegration war bei Adenauer aber nicht nur rational, sondern auch gefühlsmäßig begründet: Als Rheinländer verstand er sich als Mitglied der westlichen Welt und die Aussöhnung mit den westlichen Völkern, insbesondere Frankreich, lag ihm am Herzen.

Die **Umsetzung** dieser Politik vollzog sich in folgenden Schritten:
1950 trat die Bundesrepublik dem Europarat bei. Hatte diese Institution auch keine wirkliche Machtbefugnis, so war sie doch das erste Organ, in dem sich Vertreter und Minister der beteiligten Länder über gemeinsame Probleme regelmäßig austauschten.

1951 gehörte die Bundesrepublik zu den Gründungsstaaten der Europäischen Gemeinschaft für Kohle und Stahl, kurz EGKS oder Montanunion genannt. Damit wurde ein gemeinsamer Markt für Kohle und Stahl in Deutschland, Frankreich, Italien, Belgien, Luxemburg und den Niederlanden geschaffen.
1952 erfolgte die Unterzeichnung des General- oder Deutschlandvertrages, der der Bundesrepublik mehr innen- und außenpolitische Handlungsfreiheit einräumte.
Die Bemühungen um eine integrierte europäische Armee der sechs EGKS-Mitgliedsstaaten führten 1952 zur Unterzeichnung des Vertrags über die Europäische Verteidigungsgemeinschaft (EVG). Diese scheiterte jedoch 1954 an der Ablehnung durch die französische Nationalversammlung, deren Mehrheit nicht bereit war, die Souveränität Frankreichs auf einem so zentralen Gebiet staatlicher Macht aufzugeben.
Im Herbst 1954 regelten die Pariser Verträge die noch offenen Fragen: Die Bundesrepublik erhielt die Souveränität mit Ausnahme der Fragen, die Berlin und Deutschland als Ganzes betrafen. Die Bundeswehr wurde aufgestellt und die Bundesrepublik trat gleichzeitig der NATO und der Westeuropäischen Union bei.
Ein weiterer Schritt zur wirtschaftlichen Einigung wurde mit der Gründung der Europäischen Wirtschaftsgemeinschaft durch die Römischen Verträge 1957 vollzogen.
Adenauer gelang es gegen Ende seiner Amtszeit, zusammen mit dem französischen Staatspräsidenten Charles de Gaulle, im Vertrag über die Deutsch-Französische Zusammenarbeit die Aussöhnung zwischen beiden Völkern zu besiegeln und eine enge politische Kooperation zu begründen.

5 Der **Kernvorwurf Schumachers** in seiner Rede auf einer SPD Tagung 1951 lautet, **dass die Politik der Westintegration die Wiedervereinigung unmöglich gemacht habe**.
Zur Beurteilung von Schumachers These ist zunächst zu prüfen, wie groß der **politische Spielraum des neu entstandenen Staates** tatsächlich war. Die **Westmächte** waren zwar bereit, der Bundesrepublik mehr Souveränität zuzugestehen und sie auch bei der Wiedervereinigung zu unterstützen, aber Deutschland musste gleichzeitig berechenbar bleiben und den Frieden nicht mehr gefährden können. Eine solche Kontrolle und Sicherheit vor Deutschland schien durch eine Eingliederung in den Westen am besten gewährleistet. Hierin trafen sich die Ziele Adenauers mit denen der westlichen Staatsregierungen.
Voraussetzung für die deutsche Einheit war neben der Zustimmung der Westalliierten aber vor allem auch die der **Sowjetunion**. Deren **Absichten** waren nicht immer eindeutig zu erkennen. Gesichert scheint, dass Stalin zunächst ein Gesamtdeutschland, in dem die kommunistische Partei große Bedeutung hatte, zur Sicherung der Sowjetunion und ihres Einflussgebietes in Osteuropa der Gründung eines separaten Oststaates vorzog. Ein auch für die Westmächte akzeptables Konzept dazu hat er jedoch nicht vorgelegt, sodass die Westmächte die sowjetische Deutschlandpolitik zusehends als Verzögerungs- und Verschleppungstaktik ansahen. Denn sie konnten in der SBZ und in Osteuropa die Verfestigung der sowjetischen Herrschaft und eine Umgestaltung nach kommunistischem Vorbild beobachten.
Die **Stalin-Note** im März 1952 bot nun die Wiedervereinigung und sogar nationale Streitkräfte gegen die Neutralisierung Deutschlands bis zur Oder-Neiße an. Bis heute ist strittig, ob es sich hierbei um ein ernst gemeintes Angebot handelte oder nur um eine neue Maßnahme, um im Westen Verunsicherung zu erzeugen und eine weiter gehende Westbindung der Bundesrepublik zu verhindern. Schließlich befanden sich die Verhandlungen über den Deutschlandvertrag und die EVG in ihrer letzten Phase. Konnten diese durch die Neuaufnahme von Vier-Mächte-Gesprächen über eine Neutralisierung Deutschlands nachdrücklich unterbrochen werden, so wäre ein Kernstück der westlichen Politik, die deutsche Westintegration, verzögert geworden.
Adenauer jedenfalls hielt die Stalin-Note nicht für ein ehrliches Angebot und sah in ihr nur ein Störmanöver der Sowjetunion gegen die Westintegration der BRD. Er befreite

mit dieser klaren ablehnenden Haltung die Westmächte aus einer taktischen Verlegenheit, wollten diese doch nicht bei der Bevölkerung wegen ihrer Ablehnung von Stalins Vorschlag als „Spalter Deutschlands“ erscheinen. Der Notenwechsel der Westmächte mit der Sowjetunion bis in den September 1952 erfolgte wohl hauptsächlich aus taktischen Überlegungen. Seit der Unterzeichnung des Deutschland- und EVG-Vertrages hatten beide Seiten ihre Positionen im Kalten Krieg festgelegt und der Moskauer Vorschlag war realistisch betrachtet überholt.

Die in den nächsten Jahren folgenden **Angebote aus Ost-Berlin** zu einer Vereinigung der beiden deutschen Staaten (Konföderationspläne) waren für die westliche Seite unannehmbar und können ruhig der Propaganda zugerechnet werden.

Aber die **Politik Adenauers** befand sich in der zweiten Hälfte der 50er-Jahre **in einer Krise**. Zwar war die Westintegration gelungen, aber in der Frage der Wiedervereinigung war man keinen Schritt weitergekommen. Im Jahre 1961 machte der Bau der Berliner Mauer für alle offensichtlich, dass die Sowjetunion nicht zur Aufgabe ihres deutschen Teilstaats bereit war. Moskau hatte sich spätestens ab Ende 1952 entschieden, ihre Herrschaft über einen Teil Deutschlands zu sichern. Die Teilung und der Bestand der DDR wurden nunmehr durch Beton und Stacheldraht endgültig markiert.

Offiziell blieb die Bundesregierung ab 1956 bei der Nichtanerkennung der DDR und der Hallstein-Doktrin. So prinzipientreu und zuversichtlich, wie sich Adenauer nach außen gab, war er in der deutschen Frage jedoch nicht. Es gab 1958/59 durchaus im engen Kreis um Adenauer **Überlegungen für Zwischenlösungen**, mit denen Bewegung in die deutsche Frage gebracht werden sollte (Österreich-Lösung, Globke-Plan). Diese Überlegungen gingen von einem zeitlich begrenzten Nebeneinander beider Staaten für fünf oder zehn Jahre aus, was eine Anerkennung der DDR einschloss. Zugleich aber sollten dort wesentliche Grundrechte verwirklicht sowie ein fester Zeitrahmen für eine Volksabstimmung über die Wiedervereinigung festgelegt werden.

Der Mut zu einem solchen Neuansatz fehlte allerdings. Aber Ost-Berlin und Moskau wären Ende der fünfziger, Anfang der 60er-Jahre auf einen Plan, der ihnen eine Demokratisierung der DDR abverlangt hätte, auch nicht eingegangen. Noch in den siebziger Jahren zeigte sich bei der neuen Ostpolitik unter Willy Brandt, wie sehr für die DDR die Sicherung der inneren Stabilität und die möglichst enge Begrenzung der Vereinbarungen für „menschliche Erleichterungen“ Priorität hatten.

Erst unter **völlig gewandelten politischen Verhältnissen** in der Sowjetunion und im Ostblock entstand 1989/90 eine Konstellation, die die Wiedervereinigung ermöglichte.

Als **abschließende Antwort** auf die Frage, ob die Westintegration die Wiedervereinigung erschwert hat, lässt sich feststellen, dass diese Politik letztlich zur Vertiefung der Teilung Deutschlands beitrug. Fraglich ist aber, ob es damals eine realistische Alternative zur Politik Adenauers gab und ob diese die Zustimmung der Deutschen, der Westmächte und der Sowjetunion gefunden hätte. Eine aktive Wiedervereinigungspolitik war aber in den 50er-Jahren, als die Regierung Adenauer Schritte zu einer eigenständigen Außen- und Deutschlandpolitik unternahm, wohl nicht möglich.

Grundkurs Geschichte (Sachsen): Abiturprüfung 2000
Ersttermin – Aufgabe B

M 1: Auszug aus einem Artikel des „Dresdner Tageblattes" vom Januar 1847

Chemnitzer Zustände

Die Chemnitzer Einwohner theilen sich der Hauptsache nach in drei Klassen, welche, außerordentlich verschieden in der Quantität, im geselligen Leben weit mehr sich absondern, als man, ihrer Reciprocität[1] nach, erwarten sollte. Die Einwohner theilen sich in Fabrikanten und Kaufleute (Kapitalisten), in Handwerker und Kleinfabrikanten (Bürger), und in Fabrikarbeiter, auch Volk schlechtweg genannt.

Mir gilt das sogenannte Volk, obgleich von Vielen vernachlässigt, für den beachtenswerthesten Theil einer Bevölkerung, um so mehr beachtenswerth, als seine Bedeutung noch lange nicht genügend erkannt ist. [...]

Es ist schon erwähnt, daß die Chemnitzer, obgleich sie mit einander und für einander arbeiten, sich streng in Kasten absondern. Daher wird es nicht in Verwunderung setzen, wenn man erfährt, daß die Arbeiter unter sich wieder streng abgesondert leben. Es ist sogar natürlich, daß Institutionen, die im Ganzen nachtheilig einwirken, auch Reaktion auf die einzelnen Theile ausüben.

Die zünftigen Gewerbe scheiden sich von den Fabriken, und unter den Arbeitern der Fabriken bestehen wieder so viele Abtheilungen, als es Fabrikationszweige giebt. In einzelne Branchen geht es so weit, daß das Chor[2] jeder einzelnen Firma dem der Konkurrenten, wenn nicht feindlich, doch indifferent gegenübersteht.

Auf diese Weise kann eigentlich nie von einer Gesammtheit der Arbeiter gesprochen werden, und diese überwiegende Masse der Bevölkerung in Chemnitz verliert so ihre bedeutende und drohende Stellung, die sie einnehmen würde, wenn sie einig wäre. Es ist nicht unwahrscheinlich, daß hier als eigentlicher und geheimer Grund dieser Spaltung eine Politik zu suchen ist, die nach dem alten Grundsatz: divide et impera[3], die Sicherheit Weniger begründet, während die Gesammtheit darunter leidet. [...]

Wie es noch Staaten genug giebt, deren Regierungen glauben, daß das Volk ihretwegen da sei und nicht sie des Volkes halber, so giebt es fast keine Fabrik, in welcher dieses System nicht gleichfalls gilt. Jede Fabrik ist ein despotischer Staat im Kleinen, Ruhe und Gehorsam die einzige Bürgerpflicht. Es würde nicht schwer halten, zu beweisen, daß es so ist und nicht anders sein könne, doch vergißt man bei diesem Beweise die Menschlichkeit. Von dem Worte eines Einzigen hängt das Glück vieler Familien ab, während das Wohl dieses Einzigen durch Gewalt hinlänglich gesichert ist, um Alles wagen zu können. Jeder Fabrikherr verfaßt gewöhnlich seine eigenen Hausordnungen und Gesetze; doch man sehe dieselben durch, und man wird finden, daß nur die Rede ist von Pflichten der Arbeiter gegen den Herrn, während dieser zu Nichts verpflichtet ist als zur Bezahlung Dessen, was man ihm liefert. [...]

Und in der That wird der Arbeiter in Zukunft eine bedeutendere Rolle spielen, als er jetzt hat. Krieg, Hungersnoth, vermehrter Druck können plötzlich Resultate hervorbringen, die man jetzt für unmöglich hält. Aber nicht Furcht sollte zur Verbesserung der Lage unsrer Mitmenschen beitragen, sondern Mitleid und Liebe. Man muß lesen können im Auge der Nothleidenden, man muß die bleichen, stummen Lippen reden hören und ihr Recht vertreten der Civilisation gegenüber, deren Opfer sie werden und theilweise schon sind.

(Rechtschreibung und Zeichensetzung folgen der Vorlage)

1 Reciprocität: Wechselbezüglichkeit
2 gemeint ist hier die Belegschaft der Firma
3 divide et impera: Teile und herrsche!

Aus: Dresdner Tageblatt, Nummern 29–31, vom 29., 30., 31. Januar 1847

M 2: Aus einem Text von Friedrich Engels, geschrieben 1880

Das Proletariat ergreift die öffentliche Gewalt und verwandelt kraft dieser Gewalt die den Händen der Bourgeoisie entgleitenden gesellschaftlichen Produktionsmittel in öffentliches Eigentum. Durch diesen Akt befreit es die Produktionsmittel von ihrer bisherigen Kapitaleigenschaft und gibt ihrem gesellschaftlichen Charakter volle Freiheit, sich durchzusetzen.

Eine gesellschaftliche Produktion nach vorherbestimmtem Plan wird nunmehr möglich. Die Entwicklung der Produktion macht die fernere Existenz verschiedner Gesellschaftsklassen zu einem Anachronismus. In dem Maß, wie die Anarchie der gesellschaftlichen Produktion schwindet, schläft auch die politische Autorität des Staates ein. Die Menschen, endlich Herren ihrer eignen Art der Vergesellschaftung, werden damit zugleich Herren der Natur, Herren ihrer selbst – frei.

Diese weltbefreiende Tat durchzuführen, ist der geschichtliche Beruf des modernen Proletariats. Ihre geschichtlichen Bedingungen, und damit ihre Natur selbst, zu ergründen und so der zur Aktion berufnen, heute unterdrückten Klasse die Bedingungen und die Natur ihrer eignen Aktion zum Bewußtsein zu bringen, ist die Aufgabe des theoretischen Ausdrucks der proletarischen Bewegung, des wissenschaftlichen Sozialismus.

(Rechtschreibung und Zeichensetzung folgen der Vorlage)

Aus: Friedrich Engels: Die Entwicklung des Sozialismus von der Utopie zur Wissenschaft. In: Karl Marx, Friedrich Engels: Ausgewählte Werke in sechs Bänden. Berlin 1979, S. 476/477

Aufgaben:

1. Legen Sie die Voraussetzungen und Rahmenbedingungen für die Industrialisierung in Deutschland in der ersten Hälfte des 19. Jahrhunderts in Grundzügen dar. 12 BE

2.1 Erarbeiten Sie die Kerngedanken aus M 1 und M 2. 10 BE

2.2 Zeigen Sie Gemeinsamkeiten und Unterschiede der Sicht auf die soziale Frage und auf deren Lösungsansätze in M 1 und M 2. 12 BE

3. Skizzieren Sie Maßnahmen, die auf eine Verbesserung der Lage der Arbeiterschaft im 19. Jahrhundert zielten. Stellen Sie ein selbstgewähltes Beispiel ausführlich dar. 12 BE

4. In M 1 heißt es: „Und in der That wird der Arbeiter in Zukunft eine bedeutendere Rolle spielen, als er jetzt hat. Krieg, Hungersnoth, vermehrter Druck können plötzlich Resultate hervorbringen, die man jetzt für unmöglich hält.“ (Z. 36–38)
   Untersuchen Sie am Beispiel der revolutionären Ereignisse 1918/19 in Deutschland, welche Rolle die Arbeiterbewegung tatsächlich spielte. 14 BE

60 BE

Lösungsvorschlag

1 Die industrielle Entwicklung Deutschlands in der ersten Hälfte des 19. Jahrhunderts ist durch unterschiedliche politische, soziale und ökonomische Faktoren geprägt, die sich wechselseitig bedingten und verstärkten. Dieser Prozess vollzog sich in den deutschen Staatsgebieten uneinheitlich.
Die erste Hälfte des 19. Jahrhunderts ist bestimmt vom Übergang einer Agrargesellschaft zu einer Industriegesellschaft. Von **Industrialisierung** im engeren Sinn kann aber erst ab den 40er-Jahren gesprochen werden, wobei dieser Industrialisierungsprozess bis in das 20. Jahrhundert andauerte. Im Vergleich zu England und Frankreich vollzog sich die Industrialisierung in Deutschland verspätet.
Zu den Grundvoraussetzungen gehörten die weit reichenden technischen Neuerungen und Erfindungen des 18. und 19. Jahrhunderts, z. B. die Dampfmaschine. Produktion und Qualität konnten gesteigert und das Angebot an Waren und Lebensmitteln vergrößert werden. Insbesondere die verbesserte Ernährungslage, Hygienemaßnahmen und medizinische Versorgung führten zu einem starken Bevölkerungswachstum.
Die Napoleonischen Kriege behinderten zunächst die Expansionsmöglichkeiten der deutschen Wirtschaft, die kleinstaatliche Struktur Deutschlands mit einer Vielzahl von Zoll- und Mautstellen hemmte zusätzlich die Entwicklung. Die **Kontinentalsperre (1806)** trennte Deutschland von der internationalen Waren- und Rohstoffzufuhr. Die linksrheinischen Gebiete kompensierten zwar mit französischer Hilfe diese Misere, aber die Entwicklung im übrigen Deutschland stagnierte. Der Rohstoffmangel führte indes auch zur Entwicklung alternativer Produktionsmethoden, die unter Ausschluss der starken englischen Konkurrenz jetzt marktfähig wurden (z. B. sächsische Textilindustrie).
Die **preußischen Reformgesetze** zur Bauernbefreiung (1807) und die Einführung der Gewerbefreiheit (1810) verstärkten in Preußen die soziale Mobilität und öffneten die überkommenen zünftigen Strukturen für neue liberale Wirtschaftsformen. Private Unternehmer fanden jetzt in den verarmten Tagelöhnern und ehemaligen Kleinbauern, die in den neuen Industriebetrieben eine Beschäftigung suchten, die benötigten Arbeitskräfte und konnten unabhängig von Zunftordnungen und staatlicher Reglementierung produzieren. Eine verbesserte Ausbildung seit den 30er-Jahren, beispielsweise in Sachsen, trug zudem zur Vorbereitung auf die neuen beruflichen Anforderungen bei.
Die Kehrseite der Entwicklung war, dass die proletarischen Arbeiter weitgehend rechtlos unter schlechten Bedingungen arbeiten mussten und in den rasch wachsenden industriellen Zentren ein bisher nicht gekanntes Massenelend entstand.
Ein wichtiges Signal für den Handel und Vertrieb ging von der Gründung des **Deutschen Zollvereins (1834)** aus: Der überwiegende Teil Deutschlands bildete jetzt einen einheitlichen Wirtschaftsraum ohne Binnenzölle. Es folgte ein konsequenter Ausbau der Verkehrswege: Kanäle, Straßen und Eisenbahnlinien verbanden die verschiedenen Industriestandorte und Handelszentren. Dieser Ausbau förderte wiederum verschiedene andere Industriezweige als Zulieferer. Der Bauboom erforderte immense Kapitalaufwendungen, die von den neu gegründeten Bankhäusern und Aktiengesellschaften bereitgestellt wurden. Preußen übernahm wirtschaftspolitisch innerhalb Deutschlands eine Führungsrolle, während Österreich hinsichtlich der industriellen Entwicklung an Bedeutung verlor.

2 Der vorliegende Artikel des „Dresdner Tageblattes“ vom Januar 1847 (M 1) erschien in einer politisch und sozial sehr angespannten Phase. Infolge von Missernten (1846/47) hatte sich die Lage in ganz Sachsen dramatisch verschärft.
Der Autor teilt zunächst die Einwohner von Chemnitz in drei „Klassen“ ein, er spricht von Kapitalisten, Bürgern und Fabrikarbeitern (Z. 1–6). Die Fabrikarbeiter („Volk“) sind nach seiner Darstellung vernachlässigt worden, in Zukunft werde aber ihre Bedeutung steigen (Z. 7–9). Selbst unter den Arbeitern würden sich einzelne Gruppen absondern und

sich „indifferent“ gegenüberstehen (Z. 10–18). Diese Uneinigkeit verhindere die Entstehung einer „Gesamtheit der Arbeiter“ und daraus resultiere der Bedeutungsverlust der Arbeiterschaft (Z. 19–24). Der Autor vermutet dahinter eine konsequente Politik der herrschenden Eliten („divide et impera“), um die bestehende Ordnung zu erhalten.
„Jede Fabrik ist ein despotischer Staat im Kleinen, Ruhe und Gehorsam die einzige Bürgerpflicht“ (Z. 27 f.). Mit diesen Worten kritisiert er die rücksichtslosen, streng hierarchischen Herrschaftsstrukturen innerhalb der Fabriken.
In Zukunft werden nach Ansicht des Verfassers die Arbeiter aber eine bedeutungsvollere Rolle spielen, denn unter dem Druck schlechter sozialer Verhältnisse seien Veränderungen unumgänglich (Z. 36–38). Er schließt mit dem Appell, dass die Lage durch „Mitleid und Liebe“, nicht aus Furcht vor möglichen Aufständen verbessert werden sollte.

Der Auszug aus der Programmschrift von **Friedrich Engels** über die Entwicklung des Sozialismus aus dem Jahre 1870 beschreibt die Lage und Aufgabe der Arbeiterschaft aus einer wissenschaftlich-theoretischen Perspektive.
Nach Engels verwandelt das Proletariat durch eine Revolution das Privateigentum der Bourgeoisie an den Produktionsmitteln in öffentliches Eigentum. Durch diese Umwandlung werde dann eine „gesellschaftliche Produktion nach einem vorherbestimmten Plan“ (Z. 6 f.) möglich.
Diese Entwicklung führe zum Autoritätsverlust der Staatsgewalt. Sie werde zudem die Existenz verschiedener gesellschaftlicher Klassen abschaffen und somit die Menschen von der Klassenherrschaft befreien (Z. 7–11).
Nach Engels ist es die Aufgabe des wissenschaftlichen Sozialismus, das Proletariat über seine Situation und seine revolutionäre Bestimmung aufzuklären (Z. 15 f.).

2.2 Beide Autoren erkennen die **Soziale Frage** als zentrales zeitgenössisches Problem an und entwickeln in diesem Zusammenhang Forderungen und Programme zu ihrer Lösung. In den Textauszügen wird jeweils ein zukünftiger Bedeutungsgewinn der Arbeiterschaft prognostiziert, dem aber eine Bewusstseinsbildung der Arbeiter vorausgehen müsse.
Die Ansätze der beiden Autoren unterscheiden sich in ihrer Perspektive und ihren Beobachtungsebenen. Für den Autor des „Dresdner Tageblattes“ geht es um eine konkrete Entwicklung in der sächsischen Industriemetropole Chemnitz, die er beschreibt und kommentiert. Am Ende seiner Ausführungen fordert er eine Lösung der Probleme aus „Mitleid und Liebe“, appelliert also an das soziale Gewissen der Fabrikherren. Der Verfasser fordert Verbesserungen für die Arbeiter und soziale Verantwortung innerhalb der bestehenden Ordnung und steht damit in der Tradition reformerischer Ansätze, die teilweise auch von Kirchen und Unternehmern vertreten wurden.
Engels versucht dagegen, eine allgemeine polit-ökonomische Lagebeschreibung vorzunehmen und eine gesamtgesellschaftliche Perspektive zu entwickeln. Er sieht die Aufgabe des Proletariats darin, den Status quo der Gesellschaft durch eine Revolution abzulösen, um so die Grundlagen für die Ausbeutung der proletarischen Klasse zu überwinden. Als Vertreter des wissenschaftlichen Sozialismus begründet Friedrich Engels seine Ansichten mit der historischen Dialektik, führt aber keinen zeitgenössischen Fall an, um seinen Ausführungen Nachdruck zu verleihen.

3 Mit dem Schlagwort „**Soziale Frage**“ wird die Gesamtheit der durch die Industrialisierung ausgelösten sozialen und politischen Probleme bezeichnet.
Relativ früh wurden erste Maßnahmen unternommen, das soziale Elend zu beseitigen. In der ersten Hälfte des 19. Jahrhunderts verstand sich der Staat als reine Ordnungsmacht und griff nicht direkt in ökonomische Vorgänge ein. In dieser Situation entwickelten Unternehmer (Harkort, Krupp) und Kirchen (Kolping, Wichern) jeweils eigene Konzepte zur Lösung der sozialen Frage. Kennzeichnend hierfür waren sehr pragmatische Projekte.

Es galt, die Lebens- und Arbeitsbedingungen in einem überschaubaren betrieblichen oder sozialen Umfeld zu gestalten. Diese Maßnahmen erfolgten nicht ausschließlich aus sozialen Motiven, besonders die Unternehmer unterstrichen hiermit ihre patriarchalische Stellung und wollten so eine enge Bindung der Arbeiter an das Unternehmen erreichen.
In der zweiten Hälfte des 19. Jahrhunderts formierte sich die Arbeiterbewegung: Parteien, Gewerkschaften und Genossenschaften entstanden. Der **Frühsozialismus** und der so genannte **wissenschaftliche Sozialismus bzw. Marxismus** wurden ideologisch prägend. Die sozialistischen Lösungen basierten auf einem gesamtgesellschaftlichen Theorieansatz und enthielten sowohl reformerische als auch revolutionäre Ideen. Im Gegensatz zu den Frühsozialisten glaubten **Karl Marx** und **Friedrich Engels** sogar wissenschaftlich beweisen zu können, dass der Kapitalismus an einem inneren Widerspruch historisch zwangsläufig scheitern und durch den Sozialismus bzw. Kommunismus abgelöst würde. Lösungsschritte für die Soziale Frage zeigten sie im **Kommunistischen Manifest (1848)** und ihren späteren Schriften auf.
Unter dem Druck einer sich politisierenden Arbeiterschaft gerieten auch die staatlichen Institutionen unter Zugzwang. Denn zu Beginn der achtziger Jahre entsprach die Sozialgesetzgebung in Deutschland keineswegs den Erfordernissen. **Bismarck** verfolgte mit seiner **Innenpolitik** die Absicht, die Führungsrolle der Sozialdemokratie in der Arbeiterschaft zu brechen („**Sozialistengesetz**", 1887) und die Arbeiter durch die soziale Gesetzgebung an den konservativen Staat zu binden. Die Arbeiter sollten ursprünglich ohne eigene Beitragsleistung auf Kosten der Unternehmer und des Staates gegen Arbeitsunfähigkeit versichert werden. Doch die tatsächliche Umsetzung gestaltete sich bescheidener:
- 1883: Krankenversicherung für Arbeiter, die je zur Hälfte von Arbeitgeber und Arbeitnehmer zu zahlen ist,
- 1884: Unfallversicherung mit gleichen Zahlungsbedingungen,
- 1889: Invaliditätsversicherung, bei der der Staat selbst Zuschüsse leistet.

Es handelte sich hierbei nicht um eine umfassende Sozialreform, die auf Humanisierung der Arbeitswelt abzielte, sondern um eine punktuelle Maßnahme im Dienste von Bismarcks konservativer Innenpolitik. Die Leistungen aus diesem Unterstützungssystem waren trotz hohem Arbeitnehmeranteil sehr gering.
Bismarcks Sozialpolitik ist im internationalen Vergleich zwar einmalig und kann als zukunftsweisend gelten, doch sollte man bei der positiven Bewertung den innenpolitischen Kontext, die Unterdrückung der Sozialdemokratie, berücksichtigten.

4 Es gilt zunächst, den Begriff Arbeiterbewegung für den Untersuchungszeitraum genauer zu bestimmen. In den Jahren 1918/19 vertraten in erster Linie die großen linkspolitischen Parteien – MSPD, USPD, Spartakusbund und KPD – die organisierten Arbeiter. Dagegen waren die katholischen Arbeiter traditionell eng mit der Zentrumspartei verbunden und spielten in dieser Umbruchsphase nur eine untergeordnete Rolle.
Gewerkschaften und spontane Zusammenschlüsse, wie die Arbeiter- und Soldatenräte, ergänzten das Spektrum der politischen Interessenvertretung.
Der Begeisterungstaumel bei Kriegsausbruch war nach Kriegselend und drei „Steckrübenwintern" einer weit reichenden Kriegsmüdigkeit gewichen. Im April 1917 legten erstmals Berliner und Leipziger Rüstungsarbeiter die Arbeit nieder und forderten eine bessere Versorgung und einen baldigen Friedensschluss. Der so genannte „**Burgfrieden**", der seit 1914 quer durch Parteien und Gesellschaft die Billigung der Kriegspolitik des Deutschen Reiches gewährleistete, wurde zunehmend von den Bürgern aufgekündigt.
Im Frühjahr 1918, nach dem Scheitern der Märzoffensive, verstärkte sich die Protestbewegung in den Rüstungsbetrieben. Ende Oktober befahl die Seekriegsleitung einen Vorstoß der deutschen Flotte. Die Mannschaften fürchteten eine militärische Verzweiflungstat der Offiziere und verweigerten die Befehle. Nach Festnahmen bildeten sich Matrosenabordnungen und Soldatenräte, die die Freilassung der Inhaftierten forderten. Schnell

breitete sich über Deutschland eine Aufstandsbewegung aus, an vielen Orten wurden nun Arbeiter- und Soldatenräte gegründet. Es handelte sich hierbei zumeist um spontane Zusammenschlüsse ohne festes politisches Konzept; in der Regel wurden Mitglieder der örtlichen Parteivorstände von **MSPD** und dem gemäßigten Flügel der **USPD** gewählt. Damit befanden sich die meisten Räte in der Hand gemäßigter Vertreter, die sich nicht an einem radikalen Rätemodell als Zukunft Deutschlands orientierten, sondern eine parlamentarische Demokratie forderten.

Am 9. November brachen revolutionäre Unruhen auch in der Hauptstadt Berlin aus. Die Abdankung Wilhelms II. folgte, das Amt des Reichskanzlers wurde dem Mehrheitssozialdemokraten Friedrich Ebert übertragen. Nach fünfzig Jahren Opposition übernahm die SPD die Regierungsverantwortung.

Linksradikale Gruppen wie der **Spartakusbund** und die **Revolutionären Obleute** sahen ihre Chance für einen revolutionären Umsturz gekommen und forderten die Errichtung einer sozialistischen Räterepublik. Es drohte eine Polarisierung innerhalb der Arbeiterbewegung in Anhänger der radikalen und der gemäßigten Linken. Am 10. November wurde mit dem „**Rat der Volksbeauftragten**" eine von MSPD und USPD paritätisch besetzte Übergangsregierung gestellt, aber faktisch dominierte in diesem Gremium die MSPD. Die Agitation der extremen Linken nahm in der Folge weiter zu, ihre Versuche, mit dem „**Vollzugsrat der Berliner Arbeiter- und Soldatenräte**" politischen Einfluss auf die Übergangsregierung zu gewinnen, scheiterten. Die Auseinandersetzungen verlagerten sich seit Dezember mehr und mehr auf die Straße. Ebert bemühte sich, die Revolution schnellstens zu beenden, denn die Massendemonstrationen bedrohten das labile Staatsgebilde. Das so genannte **Ebert-Groener-Abkommen** vom 10. November sollte als Zweckbündnis zwischen SPD und Militär die Lage stabilisieren und der Regierung außen- und innenpolitische Handlungsspielräume eröffnen. Im Dezember sollte der „**Reichskongress der Arbeiter- und Soldatenräte**" über die politische Zukunft Deutschlands – Rätesystem oder Wahl einer Nationalversammlung – entscheiden. Das Votum der Delegierten war eindeutig für die Wahl einer Nationalversammlung. Wieder traten verstärkt Unruhen revolutionierender Arbeiter auf und die USPD-Mitglieder verließen den Rat der Volksbeauftragten.

Im Januar 1919 versuchten Teile der USPD, der neu gegründeten KPD/Spartakus und Revolutionäre Obleute das Rätesystem gewaltsam durchzusetzen. Freikorps und Regierungstruppen unter Führung des **Reichswehrministers Noske** warfen den **Spartakus-Aufstand** blutig nieder; jetzt waren die Voraussetzungen für die Wahl zur Nationalversammlung am 19. Januar 1919 geschaffen.

Als weitaus stärkste Partei ging die MSPD (37,9 %) aus dieser Wahl hervor, die USPD (7,6 %) schnitt enttäuschend ab, die KPD hatte sich nicht zur Wahl gestellt. Das Ergebnis war eindeutig: Die Wähler lehnten ein Rätesystem ab.

In der Übersicht wird deutlich, dass das vielschichtige Protestpotenzial der Arbeiterbewegung das Ende der Monarchie herbeiführte. Der Weg zur parlamentarischen Demokratie wurde von der MSPD konsequent beschritten und ohne die Unterstützung der gemäßigten Sozialdemokraten wäre die Gründung der Weimarer Republik als parlamentarische Demokratie wohl nicht erfolgt. Die extreme Linke, formiert in der am 1. Januar 1919 gegründeten KPD, versuchte in den Wochen nach der Wahl verstärkt, die Arbeiterschaft zu beeinflussen, um doch noch eine kommunistische Herrschaft zu errichten. Ihre Versuche wurden durch das Militär, Freikorps und Freiwilligenverbände niedergeschlagen. Die KPD stand auch nach 1918 der Weimarer Republik ablehnend gegenüber und trug so – durch die Spaltung der Arbeiterschaft – zu deren Scheitern bei.

Zusammenfassend lässt sich feststellen, dass 1918 das Machtpotenzial der Arbeiterbewegung nicht dazu genutzt wurde, die gesellschaftlichen Verhältnisse grundlegend zu verändern. Die rigorose Ordnungspolitik der Übergangsregierung mit Unterstützung der alten Machteliten führte stattdessen zur Spaltung und damit zur Schwächung der Arbeiterbewegung.

Grundkurs Geschichte (Sachsen): Abiturprüfung 2001
Ersttermin – Aufgabe A

Statistiken für das 19. Jahrhundert

M 1: Durchschnittliches Jahreseinkommen ausgewählter Berufsgruppen in Deutschland (in Mark)

Jahr	Arbeiter in Webereien	Arbeiter im Bergbau	Facharbeiter in Maschinenfabrik	Angestellter in Maschinenfabrik
1815	160	–	–	–
1835	215	–	–	–
1850	–	334	491	1451
1852	193	–	–	–
1859	–	–	699	1816
1860	280	493	–	–
1869	–	–	763	1772
1875	426	955	953	2054

(Leerstellen weisen auf fehlende Angaben in der Statistik hin.)

Aus: Sozialgeschichtliches Arbeitsbuch, Band 1, hg. von Wolfram Fischer, München 1983, S. 147–151.

M 2: Jahresausgaben einer Arbeiterfamilie (Mann, Frau und 6 Kinder) um 1845

7 Pfund Brot zu 60 Pfennig täglich	217,00 Mark
Kartoffeln, 8 Pfund täglich	78,50 Mark
¼ Pfund Salz täglich zu 10 Pfennig, Essig, Weißbrot für kleine Kinder, Kaffee, Tabak	30,00 Mark
Öl zur Lampe und zum Kochen	40,50 Mark
Wohnung	30,00 Mark
Brennmaterial	35,10 Mark
Kleidung, Leinwand und 10 Paar Schuhe	48,00 Mark
Steuern	3,00 Mark
Schulgeld	6,00 Mark
Gesamtsumme der Ausgaben	488,10 Mark

Aus: Richard H. Tilly, Vom Zollverein zum Industriestaat, München 1990, S. 163.

M 3: Anzahl der Arbeitslosen in Sachen

Ende Januar 1933	718 586
Ende Januar 1934	474 546
Ende Januar 1935	388 119
Ende Januar 1936	330 959
Ende Januar 1937	246 917
Ende Januar 1938	134 302
Ende Januar 1939	44 534

Aus: Zeitschrift des Sächsischen Statistischen Landesamtes 1937/38, Jg. 83/84, Dresden, S. 114

M 4: Angaben für Sachsen (Index 1934 = 100)

Jahr	Beschäftigte Arbeiter	Geleistete Arbeitsstunden	Lohnsummen
1935	107,9	105,8	109,2
1936	116,1	120,7	121,8
1937	124,6	131,8	135,6
1938	132,0	140,4	147,2

Aus: Zeitschrift des Sächsischen Statistischen Landesamtes 1937/38, Jg. 83/84, Dresden, S. 118

M 5: Profite der Industrie und des Handels in Deutschland (in Mrd. RM)

Jahr	Profite	Jahr	Profite
1933	6,6	1936	12,2
1934	7,9	1937	14,2
1935	9,2	1938	15,0

Aus: Charles Bettelheim, Die deutsche Wirtschaft unter dem Nationalsozialismus, München 1974, S. 232.

Aufgaben:

1 Skizzieren Sie die politischen Rahmenbedingungen der Industrialisierung in Deutschland bis 1871 und zeigen Sie dabei, wie diese den Industrialisierungsprozess beeinflussten. 12 BE

2 Geben Sie einen Überblick über die Einkommen und deren Entwicklung, wie sie in M 1 deutlich werden. Erarbeiten Sie Faktoren, die dies erklären können. 12 BE

3 Kennzeichnen Sie unter Einbeziehung von M 1 und M 2 die soziale Lage der Arbeiterfamilien Mitte des 19. Jahrhunderts in Deutschland. 10 BE

4 Legen Sie dar, über welche Möglichkeiten die Arbeiterschaft verfügte, um ihre Interessen im Kaiserreich bis 1890 zu vertreten und durchzusetzen. 12 BE

5 Die Nationalsozialisten bezeichneten ihre Partei als „Nationalsozialistische Deutsche Arbeiterpartei".
Erläutern Sie, unter Verwendung von M 3 bis M5, die wirtschaftliche und politische Situation der Arbeiter von 1933 bis 1945. Überprüfen Sie, ob die NSDAP im NS-Staat dem Anspruch, eine Arbeiterpartei zu sein, gerecht wurde. 14 BE

60 BE

Lösungsvorschlag

1. Die territoriale Zersplitterung, die Vielfalt der Zollschranken, die fehlende Infrastruktur und die traditionellen Wirtschaftstrukturen führten in Deutschland zu einem vergleichsweise spät einsetzenden Industrialisierungsprozess. Folgt man den gängigen Periodisierungsvorschlägen, kann man drei lokal verschieden ausgeprägte Entwicklungsphasen unterscheiden:
   - Die beginnende Industrialisierung 1800–1825,
   - die erste Industrialisierungsphase 1825–1873 und
   - den Ausbau der Industrie 1873–1914.

   Neben den privaten Initiativen des Gewerbe treibenden Bürgertums und Teilen des Adels spielten staatliche Maßnahmen eine entscheidende Rolle bei der industriellen Entwicklung der einzelnen Territorien. Direkt und indirekt trug auch die napoleonische Herrschaft zur Modernisierung in Deutschland bei.
   Die so genannte „Napoleonische Flurbereinigung" erfolgte schrittweise. 1801 hatten Kaiser und Reich die linksrheinischen Gebiete an Frankreich abgetreten, eine territoriale Entschädigung erfolgte 1803 im **Reichsdeputationshauptschluss**. Napoleon betrieb in der Folge mit der **Säkularisation**, der **Mediatisierung** und der Gründung von **Modellstaaten** eine Vereinfachung der politischen Strukturen und die Entstehung von Flächenstaaten. Mit der Gründung des Rheinbundes (1806) wurde die territoriale Neuordnung Deutschlands abgeschlossen. Napoleon versuchte, nach französischem Vorbild einheitliche Institutionen und Rechtsformen herzustellen. Nach und nach wurde in den links- und rechtsrheinischen Gebieten der **Code Civil** wirksam. Die hier formulierten Freiheits- und Gleichheitsrechte förderten wirtschaftliche Bestrebungen des Bürgertums. Die Kontinentalsperre (1806), die den Kontinent vor englischen Warenimporten und Rohstoffen aus Übersee abschnitt, hatte erste Ansätze industrieller Produktion insofern vorangetrie-

ben, als dass das fehlende Warenanbot ersetzt werden musste. So war z. B. die sächsische Textilindustrie vorübergehend vor den billigen und hochwertigen englischen Produkten abgeschirmt und erlebte dadurch einen ersten Aufschwung. Nach der Aufhebung der Kontinentalsperre erfolgte allerdings ein dramatischer Einbruch, da die englischen Waren zu Dumpingpreisen den deutschen Markt überschwemmten.

Nach der Niederlage bei **Jena und Auerstedt (1806)** stand Preußen unter einem gewaltigen Reformdruck; Kontributionen und Besatzungskosten belasteten die preußische Wirtschaft nachhaltig. In nur wenigen Jahren erfolgte mit den **Preußischen Reformen** ein zukunftweisendes Programm, das alle Bereiche des staatlichen Lebens erfasste. Die Reformgesetze zur Bauernbefreiung (1807) und zur Einführung der Gewerbefreiheit (1810) verstärkten die soziale Mobilität und öffneten die überkommenen ständisch-zünftigen Strukturen, private Unternehmer fanden jetzt Arbeitskräfte und konnten unabhängiger produzieren. Verbesserte und spezialisiertere Ausbildungsstrukturen förderten des Weiteren die Vorbereitung auf die neuen beruflichen Anforderungen.
Die nach dem Wiener Kongress andauernde staatliche und wirtschaftliche Zersplitterung Deutschlands bildete ein schwerwiegendes Hindernis für die ökonomische Entwicklung. Das nicht aus einem zusammenhängenden Territorium bestehende Preußen machte mit dem Zollgesetz von 1818 einen wichtigen ersten Schritt, indem Preußen zum einheitlichen Zoll- und Handelsgebiet erklärt wurde. Die Unzufriedenheit über die schleppenden Entwicklungen in Deutschland führte zur Bildung von Interessenverbänden, wie dem Deutschen Handels- und Gewerbeverein unter der Mitarbeit von **Friedrich List**. Die Forderungen lauteten: Schaffung eines gesamtdeutschen Wirtschaftsraums durch Aufhebung der Binnenzölle und Protektion nach außen.
Die oben genannten Positionen entsprachen durchaus preußischer Wirtschaftspolitik; über verschiedene Zwischenstadien bildete sich 1834 der **Deutsche Zollverein** unter der Führung Preußens. Österreich schloss sich nicht an. Eine überregionale Wirtschaftsplanung, die auch in der Zeit des Norddeutschen Bundes anhielt, konnte jetzt beginnen. Es folgte ein konsequenter Ausbau der Verkehrswege, Kanäle, Straßen und Eisenbahnlinien, der verschiedene andere Industriezweige förderte. Neben staatlichen Investitionen und Finanzierungen wurden immense Kapitalaufwendungen über neue Bankhäuser und Aktiengesellschaften bereitgestellt. Preußen setzte Maßstäbe, an denen sich zunehmend andere Territorien im Zollverein orientierten. Die sich bietenden wirtschaftlichen und sozialen Freiräume wurden jetzt von markanten Unternehmer-Persönlichkeiten genutzt.
Mit der Reichsgründung 1871 setzte eine gewaltige Aufschwungsphase bis 1873 ein, die durch die Gebietsgewinne aus dem deutsch-französischen Krieg und die Kriegsentschädigung möglich wurde.
Die Rolle des Staats bei der industriellen Entwicklung wird besonders in Preußen deutlich: Die Ministerialbürokratie förderte den Wirtschaftsliberalismus auch gegen Widerstände und schaffte so die nötigen Rahmenbedingungen.

2 Das vorliegende Quellenmaterial (M 1) ist aufgrund der mangelnden Datendichte und der unterschiedlichen Lohnentwicklung innerhalb Deutschlands mit einer gewissen Vorsicht auszuwerten.
Insgesamt geben die Daten einen Überblick über das Lohnniveau und die Lohnentwicklung von vier ausgewählten Berufen zwischen 1815 und 1875. Besonders aufschlussreich ist die Gegenüberstellung der Arbeitereinkommen mit den Löhnen der Angestellten über einen Zeitraum von rund 60 Jahren.
Die in der Regel **ungelernten Arbeiter** in den Webereien verfügen nur über die Hälfte des Jahreseinkommens der körperlich härter arbeitenden und höher qualifizierten anderen Arbeiter; 1852 müssen sie sogar Rückschritte in der Lohnentwicklung hinnehmen. Das Einkommen der **Bergarbeiter** verdreifacht sich im Zeitraum von 1850–1875. Sie haben die prozentual höchste Lohnsteigerung zu verzeichnen. Auf hohem Niveau beginnt die

Lohnentwicklung der **Facharbeiter**, die sich an die der Bergarbeiter angleicht. Das Jahreseinkommen der **Angestellten** liegt überdurchschnittlich höher, auffällig ist der Einbruch im Jahr 1869–1875 und das prozentual am Geringsten ausfallende Wachstum.

Die beschriebenen Tendenzen lassen sich auf konjunkturelle und strukturelle Einflüsse zurückführen. In der Textilindustrie herrschte der stärkste internationale Konkurrenzdruck. Lohnschwankungen und niedrige Bezahlung sind auch eine Folge der Arbeitsplatzkonkurrenz im eigenen Land durch Frauen und Kinder sowie die Konsequenz einer zunehmenden Produktivitätssteigerung durch den Maschineneinsatz. Durch den verstärkten Abbau und die Erschließung neuer Lagerstätten stieg der Bedarf an Arbeitern im Montangewerbe, die anhaltende Boom-Phase in der zweiten Hälfte des 19. Jh. garantierte steigende Löhne, parallel hierzu entwickelte sich die Schwerindustrie mit einem großen Facharbeiterbedarf. Die Angestellten nahmen im Industrialisierungsprozess eine zentrale Rolle ein. Die industrielle Entwicklung führte zu wachsenden Betriebsgrößen, zunehmendem Kapitaleinsatz und einem innerbetrieblichen Strukturwandel. Deshalb wurden Funktionsträger dringend gebraucht und anfangs auch hoch dotiert. Mit zunehmender Verbreitung kaufmännischer und technischer Kenntnisse sowie durch die Mechanisierung der Büroarbeit verloren die Angestellten an Bedeutung. Diese Tendenz wird an der stagnierenden Lohnentwicklung deutlich.

Zusammenfassend kann man sagen, dass die Löhne im Vergleich zum Ausgangszeitpunkt gestiegen sind, wobei nicht in jeder Berufsgruppe ein kontinuierlicher Lohnanstieg erfolgte. Eine abschließende Beurteilung des Lohnniveaus lässt sich aber nur im Vergleich mit den Lebenshaltungskosten vornehmen.

3 Vergleicht man die Jahresausgaben (M 2) mit dem durchschnittlichen Jahreseinkommen eines Arbeiters (M 1) in den Jahren 1845/50, so wird deutlich, dass selbst das Einkommen eines ausgebildeten Facharbeiters nur die Grundversorgung der Familie ermöglichen konnte. Diese Familien haben keine Möglichkeiten, finanzielle Rücklagen zu bilden, um einen eventuellen Lohnausfall des Vaters durch Krankheit, Unfall oder Arbeitslosigkeit etc. auszugleichen. Die Existenz der Familien war ständig gefährdet.
Dem steigenden Bevölkerungswachstum standen um die Jahrhundertmitte vergleichsweise wenig Arbeitsplätze zur Verfügung. Ein Überangebot von Arbeitskräften hatte ein Sinken der Reallöhne zur Folge. Die traditionelle Armenfürsorge konnte dem Massenelend nicht begegnen. Eine ohnehin angespannte Situation wurde noch durch Missernten (1848) und steigende Lebenshaltungskosten verstärkt. Arbeitszeiten bis zu 17 Stunden am Tag und herabwürdigende Betriebsordnungen waren weitere Kennzeichen der Arbeitswelt. Erst nach 1870 setzte sich der 12-Stunden-Tag durch.
Frauen und Kinder konkurrierten mit den Männern um die wenigen Stellen und nicht selten erhielten sie aufgrund des niedrigeren Lohnniveaus den Zuschlag. Durch die einsetzende Mobilität kam es zu einem explosionsartigen Städtewachstum mit Wohnungsnot und infrastruktureller Unterversorgung. Großfamilien lebten in einem Zimmer, einzelne Schlafstellen wurden sogar noch untervermietet. Die schlechte Versorgungslage hatte eine hohe Seuchengefahr und Kindersterblichkeitsrate zur Folge. Eine physische und psychische Verelendung in ungekanntem Ausmaß zeichnete sich in den industriellen Ballungsräumen ab. Private und kirchliche Lösungsansätze befanden sich zu diesem Zeitpunkt bestenfalls in einem Anfangsstadium.

4 Im angegebenen Zeitraum übernahmen in erster Linie die Parteien und ihre nachgeordneten sozial-karitativen, kulturellen sowie gewerkschaftlichen Institutionen die politische Interessenvertretung der Arbeiter. Das allgemeine demokratische Wahlrecht für Männer ermöglichte eine entsprechende Repräsentanz im Reichstag. Die Reichsverfassung räumte den Parteien ein Mitspracherecht ein, hielt sie aber von der Regierungsverantwortung fern. Der Reichstag bot so ein Forum für konkrete soziale Forderungen und politische Agitation. Auf Länderebene kam es aufgrund des unterschiedlichen Wahlrechts (Preußen Dreiklassenwahlrecht bis 1918) zu anderen Entwicklungen.
1863 wurde der **Allgemeine Deutsche Arbeiterverein** (**ADAV**) unter **Ferdinand Lassalle** gegründet, 1869 riefen **August Bebel** und **Wilhelm Liebknecht** die **Sozialdemokratische Arbeiterpartei** (**SDAP**) ins Leben. Beide Parteien wurden 1875 auf dem Kongress in Gotha zur **Sozialistischen Arbeiterpartei Deutschlands** zusammengefasst (**SAPD**). Das dort verfasste Programm forderte Arbeitsschutzgesetze und eine sozialistische Umgestaltung des Staats und der Gesellschaft. Dass sich die Arbeiter immer mehr der Sozialdemokratie zu- und von anderen Parteien abwandten, lag an den konkreten Forderungen nach staatlicher Sozialreform. Trotz repressiver Maßnahmen gegen Funktionäre und Mitglieder im von 1878–1890 gültigen **Sozialistengesetz** erlebte die Sozialdemokratie einen fast kontinuierlichen Zuwachs der Reichstagsmandate (1871: 2, 1890: 35) und der Mitglieder (1877: 50 000, 1890: 240 000). In der Zeit der Repression wurden die Sozialdemokraten als „Reichsfeinde" und „Vaterlandslose Gesellen" stigmatisiert, doch das sozialdemokratische Milieu bildete sich gerade erst in dieser Situation aus, die staatliche Strategie gegen Sozialdemokratie und Arbeiterbewegung war schließlich gescheitert.

Gegen schlechte Arbeitsbedingungen und ein patriarchalisches Auftreten der Unternehmer in den Betrieben formierten sich seit den 60er-Jahren verschiedene Gewerkschaften und Berufsverbände, deren Gesamtmitgliederzahl 1891 aber nur rund 300 000 betrug. Formal bestand seit 1871 zwar ein Koalitionsrecht, das den Zusammenschluss solcher Gruppen erlaubte, Streiks waren aber verboten. Die Akzeptanz dieser Interessenvertretungen war gering und die Unternehmer versuchten mit allen Mitteln, einen weiteren Einfluss zu verhindern. Erst am Vorabend des Ersten Weltkrieges wurden die Gewerkschaften als gleichberechtigte Vertragspartner akzeptiert.
Auch in der Zentrumspartei bildete sich ein sozialpolitischer Flügel, der sich in Anlehnung an die katholische Soziallehre mit Arbeiterinteressen auseinander setzte, um die katholische Arbeiterschaft an sich zu binden.

Die Arbeiterschaft im Kaiserreich verfügte durchaus über zunehmende Möglichkeiten der politischen Einflussnahme und nahm sie auch wahr, wie man an den Wahlerfolgen der Sozialdemokratie ablesen kann. Ein indirekter Erfolg der politischen Arbeit ist die unter Bismarck in Gang gesetzte Sozialgesetzgebung. Gleichwohl bestand die Konfrontation und Abgrenzung zwischen Obrigkeitsstaat und Arbeiterschaft fort.

5 Drastisch sinkende Arbeitslosenzahlen, Sicherung des Lebensstandards sowie eine positive wirtschafts- und sozialpolitische Bilanz im Vergleich zu den letzten Jahren der Weimarer Republik waren wichtige Grundlagen für die Stabilisierung und Etablierung des Nationalsozialismus in Deutschland. Auch die größte gesellschaftliche Gruppe, die Arbeiterschaft, profitierte von dieser Entwicklung.
Die vorliegenden Daten aus Sachsen (M 3) unterstreichen den reichsweiten Rückgang der Arbeitslosigkeit; 1939 kann man sicher von einer Vollbeschäftigung in der Region sprechen. Die positive Entwicklung auf dem Arbeitsmarkt hatte verschiedene Ursachen: Zum einen war die internationale Wirtschaftskrise am abflauen und zum anderen sollte die Nachfrage mit Methoden einer staatlichen, antizyklischen Konjunkturpolitik angekurbelt werden. Die staatlichen Investitionen konzentrierten sich auf den Ausbau der

öffentlichen Infrastruktur (Autobahn) und den privaten Wohnungsmarkt. Das aufgelegte Rüstungsprogramm wurde durch die unseriöse Finanzierung mit Mefo-Wechseln ermöglicht.

Die Beschäftigtenzahlen von Sachsen werden in der nächsten Datenreihe (M 4) mit der Arbeitszeit und der Lohnentwicklung in Bezug gesetzt. Die durchschnittliche Zahl der geleisteten Arbeitsstunden nahm in rund drei Jahren um mehr als 30 % zu, gleichzeitig gab es keine reale Lohnsteigerung. Hier werden auch Grundzüge der nationalsozialistischen Beschäftigungspolitik deutlich; durch eine individuelle Arbeitszeiterhöhung konnten nicht zuletzt die wirtschaftlichen Leistungen realisiert wurden. Die Privatwirtschaft profitierte von dieser Entwicklung, Industrie und Gewerbe konnte in Sachsen (M 5) in fünf Jahren schrittweise die Profite verdoppeln, dies schlug sich aber nicht in deutlich höheren Löhnen nieder.

Die aufgezeigten Zusammenhänge führten zwar zu einer materiellen Sicherung der Arbeiter, gleichzeitig setzten aber die Zerschlagung der Arbeiterbewegung und die politische Gleichschaltung ein. Erstaunlich gering ist der Widerstand gegen diese Entwicklung.
Die Brücke zwischen Arbeitern und Nationalsozialismus sollte durch die Deutsche **Arbeitsfront** (**DAF**) und die nachgeordneten Organisation „**Kraft durch Freude**" (**KDF**) hergestellt werden. Vordergründig ging es dabei um Interessenvertretung und materielle Bedürfnisbefriedigung. Tatsächlich sollten Unternehmer, Angestellte und Arbeiter in „Ständen" zusammengefasst vertreten werden, an Stelle eines Klassendenkens sollte ein völkisch-nationales Gemeinschaftsbewusstsein entstehen. Durch das „Gesetz zur Ordnung der nationalen Arbeit" (1934) wurde das Mitbestimmungsrecht in den Betrieben endgültig ausgeschaltet und die Betriebe nach dem Führerprinzip organisiert. Der Arbeiter sollte sich treu und gehorsam in die Strukturen integrieren, Arbeiter und Angestellte sollten in der historischen Terminologie eine „Gefolgschaft" bilden. Die politische Situation war also durch den Verlust individueller und kollektiver Rechte geprägt.
In der frühen Programmatik der NSDAP finden sich zwar antikapitalistische Positionen (Parteiprogramm 1920, G. und O. Strasser, E. Röhm), die jedoch nie eine zentrale Rolle gespielt haben.

Gemessen an der Arbeiter- und Gewerkschaftsbewegung, die eine unabhängige Interessenvertretung und Forderungspolitik betrieb, war die NSDAP keine Arbeiterpartei. Positionen der Arbeiter wurden zwar in einem begrenzten Rahmen vertreten (z. B. Versicherungen, Arbeitsschutz), aber stets den staatlichen und wirtschaftspolitischen Zielen untergeordnet. Das Engagement zielte darauf ab, die Arbeiter an den Staat zu binden, zu kontrollieren und nicht unabhängig zu vertreten.

M 1: Taschenführer für Deutschland, hg. von der US-Armee für ihr Militärpersonal, 1944 (Übersetzung aus dem Englischen):

Haltet Abstand!

Ihr seid in Feindesland!
Diese Menschen sind nicht unsere Verbündeten oder Freunde.
Sie sind durch das Militärische geprägt.
Wie freundlich und reumütig auch immer sie sind, wie satt sie die Nazi-Partei auch haben, die Deutschen haben gegen die Gesetze der Menschlichkeit gesündigt und können nicht in die Arme der Zivilisierten zurückkehren, indem sie einfach ihre Hände ausstrecken und sagen: „Tut mir leid".
Es ist an diesen Menschen zu beweisen, dass sie erneut einen Platz unter den achtbaren Nationen verdienen.
Vergesst nicht, dass eine Mehrheit der Deutschen die Nazi-Partei vor elf Jahren an die Macht wählte.
Die Deutschen hatten alle Hitlers „Mein Kampf" gelesen. Sie wussten, was Hitler den Minderheiten und der Welt anzutun beabsichtigte. Das Buch erzählte es ihnen und eine Mehrheit stimmte für die Nazis, wobei sie wussten, dass dies der Nazi-Partei vollkommene Kontrolle geben würde, mit Hitler als Kanzler.
Als Hitler fest an der Macht verankert war, begann der Plan aus „Mein Kampf" Wirklichkeit zu werden – die Drangsalierung von Rassen, die Zerstörung friedlicher Nationen, der Marsch zur Eroberung der Welt. Und dieser Gaunerschwindel wurde vom deutschen Volk begeistert und tatkräftig unterstützt – so lange er erfolgreich zu sein schien. Denkt an die Vergangenheit.
Jedoch seid ihr nicht in Deutschland, um nachtragend zu sein oder um die Einwohner brutal zu behandeln. Wir sind nicht wie die Nazis.
Aber ihr seid dort auch nicht auf einer Goodwill-Tour. [...]

Das Deutsche Reich

Vor dem ersten Weltkrieg war Deutschland ein Kaiserreich unter Wilhelm II., aus dem königlichen Hause der Hohenzollern, Nachfahre einer Linie preußischer Könige. Eure Väter verließen ihre Heime 1917, schulterten ihre Gewehre und gingen weg, um gegen „Kaiser Bill" zu kämpfen, um „die Welt für die Demokratie reif zu machen". Deutschland hat erneut eine seiner blutigen pangermanischen Eroberungs- und Beutezüge unternommen. Mit Pangermanismus wird der deutsche Traum von Welteroberung bezeichnet. Dies kommt in den Zeilen des Liedes zum Ausdruck, das die Deutschen kurz vor dem zweiten Weltkrieg sangen: „Heute gehört uns Deutschland – morgen die ganze Welt ...".

Und vor dem Deutschen Reich

Da war Bismarck, der die getrennten deutschen Staaten einigte, nachdem er Frankreich in seinem Traum von Welteroberung 1870 erobert hatte. Bismarck war ein Preuße. Er glaubte, dass deutsches Blut dem jeder anderen Rasse überlegen sei; er glaubte an eiserne Disziplin. Er war als Deutschlands „Blut- und Eisenkanzler" bekannt. Bismarcks Ideen waren in Deutschland nicht neu, aber er war dafür verantwortlich, dass sie in die Tat umgesetzt wurden. Wenn er dabei scheiterte, Ziele durch

„Machtpolitik" zu erreichen, rief er die preußische Armee. Für Bismarck war Macht gleich Recht; er verachtete parlamentarische Methoden. Er war ein Autokrat, kein Demokrat. Er gab das Beispiel für deutsche Führer, die nach ihm kamen; und die Deutschen bewunderten diese Art von Führungsstil. Sie tun das immer noch, auf unsere Kosten, wie wir alle in den letzten Jahren gesehen haben. Sie folgten Hitler, wie sie 1914 dem Kaiser folgten und wie sie im 19. Jahrhundert dem Willen Bismarcks gehorchten.

Aus: Pocket Guide to Germany, prepared by Army Information Branch, Army Service Forces, United States Army, US Government Printing Office 1944, S. 4f., S. 26f.

Aufgaben:

1	Legen Sie den militärischen Verlauf des Zweiten Weltkrieges in Europa in Grundzügen dar und ordnen Sie M 1 in die militärische Lage ein.	10 BE
2	Erarbeiten Sie aus M 1 die Sicht auf die Deutschen. Legen Sie dar, wie sich das Verhältnis zwischen den USA und den westlichen Besatzungszonen bzw. der Bundesrepublik Deutschland bis Ende der 50er Jahre weiterentwickelte.	14 BE
3	Überprüfen Sie die Behauptung, dass eine Mehrheit des deutschen Volkes die Ziele des Nationalsozialismus kannte und „die Nazi-Partei … an die Macht wählte" (vgl. Z. 11–16) für die Zeit 1930–1933.	14 BE
4.1	Erarbeiten Sie aus M 1, welche Aussagen zu Bismarck getroffen werden.	8 BE
4.2	Setzen Sie sich mit zwei der erarbeiteten Aussagen über Bismarck auseinander.	14 BE
		60 BE

Lösungsvorschlag

1 Der **Zweite Weltkrieg** begann mit dem deutschen **Überfall auf Polen** am 1. September 1939. Die hochgerüsteten deutschen Streitkräfte überrollten das Land innerhalb von wenigen Wochen. Als Polen praktisch besiegt war, griff die Rote Armee ein und besetzte entsprechend den Vereinbarungen im Geheimen Zusatzprotokoll zum deutsch-sowjetischen Nichtangriffspakt den Osten des Landes bis zum Bug. Großbritannien und Frankreich hatten dem Deutschen Reich zwar wegen des Überfalls auf das Nachbarland am 3. 9. 1939 den Krieg erklärt, aber keine nennenswerten Aktionen zur Unterstützung Polens unternommen.

Im **Frühjahr 1940** ließ Hitler in einer überraschenden Aktion **Dänemark und Norwegen** besetzen, um die deutsche Flanke im Norden und vor allem die Erzzufuhr aus Schweden zu sichern.

Am 10. Mai 1940 begann dann der **Westfeldzug**. Deutsche Verbände fielen in die Niederlande, Belgien und Luxemburg ein. Während die Franzosen und Engländer an eine Wiederaufnahme der Taktik aus dem Ersten Weltkrieg, des Schlieffen-Planes, glaubten, und ihre Verbände nach Norden vorrücken ließen, ging Hitler in einer zweiten Phase völlig anders vor. Panzerdivisionen durchbrachen die Ardennen, um dann quer durch Nordfrankreich bis zur Kanalküste einen sog. Sichelschnitt zu legen. Die französische Armeeführung wusste dies nicht zu verhindern und nur durch einen Anhaltebefehl Hitlers vor Dünkirchen konnte der größte Teil des britischen Expeditionskorps und sie begleitende Franzosen unter Zurücklassung ihrer schweren Ausrüstung nach England entkommen. Das Land **Frankreich kapitulierte** am 22. 6. 1940 und wurde dann in ein besetztes Nordfrankreich und ein sog. Freies Frankreich geteilt. Dort installierte der greise Feldmarschall des Ersten Weltkrieges, Philippe Pétain, seine Regierung in Vichy. Wieder war ein **Blitzkrieg** gewonnen und Hitler auf dem Höhepunkt seiner Macht in Europa.

Im **Herbst 1940** gelang es der deutschen Luftwaffe **nicht**, die britische „Air Force" niederzuringen und die **Luftherrschaft über England** zu besiegen, was als Voraussetzung für ein Landemanöver an der britischen Küste angesehen wurde.

Inzwischen aber hatte sich Hitlers Interesse wieder nach Osten zu dem **Krieg** gewandt, den er seiner Ideologie nach als den wichtigsten ansah: die Eroberung von Lebensraum **im Osten**. In schnellen Panzerangriffen sollte die Hauptmacht der Roten Armee eingekesselt und so bis zum Winter die Sowjetunion besiegt werden. Vor Moskau kam der deutsche Vormarsch im Oktober 1941 erst im Schlamm und dann im eisigen Winter zum Stehen. Im Frühjahr 1942 wurde die Offensive im Süden Richtung Wolga und Ural wieder aufgenommen, was jedoch zu einer maßlosen Überdehnung der Frontlinie führte, ohne dass der entscheidende Sieg errungen werden konnte. Vielmehr wurde im November 1942 die 6. Armee in **Stalingrad** eingeschlossen und dort in den Folgemonaten vernichtet.

Auf diese erste schwere Niederlage folgte 1943 die Niederlage in der Panzerschlacht im Kursker Bogen. Danach ging die Initiative im Osten endgültig an die Rote Armee über. In schweren Kämpfen, bei denen die Deutschen das Land verheerten, wurde die Wehrmacht aus dem Land getrieben. Im **Herbst 1944** stand die **Rote Armee an der** mittleren Weichsel und an der **deutschen Grenze** in Ostpreußen.

Auch im Westen war inzwischen die Entscheidung gefallen. Am 6. Juni 1944 waren die **Westalliierten in der Normandie gelandet**, hatten einige Wochen später den Durchbruch in die Tiefe Frankreichs erzwungen und waren dann zügig bis zur deutschen Westgrenze vorgerückt.

Nachdem die Ardennenoffensive, die letzte militärische Kraftanstrengung des deutschen Heeres im Dezember 1944 gescheitert war, rückten Amerikaner, Briten und andere Verbündete ab **Februar 1945 breitflächig in das Reich** ein. Im Osten begann die sowjetische Offensive im Januar 1945. In Torgau an der Elbe trafen sich Amerikaner und Rus-

sen schließlich am 25. April 1945. Berlin wurde von der Roten Armee eingeschlossen und am 30. 4. 1945 beging Hitler im Führerbunker Selbstmord. Das **Deutsche Reich kapitulierte** dann endgültig am **8. Mai 1945**. (Auf die Nebenkriegsschauplätze wie Balkan und Nordafrika muss im Rahmen der Aufgabenstellung nicht eingegangen werden.)
Zur **Einordnung der Quelle** kann festgehalten werden: Das Heft ist als Verhaltensanweisung für amerikanische Soldaten gedacht, die auf deutsches Gebiet vordringen werden. Es ist daher in die **zweite Hälfte des Jahres 1944** einzuordnen, als die amerikanischen Truppen Frankreich befreiten, bis zur Reichsgrenze vordrangen und sich auf die Niederwerfung Deutschlands vorbereiteten.

2 Der Taschenführer gibt folgende **Sicht auf die Deutschen**:
Er stellt sie als ein fanatisiertes, **militärisch geprägtes Volk** dar. Politisch seien die Deutschen durch das Verlangen nach starken Führern und einem **Obrigkeitsstaat geprägt** (vgl. Z. 4, 44–48).
Ihr beschränkter Blick führe zu einer maßlosen Überschätzung alles Nationalen und zu einem **Rassenwahn** mit der Geringschätzung anderer Völker. Als überzeugte Nazis versuchten Hitler und das Volk den **Traum von einer deutschen Weltherrschaft** durchzusetzen (vgl. Z. 18/19, 30–34).
Entsprechend distanziert solle der amerikanische Soldat solch ideologisch verblendeten Menschen begegnen (vgl. Z. 1–3, 9–10, 22–24).
Sicher enthält das Material grobe Vereinfachungen, Ungenauigkeiten und Falsches, aber das hier entworfene Bild dürfte der **Vorstellung des einfachen GI** vom „Dritten Reich" und den Deutschen nahe gekommen sein.

Die **Weiterentwicklung** des **westdeutsch-amerikanischen Verhältnisses** erfolgte in Etappen vom besiegten Feind zum geschätzten Verbündeten.
Die amerikanische Einstellung nach Kriegsende brachte die Direktive JCS 1067 klar zum Ausdruck. Danach wurde Deutschland nicht zum Zweck seiner Befreiung besetzt, sondern als **besiegter Feindstaat**. Danach sollten die amerikanischen Soldaten sich gerecht, aber fest und unnahbar verhalten.
Folgerichtig galt für amerikanische Soldaten auch ein **Fraternisierungsverbot**, also das Verbot, mehr als notwendig Kontakt zu Deutschen zu haben. Diese Direktive blieb offiziell bis Juli 1947 in Kraft, allerdings wurde sie immer weniger beachtet.
Die Bestrafung der Schuldigen in **Kriegsverbrecherprozessen** und die **Säuberung** mithilfe von Fragebogen und Spruchkammerverfahren sollten zu einer Befreiung der Deutschen vom Nazismus führen.
Den Neubeginn markieren Maßnahmen zur **Umerziehung**, z. B. in der Schule, die Schaffung eines zusehends freieren Pressewesens und ein **demokratischer Neuanfang** im lokalen Bereich sowie auf Länderebene. Parteien und Gewerkschaften bildeten sich, Wahlen zu Parlamenten wurden abgehalten. Der Grundgedanke bestand darin, die Deutschen auf dem Weg der indirekten Kontrolle durch die Militärregierung an die politische Mit- und Eigenverantwortung heranzuführen.
Bei der **Überwindung der wirtschaftlichen Notlage** der Menschen half eine große private Organisation aus den USA seit August 1946 durch sog. Care-Pakete mit Lebensmitteln.
In dem Maß jedoch, wie die Viermächtepolitik in Deutschland scheiterte, sich das Verhältnis zwischen der Sowjetunion und der USA verschlechterte und der **Kalte Krieg** sich entfaltete, **änderte sich auch das Verhältnis** der **Amerikaner zu den Westdeutschen**. Die Teilung Deutschlands, an der Nahtstelle zwischen beiden Einflusssphären gelegen, wurde zusehends deutlicher. Ost und West begannen, ihre Hälften staatsmäßig zu organisieren. Dabei hatten die USA und Großbritannien am 1. 1. 1947 ihre Zonen zunächst wirtschaftlich vereinigt (Bizone).

Nach dem Scheitern der Londoner Vier-Mächte-Konferenz im November 1947 drängten die Vereinigten Staaten auf die **Gründung eines separaten Weststaates**. Die **Berliner Blockade**, von Stalin ins Werk gesetzt, um gerade diese Entwicklung zu verhindern, hatte den gegenteiligen Effekt: Sie führte zu einer psychologischen Wende. Westdeutsche und West-Berliner sahen in den Amerikanern nun die Schutzmacht, die sie durch die Luftbrücke gegenüber härtestem Druck verteidigt hatte und die Amerikaner beeindruckte, wie kompromisslos die Berliner an der Freiheit festgehalten hatten.

Mit der **Gründung der Bundesrepublik** im Herbst 1949 begann eine neue Etappe. Obwohl der junge Staat noch unter dem Besatzungsstatut stand, gelang es seinem Kanzler Konrad Adenauer recht bald, Vertrauen für seine Politik zu gewinnen. Seine Konzeption der **Westbindung der Bundesrepublik** führte dazu, dass die USA einen verlässlichen Verbündeten im Kampf gegen den Ostblock gewannen. Zugleich gelang der Bundesrepublik die Erlangung eines größeren Handlungsspielraums und die formale Unterstützung der Westmächte in ihrem Streben nach Wiedervereinigung.
Mit den **Pariser Verträgen 1954** war diese Phase abgeschlossen. Die Bundesrepublik wurde weitgehend souverän, durfte eine Armee aufstellen und wurde Mitglied der NATO. Es folgte eine **Phase vertrauensvoller Zusammenarbeit**, wobei auch das gute persönliche Verhältnis zwischen Adenauer und dem amerikanischen Außenminister John Foster Dulles eine Rolle spielte. Es entstand die deutsch-amerikanische Freundschaft. Das enge Geflecht der Beziehungen drückt sich aber nicht nur im politischen Bereich aus, sondern auch auf wirtschaftlicher, kultureller und persönlicher Ebene.

3 Zunächst ist die **Behauptung** zu überprüfen, **ob die Mehrheit des deutschen Volkes die Ziele des Nationalsozialismus kannte**.

Hitler hatte seine Ideen in „**Mein Kampf**“ niedergelegt. Da er von diesem Buch nie abrückte und es auch frei zu kaufen war, hätten die Menschen sich über die Ziele der NS-Ideologie informieren können. Das Buch, mit seinen fast 800 Seiten nicht gerade ein Bändchen, und im Stil alles andere als kurzweilig, wurde jedoch in der Weimarer Zeit außerhalb nationalsozialistischer Kreise entweder kaum gelesen oder die Äußerungen oft nicht ernst genommen.
Natürlich war auch die **Gewalt, die die SA** in den Straßen **ausübte**, sichtbar und hätte zum Nachdenken Anstoß geben können. Sie wurde oft als Randerscheinung der SA oder niederer Amtsträger der Partei abgetan, aber nicht Hitler zugeschrieben.
In den **öffentlichen Äußerungen** sprach Hitler denn auch eher zu anderen Themen als zu Judenverfolgung oder Eroberungskrieg. Seine Reden beinhalten vor allem Angriffe gegen den Versailler Vertrag und die „Novemberverbrecher“, die Ablehnung des Parteienstaates, dem er alle Krisen zuschrieb, die Warnung vor der Gefahr des Marxismus und Aussagen über eine Volksgemeinschaft, die Not und Parteienschranken überwinden werde. Hiermit traf er Überzeugungen, die bei einem weiten Spektrum der Bevölkerung verbreitet waren.
Neben den Inhalten spielte aber vor allem die **Inszenierung solcher Auftritte** und die **suggestive Kraft Hitlers** eine Rolle. Was ihn glaubwürdig machte, waren weniger seine Aussagen, als seine Energie, mit der er sie vorbrachte. Ihm trauten schließlich in der Weltwirtschaftskrise viele Menschen zu, die katastrophale Lage zu verbessern, das Elend zu beseitigen. So wählten viele **Hitler eher als „letzte Hoffnung**“ denn als Bannerträger einer sozialdarwinistischen Eroberungsideologie.

An diese Feststellung schließt sich die Frage an, ob eine Mehrheit der Deutschen Hitler an die Macht wählte.
Bis zu den Wahlen 1930 war die NSDAP auf Reichsebene eine **Splitterpartei**. Bedingt durch die Weltwirtschaftskrise gelang ihr ein kometenhafter **Aufstieg zur stärksten Par-**

tei (37,3 % bei den Reichstagswahlen im Juli 1932). Allerdings hatte sie schon im Herbst 1932 ihren Höhepunkt überschritten (33,1 % bei den Wahlen von November 1932, was einem Verlust von 2 Millionen Stimmen gleich kam).
Selbst bei den halbfreien Wahlen im März 1933, als Hitler schon an der Macht war und durch Verfolgung und andere staatliche Machtmittel der Wahlkampf der anderen Parteien massiv behindert wurde, **gelang es der NSDAP** mit 43,9 % **nicht**, **die absolute Mehrheit** der Stimmen **zu erreichen**.
Insgesamt ist also eine starke Unterstützung der Wähler für Hitler nachweisbar, jedoch kann nicht pauschal behauptet werden, dass die Mehrheit des deutschen Volkes Hitler an die Macht gewählt habe.

4.1 **Über Bismarck wird** in der Quelle **behauptet:**
- Er sei der **Einiger des Reiches** gewesen, wobei es im Krieg gegen Frankreich um seinen **Traum von Welteroberung** gegangen sei (vgl. Z. 36–37).
- Krieg sei für ihn die Fortsetzung der Politik mit anderen Mitteln (vgl. Z. 41/42).
- Dabei habe er in **Kategorien rassemäßiger Überlegenheit** gedacht (vgl. Z. 37/38).
- Sein **Führungsstil** wird als **autoritär** beschrieben, wobei er das Recht zum Hilfsmittel der Macht herabstufte und parlamentarische Methoden verabscheute (vgl. Z. 43/44).
- Somit sei Bismarck das vom Volk bewunderte **Beispiel späterer** deutscher **Führer** (vgl. Z. 45–49).

4.2 Die **Auseinandersetzung** mit den oben erarbeiteten Aussagen könnte an folgenden Beispielen geleistet werden:

Bismarck sei Einiger des Reiches gewesen und habe eine Welteroberung angestrebt:
Es ist richtig, dass Bismarck das **Reich mit kriegerischen Mitteln geschaffen** hat, da in seiner Verantwortung drei Kriege geführt wurden: 1864 der deutsch-dänische Krieg, 1866 der preußisch-österreichische Krieg und 1870/71 der deutsch-französische Krieg. Es kann dabei aber **nicht** von einem **Traum von Welteroberung** gesprochen werden, wie es die Quelle in Bezug auf den deutsch-französischen Krieg tut. Zunächst ist die **Rolle Frankreichs beim Kriegsausbruch** zu untersuchen. Der franz. Kaiser Napoleon III. wollte aus innen- und außenpolitischen Gründen die Einigung Deutschlands ohne Kompensationen für Frankreich nicht hinnehmen. Der Streit um die spanische Thronfolge schien nun die Gelegenheit zu bieten, dem ungeliebten Emporkömmling Preußen durch eine diplomatische Niederlage die Grenzen aufzuzeigen und damit das Gewicht Frankreichs in Europa zu festigen. Daher ließ er nach dem Verzicht des Thronprätendenten Leopold aus der Nebenlinie der Hohenzollern-Sigmaringen seinen Botschafter, Graf Benedetti, bei Wilhelm in Bad Ems die Zusicherung einfordern, dass nie wieder ein Hohenzoller für den spanischen Thron kandidiere. Ein Eingehen auf diese Forderung war nach dem damaligen Selbstverständnis einer Großmacht nicht möglich. **Bismarck erkannte** nun die **Gelegenheit**, den westlichen Nachbarn bis aufs Blut zu reizen, indem er die Depesche über dieses Gespräch gekürzt veröffentlichte. Angesichts eines Sturmes der Entrüstung in Frankreich glaubte Napoleon III. keine andere Wahl zu haben, als Preußen den Krieg zu erklären.
Während des Krieges, und insbesondere bei der langen Belagerung von Paris, befürchtete **Bismarck, dass die anderen Großmächte** sich noch in den Konflikt **einmischen würden**. Gerade dies musste aus seiner Sicht verhindert werden.
Der **Frieden von Frankfurt** war zwar mit dem Verzicht auf **Elsaß-Lothringen** und eine Kriegsentschädigung von 5 Mrd. Franken sicher schmerzhaft, beließ dem Land aber seine Stellung als eine der fünf europäischen Großmächte.
Angesichts dieser Belege kann von einem Traum Bismarcks von Welteroberung keine Rede sein.

Ein weiterer Vorwurf der Quelle lautet: **Bismarcks Führungsstil sei autoritär und er verachte parlamentarische Methoden**. Hierbei ist sicher richtig, dass **Parlamente und Parteien** von Bismarck **nicht als Partner angesehen** wurden. Wenn sie seiner Absicht im Wege standen, ging er hart gegen sie vor. Als Beispiel sei die **preußische Heeresreform** geschildert. König Wilhelm von Preußen wollte die Armee reformieren, indem er neben einer Vergrößerung des Heeres und der Verlängerung der Wehrpflicht auch die Linie, also das eigentliche stehende Heer verstärken und die Landwehr, die bürgerliche Komponente, schwächen wollte. Das preußische Abgeordnetenhaus verweigerte mit seiner Mehrheit der Liberalen König Wilhelm I. seine Zustimmung. Da die Neuwahlen und Auflösung zu keiner Veränderung der Mehrheitsverhältnisse in der Kammer geführt hatten, berief Wilhelm schließlich Bismarck als „Kampfminister" gegen das widerständige Parlament. Nachdem es dem neuen Ministerpräsidenten durch Appelle ebenfalls nicht gelungen war, eine Mehrheit für das Vorhaben zusammenzubekommen, führte er die Reform dennoch durch. Den staunenden Abgeordneten erklärte er, dass die Verfassung eine Lücke aufweise, da nicht geregelt sei, was bei Nichtübereinstimmung der drei an der Gesetzgebung beteiligten Organe König, Herren- und Abgeordnetenhaus zu geschehen habe. Diese Lücke habe selbstverständlich der König auszufüllen. Den Parlamentariern blieb der machtlose Protest.

Diese innenpolitische Frage wurde von den Auseinandersetzungen um Schleswig-Holstein und der preußisch-österreichischen Frage überlagert. Nach den beiden erfolgreich bestandenen Kriegen hatten sich im Volk, aber auch bei den Parlamentariern, die Ansichten über Bismarck gewandelt. **1866 wurde der Konflikt beigelegt**. Das Parlament erteilte ihm für sein Handeln nachträglich **Indemnität**, also Straffreiheit, und bewilligte die Haushalte der vergangenen Jahre. Damit wurde de facto das Budgetrecht der Volksvertretung anerkannt. **Bismarck hielt sich** fortan **an den Verfassungstext**.

Regierte er auch im Kaiserreich nicht am Parlament vorbei, sondern **akzeptierte den Konstitutionalismus**, so waren **Parteien** in seinen Augen doch keine Partner, sondern **eher Spielbälle**, die man benutzen oder auch fallen lassen konnte. Dies könnte z. B. am Kulturkampf, an der Wende zur Schutzzollpolitik oder der Bekämpfung der Sozialdemokratie durch das Sozialistengesetz verdeutlicht werden. Hier kann natürlich auch die Frage nach der Verantwortung des Parlaments gestellt werden, denn diese Maßnahmen sind durch eine Mehrheit des Reichstages gebilligt worden.

Insgesamt aber kann man also **Bismarck den Hang zu obrigkeitsstaatlichen Herrschaftsstrukturen** nicht absprechen, wobei auch deutlich wird, dass die Mehrheit der Deutschen hinter einem solchen Staatsverständnis stand.

M 1: Auszug aus den Aufzeichnungen des Publizisten Sebastian Haffner „Geschichte eines Deutschen“:

Die Nazis feiern als den Tag ihrer Revolution den 30. Januar. Mit Unrecht. Der 30. Januar 1933 brachte keine Revolution, sondern einen Regierungswechsel. Hitler wurde Reichskanzler, übrigens beileibe nicht als Führer einer Nazi-Regierung (nur zwei Nazis saßen außer ihm im Kabinett), und schwur Treue der Weimarer Reichsverfassung. Die Sieger des Tages waren, in der allgemeinen Auffassung, keineswegs die Nazis, sondern die Leute der bürgerlichen Rechten, die die Nazis „eingefangen“ hatten und ihrerseits alle Schlüsselpositionen in der Regierung besetzten. Verfassungsrechtlich war der Vorgang weit normaler und unrevolutionärer als das meiste, was sich im Jahre zuvor abgespielt hatte. Und äußerlich verlief der Tag ebenfalls ohne alle revolutionären Merkmale – wenn man nicht einen Fackelzug der Nazis durch die Wilhelmstraße und eine belanglose nächtliche Schießerei in einem Vorort als solche gelten lassen will.

Für uns andere bestand das Erlebnis des 30. Januar tatsächlich nur in Zeitungslektüre – und den Empfindungen, die sie auslöste. [...]

Gegen 5 Uhr dann waren die Abendzeitungen da: Kabinett der nationalen Konzentration gebildet – Hitler Reichskanzler.

Ich weiß nicht genau, wie die allgemeine erste Reaktion war. Die meine war etwa eine Minute lang richtig: Eisiger Schreck. Gewiß, es war „drin“ gewesen, schon lange. Man hatte damit rechnen müssen. Dennoch, es war so phantastisch. So unglaubhaft, wenn man es jetzt wirklich schwarz auf weiß vor sich sah. Hitler – Reichskanzler ... Einen Augenblick spürte ich fast körperlich den Blut- und Schmutzgeruch um diesen Mann Hitler, und ich empfand etwas wie die zugleich bedrohliche und ekelerregende Annäherung eines mörderischen Tiers – eine schmutzige scharfkrallige Pfote an meinem Gesicht.

Dann schüttelte ich das ab, versuchte zu lächeln, versuchte nachzudenken, und fand in der Tat viel Grund zur Beruhigung. Am Abend diskutierte ich die Aussichten der neuen Regierung mit meinem Vater, und wir waren uns einig darüber, daß sie zwar eine Chance hatte, eine ganz hübsche Menge Unheil anzurichten, aber kaum eine Chance, lange zu regieren. Eine schwarz-reaktionäre Regierung im ganzen, mit Hitler als Mundstück. Bis auf diesen Zusatz unterschied sie sich wenig von den beiden letzten, die Brüning gefolgt waren. Eine Reichstagsmehrheit würde sie auch mit den Nazis nicht haben. Gut, den Reichstag konnte man immer wieder auflösen. Aber auch in der Bevölkerung hatte die Regierung eine klare Mehrheit gegen sich; vor allem die kompakte Arbeiterschaft, die nach der endgültigen Blamage der maßvollen Sozialdemokraten wahrscheinlich kommunistisch werden würde. Natürlich konnte man die Kommunisten „verbieten“ – und damit umso gefährlicher machen. Die Regierung würde inzwischen soziale und kulturelle Reaktionen[1] treiben, wie bisher, wahrscheinlich schärfer als bisher, und außerdem, Hitler zuliebe, Antisemitismus. Werben würde sie damit keinen ihrer Gegner. Nach Außen wahrscheinlich eine Politik des Auftrumpfens; vielleicht ein Aufrüstungsversuch. Das mußte, zu den 60 Prozent im Lande, die gegen die Regierung standen, automatisch das ganze Ausland gegen sie versammeln. Außerdem, was waren das für Leute, die seit drei Jahren plötzlich Nazi wählten? Urteilslose größtenteils, Propagandaopfer, fluktuierende Masse; nach der ersten Enttäuschung würden sie auseinanderlaufen. Nein, alles in allem genommen, war diese Regierung kein Grund zur Beunruhigung. [...]

Dies war, wie sich am nächsten Tag erwies, auch so ungefähr die Prognose der intelligenten Presse. Seltsam, wie überzeugend sie sich selbst heute noch liest, wo man doch weiß, wie alles gekommen ist. Wie konnte es nur so anders kommen? ...

Rechtschreibung und Zeichensetzung folgen der Vorlage

[1] Reaktionen: gemeint ist hier reaktionäre Politik

Aus: Sebastian Haffner: Geschichte eines Deutschen. Die Erinnerungen 1914–1933. Stuttgart 2000, S. 103–106.

M 2: Wählerbewegungen 1924 bis 1933

Die Zahlen in der Übersicht nennen den Prozentsatz der Wechselwähler. D. h. diese Wähler stimmten bei der ersten Wahl, die im Tabellenkopf angegeben ist, für die links genannte Partei, in der zweiten Wahl jedoch für die NSDAP.

Partei	Wahlen Dez. 1924/ Mai 1928	Wahlen Mai 1928/ Sept. 1930	Wahlen Sept. 1930/ Juli 1932	Wahlen Juli 1932/ Nov. 1932	Wahlen Nov. 1932/ März 1933
KPD	2	5	5	4	9
SPD	1	10	16	6	6
ZENTRUM/ BVP	2	9	10	6	3
DDP /DVP	3	26	36	4	23
DNVP	1	31	33	0	34
Andere	3	11	49	11	33
NSDAP	8	38	85	76	92
Nichtwähler	2	14	19	2	42

Bearbeitet nach Jürgen W. Falter: Wahlen und Wählerverhalten unter der besonderen Berücksichtigung des Aufstiegs der NSDAP nach 1928. In: Die Weimarer Republik 1918–1933. Politik, Wirtschaft, Gesellschaft, hg. v. Karl Dietrich Bracher, Manfred Funke, Hans-Adolf Jacobsen, Bonn 1987, S. 502.

Aufgaben:

1 Stellen Sie anhand der Ereignisse von November 1918 bis Januar 1919 die politische Entwicklung in Deutschland dar. 10 BE

2 Erläutern Sie wesentliche Faktoren, die in den 20er Jahren die Weimarer Demokratie gefährdeten. 10 BE

3 Erarbeiten Sie aus M 1 Sebastian Haffners Beobachtungen und Befindlichkeiten zum politischen Geschehen am 30. Januar 1933. 12 BE

4 Haffner formuliert folgende Einschätzung zum Wählerverhalten: „Außerdem, was waren das für Leute, die seit drei Jahren plötzlich Nazi wählten? Urteilslose größtenteils, Propagandaopfer, fluktuierende Masse; nach der ersten Enttäuschung würden sie auseinanderlaufen." (M 1, Z. 41–44).
Erörtern Sie unter Einbeziehung von M 2 diese Einschätzung vor dem Hintergrund der Entwicklung zwischen 1930 und 1933. 16 BE

5 Haffner stellt am Ende von M 1 die Frage: „Wie konnte es nur so anders kommen?" (Z. 48)
Zeigen Sie an ausgewählten Beispielen Gründe für die Etablierung und Festigung des NS-Systems für den Zeitraum bis 1939 auf. 12 BE

60 BE

Lösungsvorschlag

1 Der Plan der Seekriegsleitung, Ende Oktober 1918 die Flotte noch zu einer letzten Schlacht gegen England einzusetzen, führte zur **Meuterei der Matrosen** auf den Schiffen der deutschen Hochseeflotte in Wilhelmshaven und Kiel. Die Aufständischen bildeten **erste Soldatenräte** als ihre Vertreter und Sprecher. Von der Küste breitete sich die Bewegung ins Landesinnere aus und erreichte am **9. November Berlin**. Dort wurde gestreikt, demonstriert und marschiert.
Der letzte kaiserliche Reichskanzler, Prinz Max von Baden, ließ gegen Mittag die Abdankung des Kaisers verkünden und übergab sein Amt dem Führer der SPD, Friedrich Ebert. Am Nachmittag desselben Tages rief dann Philipp Scheidemann (SPD) vom Reichstag die „deutsche Republik" aus, zwei Stunden später verkündete Karl Liebknecht vom Berliner Stadtschloss die „freie sozialistische Republik". Hiermit wurde der Gegensatz zwischen reformorientierten und revolutionären Sozialisten auch öffentlich deutlich.
Aus je drei Mitgliedern der SPD und der Unabhängigen Sozialdemokraten, der USPD, wurde am **10. 11. 1918** eine Übergangsregierung gebildet. Auf der großen Versammlung der Vertreter der Berliner Arbeiter und Soldaten im Zirkus Busch wurde dieser **Rat der Volksbeauftragten** bestätigt.
Auf dem **Reichsrätekongress** im Dezember 1918 in Berlin stimmte die übergroße Mehrheit der Vertreter der Arbeiter- und Soldatenräte Deutschlands für die Abhaltung von **Wahlen zur einer Nationalversammlung**, und damit für die parlamentarische Republik. Der Wahltermin wurde auf den 19. 1. 1919 festgelegt. Der radikale Teil der linken Kräfte versuchte, mit dem **Spartakusaufstand** diese Entwicklung mit Gewalt zu verhindern und die Revolution weiterzutreiben. Der Aufstand wurde auf Befehl des Volksbeauftragten Gustav Noske von Freiwilligenverbänden aus Soldaten, so genannte Freikorps, blutig niedergeschlagen, die beiden KPD-Führer Karl Liebknecht und Rosa Luxemburg wurden danach ermordet. Bei den **Wahlen zur Nationalversammlung** erhielten die Parteien, die sich zur Republik bekannten, eine überwältigende Mehrheit. Die Versammlung wählte Friedrich Ebert zum ersten Reichspräsidenten und Philipp Scheidemann zum Chef der Regierung, damals Reichsministerpräsident genannt.

2 Hier können **folgende Faktoren** aus dem weit verzweigten **Ursachengeflecht** aufgezeigt werden:
Das Reich wurde nach einer militärischen Niederlage zur Republik. Infolge dieser Niederlage musste die junge Republik den **Vertrag von Versailles** unterzeichnen. Diese Hypothek wirkte sich doppelt aus, einmal als **reale Belastung** und in seiner **psychologischen Wirkung**. Die harten Bestimmungen dieses Vertrages bedeuteten zwar keineswegs das Ende Deutschlands, wie viele Zeitgenossen beklagten, schwächten aber das materielle Potenzial bedeutend. Die psychologischen Auswirkungen waren ebenfalls weit reichend. Viele Menschen wollten schon aus dem Gefühl heraus die Niederlage im Ersten Weltkrieg nicht wirklich akzeptieren und schrieben sie der Republik zu. Nach dem Versailler Vertrag sahen sie sich nun als gedemütigte Opfer finsterer alliierter Machenschaften.
Aus manchen Bestimmungen ergaben sich zudem noch lange anhaltende außenpolitische und psychologische Belastungen, wie die militärische Besatzung des Rheinlandes und die noch abzuhaltenden Volksabstimmungen, z. B. in Oberschlesien. Ein großes Problem waren die Reparationen, deren Höhe noch nicht festgelegt war, und die Auseinandersetzungen mit den Alliierten, wie die Zahlungen aufgebracht werden sollten. Dies führte 1923 mit der **Besetzung des Ruhrgebiets** durch französische und belgische Truppen und dem anschließenden Ruhrkampf zur völligen Zerrüttung des deutsch-französischen Verhältnisses. Nur mühsam konnten die beiden Außenminister Gustav Stresemann und Aristide Briand Mitte der 20er-Jahre die Verbesserung der Beziehungen zwischen beiden Staaten in Gang bringen.

Innenpolitisch kam die Republik zunächst ebenfalls nicht zur Ruhe. Ihre Anfänge waren gekennzeichnet von erbitterten, zum Teil **bürgerkriegsähnlichen Auseinandersetzungen** um die Gestalt der neuen Ordnung. Auf den vergleichsweise eher ruhigen Abschnitt der Revolution im November/Dezember 1918 folgte in der ersten Jahreshälfte 1919 eine radikalere Phase. Im Januar fand in Berlin der **Spartakusaufstand** statt. Es folgten im Frühjahr 1919 massive Streikbewegungen in Berlin, Mitteldeutschland und an der Ruhr, in Bayern entstand die **Räterepublik**. Erst mit der Niederwerfung der breiten Streikbewegungen, Unruhen und der rätedemokratischen Experimente des Frühjahres 1919 durch massiven Freikorpseinsatz endete die Revolution von 1918/19. Diese von der SPD durchgesetzte Politik führte aber auch zur **Entfremdung vieler Arbeiter vom neuen Staat**, da sie ganz andere Ergebnisse der Revolution, nämlich eine tief greifende Demokratisierung und eine sozialistische Umgestaltung, erwartet hatten. Ein Teil der Arbeiterschaft konnte nie in den 1918/19 entstandenen Staat der Kompromisse mit den bürgerlichen Parteien und konservativen Eliten integriert werden. Demgegenüber standen die **konservativen Kräfte**, die gar keine Revolution gewollt hatten und nun ihr die Schuld an allen Problemen zuschrieben.

Mit Mühe aus ihrer Gründungsphase hervorgegangen, sollte die neue Republik keine ruhige Phase finden, sondern es folgten Bedrohungen von rechts und links. **Linke Aufstandsversuche** waren die „Rote Ruhrarmee" 1920, die Kämpfe in Sachsen im Gefolge des Kapp-Putsches oder der Mitteldeutsche Aufstand 1921. **Die rechten Kräfte** erhoben zum ersten Mal 1920 mit dem Kapp-Lüttwitz-Putsch ihr Haupt. 1923 folgte Hitlers Putsch in München. Zwar konnte die Republik diese Aufstände niederschlagen, **links- und rechtradikales Gedankengut** blieb aber in Teilen der Bevölkerung verhaftet. Die KPD besaß eine feste Stammwählerschaft, die NSDAP stieg Ende der 20er-Jahre zu einer Massenpartei auf. Die rechtskonservative DNVP, die Mitte der 20er-Jahre sogar zweimal in Reichsregierungen vertreten war, wandte sich unter ihrem neuen Vorsitzenden Alfred Hugenberg ab 1928 eindeutig von der Republik ab.

Obrigkeitsstaatliches Denken und Distanz zur Demokratie waren also weit verbreitet. Zwischen den Extremen von rechts und links schrumpfte der Anteil der demokratischen Parteien gegen Ende der 20er-Jahre zusammen. Als **Milieu- und Interessenparteien** an bestimmte Wählerschichten gebunden, fanden sie immer weniger die notwendigen Kompromisse für Koalitionen. So scheiterte schließlich 1930 auch die Große Koalition unter Hermann Müller. Ihr Ende gab den Weg zur Bildung der Präsidialkabinette frei.

Hier wirkten sich nun **Schwächen der Verfassung** besonders deutlich aus. Die starke Stellung des Reichspräsidenten war eigentlich als eine Art „Reserveverfassung" für den Fall vorgesehen, dass Parlament und Parteien das Funktionieren des Staatsapparates nicht sicherstellen konnten. Von einem Demokraten wie Friedrich Ebert zur Überwindung akuter Krisen angewandt, hatte der **Artikel 48** eine ganz andere Bedeutung als nach 1930 in den Händen eines konservativen Reichspräsidenten wie Hindenburg und seiner Umgebung zur Durchsetzung eines autoritären Kurses. Das reine **Mehrheitswahlrecht** ohne einschränkende 5 %-Klausel sicherte zwar eine weitgehende Vertretung des Wählerwillens durch die Vielzahl von Parteien im Reichstag, erschwerte aber zugleich die Regierungsbildung.

Auch die **wirtschaftliche Entwicklung** verlief alles andere als förderlich für die Republik. Die **Hyperinflation** 1923 hatte gerade die Sparer, z. B. die der Mittelschicht, getroffen und deren Vertrauen in die Republik untergraben.

Folgten ab 1924 auch einige Jahre der wirtschaftlichen Erholung und sozialpolitischen Fortschritte, so muss doch festgehalten werden, dass es Strukturschwächen gab und die Beziehungen zwischen den Sozialpartnern konfliktbeladen waren. 1929 griff die **Weltwirtschaftskrise** auf Deutschland über. Firmenzusammenbrüche, Absatzprobleme, ein in die Millionen gehendes Arbeitslosenheer und Hunger waren die Folgen. Rechte Kreise versprachen Abhilfe aus der als unerträglich empfundenen Gegenwartsmisere.

3 Aus der Quelle können folgende **Beobachtungen und Befindlichkeiten** von Haffner erarbeitet werden:
Nach Haffner habe **ein Regierungswechsel wie die vorausgegangenen** stattgefunden (Z. 1–5, 7–10). In einer ersten gefühlsmäßigen Reaktion erschrickt er und empfindet das Regime als zutiefst bedrohlich und abstoßend (Z. 17–24). **Er beruhigt sich** dann aber **mit Argumenten** der Vernunft. Die neue Regierung, in der nur drei NSDAP-Mitglieder vertreten waren, benutze Hitler nur als Frontmann (Z. 5–7, 29 f.). Sie habe die Mehrheit der Bevölkerung gegen sich und könne daher nicht von langem Bestand sein (Z. 32–35). Zudem sei der **Handlungsspielraum** der neuen Regierung **gering**. Auch durch das Ergreifen bestimmter Maßnahmen, könne sie damit ebenfalls keine breitere Basis gewinnen: Durch ein Verbot der Kommunisten und eine Verschärfung des Antisemitismus würden kaum neue Anhänger gewonnen werden können. Schritte zur Aufrüstung blieben nicht verborgen und würden das Ausland gegen Hitler mobilisieren. (Z. 35–41) Enttäuscht würden sich **die Wähler** bei neuen Wahlen **von der NSDAP abwenden** (Z. 41–43).
So kann sich Haffner zunächst beruhigen, da auch er letztlich die Radikalität des NS-Regimes nicht erkennt.

4 Aus der Übersicht M 2 kann **folgende Wählerentwicklung** erarbeitet werden:
Die NSDAP erreichte bei der Wahl 1930 und besonders im Juli 1932 große **Einbrüche in die Wählerschaft** der liberalen Parteien, der Interessenparteien des Mittelstandes und der Bauern sowie der Regionalparteien, der DNVP und teilweise der SPD. Mehr als anderen Parteien gelang der NSDAP zudem die **Mobilisierung der bisherigen Nichtwähler**. KPD und Zentrum hingegen erwiesen sich in Bezug auf Verluste an die NSDAP als weitgehend widerstandsfähig.
Bei den Wahlen im November 1932 verlor die NSDAP über zwei Millionen Stimmen. Die Tabelle zeigt, dass ein Teil der Nazi-Wähler wieder abgewandert ist. Es ist also bis 1933 eine erhebliche Wählerfluktuation festzustellen.
Wie sind diese Befunde zu erklären?
Die Wähler verbanden mit der Stimmabgabe für die NSDAP **unterschiedliche Interessen und Erwartungen**. Traditionelle Mittelschichten, die bisher liberal oder andere Interessenparteien gewählt hatten, stimmten aus Angst um die Existenz, als Ausdruck des sozialen und wirtschaftlichen Protests, für die NSDAP. Als glaubwürdiger Garant nationaler Interessen und als angeblicher Verteidiger des Gesellschaft vor dem Marxismus wirkte die NSDAP auf konservative und protestantische Wähler der DNVP. Arbeiter aus der SPD erhofften eine Verbindung von nationalen Aspekten und Sozialismus.
Aber auch als Aufbruchbewegung in eine bessere Zukunft wirkte die Partei auf Nichtwähler, Arbeitslose und von Existenzangst Erfasste.
Der Einbruch der NSDAP in das Wählerpotenzial der oben benannten Gruppen glückte der Partei erst ab **1930 in der Folge der Weltwirtschaftskrise**. Der NSDAP gelang es demnach, sich als Vertreter unterschiedlichster Interessen darzustellen: als Schutzschild für gefährdete Mittelschichten, als Kämpfer gegen die nationale Unterdrückung Deutschlands, als Protestpartei für die allgemeine Unzufriedenheit, aber auch als handlungsbereite Kraft, die die trostlose allgemeine Lage verbessern können werde. Mehr als anderen Parteien gelang es der NSDAP, **Angehörige aller Sozialschichten anzusprechen**, wobei bei dieser Integration ganz unterschiedlicher Interessen dem „Führer" dieser Bewegung, Adolf Hitler, eine besondere Rolle zukam. Seine wirkungsvoll inszenierten Auftritte und effektsicheren Reden sprachen das Protestpotenzial an und weckten Erwartungen, ohne konkrete Lösungsvorschläge zu machen.
Die **Bindekraft des katholischen und des kommunistischen Sozialmilieus** verhinderte allerdings größere Wählerbewegungen von dort zur NSDAP.
Angesichts dieser Befunde kann der Aussage Haffners weitgehend zugestimmt werden.

5 Hierzu können beispielsweise folgende **Gründe** angeführt werden:
Gegen die Maßnahmen Hitlers im Rahmen der **Gleichschaltung** erhob sich **kein entschlossener Widerstand**. Beim **Ermächtigungsgesetz** stimmten die liberalen Parteien und das Zentrum zu – wenn auch mit großen Bedenken. Resignation führte bei den **bürgerlich-demokratischen Parteien** zu einer Schwächung der Struktur, bevor sich die Parteien Ende Juni/Anfang Juli 1933 selbst auflösten. Aber auch die **SPD**, die gegen das Ermächtigungsgesetz gestimmt hatte, war in der Krise. Ein Teil der Führung war ins Ausland nach Prag gegangen, ein Teil versuchte in Deutschland durch einen Anpassungskurs die Existenz der Partei zu retten, die dann allerdings im Juni 1933 verboten wurde.
Aber selbst die **Gewerkschaften**, die immerhin über sechs Millionen Mitglieder verfügten, konnten in wenigen Wochen ausgeschaltet werden. Der mächtigste, der Allgemeine Deutsche Gewerkschaftsbund, der der SPD nahe stand, sogar an einem Tag, dem 2. 5. 1933. Selbst die Führung der Gewerkschaften war schon auf einen Anpassungskurs zum Regime eingeschwenkt. Und wie hätten die Arbeiter angesichts des Elends der Weltwirtschaftskrise zu einem Generalstreik gegen die Nazis bewegt werden können, bei sechs Millionen Arbeitslosen und gegenüber einer Führung, die gerade Arbeit und Brot versprach?
Auch **in den Ländern** lief die **Gleichschaltung** relativ problemlos. Zunächst wurden die Länderparlamente nach dem Ergebnis der Reichstagswahl vom 5. 3. 1933 neu gebildet. Dadurch wurde die NSDAP massiv bevorzugt, zumal die der KPD zustehenden Sitze annulliert wurden. Aber diese Landtage blieben bis zu ihrer offiziellen Aufhebung am 30. 1. 1934 ohne Bedeutung. Die Gleichschaltung der Regierungen wurde einerseits durch von regionalen NSDAP-Führungen organisierten Druck von unten, andererseits durch Druck von oben, also durch das administrative Eingreifen des nationalsozialistischen Reichsinnenministers Wilhelm Frick, erreicht.
Reichspräsident Hindenburg war wegen seines Alters und seiner Vergreisung der Lage nicht mehr gewachsen.
Insgesamt überraschten die **Energie** und die **Zielstrebigkeit von Hitlers Vorgehen** die anderen politischen Kräfte. Viele Menschen passten sich der neuen Lage sehr schnell an. Sie verließen ihre alten Parteien und Organisationen und baten um Aufnahme in die NSDAP. Dies erfolgte in einem solchen Maß, dass diese im Mai 1933 eine offizielle Aufnahmesperre verkündete, um nicht von „Wendehälsen" überschwemmt zu werden.
Nicht vergessen werden dürfen **Einschüchterung, Gewalt und Terror**, die sofort nach dem 30. 1. 1933 begannen.
Aber auch die **geschickte Selbstdarstellung und Propaganda** verfehlte ihre Wirkung auf die Bevölkerung nicht. Dies gehörte schon von Anfang an zum Repertoire des Regimes, wie man am Tag von Potsdam oder den Feierlichkeiten zum 1. Mai 1933 erkennen kann.
Die **Zustimmung der Menschen** zur NS-Herrschaft **wuchs in den nächsten Jahren massiv** an. Die **Beseitigung der Massenarbeitslosigkeit** und **sozialpolitische Maßnahmen** wie KDF trugen massiv zur Akzeptanz des Regimes bei. Historiker haben genug Grund, sich darüber aus der Rückschau kritisch zu äußern. Für viele Menschen jedoch bedeutete der neue Arbeitsplatz den Ausweg aus großer wirtschaftlicher und seelischer Not, die erste Reise mit KDF stellte für viele den Aufbruch in eine neue Welt dar.
Außenpolitisch sind in den Augen der Zeitgenossen ebenfalls große Erfolge erzielt worden: die Besetzung des entmilitarisierten Rheinlandes, der Anschluss Österreichs, die Eingliederung des Sudetenlandes. Neben dem territorialen Zuwachs entstand auch das Gefühl, die deutsche Ehre wiederhergestellt zu haben. Man sah das Reich wieder groß und mächtig, nicht mehr als Spielball alliierter Mächte; den „Schandfrieden" von Versailles betrachtete man als aufgehoben.

Grundkurs Geschichte (Sachsen): Abiturprüfung 2002
Ersttermin – Aufgabe B

M 1: Auszug aus dem Buch „Ihr träumt!“ von Wilhelm Jordan, 1845:

He! Deutschland, besinne Dich doch! Reibe Dir den Schlaf aus den Augen, denn Du träumst ja schon wieder!

Hörst Du denn nicht, wie die Locomotiven auf ihren eisernen Straßen kreischend dahin sausen? Hast Du den Courszettel vergessen, hast Du vergessen, daß vom Steigen oder Fallen der Actien Deine Seeligkeit abhängt? Wir leben ja im neunzehnten Jahrhundert, der dreißigjährige Krieg ist längst vorbei. [...]

Deutschland ist ohnmächtig; es hat kein Recht, weil es keine Kraft hat.

Und warum haben Wir vierzig Millionen keine Kraft? Warum kann mit Uns vierzig Millionen die ganze Welt ein schändliches Spiel treiben? Sind unsre Leiber so entnervt? Sind unsre Fäuste zu schwach, sich um ein Schwert zu krallen? Geht rund um die Erde und seht, ob ihr ein gesünder, ob ihr ein stärker Menschengeschlecht findet!

Ha, Ihr vierzig Millionen, wenn Ihr wolltet, die Welt müßte zittern vor Eurer Macht!

Und warum hat Deutschland keinen Willen?

Weil es immer nur träumt, anstatt zu handeln, weil es im Himmel herumduselt und darüber vergißt sich's auf der Erde wohnlich und bequem zu machen, weil es auf hochtrabende Philosophenphrasen hört, statt auf den gesunden Menschenverstand; weil wir ein ideales Volk sind, das nur schwärmen und höchstens aus Schwärmerei handeln, niemals aber frisch und unbefangen an die Wirklichkeit Hand anlegen kann! [...]

Wir haben alle unser Vaterland lieb, wir wünschen seine Einheit, Macht, politische Bedeutung. Das wäre nun sehr schön, wenn wir mehr thäten, als wünschen und träumen; allein wir thun nichts, als uns bei jeder Gelegenheit, sei sie noch so unpassend, begeistern und berauschen. [...]

Rechtschreibung und Zeichensetzung folgen der Vorlage

Aus: Jordan, Wilhelm: Ihr träumt! Leipzig 1845, S. 3–7.

M 2: Auszug aus dem Buch „Deutschland und der nächste Krieg“ von Friedrich von Bernhardi, 1912:

Den englischen und französischen Ansprüchen gegenüber, wie sie ganz offen zutage treten und um so beachtenswerter sind, als beide Staaten sich politisch geeinigt haben, ist das deutsche Volk vom Standpunkt seiner Kulturbedeutung aus voll berechtigt, nicht nur einen Platz an der Sonne zu beanspruchen, wie Fürst Bülow sich bescheiden zu äußern beliebte, sondern einen vollgültigen Anteil an der Beherrschung der Erde weit über die Grenzen seiner jetzigen Einflußsphäre hinaus zu erstreben. Dieses Ziel werden wir aber nur dann erreichen können, wenn es uns zunächst gelingt, unsere Machtstellung in Europa selbst derart sicherzustellen, daß sie nicht mehr in Frage gestellt werden kann. Nur dann brauchen wir nicht mehr zu fürchten, bei jeder Betätigung in der Weltpolitik von überlegenen Gegnern bekämpft zu werden, und werden unsere Kräfte frei walten lassen können im gleichberechtigten Wettbewerb mit den anderen Weltmächten, nur dann werden wir deutschem Wesen und deutschem Geiste überall auf dem Erdenrund die Beachtung wahren können, die ihm seinem inneren Wert nach zukommt. [...]

Hat der unglückliche Verlauf unserer Geschichte uns bisher verhindert, eine Kolonialmacht in großem Sinne zu werden, so ist es unsere Pflicht, das Versäumte nachzuholen und zugleich eine Flotte zu schaffen, die allen feindlichen Gewalten zum Trotz unsere Seeverbindungen offen zu halten vermag. [...]

Nicht ohne schweres eigenes Verschulden waren wir zu politischer Ohnmacht verurteilt zu der Zeit, da sich die großen europäischen Staaten bildeten und teilweise zu Weltmächten erweiterten. Erst spät sind wir wieder in den Kreis der politisch geltenden und bestimmenden Mächte eingetreten, nachdem die Teilung der Erde längst erfolgt war. Was andere Völker in jahrhundertelanger natürlicher Entwicklung erreichten: politische Einheit, Kolonialbesitz, Seemacht und Welthandel, das blieb unserem Volke bis auf die jüngste Zeit herab versagt. Was wir noch erreichen wollen, müssen wir erkämpfen gegen eine Übermacht feindlicher Interessen und Mächte. [...]

„Sein oder Nichtsein?“ lautet die Frage, die heute an uns herantritt, verschleiert freilich durch das scheinbare Gleichgewicht der einander entgegenstehenden Interessen und Kräfte, durch das trügerische Ränkespiel der Diplomatie und das amtliche Friedensbedürfnis aller Staaten, aber unerbittlich in ihrer geschichtlichen Logik, unabweisbar, wenn man klaren Auges über den engen Horizont des Tages hinweg den Erscheinungen des Weltgeschehens auf den Grund zu sehen bemüht ist.

Einen Stillstand gibt es nicht in der Völkergeschichte. [...]

Daß es also auch für uns keinen Stillstand, kein Gesättigtsein geben kann, sondern nur ein Vorwärts oder ein Zurück, und daß es dem Zurück gleichkommt, wenn wir uns mit unserer augenblicklichen europäischen Machtstellung begnügen, während alle unsere Mitbewerber mit rücksichtsloser Energie selbst auf Kosten unserer Rechte nach Machterweiterung streben, darüber müssen wir uns völlig klar sein. [...]

Wenn wir die Verantwortung für ein solche Entwicklung der Dinge, wie billig, nicht auf uns nehmen wollen, müssen wir den Mut haben, eine unseren Ansprüchen angemessene Machterweiterung mit allen Mitteln anzustreben, selbst auf die Gefahr hin eines Krieges gegen numerisch überlegene Gegner. [...]

Rechtschreibung und Zeichensetzung folgen der Vorlage

Aus: Bernhardi, Friedrich von: Deutschland und der nächste Krieg. Stuttgart u. Berlin 1912, S. 84–88, 112–113.

Aufgaben:

1	Ordnen Sie M 1 in den historischen Zusammenhang ein.	10 BE
2	Erläutern Sie historische Bedingungen, unter denen M 2 entstand.	10 BE
3	Erarbeiten Sie aus M 1 und M 2 jeweils die Grundpositionen der Verfasser zur Situation und zu den Zielen Deutschlands und vergleichen Sie diese.	14 BE
4	Stellen Sie die Grundgedanken des außenpolitischen Konzepts Bismarcks dar und kennzeichnen Sie dabei wesentliche Unterschiede zur deutschen Außenpolitik unter Wilhelm II.	12 BE
5	Zeigen Sie an einem Beispiel aus der deutschen Geschichte 1949–1990, dass Diplomatie keineswegs nur als ein „trügerisches Ränkespiel" (M 2, Z. 29) abgewertet werden kann.	14 BE
		60 BE

Lösungsvorschlag

1 Um den Text von Wilhelm Jordan (M 1) aus dem Jahr 1845 in den historischen Zusammenhang einzuordnen, empfiehlt es sich, **politische, wirtschaftliche und gesellschaftliche Entwicklungslinien** der zweiten Hälfte des **Vormärz** aufzuzeigen, die in einer engen Wechselwirkung stehen.

Die **Julirevolution von 1830 in Frankreich** brachte in den folgenden Jahren eine **Stärkung der konstitutionellen und liberalen Bewegung** im Deutschen Bund. Braunschweig, Hannover, Kurhessen und Sachsen wurden in der Folge moderne Verfassungsstaaten. In Sachsen setzte daneben eine weit reichende Schul-, Verwaltungs- und Justizreform ein. Damit nahm der Gegensatz zwischen den politisch entwickelten Staaten des Dritten Deutschlands sowie Preußen und Österreich immer mehr zu. In den 30er-Jahren wurden liberale, nationale und demokratische Forderungen, wie sie auf dem Hambacher Fest (1832) geäußert wurden, immer lauter.

Nach dem Frankfurter Wachensturm 1833, bei dem radikale Studenten ein Symbol des Deutschen Bundes treffen wollten, um so ein revolutionäres Signal zu setzen, folgte eine Phase deutschlandweiter Repressionen.

Die beiden Großmächte einigten sich wie 1819 (Karlsbader Beschlüsse) auf ein Vorgehen außerhalb der regulären Verfahrensweisen des Deutschen Bundes und setzten **Zensur-, Überwachungs- und Verfolgungsmaßnahmen** durch (Wiener Ministerkonferenz 1834). Die Zahl politischer Strafurteile erreichte eine nie dagewesene Höhe. Einer der Höhepunkte dieser reaktionären Politik war die Entlassung von sieben Göttinger Professoren, die gegen die Rücknahme der hannoverschen Verfassung durch den neuen König Ernst August protestierten. Der Staatsstreich von Hannover und die Weigerung des Bundes, gegen den Verfassungsbruch vorzugehen, bedeutete einen fortschreitenden Vertrauensverlust in diesem gesamtdeutschen Gremium.

Mit dem **Regierungsantritt von Friedrich Wilhelm IV.** verknüpften sich liberale Hoffnungen in Preußen. Der König schlug zunächst eine versöhnliche Politik ein, indem er Ernst Moritz Arndt und Friedrich Ludwig Jahn rehabilitierte und drei der verfemten Göttinger Professoren an preußische Einrichtungen berief. In der Verfassungsfrage enttäuschte er die Hoffnungen, da er sich der Erfüllung des Verfassungsversprechens bis 1847 verweigerte („Vereinigter Landtag").

Die so genannte **Rheinkrise** verschärfte jetzt auch den Gegensatz zwischen Frankreich und Deutschland. Eine leidenschaftliche Aufwallung des Nationalgefühls wird in einer Flut von Liedern und Gedichten deutlich.

Die erste Hälfte des 19. Jahrhunderts ist geprägt vom **Übergang von der Agrar- zur Industriegesellschaft**. Von Industrialisierung im engeren Sinn kann man aber erst ab den 40er-Jahren sprechen: Bereits zu dieser Zeit zeichneten sich starke innergesellschaftliche Spannungen ab, die sich mit dem Schlagwort „**Soziale Frage**" zusammenfassen lassen.

Ein wichtiges Signal für den Handel und den Vertrieb ging von der Gründung des **Deutschen Zollvereins** (1834) aus: Der überwiegende Teil Deutschlands bildete jetzt einen einheitlichen Wirtschaftsraum ohne Binnenzölle. Es folgte ein konsequenter Ausbau der Verkehrswege, der wiederum verschiedene andere Industriezweige förderte. Preußen übernahm wirtschaftspolitisch innerhalb Deutschlands eine Führungsrolle, während Österreich hinsichtlich der industriellen Entwicklung an Bedeutung verlor.

Es darf nicht der Eindruck entstehen, dass sich im Vormärz die Gesellschaft zunehmend politisiert hätte. Obgleich durch verbessertes Schulwesen, überregionales Publikationswesen und eine höhere Mobilität der Austausch und die Rezeption von deutschland- und wirtschaftspolitischen Themen verstärkt erfolgte, gab es daneben einen bewusst angetretenen **Rückzug besitz- und bildungsbürgerlicher Kreise ins Private** (Biedermeier). Auch Resignation, Enttäuschung und Angst vor der weiteren Entwicklung haben sicher zu dem passiven Verhalten beitragen, das Wilhelm Jordan anprangert.

2 Das politische und gesellschaftliche Klima, in dem die Textpassagen Friedrich von Bernhardis (M 2) entstanden, ist stark von der Regierung Wilhelms II. geprägt. Der Buchtitel „Deutschland und der nächste Krieg" aus dem Jahr 1912 war überaus erfolgreich und spiegelt die populären Meinungen in Deutschland vor dem Ersten Weltkrieg wider.
Rein formal brachte der Übergang vom „System Bismarck" zur Regierung Wilhelms II. keine andere Verfassung mit sich, faktisch verschob sich aber die Machtverteilung zugunsten des Monarchen. Der zeitgenössische Begriff „**persönliches Regiment**" beleuchtet die neue Verfassungswirklichkeit. Der widersprüchliche, überhebliche und schwer kalkulierbare Wilhelm II. regierte mit einem offen zur Schau gestellten **Antiparlamentarismus** in einem ihm ergebenen Umfeld. Dieses setzte sich aus Teilen der Hofgesellschaft, einzelnen Ministern, Militärs und Interessenverbänden („Alldeutscher Verband") zusammen. Solche Strukturen waren Vorbild und festigten eine **obrigkeitstaatlich orientierte Klassengesellschaft**. Der Militarismus und Reichsnationalismus begann auch das Alltagsbewusstsein weiter Teile der Bevölkerung zu durchdringen.
Mit der Nichterneuerung des Rückversicherungsvertrages von 1890 begann die Herauslösung des Deutschen Reiches aus dem alten Bündnissystem Bismarcks. Ein „**Neuer Kurs**" sollte die Außenpolitik prägen; es ging Wilhelm II. dabei um eine **imperiale Großmachtpolitik**, wie sie sich in der zweiten Hälfte des 19. Jahrhunderts in den Reihen der Großmächte immer mehr durchsetzte. Der Erwerb von Kolonien und die wirtschaftliche Durchdringung unterentwickelter Länder standen im Mittelpunkt der außenpolitischen Konzeption. Wo immer sich eine Chance auf Vergrößerung des deutschen Einflusses bot, griff die Reichsregierung, griff der Kaiser ein. Die Liste der hieraus entstandenen Verwicklungen und Provokationen ist lang: Krügerdepesche, China, Manila, Boxeraufstand, Marokkokrisen, Bagdadbahn.
Für die ehrgeizigen Pläne einer „**Weltpolitik**" war der Bau einer Flotte unabdingbar. Zusammen mit dem Großadmiral und späteren Staatssekretär der Reichsmarine Alfred von Tirpitz entwickelte Wilhelm II. ein mehrstufiges **Flottenbauprogramm**. Tirpitz ließ sich bei den Flottenplänen vom Risikogedanken leiten, nach dem die deutsche Flotte so stark sein müsse, dass selbst England bei einem Angriff seine eigene Machtstellung gefährdet sehen müsse.
Insgesamt ist der beschriebene Zeitraum von außenpolitischer Kraftmeierei geprägt, die zu einer Reserviertheit bei den anderen Mächten führte: Das Deutsche Reich erschien als Unruhestifter. Obgleich es kritische Stimmen aus den Reihen der SPD zur politischen Entwicklung gab, konnte Wilhelm II. doch mit einem starken Rückhalt in Industrie, Parteien, Verbänden und in der Öffentlichkeit rechnen.

3 Wilhelm Jordan (M 1) bemängelt im ersten Teil seiner Situationsanalyse zunächst den fehlenden Tatendrang der deutschen Bevölkerung (Z. 1 f., 15–21) und die Ignoranz gegenüber dem Industrialisierungsprozess (Z. 3–6). Weiterhin stellt er fest, dass Deutschland ohnmächtig und der Spielball der Welt sei (Z. 7–9). Als Ursache hierfür nennt er mangelnden Pragmatismus (Z. 14–18). Als Ziel für Deutschland fordert er sehr allgemein „Einheit, Macht und politische Bedeutung" (Z. 21).
Friedrich von Bernhardi (M 2) sieht in seinen Ausführungen Deutschland im internationalen Vergleich nicht ausreichend repräsentiert (Z. 1–5). Deutschland sei aufgrund eines „unglücklichen Verlaufs seiner Geschichte nicht zur Kolonialmacht aufgestiegen. Bernhardi beschreibt das Deutsche Reich als politischen Nachzügler im europäischen Vergleich (Z. 15–26).
Als Ziele fordert Bernhardi die Erweiterung der jetzigen Einflusssphäre und einen dem deutschen Machtpotenzial entsprechenden Anteil an der Beherrschung der Welt. Dies könne aber erst durch eine vorherige Machtsicherung in Europa erreicht werden (Z. 6–14). Es gelte daher den Flottenbau voranzutreiben und so den kolonialen Rückstand aufzuho-

len (Z. 16–18). Eine solche Weltpolitik ist für den Autor unabdingbar („Sein oder Nichtsein") und muss gegebenenfalls auch kriegerisch durchgesetzt werden (Z. 27–42).

Beide Textpassagen spiegeln jeweils zeittypische Ausprägungen des **Nationalismus** in Deutschland wider. Beiden ist gemeinsam, dass sie appellativen und sinnstiftenden Charakter haben. Wilhelm Jordan vertritt aus einer oppositionellen Haltung heraus einen nach innen gerichteten Ansatz, er fordert die politische Einheit und „gesunden Menschenverstand" auf dem Weg dorthin.
Bernhardi vertritt dagegen einen aggressiven, nach außen gerichteten Nationalismus, wie er auch von Wilhelm II. propagiert wurde. Die eigene Nation wird als absolut gesetzt und die Existenz anderer Nationen infrage gestellt. Dieser Nationalismus ist fordernder und findet eine Steigerung im Imperialismus. Die Parolen von der nationalen Suprematie, der herausragenden Stellung der eigenen Nation, treten in dieser Variante an die Stelle des Strebens nach nationaler Einigung.

4 Die Gründung des Deutschen Reiches und der Aufstieg zur Industrienation rief die Befürchtungen hervor, dass das europäische Gleichgewicht nachhaltig gestört würde und mit weiteren deutschen Kriegen und Eroberungen zu rechnen sei. Bismarcks Politik musste sich daher anfangs darauf konzentrieren, bei den europäischen Nachbarn Vertrauen aufzubauen. Daher verfolgte er eine Außenpolitik, die das europäische Machtgefüge unbedingt anerkannte. So erklärte er, **Deutschland sei „saturiert"**, wolle also keine territoriale Expansion, sondern betreibe nur eine „Sicherheitspolitik", um den Frieden in Europa zu erhalten. Dies wird im zwischen dem deutschen, dem österreich-ungarischen und dem russischen Monarchen abgeschlossenen **Drei-Kaiser-Abkommen** von 1873 deutlich.
Im Zentrum der deutschen Außenpolitik stand Frankreich. Das Deutsche Reich musste mit einem französischen Revanchekrieg, um die territorialen Verluste wieder wettzumachen, rechnen. In der „**Krieg-in-Sicht-Krise**" 1875 musste Bismarck jedoch erkennen, dass weder England noch Russland einen Präventivschlag gegen Frankreich billigen würden, ganz im Gegenteil sogar eine erhebliche Verschiebung des Gleichgewichts auf dem Kontinent fürchteten.
In der nach dem serbisch-türkischen Krieg von 1876 ausbrechenden **Balkankrise** konnte Bismarck durch einen allgemeinen europäischen **Kongress in Berlin** 1878 die Kriegsgefahr bannen und sich aufgrund seiner um Ausgleich bemühten Vermittlertätigkeit den Ruf des „**ehrlichen Maklers**" erwerben. Die Ergebnisse des Berliner Kongresses, der auf dem Balkan zunächst eine Friedensordnung schuf, waren die Voraussetzung für die Außenpolitik der folgenden Jahre. Erklärtes Ziel war es, Frankreich politisch zu isolieren, um ein gegen Deutschland gerichtetes Bündnis mit einem anderen Staat zu verhindern. Ein besonders Augenmerk galt dabei Russland; ein Bündnis mit Frankreich hätte das Reich vor einen Zweifrontenkrieg gestellt. Infolge der Verstimmungen über den Ablauf und die Ergebnisse des Berliner Kongresses wandte Bismarck sich zunächst einer Sicherung des deutsch-österreichischen Verhältnisses zu (Zweibund 1879, später Dreibund mit Italien 1882). Im Rückversicherungsvertrag (1887) konnte er Russland und im Mittelmeerabkommen (1887) England in sein politisches Konzept einbauen.
Mit dem aufwändigen und komplizierten **Bündnissystem** verstand Bismarck das Reich nach allen Seiten hin abzusichern, indem er teils Spannungen zwischen den Mächten ausnützte, teils vermittelnd wirkte. Das Bündnissystem war, besonders in seinem Kernpunkt Mittelmeer-Entente und deutsch-russischer Rückversicherungsvertrag, die sich widersprachen, darauf ausgerichtet, den Bündnisfall zu verhindern. In der Folge sollte sich allerdings erweisen, dass diese Politik nicht fortzusetzen war; denn bereits vier Jahre nach der Entlassung Bismarcks sah sich das Reich einem französisch-russischen Bündnis gegenüber.

Der „**Neue Kurs**“ wilhelminischer Politik zeichnete sich vor allem durch den Übergang von einer kontinentaleuropäischen Sicherheitspolitik hin zu einer Weltmachtpolitik aus. Das „**Spiel mit den fünf Bällen**“, das Bismarck beherrschte, galt als zu kompliziert und wenig transparent. Seit 1890 war die deutsche Außenpolitik durch starke Diskontinuitäten geprägt, darüber hinaus ließ Wilhelm II. diplomatisches Fingerspitzengefühl vermissen, was wiederholt zu internationalen Verwicklungen führte. Bismarcks Außenpolitik kalkulierte das Selbstverständnis und die unterschiedlichen Interessenlagen der europäischen Nachbarn mit ein, während Wilhelm hiervon scheinbar unbeeindruckt seine Politik verfolgte. Dies führte insgesamt zur **Isolierung Deutschlands** und zu einer Fraktionierung der europäischen Nachbarn.
Um eine Wertung vorzunehmen, kann man abschließend sagen, dass die von Selbstüberschätzung geprägte und an Maximalforderungen orientierte Außenpolitik seit 1890 katastrophal scheiterte; eine stabilisierende zukunftsweisende Außenpolitik lebt von Diskurs und Kompromiss.

5 Friedrich von Bernhardi bezeichnet in dem vorliegenden Text (M 2) die Diplomatie als „trügerisches Ränkespiel“, mit anderen Worten, ist internationale Politik für ihn unkalkulierbar, unausgewogen und nicht zukunftsweisend. Diese abwertende Einschätzung am Vorabend des Ersten Weltkrieges ist sicher durch die zeitgenössische politische Kultur und von dem verbreiteten Gefühl, immer zu kurz gekommen zu sein, geprägt.
In der deutschen Geschichte der Jahre 1949–1990 gibt es verschiedene Ereignisse und Prozesse, anhand derer dieses Urteil über Diplomatie widerlegt werden kam, weil es durch Diplomatie zu allgemein akzeptierten, zukunftsweisenden und tragfähigen internationalen Lösungen kam. Im Folgenden soll versucht werden, dies am Beispiel der **Außen- und Deutschlandpolitik Konrad Adenauers** in den Jahren 1949–1963 aufzuzeigen.
In der Regierungserklärung vom 20. 9. 1949 machte Adenauer die Rangordnung seiner politischen Ziele bereits deutlich:
Es sollte eine möglichst schnelle und vollständige Integration in die „westeuropäische Welt“ angestrebt werden. Die Integration sollte militärische Sicherheit, internationale Gleichberechtigung und Mitsprache ermöglichen. Eine Abkehr von der Demokratie und eine neutrales, von der Sowjetunion abhängiges Deutschland sollte verhindert werden. Ein Zusammenschluss unter der Leitung der USA war für Adenauer die Garantie für Frieden und Freiheit. Die Bundesrepublik sollte durch Integration, Verträge und eine verlässliche Politik in den europäischen Gremien ihren Beitrag leisten. Die Wiedervereinigung war in der Präambel des Grundgesetzes vorgegeben. Für Adenauer waren **Westintegration** und **internationale Mitarbeit** die vorrangigen Ziele; mit dem Gewinn eines außenpolitischen Handlungsspielraumes sollte aus einer Position der Stärke heraus die Wiedervereinigung angestrebt werden. Eine Umsetzung erfolgte in mehreren Schritten:
- 1950 Eintritt in den Europarat
- 1951 Gründungsmitglied der Europäischen Gemeinschaft für Kohle und Stahl (EGKS)
- 1952 General- und Deutschlandvertrag
- 1952–1954 Verhandlungen über eine Europäische Verteidigungsgemeinschaft (EVG)
- 1955 Pariser Verträge; Aufstellung der Bundeswehr und Beitritt zur NATO
- 1957 Gründung der Europäischen Wirtschaftsgemeinschaft (EWG)
- 1963 Elysée-Vertrag

Adenauer verfolgte während seiner Regierungszeit konsequent die Politik der Westintegration. Bei der Einordnung muss man berücksichtigen, dass die Handlungsspielräume in der ersten Hälfte der 50er-Jahre durch die **eingeschränkte Souveränität** der Bundesrepublik und die Bedingungen des **Kalten Krieges** vorgegeben waren. Insofern hätte eine den politischen Interessen der westlichen Alliierten widersprechende Politik keine Chance gehabt. Nach dem Erlangen der politischen Souveränität im Mai 1955 kam es aber zu keinem grundlegenden Richtungswechsel.

Die außen- und deutschlandpolitische Konzeption wurde auch durch die personelle Kontinuität unterstützt – es gab keinen Außenminister und kein Auswärtiges Amt. Adenauer machte Politik, was ihm den Ruf eines Autokraten einbrachte („**Kanzlerdemokratie**"). Harte Auseinandersetzungen in den eigenen Reihen und mit dem politischen Gegner, beispielsweise um die **Stalinnote** (1952) oder die Stagnationen in den internationalen Beziehungen nach der Ablehnung der Europäischen Verteidigungsgemeinschaft (EVG) in der französische Nationalversammlung (1954), führten nicht zu Richtungsänderungen. Mit Beginn der 60er-Jahre hatte sich diese Politik überlebt, die Bundesrepublik war zu diesem Zeitpunkt wirtschaftlich, politisch und militärisch in die westliche Staatenwelt integriert. Die Frage der Wiedervereinigung blieb indes völlig unbeantwortet. Somit kann man von einer kalkulierbaren und zukunftsweisenden Politik sprechen, wenngleich nicht alle Ziele erreicht wurden.

Grundkurs Geschichte (Sachsen): Abiturprüfung 2003
Ersttermin – Aufgabe A

M 1: Auszug aus der Ansprache Bismarcks auf dem Marktplatz in Jena am 31. Juli 1892 im Verlauf einer Rundreise durch das Deutsche Reich:

Diese Kriege [1866 und 1870/71] waren notwendig; nachdem sie aber geführt worden sind, halte ich es nicht für nötig, daß wir weitere Kriege führen. Wir haben in ihnen nichts zu erstreben. Ich halte es für frivol oder ungeschickt, wenn wir uns in weitere Kriege hineinziehen lassen, ohne durch fremde Angriffe dazu gezwungen zu werden. Dann allerdings werden wir auch so stark sein, wie Deutschland in der Mitte von Europa es ist, d. h. es wird seinen Nachbarn, auch wenn sie sich verbinden, gewachsen sein. Aber nur im Defensivkrieg. Aggressive Kabinettskriege können wir nicht führen. Eine Nation, die in der Lage ist, sich zu einem Kabinettskriege zwingen zu lassen, hat nicht die richtige Verfassung. Ein Krieg, auch ein siegreicher, hat für die Nation keine wohltuenden Folgen. Wir haben uns, nachdem wir den notwendigen Krieg von 1870 beendigt hatten, angelegen sein lassen, zu verhindern, daß weitere Kriege geführt wurden, um vor allem dem neuen Deutschen Reiche den Frieden zu erhalten, weil der innere Ausbau des Reiches unsere Tätigkeit voll in Anspruch nahm, ja sogar eine gewisse diktatorische Tätigkeit verlangte, die ich jedoch nicht als dauernde Institution eines großen Reiches betrachtet sehen möchte.

Wir haben unsere ganze Aufmerksamkeit in der auswärtigen Politik der Erhaltung des Friedens, in der inneren der Konsolidierung der Reichseinrichtungen zugewendet, in dem Sinne, daß alle Deutschen sich in den geschaffenen Verhältnissen wohlbefinden möchten, daß die Reichseinrichtungen ihnen gefallen sollten als ein Besitztum, das zu verteidigen und zu vertreten sie alle bereit sein würden. Inwieweit uns das gelungen ist, muß die Zeit lehren; fertig gelöst ist die Aufgabe vielleicht noch nicht. Aber sie kann nur fertig werden, wenn wir wirklich ein starkes Parlament als Brennpunkt des nationalen Einheitsgefühls haben. Dies kann aber solange nicht der Fall sein, als dasselbe von Parteien zerrissen wird, aus denen immer neue Fraktionen und Fraktiönchen entstehen. Es wird dann in der Hand jedes Ministers stehen, aus den Fraktionen und Fraktiönchen diejenigen herauszupflücken, deren Überzeugung und Votum für irgendwelche, ihnen gebotene Fraktionsvorteile zu haben sind. Es ist unbedingt ein Unglück, wenn wir in das Fraktionswettkriechen verfallen und im Reichstag einen Fraktionsskandal zulassen, dessen „do-ut-des"-Tendenz[1] unserer Verfassung nicht entspricht. Ohne einen Reichstag, der vermöge einer konstanten Majorität, die er in seinem Schoße birgt, imstande ist, die Pflicht einer Volksvertretung dadurch zu erfüllen, daß sie die Regierung kritisiert, kontrolliert, warnt, unter Umständen sogar führt, der imstande ist, dasjenige Gleichgewicht zu verwirklichen, welches unsere Verfassung zwischen Regierung und Volk in demselben wirklich hat schaffen wollen, ohne einen solchen Reichstag bin ich in Sorge für die Dauer und die Solidität unserer nationalen Institutionen. (Lebhafter Beifall.) Wir können heutzutage nicht mehr einer rein dynastischen Politik leben, sondern wir müssen nationale Politik treiben, wenn wir bestehen wollen. Es ist das ein Ergebnis der politischen Entwicklung, welche in dem letzten halben Jahrhundert in Europa stattgefunden hat. Um aber nationale Politik treiben zu können, müssen wir eine nationale Volksvertretung haben, die die Bedürfnisse und Wünsche der Nation kennt und in erster Linie zur Richtschnur für ihre Abstimmungen nimmt.

Rechtschreibung und Zeichensetzung folgen der Vorlage

1 im Sinne von: Ich gebe, damit du gibst!

Aus: Otto von Bismarck, Die gesammelten Werke. Bd. 13 (1885–1897), bearbeitet von Wilhelm Schützler, Berlin 1930, S. 472f.

Aufgaben:

1	Erarbeiten Sie aus M 1 Bismarcks Aussagen zum Krieg.	8 BE
2	Überprüfen Sie, inwieweit Bismarcks Aussagen zum Krieg mit seiner außenpolitischen Praxis als Reichskanzler übereinstimmen.	14 BE
3	Charakterisieren Sie den „Neuen Kurs" Wilhelms II. und zeigen Sie mögliche Motive für Bismarcks Aussagen in M 1 auf.	14 BE
4	Erarbeiten Sie aus M 1 wesentliche Vorstellungen Bismarcks zur Innenpolitik.	10 BE
5	Untersuchen Sie, inwieweit diese Vorstellungen Bismarcks zur Innenpolitik gemäß der Verfassung von 1871 möglich waren und ob „alle Deutschen sich in den geschaffenen Verhältnissen wohlbefinden" (vgl. Z. 18) konnten.	14 BE
		60 BE

Lösungsvorschlag

1 **Bismarck** macht **zum Krieg** folgende Ausführungen:
Nach der Beendigung der notwendigen Kriege von 1866 und 1870/71 seien **weitere Kriege nicht mehr nötig**, da Deutschland nichts mehr anzustreben habe (vgl. Z. 1–3, 10/11). Das Reich solle sich in keine militärische Auseinandersetzung hereinziehen lassen, einen Defensivkrieg werde man allerdings selbst gegen mehrere Gegner bestehen (vgl. Z. 3–7). Bismarck äußert die Ansicht, dass selbst ein siegreicher Krieg für die Nation ungünstige Folgen haben werde (vgl. Z. 9–10). Die **Außenpolitik** des Reiches sei **auf die Erhaltung des Friedens gerichtet**, da die innere Konsolidierung sich nur unter dieser Bedingung erreichen lasse (vgl. Z. 10–13, 16–20).

2 Zur Beantwortung der Frage kann **Bismarcks Bündnissystem**, aber auch seine Tätigkeit auf dem **Berliner Kongress** untersucht werden.
Bismarck hatte erkannt, dass mit dem neuen Deutschen Reich in der Mitte Europas ein Staat entstanden war, der die übrigen Mächte beunruhigte. Ein weiteres Ausgreifen Deutschlands würde das Gleichgewicht der Mächte in Europa erschüttern. Andererseits wollte das Reich wegen seiner Mittellage in Europa Sicherheit vor einem Zweifrontenkrieg gegen überlegene Gegner haben.
Für das Konzept, das beide Probleme lösen sollte, ging Bismarck von folgenden Überlegungen aus: Er betonte, dass Deutschland ein „saturierter" Staat sei, dessen Ziel, die Gewinnung der Einheit, erreicht und dessen Politik rein auf die Erhaltung des Bestehenden ausgerichtet sei.
Das Verhältnis zu Frankreich sah der Kanzler nach dem Deutsch-Französischen Krieg als dauerhaft belastet an. Vom „cauchemar des coalitions" geplagt, versuchte er ein System von Bündnissen aufzubauen, das Frankreich politisch isolieren sollte, damit es keine Partner für eine mögliche „Revanche" finde. Zugleich sollte dieses System Bündnisse anderer Mächte gegen das Reich verhindern, wobei Bismarck sich deren Interessengegensätze zunutze machen wollte.
Zunächst sollte das **Drei-Kaiser-Abkommen** von 1873 die guten Beziehungen zu den beiden osteuropäischen Großmächten wiederherstellen und damit die Stellung des Reiches festigen. Jedoch machten die Rivalitäten Österreichs und Russlands auf dem Balkan dieses Abkommen bald wertlos. Das Zarenreich hatte in die Kämpfe der dortigen slawischen Völker gegen die Türkenherrschaft eingegriffen und im Frieden von San Stefano 1878 die Selbstständigkeit Serbiens, Montenegros, Rumäniens und Großbulgariens erzwungen. Eine solche Ausdehnung des russischen Einflusses auf dem Balkan wollten weder Österreich-Ungarn noch England wegen der Nähe der türkischen Meerengen dulden. Angesichts der Gefahr eines drohenden europäischen Krieges lud Bismarck zum **Berliner Kongress** ein. Als „ehrlicher Makler" bemühte er sich, zwischen den unterschiedlichen Interessen Russlands, Englands und Österreich zu vermitteln. Zwar konnten Kompromisse gefunden werden, aber insbesondere Russland war von den Ergebnissen enttäuscht. In St. Petersburg löste dies eine Verstimmung gegen Berlin aus, weil man sich von Bismarck nicht genügend unterstützt sah.
Diese Lage veranlasste den Kanzler mit Österreich ein festes Bündnis abzuschließen, den **Zweibund** (1879). Bismarck durfte jedoch „den Draht nach St. Petersburg" nicht abreißen lassen, um eine Annäherung des Zarenreiches an Frankreich zu verhindern. Das Drei-Kaiser-Bündnis von 1881 verband die drei Kaiserreiche wieder in einem Abkommen wohlwollender Neutralität.
Um das 1885 nicht verlängerte Drei-Kaiser-Abkommen zu ersetzen, schloss Bismarck 1887 mit Russland den **Rückversicherungsvertrag**.

Die Beziehungen zu Großbritannien waren freundschaftlich, was solange möglich war, als die Briten in ihrer „splendid isolation“ das Gleichgewicht auf dem Kontinent nicht durch deutsche Hegemonialbestrebungen gefährdet sahen.

Als Fazit kann festgehalten werden, **dass Bismarck seine Ziele erreichte**: die Isolierung Frankreichs, die Sicherung des Friedens zwischen den großen Mächten in Europa und die Sicherung der Stellung des Reiches. Dabei war jedoch kein widerspruchsfreies System entstanden, das die Spannungen und Interessengegensätze zwischen den einzelnen Mächten beseitigt hätte, sondern der Kanzler nutzte diese vielmehr für seine Politik. Dieser Tatsache war sich Bismarck auch bewusst. Für ihn war es eben die Aufgabe wirklicher Diplomatie, aus möglichen Verstrickungen immer wieder einen Ausweg zu finden.
Sein Bemühen, das Reich vor außenpolitischen Verwicklungen zu schützen, veranlasste Bismarck auch, sich in der **Kolonialpolitik** zurückzuhalten. Erst als deutsche Kaufleute in Afrika und im Pazifik Handelsniederlassungen auf privater Basis gegründet hatten, stellte Bismarck diese unter deutschen Schutz, wobei er sich um Absprachen mit Großbritannien bemühte.

3 Im Jahr 1888 wurde **Wilhelm II.** Kaiser und zwei Jahre später Bismarck aus seinem Amt entlassen. Langsam schlug die **deutsche Außenpolitik eine neue Richtung** ein. Der Kaiser gab zunehmend die in machtpolitischen Fragen zurückhaltende Linie Bismarcks auf und strebte für Deutschland eine führende Stellung, **Weltgeltung**, an.
Das bisherige Bündnissystem wurde von der deutschen Regierung als zu widersprüchlich und kompliziert empfunden und stattdessen besonders die Verbindung zu Österreich betont.
Folglich wurde 1890 der **Rückversicherungsvertrag nicht verlängert**. Damit war ein wesentlicher Stein aus dem Bündnissystem Bismarcks herausgebrochen. Konsequenterweise sah Russland sich nach einem anderen Partner um und fand ihn in Frankreich (russisch-französisches Militärabkommen 1892/1893)
Diese ehrgeizige neue Weltpolitik verlangte eine entsprechende Seemacht. Der konsequent betriebene **Ausbau der Schlachtflotte** unter dem Staatssekretär des Reichsmarineamtes Alfred von Tirpitz belastete vor allen Dingen das deutsch-britische Verhältnis. Vielleicht hätte um die Jahrhundertwende noch eine Chance für einen Ausgleich mit England bestanden, aber Berlin zeigte sich nicht sehr interessiert, da man befürchtete, für „England die Kastanien aus dem Feuer“ holen zu müssen. Im weiteren Verlauf wandte sich England Frankreich zu und beide vereinbarten nach der Faschoda-Krise 1898 nicht nur einen Interessenausgleich, sondern auch eine Gesamtbereinigung ihres Verhältnisses, die „**Entente cordiale**“ (1904). Nach dem russisch-japanischen Krieg von 1905 sah England die Möglichkeit, mit dem geschwächten Zarenreich zu einer Verständigung zu gelangen. 1907 entstand so die „**Triple-Entente**“, womit die politische Lage in Europa festgezurrt war. Deutschland stand mit Österreich-Ungarn und dem wenig verlässlichen Italien einem Bund aus Großbritannien, Frankreich und Russland gegenüber.

Immer wieder spitzte sich die Lage in Europa in dem Jahrzehnt vor dem Ausbruch des Ersten Weltkrieges krisenartig zu. An der **Marokkokrise 1905/6** seien noch einige Aspekte der deutschen Politik beispielhaft verdeutlicht.
Frankreich betrieb in Marokko eine Politik der „friedlichen Durchdringung“ mit dem Ziel, das Sultanat zu einem französischen Protektorat zu machen. Das Reich forderte dort die Unabhängigkeit Marokkos und lehnte französische Kompensationsangebote ab. In der Absicht, die deutsche Weltmachtstellung zu demonstrieren, erzwang Berlin die Abhaltung einer internationalen Konferenz, die 1906 im spanischen Algeciras stattfand.
Nun könnte man die deutsche Zielstellung zwar aus heutiger Sicht als ehrenwert bezeichnen, aber diese Politik hatte das entscheidende Problem der mangelnden Glaubwürdigkeit. Die anderen Mächte nahmen es dem Reich nicht ab, dass es ihm um die Unabhängigkeit

des Sultanats ginge, sondern fragten nach der Berechtigung der deutschen Einmischung in dieser Frage und den eigentlichen Zielen dieser Politik. Die Absicht Berlins, mit dieser Konferenz Paris die Wertlosigkeit des französisch-englischen Bündnisses und die Bedeutung der eigenen Stellung in der Welt aufzuzeigen, scheiterte und erreichte das Gegenteil: Frankreich wurde der Nutzen der Entente mit England verdeutlicht und das **Deutsche Reich war machtpolitisch isoliert**.
So zeigt die deutsche Haltung auf dieser Konferenz **charakteristisch die Schwächen der deutschen Diplomatie** zur damaligen Zeit: die fehlende Glaubwürdigkeit der verkündeten Ziele, die Unberechenbarkeit der angewandten Mittel einer „Politik der freien Hand", die fehlende Fundierung der Politik in realpolitischem Denken, das mangelnde politische Augenmaß, statt dessen Wunschdenken und Illusionen über erreichbare Ziele. Die Überschätzung der eigenen Kraft und Machtstellung führte so zum Zick-Zack-Kurs einer schwankenden Außenpolitik, wobei überhebliche Aussagen wie „Weltpolitik als Aufgabe, Weltmacht als Ziel, Flotte als Instrument" dieses Manko nicht ausgleichen konnten.

Abschließend kann festgestellt werden, **dass Bismarcks Politik der Saturiertheit durch den „Neuen Kurs" Wilhelms II. vollkommen abgelöst worden war**. Statt Selbstbeschränkung strebte die Außenpolitik unter Wilhelm II. einen „Platz an der Sonne" an – von der Nation weitgehend begrüßt.
Was die **Motive Bismarcks** für seine Äußerungen in Jena angeht, so ist zu berücksichtigen, dass das Verhältnis Bismarcks zu Wilhelm II. seit seiner Entlassung getrübt war. Bismarck revanchierte sich durch eine Fülle öffentlicher Äußerungen, in denen er geschickt auf seine Verdienste hinwies. Natürlich kann auch ein gewisse Beunruhigung Bismarcks angenommen werden. 1892 waren erste Auswirkungen einer Änderung der Außenpolitik sichtbar geworden, da der Rückversicherungsvertrag nicht verlängert worden war.

4 Die wesentlichen **Vorstellungen Bismarcks zur Innenpolitik** lauten:
Der **innere Ausbau des Reiches** habe „eine gewisse diktatorische Tätigkeit" (Z. 13/14) verlangt, dies könne jedoch nicht als dauerhafte Institution eines solch großen Staates betrachtet werden. Akzeptanz werde dieser Ausbau nur finden, wenn „wir wirklich **ein starkes Parlament** als Brennpunkt des nationalen Einheitsgefühls haben" (Z. 22/23). Dieser Zustand sei aber aufgrund der politischen Zersplitterung des Reichstages noch nicht gegeben. Jeder Minister könne die Differenzen zwischen den Fraktionen ausnutzen (vgl. Z. 23–27). Nur ein **Reichstag mit einer konstanten Mehrheit** könne wirklich die Pflichten einer Volksvertretung erfüllen, d. h. für ein Gleichgewicht zwischen Regierung und Volk sorgen (vgl. Z. 30–36). Heutzutage müsse nationale Politik betrieben werden, eine dynastische Politik könne nicht mehr praktiziert werden. Voraussetzung dafür sei jedoch eine nationale Volksvertretung, die die Wünsche der Nation zur Richtschnur nehme (vgl. Z. 36–41).

5 Es ist zunächst zu untersuchen, inwieweit Vorstellungen von einem starken Parlament, das sich von den Wünschen der Nation leiten lässt, im Rahmen der Verfassung von 1871 möglich waren. Zudem ist die Frage gestellt, wieweit sich die Deutschen in den Verhältnissen des Zweiten Kaiserreiches wohl fühlten.

Die **Bismarck'sche Reichsverfassung** von 1871 enthielt eine Volksvertretung, den Reichstag, der in gleichen (Frauen ausgenommen), geheimen und freien Wahlen gewählt wurde. Ihm stand das Recht der Gesetzesinitiative zu und zusammen mit dem Bundesrat besaß er das Gesetzgebungs- und Budgetrecht. Damit entsprach er den liberalen Forderungen von den Rechten eines Parlaments.
Da das Kaiserreich der Konstruktion nach ein Fürstenbund war, galt offiziell die Vertretung der 25 Bundesstaaten, der Bundesrat, als das oberste Organ.

In der **Verfassungswirklichkeit** jedoch trat der Bundesrat hinter den Kaiser mit der Regierung und den Reichstag zurück. Der Reichstag war durchaus ein arbeitendes Parlament, brachte zahlreiche Gesetze auf den Weg, besonders auf rechtlichem und wirtschaftlichem Gebiet, und alle wesentlichen gesellschaftlichen Gruppen waren in ihm vertreten. Er verstand sich als Vertretung der Gesamtheit des Volkes, und wurde vom Volk auch als solche akzeptiert, was man am Steigen der Wahlbeteiligung ablesen kann: Sie stieg von etwas über 50 % 1871 auf über 84 % bei den Wahlen 1907 und 1912 an. Der Reichstag funktionierte als Sammelpunkt der Interessen und als politische Institution, als Gegengewicht zu Reichskanzler, Regierung oder Staatsbürokratie trat er nicht auf. Das Parlament hatte auf die Berufung des Reichskanzlers und der Staatssekretäre, also der Regierung, keinen Einfluss. Allerdings musste sich der jeweilige Kanzler für die Verwirklichung seiner Gesetzesvorhaben auf eine Mehrheit im Reichstag stützen. Die war jedoch nicht zu gewinnen, ohne dass sich zwei der drei großen Gruppierungen – Konservative, Katholiken des Zentrums und Liberale – zusammenfanden. Bis 1918 wurde versucht, die Sozialdemokraten aus dem politischen Spiel herauszuhalten. Eine Verfassungsänderung, die die Stellung des Reichskanzlers auch an das Vertrauen des Reichstages band, wurde erst im Herbst 1918 im Zuge der Niederlage im Ersten Weltkrieg erreicht. Vorher fehlte es der jeweiligen Mehrheit am politischen Willen, die Parlamentarisierung des Reiches anzustreben.
Diese Verfassung symbolisierte nicht den bürgerlich-parlamentarischen Verfassungsstaat, aber sie bot den konstitutionellen Rahmen, der bis weit in den Ersten Weltkrieg hinein die tonangebenden politischen Kräfte zufrieden stellte.

Bei der Frage, **inwieweit die Deutschen sich in den gegebenen Verhältnissen des Kaiserreichs wohl fühlten**, muss auf die Auseinandersetzungen mit zwei Großgruppen hingewiesen werden, die die gesellschaftliche Situation belasteten: der **Kulturkampf** und das **Sozialistengesetz**. Die Maßnahmen gegen den politischen Katholizismus führten zum Gegenteil des Erwarteten, zu einer starken Solidarisierung der katholischen Bevölkerung. So strebte Bismarck mit dem neuen Papst Leo XIII. seit 1878 einen Kompromiss und die Beendigung des Kulturkampfes an. In der Folgezeit wuchs das Zentrum immer mehr in das Staatssystem hinein, unterstützte danach teilweise sogar Bismarcks Politik. Die Partei öffnete sich immer mehr den herrschenden Positionen im Kaiserreich, vom Imperialismus bis zu bäuerlicher Interessenpolitik und der Ablehnung der Sozialdemokratie und war danach für die Mehrheitsbildung ein wichtiger Faktor, auch in enger Verbindung mit den Konservativen. Von einer dauerhaften Entfremdung des katholischen Bevölkerungsanteils vom Reich kann also keine Rede sein.
Der **Kampf gegen die Sozialdemokratie** wurde durch das Sozialistengesetz 1878, das Verbot sämtlicher sozialistischer Organisationen und ihrer Tätigkeit, verschärft. Dazu ist zu bemerken, dass auch dieses Gesetz vom Reichstag, besonders mit den Stimmen der Konservativen und Nationalliberalen beschlossen worden war. Auch hier wurde das Ziel, die Ausschaltung einer Partei, die angeblich den Umsturz der bestehenden gesellschaftlichen Ordnung betrieb, nicht erreicht. Die Sozialdemokratie ging 1890 vielmehr gestärkt aus der Zeit der Verfolgung hervor. Diese Haltung des Staates wirkte zunächst einer Aussöhnung zwischen der Arbeiterschaft und dem Staat entgegen, verhinderte aber die zunehmende Integration der Sozialdemokratie in die bürgerliche Gesellschaft nicht. Und es ist auch darauf zu achten, dass bei aller Kritik an der Behandlung durch den Obrigkeitsstaat daraus nicht auf eine allgemeine Ablehnung des Deutschen Reiches durch die Arbeiter geschlossen werden kann.

Grundkurs Geschichte (Sachsen): Abiturprüfung 2003
Ersttermin – Aufgabe B

M 1: Der Historiker Wolfgang Benz in einem Artikel über den 9. November: Erinnerung mit Scham und Freude. ... Deutsche Geschichte zwischen Höhen und Tiefen

Der 9. November ist wie kein anderer ein Kristallisationspunkt deutscher Geschichte im 20. Jahrhundert, ein Tag, an dem und über den das Nachdenken lohnt. Der jüngste Anlaß, der Augenblick des 9. November 1989, als sich die Mauer in Berlin öffnete, als Deutsche aus Ost und West sich unverhofft als Brüder und Schwestern in den Armen lagen, ist wohl der freudigste. Dieser 9. November steht für eine von den Bürgern der DDR erkämpfte friedliche Revolution. Welche Leistung kommt diesem Triumph, ohne Blutvergießen über das verkrustete SED Regime errungen, überhaupt gleich?

Der 9. November 1918 [...] konnte mangels Demokratiebereitschaft und Konsensfähigkeit von einer Mehrheit der Deutschen nicht wahrgenommen werden als Aufbruch und Befreiung, als Fanal eines heraufziehenden parlamentarisch-demokratischen Zeitalters, das dann freilich kaum 14 Jahre dauerte.

In diese Zeit fiel ein Aufstand der Rechtsradikalen, angeführt vom damals noch mehr belachten als ernst genommenen Adolf Hitler, der den 9. November 1923 zum Tag der Erhebung erkoren hatte. Der Operettenputsch im Münchner Bierkeller [...] wurde zehn Jahre später, als Hitler an die Macht gekommen war, zum nationalen Ereignis stilisiert und mit makabrem Pomp als Gedenkritual alljährlich neu inszeniert. Das ist zu Recht so vergessen, wie des 9. November 1939 zu Unrecht kaum gedacht wird. An diesem Tag versuchte der Schreiner Georg Elser ganz allein, geleitet nur von seinem Rechtsempfinden und seinem Abscheu gegen die Diktatur der Nationalsozialisten, Hitler durch ein Bombenattentat im Münchner Bürgerbräu, dem Traditionsort der „Alten Kämpfer" von 1923, aus dem Weg zu räumen.

Der 9. November vor 60 Jahren ist uns als Tag der Schande in Erinnerung. [...] An diesem 9. November 1938 wurde nicht nur die Idee des Rechtsstaats in Deutschland vor aller Welt verhöhnt, an diesem Tag schied das Deutsche Reich für lange Jahre aus dem Kreis der zivilisierten Nationen. [...]

Die Erinnerung an jedes einzelne dieser Daten deutscher Geschichte schließt die anderen nicht aus: Die Öffnung der Mauer als Anfang einer noch lange nicht endgültig vollzogenen Vereinigung der beiden Nachkriegsstaaten und ihrer Gesellschaften ist ein Ereignis, das nicht weniger zu Nachdenklichkeit anregt, je historischer es wird, je weiter wir uns davon entfernen. Der 9. November 1989 verweist auch zurück auf den November 1938 und nicht minder auf den gleichen Tag des Jahres 1918: Die Daten deutscher Geschichte im 20. Jahrhundert stehen in größerer Abhängigkeit von einander, als vordergründiges Gedenken oft ahnen läßt. Dies zu erinnern, eignet sich der 9. November besonders.

Rechtschreibung und Zeichensetzung folgen der Vorlage

Aus: Das Parlament, Nr. 46–47, 6./13. November 1998, S. 13

M 2: Der Publizist Johannes Willms in einem Artikel über den 9. November: Vier Zäsuren in der deutschen Geschichte

Welche Qualität macht aus einem gewöhnlichen Kalendertag ein historisches Datum? In seiner autobiographischen Schrift „Kampagne in Frankreich 1792" berühmte sich Goethe einer prophetischen Einsicht, die er am Abend des 20. September 1792 gegenüber preußischen Offizieren formuliert haben will: „Von hier und heute geht eine neue Epoche der Weltgeschichte aus, und ihr könnt sagen, ihr seid dabei gewesen". Das war die Kanonade von Valmy, die den Wendepunkt in dem Interventionskrieg gegen das revolutionäre Frankreich markierte, zu dem sich die europäischen Mächte nur halbherzig aufgerafft hatten. [...]

Entscheidend an der Bemerkung Goethes ist [...], daß er [...] die überzeitliche Qualität hervorhob, die es braucht, damit ein Kalendertag zu einem historischen Datum wird. Betrachtet man aus dieser Perspektive die vier 9. November in der Deutschen Geschichte dieses Jahrhunderts, die zufällig oder geplant, es gilt gleichviel, zu historischen Daten avancierten, weil sie jeweils Brüche markierten oder Kontinuitäten in ihrem Verlauf sichtbar machten, so ist zunächst einzuräumen, daß nicht alle vier Daten von gleicher Bedeutung sind. Vom Anfang einer neuen Epoche der Weltgeschichte wird man lediglich sprechen können, wenn vom 9. November 1938 die Rede ist.

Der 9. November 1918 hingegen [...] steht als Datum in einer ereignisgeschichtlichen Kontinuität. [...]

Auch Hitlers Marsch auf die Münchner Feldherrenhalle am 9. November 1923 [...] war nur ein Theater-Coup, eine politische Demonstration, der die Signalwirkung versagt blieb. [...]

Der 9. November 1989 schließlich, der Tag an dem die Mauer fiel, steht als ein historisches Datum ebenfalls in einer ereignisgeschichtlichen Kontinuität, deren Kennzeichen nun der schleichende Auflösungsprozeß des „real-existierenden Sozialismus" ist. [...]

Von wahrhaft singulärer, den Beginn einer neuen weltgeschichtlichen Epoche einleitenden Bedeutung war nur der 9. November 1938. [...]

Der 9. November 1938 ist wie kein anderes Datum *der* Schicksalstag der Deutschen, steht er doch für Verbrechen, die in der Geschichte der Menschheit ohne Beispiel sind.

Rechtschreibung und Zeichensetzung folgen der Vorlage

Aus: Süddeutsche Zeitung vom 9. 11. 1993, Nr. 259, S. 13

M 3: Das Feierjahr des NS-Staates

Daten	Angaben zum Feiertag
30. Januar	morgendliche Rede Goebbels' an die Schuljugend, Hitler-Rede vor dem Reichstag, abends Wiederholung des Fackelzuges von 1933
24. Februar	Treffen der „Alten Kämpfer" in München zum Gründungstag der NSDAP
16. März	„Heldengedenktag" (löste den Volkstrauertag der Weimarer Republik ab), Wehrmachtsparaden in Berlin
letzter März-sonntag	feierliche Aufnahme der Vierzehnjährigen in die HJ
Vorabend von Hitlers Geburtstag	Aufnahmeappell der Zehnjährigen fürs Jungvolk
20. April	zum Geburtstag des Führers: Militärparaden in allen Garnisonsstädten, Parteifeier und Vereidigung der neuen Funktionäre der NSDAP
1. Mai	Tag der nationalen Arbeit
zweiter Mai-sonntag	Muttertag, ab 1939 Verleihung des „Mutterkreuzes"
21./22. Juni	Sommersonnenwende
September	Reichsparteitag in Nürnberg
8. November	Treffen der „Alten Kämpfer" im Münchner Bürgerbräukeller
9. November	Ehrung der „Blutzeugen der Bewegung", Aufnahme der Herangewachsenen der HJ in die NSDAP, nächtliche Treueschwüre des SS-Nachwuchses
Weihnachten	„Julfest"

Zusammengestellt nach Wolfgang Benz: Konsolidierung und Konsens 1934–1939; in: Das Dritte Reich im Überblick. Hg. v. Martin Broszat, Norbert Frei, München 1989, S. 61

Aufgaben:

1	Erarbeiten Sie aus M 1 die Meinung des Verfassers zum historischen Platz der Ereignisse am 9. November in der deutschen Geschichte des 20. Jahrhunderts.	10 BE
2	Legen Sie die historischen Prozesse dar, für die der 9. November 1918 und der 9. November 1923 stehen.	12 BE
3.1	Bestimmen Sie anhand von M 2 die Position des Verfassers zur historischen Gewichtung der 9.-November-Ereignisse und vergleichen Sie diese Auffassungen mit der des Verfassers von M 1.	12 BE
3.2	Setzen Sie sich mit der historischen Gewichtung des 9. November 1938 in M 2 auseinander.	14 BE
4	Erläutern Sie unter Berücksichtigung von M 3, welche Anlässe Gedenktage und Rituale im Nationalsozialismus hatten. Erklären Sie, welche Funktion den Gedenktagen und Ritualen in der nationalsozialistischen Ideologie zugedacht war.	12 BE
		60 BE

Lösungsvorschlag

1 Der Verfasser von M 1, **Wolfgang Benz**, wertet die unterschiedlichen Ereignisse am 9. November in Deutschland als **Kristallisationspunkte der deutschen Geschichte im 20. Jahrhundert** (vgl. Z. 1 f.). Im Einzelnen weist er ihnen folgenden Platz zu:

- Der **9. November 1989**, der Tag als die Mauer in Berlin geöffnet wurde, sei ein **Freudentag**. Benz fragt, was der Leistung der friedlichen Überwindung eines verkrusteten Herrschaftssystems gleichkommen könne (vgl. Z. 2–7).
- Der **9. November 1918**, der Sturz des Kaiserreiches und der Beginn der Demokratie in Deutschland, wird als „**Aufbruch und Befreiung**" gewertet, der leider von einer Mehrheit der Deutschen nicht als solche wahrgenommen worden sei (vgl. Z. 8–11).
- Der **9. November 1923**, der Tag des **Hitlerputsches** in München, sei heute zu Recht als Gedenktag vergessen (vgl. Z. 12–17).
- Allerdings werde heute des Versuchs von **Georg Elser** am **9. November 1939**, Hitler durch ein Bombenattentat im Münchner Bürgerbräukeller zu beseitigen, zu Unrecht kaum gedacht (vgl. Z. 17–21).
- Der **9. November 1939**, bekannt als **„Reichskristall"- oder „Reichspogromnacht"**, sei ein Tag der Schande, denn er bedeute das Ausscheiden Deutschlands aus dem Kreis der zivilisierten Nationen (vgl. Z. 22–25).

Alle diese Ereignisse stehen nach Meinung des Verfassers in großer Abhängigkeit voneinander, woran er besonders erinnern möchte (vgl. Z. 26–34).

2 **Zum 9. November 1918**

Nach einem vierjährigen Krieg hatte Deutschland den Offensiven der alliierten Heere an der Westfront nichts mehr entgegenzusetzen. Am 28./29. 9. 1918 gestand die **Oberste Heeresleitung** unter Hindenburg und Ludendorff ein, dass der Krieg nicht mehr zu gewinnen sei und forderte den **Abschluss eines** sofortigen **Waffenstillstandes.** Die Reichsregierung sollte auf eine parlamentarische Grundlage gestellt werden, um die Alliierten, insbesondere den amerikanischen Präsidenten Woodrow Wilson, für den Friedensschluss günstiger zu stimmen. In der Folge wurde unter der Kanzlerschaft des Prinzen Max von Baden die **Parlamentarisierung des Reiches** durchgeführt. Das Volk spielte keine aktive Rolle, es war vor allen Dingen mit der Sicherung des Überlebens beschäftigt. Je länger sich nun der Notenwechsel der deutschen mit der amerikanischen Regierung hinzog, desto kriegsmüder wurden die Menschen. Als Ende Oktober 1918 die Seekriegsleitung befahl, die Flotte gegen England auslaufen zu lassen, **verweigerten die Matrosen den Gehorsam**, um nicht noch im letzten Augenblick auf einer „Todesfahrt" umzukommen.
Spontan bildeten sich **Räte aus meuternden Matrosen und streikenden Arbeitern**. Von der Küste breitete sich die Bewegung aus und erreichte am 9. November Berlin. Angesichts einer Revolution, die die SPD-Führung so nicht gewollt hatte, ergriff ihr Vorsitzender **Friedrich Ebert** die Initiative und **bildete den Rat der Volksbeauftragten**. Ihm gehörten je drei Vertreter der beiden sozialistischen Parteien, SPD und USPD, an. Bei einer Versammlung von etwa 3 000 Mitgliedern der Berliner Räte wurden die Volksbeauftragten am 10. 11. 1918 bestätigt. Der **Reichskongress der Arbeiter- und Soldatenräte in Berlin** im Dezember 1918 machte mit seinem Beschluss über die Wahl einer verfassunggebenden **Nationalversammlung** den Weg zur parlamentarischen Demokratie endgültig frei.

Zum 9. November 1923

Bayern war nach der **Niederschlagung der Räterepublik** im April/Mai 1919 Hort zahlreicher republikfeindlicher „völkischer" und „vaterländischer" Gruppen und Verbände geworden, die Bayern zur konservativen und nationalen „Ordnungszelle" des Reiches machen wollten. Eine dieser rechtsgerichteten Gruppen war die „Nationalsozialistische

Deutsche Arbeiterpartei“ unter der Führung von Adolf Hitler, der er bis 1923 eine führende Stellung unter den rechtsradikalen Gruppen verschaffte. In der Folge der nationalistischen Welle, ausgelöst durch die Einstellung des passiven Widerstands an der Ruhr gegen die französisch-belgische Besetzung durch die Reichsregierung, v**erkündete die bayerische Landesregierung den Ausnahmezustand** für das Land. An die Spitze trat als Generalstaatskommissar Gustav von Kahr.
Hitler drängte darauf, mit bayerischen Truppen und Wehrverbänden nach Berlin zu ziehen, um die Reichsregierung abzusetzen. Vorbild war der Anführer der italienischen Faschisten Benito Mussolini, der 1922 durch einen Marsch auf Rom die Macht in Italien übernommen hatte.
Am **Abend des 8. November** sprengte Hitler mit seinen Getreuen eine Versammlung der konservativ-monarchistischen Kräfte unter von Kahr im **Bürgerbräukeller**. Er zwang von Kahr und den Befehlshaber der Reichswehr in Bayern, General von Lossow, sowie den Chef der Landespolizei Geißler dazu, sich seinem Putschversuch anzuschließen. In einer „Proklamation an das deutsche Volk“ wurde die Regierung in Berlin für abgesetzt erklärt und durch eine „provisorische deutsche Nationalregierung“ ersetzt, in der Hitler den Kanzlerposten beanspruchte.
In der Nacht jedoch wandten sich von Kahr und seine politischen Freunde von Hitlers Plänen ab. **Sie verfolgten schließlich ganz andere, eigene Ziele**: restaurativ, monarchisch und mehr auf Bayern gerichtet als Hitler, der in Berlin eine Diktatur neuer Art errichten wollte. Und wenn schon geputscht würde, dann nach eigenen Plänen und Vorgaben, und nicht unter der Führung eines dahergelaufenen Demagogen. Außerdem erkannten sie, dass sie beim Chef der Heeresleitung, General von Seeckt, in dieser Notsituation von der Reichsregierung mit der vollziehenden Gewalt im Reich beauftragt, keine Unterstützung finden würden.
Am **9. November** versuchten die Nazis mit einem **Marsch durch München**, an dessen Spitze Hitler und Ludendorff marschierten, die Bevölkerung zu gewinnen und die Stimmung für einen „Marsch auf Berlin“ zu erzeugen. Die Bayerische Landespolizei stoppte den Zug vor der Feldherrnhalle durch einen Schusswechsel. Der Putschversuch war gescheitert, Hitler floh und wurde zwei Tage später festgenommen. Im April 1924 wegen Hochverrats zur Mindeststrafe von fünf Jahren Festungshaft verurteilt, wurde er schon nach einem halben Jahr vorzeitig entlassen. War dies auch ein **milder Umgang mit einem Putschisten**, so schien seine politische Karriere dennoch beendet.

3.1 Die Position des Verfassers von M 2, **Johannes Willms**, kann wie folgt bestimmt werden: Von einem Zitat Goethes ausgehend stellt für Willms ein Kalendertag dann ein historisches Datum dar, **wenn von ihm eine neue Epoche der Weltgeschichte ausgeht** (vgl. Z. 1–11). Er räumt ein, dass alle vier 9. November in der deutschen Geschichte des 20. Jahrhunderts zu historischen Daten wurden, aber nicht alle von gleicher Bedeutung seien (vgl. Z. 11–15). Aber **vom Beginn einer neuen Epoche könne nur beim 9. November 1938 gesprochen werden**, weil er für **Verbrechen** stehe, die **in der Geschichte ohne Beispiel** seien. (vgl. Z. 15–17, 26–31). Die anderen 9. Novemberdaten (1918, 1923 und 1989) stünden in ereignisgeschichtlicher Kontinuität (vgl. Z. 18–26, 29–31).

Vergleicht man die beiden Positionen in M 1 und M 2, kann zunächst zahlenmäßig verglichen werden. So finden sich alle bei Willms genannten Gedenktage auch bei Benz. Benz führt jedoch zusätzlich den 9. November 1939 (Elser-Attenat) mit auf.
Die eigentlichen Unterschiede liegen jedoch in der Bewertung. Benz betont, dass alle Daten in einem Zusammenhang stünden und mehr oder weniger gleichrangig zum Nachdenken über deutsche Geschichte anregten. Willms folgt einen anderen Ansatz. Er stellt den 9. November 1938 heraus, da nur er seinem Anspruch des Beginns einer weltgeschichtlichen Epoche gerecht werde.

3.2 Willms geht also davon aus, dass historische Daten dann eine besondere Würdigung verdienen, wenn sie eine neue Epoche der Geschichte einleiten, und nicht nur eine ereignisgeschichtliche Kontinuität fortführen. Mit dieser Auffassung ist sich nun, bezogen auf die Ereignisse des 9. November, auseinanderzusetzen.

Das Datum des **9. November 1938** steht symbolisch für die „Reichskristall-" oder „Reichspogromnacht". Es handelt sich dabei um von Goebbels gesteuerte Ausschreitungen gegen jüdische Bürger in der Nacht vom 9. zum 10. November 1938. Dabei wurden in ganz Deutschland Synagogen in Brand gesteckt, jüdische Geschäfte zerstört, Juden verprügelt, verhaftet oder auch getötet. Den geschädigten Juden wurde schließlich für die entstandenen Schäden durch eine Verordnung noch eine „Buße" von einer Milliarde Reichsmark auferlegt, die an das Deutsche Reich zu zahlen war. Weitere Gesetze und Verordnungen folgten, die die Juden aus dem wirtschaftlichen und gesellschaftlichen Leben weiter ausschlossen.
Dieses Datum steht nach Willms „für Verbrechen, die in der Geschichte der Menschheit ohne Beispiel sind" (Z. 29 f.). **Hiermit ist die Verfolgung und Tötung der Juden, der Holocaust, gemeint**.

Sicher kann bei Hitler die Kontinuität des Judenhasses seit seiner Zeit in Wien nachgewiesen werden, damit besteht aber noch keine direkte Verbindung zwischen dem 9. November 1938 und dem Holocaust. Ein **langfristiges, seit dem Machtantritt Hitlers geplantes Ausrottungsprogramm** der Juden **bestand wohl nicht**, sondern die Politik der Nazis gegenüber den Juden war die einer zunehmenden Entrechtung, wobei man sich zunächst wohl darin einig war, das langfristig für Juden in Deutschlands kein Platz mehr sei. Was im April 1933 mit dem Boykotttag gegen jüdische Geschäftsinhaber begann, wurde zusehends durch weitere diskriminierende Maßnahmen verschärft, wie z. B. die Ausgliederung der jüdischen Mitbürger aus dem Reichsverband in den Nürnberger Gesetzen. In diesen **Prozess zunehmender Entrechtung**, der nach dem 9. November verstärkt fortgesetzt wurde, ist die „Reichskristallnacht" einzuordnen. Ziel der hierbei begangenen Verbrechen war vielmehr, **die noch in Deutschland lebenden Juden zur Emigration zu zwingen**. So gesehen steht auch der 9. November 1938 in einer geschichtlichen Kontinuität, was zunächst einmal Willms' These widerspricht.
Die weitere **Radikalisierung des Vorgehens bis zur konsequenten Tötung** der Juden **setzte jedoch später ein**. Im besetzten Polen wurden die dort lebenden Juden in Gettos zusammengetrieben. Nach dem Überfall auf die Sowjetunion führten Einsatzkommandos in eroberten Gebieten Massenerschießungen durch. Mitte 1941 suchte die NS-Führung nach einem Weg, die Tötung der Juden „effektiver", „geordneter" und für die Mörder weniger belastend durchzuführen, nach einer „Endlösung der Judenfrage". Infolge dieser Überlegungen entstanden Vernichtungslager im Osten wie Belzec, Chelmno, Majdanek, Treblinka und Auschwitz-Birkenau. Es handelt sich hierbei also um die **Folgen eines Radikalisierungsprozesses** des Denkens, das erst möglich geworden war, nachdem der Vernichtungskrieg im Osten alle moralischen Hemmungen beseitigt hatte und Massentötungen vorstellbar wurden. Es sei auch noch darauf hingewiesen, dass der Beschluss zur „Endlösung" keineswegs erst auf der **Wannseekonferenz** am 20. Januar 1942 fiel. Dort ging es vielmehr um die Absprache zwischen Reichsbehörden zur organisatorischen Durchführung des im Vorjahr getroffenen Beschlusses der NS-Führung.

So ist zu fragen, ob für das Nachdenken über die Tötung der europäischen Juden nicht ein anderer Tag oder ein anderes Symbol, wie z. B. Auschwitz, geeigneter wären.
Für Willms' These spricht allerdings, dass die Ermordung der Juden im deutschen Machtbereich nach bürokratischen Vorarbeiten, mit einem hohen Grad an Organisation und mit technischer Perfektion durchgeführt worden ist. Es handelt sich um von gefühlskalten Exekutoren planmäßig durchgeführte Grausamkeit aufgrund einer menschenverachtenden Ideologie.
In diese Reihe sich verschärfender Rechtlosigkeit ist die Reichspogromnacht einzuordnen.

Zudem muss betont werden, dass **auch anderen 9. November-Daten weltgeschichtliche Bedeutung zugemessen werden kann**.
So steht der **9. November 1918** für eine tiefen Einschnitt: Das **Ende des Deutschen Kaiserreiches und des Neuanfangs** eines neuen Staats- und Gesellschaftsmodells auf deutschem Boden, **der Demokratie**. Das Volk handelte, nicht mehr die Obrigkeit, Parteien, die bisher von der Macht fern gehalten worden sind, übernahmen die Leitung des Staatswesens, militärische Eliten mussten ihr Scheitern eingestehen. Zugleich kann das Datum für die Beendigung eines vierjährigen Weltkrieges stehen, auch wenn der Waffenstillstand erst zwei Tage später abgeschlossen wurde. Sicher setzten sich Mentalitätsstränge und Traditionslinien in der Weimarer Republik fort, aber der **Einschnitt 1918 wurde im Bewusstsein der Zeitgenossen tief empfunden**. Der Obrigkeitsstaat und das Kaiserreich, die die Bezugsgröße der Menschen darstellten, hatten schlagartig aufgehört zu bestehen, und man musste sich in eine neue demokratische Ordnung einfinden, die noch aufzubauen war. Die Übernahme einer Selbstverantwortung für das Gemeinwesen war vielen Menschen noch fremd und überforderte sie, wie die Geschichte der Weimarer Republik zeigt.

Der **9. November 1989** steht zunächst einmal für den **Zusammenbruch eines eigenständigen Staates**, den seine eigene Bevölkerung nicht mehr wollte. Die Verwirklichung der deutschen Einheit **verlangte vom ehemaligen DDR-Bürger eine Neuorientierung** auf gesellschaftlichem, wirtschaftlichem, sozialem und kulturellem Gebiet. Bisheriges Wissen und Erfahrungen waren schlagartig entwertet, Mentalitäten und Einstellungen waren zu verändern, Verhaltensweisen und Denkmuster den neuen gesellschaftlichen Bedingungen anzupassen. Welche Kraftanstrengung diese Umstellungen jeweils für den Einzelnen bedeutete und wie weit sie gelangen, war sicher von vielen persönlichen Faktoren abhängig; es wäre aber eine Geringschätzung der erbrachten Leistung dies nicht ausreichend zu würdigen.
Mit dem 9. November 1989 wird auch **die Karte Europas** in der Folge völlig **umgestaltet** und **die politischen Gewichte verschieben sich**.
Die **Einigung Deutschlands** markiert gleichzeitig das **Ende des Kalten Kriegs** und die Überwindung der Spaltung Europas. Statt Staaten, die sich in zwei Blöcken gegenüberstehen, besteht nun die Möglichkeit, ein europäisches Haus aufzubauen. Wer hätte 1989 erahnen können, dass die Sowjetunion zerfallen wird und viele Länder des ehemaligen Ostblocks schließlich Mitglieder der NATO und der Europäischen Union sein werden.
Eine zwangsläufige Verbindung, eine Selbstverständlichkeit im Sinne einer „ereignisgeschichtlichen Kontinuität“ (Z. 24), zwischen der Krise in der DDR und der überwundenen Spaltung Europas **kann nicht nachgewiesen werden**.
Eine solche Argumentation verkennt die Neuheit des Entstandenen und die realen Möglichkeiten, dass es auch anders hätte kommen können. Dies wirft doch die Frage auf, wieso man es als mehr oder weniger selbstverständlich ansehen soll, dass die DDR-Oberen nicht auf ihr Volk schießen ließen, dass die Maueröffnung so problemlos vor sich ging, dass Gorbatschow der deutschen Einheit zustimmte, und dann auch noch im Rahmen des westlichen Bündnisses, dass Russland der Eingliederung seines gesamten ehemaligen Vorfeldes in westliche Organisationen zusah?

Festzuhalten ist, dass mit der Bedeutung der genannten Ereignisse der versuchte Hitler-Putsch am 9. November 1923 und das gescheiterte Attentat auf Hitler 1939 nicht gleichgesetzt werden können.

M 2 ist demnach ein Beispiel dafür, wie die tiefen, auch psychologischen Umbrüche durch nachschauende verallgemeinernde Betrachtungen aus der Nachschau nicht erkannt oder in ihrer Tragweite verkannt werden können.

4 Das feststehende **Feierjahr des NS-Staates** begann mit dem 30. Januar, der so genannten Machtergreifung, also dem Tag, an dem Hitler Reichskanzler wurde, und schloss mit dem 9. November zur Erinnerung an den fehlgeschlagenen Putsch von 1923, der in grandioser Verkehrung der Wirklichkeit mit einer Art verspätetem Siegeszug zur Ehrung „der Blutzeugen der Bewegung“ begangen wurde. Versuche, das christliche Weihnachtsfest zum heidnischen Julfest umzudeuten, blieben ohne nennenswerten Erfolg und können eigentlich unberücksichtigt bleiben. Das Feierjahr enthielt zudem eine Fülle von Weihestunden, Appellen, Aufmärschen, Spatenstichen, Führerbesuchen u. Ä. mit Reden, Fackelzügen, Marschsäulen und -musik, mit Fahnenwäldern, uniformierten Menschenblöcken und jubelnden Menschenmassen. Daneben gab es noch Feiertage aus aktuellem Anlass. Ein ausgeprägtes Verlangen nach Ritualen und Massenfesten ist also Kennzeichen des NS-Regimes.

Die in der Liste M 3 **angegebenen Gedenktage** und Rituale des NS-Staates **beziehen sich auf die NSDAP** (24. Februar, Reichsparteitag, 9. November), **die Person Hitlers** (Geburtstag, 30. 1. 33) **oder sind Versuche, traditionellen Feiertagen** (1. Mai und Weihnachten) **einen neuen Sinn zu verleihen**.
Die **Funktion dieser Selbstdarstellung** lag in der **Bindung des Volkes** an das Regime und der von ihm vertretenen Ideologie. Es geht um die einheitliche Beeinflussung des Willens der Bevölkerung und die **Mobilisierung** für die Zecke des Regimes, um Beschwörung des Einheitsgefühls und Festigung des inneren Zusammenhalts. Die Menschen sollten durch diese massenpsychologisch wirksamen Zeremonien auch gefühlsmäßig an den nationalsozialistischen Staat gebunden werden. Der Staat machte also feierliche Identifikationsangebote, insbesondere für Jugendliche.
Werte wie Treue, Gehorsam, Einsatzbereitschaft, die von den Menschen geschätzt wurden, waren von jedem übergreifenden Bezugssystem losgelöst und allein auf die Zwecke des Regimes ausgerichtet worden.
Die Ehrung und „Heroisierung“ von Kämpfern, auch des einfachen Mitgliedes, wenn es sich in den „Dienst“ des Nationalsozialismus stellte, stärkten dessen Überzeugungen und Einsatzbereitschaft und hatten zugleich Vorbildfunktion für andere.
Der angestrengte Stilisierungswille, der die öffentliche Darstellung des Regimes kennzeichnet, **sollte eine feste Ordnung vorspielen**, um das öffentliche Bewusstsein nach Jahren der Unsicherheit, der Krisen und der Angst zu beruhigen.
Natürlich **dienten diese Inszenierungen auch dazu**, von weniger angenehmen Seiten des Regimes, z. B. bei den alltäglichen Lebensverhältnissen, **abzulenken**. Zugleich entsprachen Massenauftritte und Reden **Hitlers Wunsch nach Selbstdarstellung**.

Grundkurs Geschichte (Sachsen): Abiturprüfung 2004
Ersttermin – Aufgabe A

M 1: Rede des sächsischen Königs Friedrich August II. „An das sächsische Volk" vom 9. Mai 1849

Sachsen! schwere Gefahr droht unserm schönen Vaterlande! Eine Anzahl theils Uebelgesinnter, theils Verführter, in Verbindung mit fremden Bösewichtern, sind bemüht, das Band zu lockern, welches seit Jahrhunderten Sachsens Volk mit seinen Fürsten verbunden hat. Sie drohen Thron und Verfassung umzustoßen, Recht und Ordnung aufzuheben, Glück und Wohlstand nach allen Seiten zu vernichten; sie verschmähen es nicht, die verwerflichsten Mittel anzuwenden zu Erreichung ihrer verbrecherischen Zwecke. Wir nähern uns dem Abgrunde des Verderbens, wenn nicht die bewährte sächsische Treue, der gesunde Sinn einer an moralischer und geistiger Bildung so hoch stehenden Bevölkerung die Oberhand gewinnt.

Sachsen! blickt zurück auf die Zeiten des Friedens und der Eintracht, wo Glück und Segen über unsern blühenden Gefilden schwebten. Vergleicht damit die gegenwärtigen Zustände und fragt Euch, die Hand aufs Herz, ob sie besser sind, als die früheren, ob ihr glücklicher seid, als damals, ob Euer Wohlstand im Zunehmen oder Abnehmen begriffen ist. Fragt Euch mit Ernst und Gewissenhaftigkeit, was sicherer zum Heile des Ganzen und Einzelnen führt, wenn Fürst und Volk, mit gegenseitigem Vertrauen, Hand in Hand gehen, oder wenn Ihr feindlich Euerm Könige gegenübertretet, der, ich rufe Gott zum Zeugen an, kein anderes Streben kennt, keinen innigeren Wunsch hegt, als das Glück, das Wohl seines Volkes!

Sachsen! könnt Ihr zweifelhaft sein? – Denkt an Euere Väter und Mütter, an Euere Frauen und Kinder, an Alle, die Euch theuer sind, an die folgenden Geschlechter, die Eurer fluchen oder Euch segnen werden! Denkt an die Verantwortung, die auf Euch ruht, an die Pflichten, die Euch mahnen! Kehrt zurück, die Ihr verführt oder verirrt seid, verschließt Euer Ohr den Einflüssen Fremder, welche Euch mißbrauchen, einzelner Ehrgeizigen und Habsüchtigen, die nur ihren eigen Vortheil wollen. Vereinigt Euch Alle auf dem Wege der Pflicht, schaart Euch um Euern König, unterstützt ihn und die rechtmäßigen Landesbehörden mit Kraft und Muth, damit Gesetz und Ordnung erhalten, die Verfassung geschützt, das theuere Vaterland gerettet werde!

Vereinigt Euch mit mir zum innigen Danke gegen die tapferen Soldaten der vaterländischen Armee und die, auf gesetzlichem Wege herbeigerufenen, braven Königl. Preußischen Krieger, welche sieben Tage lang gekämpft haben für die gerechte Sache, mit einer Hingebung und Ausdauer, die über alles Lob erhaben ist.

Fürchtet Nichts für die gemeinsame deutsche Sache. Auch in meiner Brust schlägt ein deutsches Herz, auch ich will Deutschlands Größe und Glanz. Ich will aber, daß so erhabenes Ziel auf gesetzmäßigem Wege erreicht werde. Ich gab Euch mein Wort, mitzuwirken für Deutschlands Einheit. Ich habe es bis jetzt redlich gehalten und werde stets ihm treu bleiben. Die Annahme, der von der Nationalversammlung in Frankfurt a. M. berathenen deutschen Verfassung habe ich nie unbedingt versagt; ich habe nur auf verfassungsmäßigem Wege und in Übereinstimmung mit den größern Nachbarstaaten in dieser hochwichtigen Angelegenheit vorschreiten wollen. Daß in dieser Hinsicht etwas Anderes nicht geschehen konnte, wird jeder Unbefangene bei ruhiger Prüfung selbst ermessen.

Was bis jetzt hat angeordnet werden müssen, um durch außerordentliche Maßregeln Ruhe und Ordnung herzustellen, die Verfassung aufrecht zu erhalten, dem Gesetze Geltung zu verschaffen, war unvermeidlich, war hervorgerufen durch offenen Aufruhr, durch Gewaltthätigkeiten, ausgeführt mit den Waffen in der Hand. Ich mache mir darüber keinen Vorwurf; ich war in meinem Rechte, ich folgte dem Gebote der Pflicht und wahrlich nicht der leichtesten. Es wird auch ferner mit aller Kraft und Energie den Feinden des Vaterlandes entgegengetreten werden, aber unendlich wohl wird es meinem Herzen thun, wenn Ruhe und Ordnung wiederkehren, ohne daß Strenge angewendet zu werden braucht.

Festung Königstein, den 09. Mai 1849

Friedrich August II.

Rechtschreibung und Zeichensetzung folgen der Vorlage

Aus: Dresdner Journal und Anzeiger, Nr. 128, 12. Mai 1849, S. 1

Aufgaben:

1	Ordnen Sie M 1 in den Revolutionsverlauf in Deutschland von 1848/49 ein.	8 BE
2	Erarbeiten Sie aus M 1 die Bewertung der revolutionären Vorgänge im Mai 1849 durch den sächsischen König. Ermitteln Sie die Wirkungsabsichten der Rede (M 1).	12 BE
3	Stellen Sie Probleme und Ergebnisse der Paulskirchendebatten unter Berücksichtigung der Haltung der Monarchen dar.	14 BE
4	„Auch in meiner Brust schlägt ein deutsches Herz, […] Ich will aber, daß so erhabenes Ziel [Deutschlands Einheit] auf gesetzmäßigem Wege erreicht werde." (M 1, Z. 32–34). Zeigen Sie am Einigungsprozess bis 1871, inwieweit dieser der Vorstellung des Monarchen Friedrich August II. entsprach.	12 BE
5	Der Historiker Mommsen stellte fest: „Obschon die Frankfurter Reichsverfassung niemals in Kraft getreten ist, setzte sie doch in vieler Hinsicht Maßstäbe für die Verfassungsentwicklung der deutschen Staatenwelt, […]."[1] Untersuchen Sie diese Behauptung an ausgewählten Beispielen der deutschen Verfassungsentwicklung nach 1849.	14 BE
		60 BE

[1] Mommsen, Wolfgang J., 1848: Die ungewollte Revolution, Die revolutionären Bewegungen in Europa 1830–1849, Frankfurt am Main 1998, S. 317

Lösungsvorschlag

1 In einer Phase restaurativer Politik der einzelnen Bundesstaaten im Deutschen Bund griffen im **Februar 1848** die **revolutionären Ereignisse** in Frankreich auf Deutschland über. Vom Südwesten ausgehend ging eine Protestwelle durch das Land, die in Petitionen und Kundgebungen ihren Ausdruck fand. Die Fürsten der kleinen und mittleren Staaten gaben nach und bewilligten bürgerliche Freiheiten und ersetzten die konservativen Regierungen durch liberale Kräfte, sog. Märzministerien. Nur in Wien und Berlin konnte die revolutionäre Bewegung erst nach Straßenkämpfen mit dem Militär siegen. Metternich floh schließlich nach England und der preußische König Friedrich Wilhelm IV. musste den toten Barrikadenkämpfern die letzte Ehre erweisen.
51 führende liberale Politiker, meist Abgeordnete aus verschiedenen Landtagen, ergriffen die Initiative und trafen sich aus eigener Verantwortung in Heidelberg, um nach Wegen zu suchen, die Forderung der Menschen nach Einheit und Freiheit zu erfüllen. Diese Versammlung berief ein **Vorparlament** nach Frankfurt ein, dessen Teilnehmer Wahlen zu einer **Nationalversammlung** beschlossen. Am 18. 5. 1848 trat das erste gesamtdeutsche Parlament in Frankfurt in der Paulskirche zusammen. Die Nationalversammlung berief ein **vorläufiges Staatsoberhaupt**, den als liberal geltenden österreichischen Erzherzog Johann als Reichsverweser, und eine Regierung, das Reichsministerium. Dann begann sie mit der Ausarbeitung der Grundrechte der Deutschen. Nach den vorausgegangenen Erfahrungen mit Restauration und Reaktion schien den Abgeordneten die Sicherung dieser Rechte besonders dringend. Im Dezember 1848 war der **Grundrechtskatalog** fertig gestellt, die Verfassung im März 1849.
Im April 1849 begab sich eine Abordnung der Nationalversammlung nach Berlin, um dem preußischen König **Friedrich Wilhelm IV.** die **Kaiserkrone** anzubieten. Dieser **lehnte jedoch ab**. Er verstand sich als legitimer Herrscher von Gottes Gnaden, der nicht bereit war eine Krone aus der Hand des Volkes anzunehmen.

In **Sachsen** begann das Ringen um die Annahme der Reichsverfassung mit einem entsprechenden Antrag des Landtages am 14. 4. 1849. Die Regierung Held lehnte ab, der Landtag reagierte mit der Verweigerung der Steuerbewilligung und einem Votum für die Reichsverfassung. Der König Friedrich August II. antwortete mit der Auflösung des Landtages. Dies führte zum Dresdner Maiaufstand. Mit Waffengewalt kämpften die Menschen in Dresden für die Verwirklichung des Werkes der Paulskirche. In den Morgenstunden des 4. Mai 1849 floh der König mit seiner Familie und seinen Ministern auf die Festung Königstein, 50 km südlich von Dresden. Die Kämpfe in der Residenzstadt gegen sächsisches und zu Hilfe gerufenes preußisches Militär zogen sich bis zum 9. Mai 1849 hin. Gottfried Semper, der Erbauer der Oper in Dresden, und der berühmte Komponist Richard Wagner kämpften auf der Seite der Aufständischen. Die Regierung und der König kehrten nach Dresden zurück und erließen den abgedruckten Aufruf, der noch in Königstein verfasst worden war.
Die Quelle ist demnach in die Endphase der bürgerlichen Revolution von 1848/49 in Deutschland einzuordnen.

2 Der **sächsische König wertet die revolutionären Vorgänge als Gefahr und als Verbrechen**. Böse Kräfte seien bemüht, das sächsische Volk von der Treue zu seinem Fürsten abzubringen, Thron und Verfassung, Recht und Ordnung, Glück und Wohlstand zu vernichten. Dieser Abgrund des Verderbens könne nur vermieden werden, wenn diese Bestrebungen in der sächsischen Bevölkerung nicht die Oberhand gewönnen (vgl. M 1, Z. 1–9).
Das Unterpfand für das Wohlergehen der Menschen sei, wenn die Sachsen treu ihrem Fürsten vertrauten statt ihrem Könige feindlich gegenüberzutreten (vgl. M 1, Z. 10–18).

Es folgt ein Appell umzukehren, sich um den König zu scharen und sich nicht von Fremden und Profitmachern zu deren Zwecken einspannen zu lassen, damit das Vaterland gerettet werde (vgl. M 1, Z. 19–27). Demnach gebühre den Soldaten aus Sachsen und aus Preußen Dank für ihre Hingabe an die gerechte Sache (vgl. M 1, Z. 28–31).
Auch er, Friedrich August II, wolle selbstverständlich Deutschlands Größe und Glanz; dieses Ziel könne jedoch nur in Übereinstimmung mit den großen Nachbarstaaten erreicht werden (vgl. M 1, Z. 32–41).
Zuletzt wird die Anwendung von Gewalt noch einmal gerechtfertigt, er hoffe aber, dass Ruhe und Ordnung auch ohne Strenge wiederhergestellt werden könnten (vgl. M 1, Z. 42–50).

Die **Wirkungsabsichten** des Aufrufs bestehen in der Bereinigung einer schwierigen Situation. Der König versucht durch ein Gemisch von Appellen an die gefühlsmäßige Bindung an die Krone, durch Lobpreis von Ruhe und Ordnung und durch mehr oder weniger direkte Drohungen die Lage wieder in den Griff zu bekommen.
Machtpolitisch hat er sich zwar durchgesetzt, aber er hat ein Problem mit der Legitimation seiner Herrschaft. Nach konservativer Deutung beruht die Stellung der Monarchen gerade auf dem besonderen Vertrauensverhältnis, welches das Volk ihnen, den Herrschern, entgegenbringt. Vom eigenen Volk desavouiert, versucht er eine Erklärung zu geben, die den Kern dieses Postulats rettet und damit die Rechtfertigung seiner Stellung für die Zukunft. Die Erhebung wird auf Einflüsse von außen oder menschlich verderbte Subjekte zurückgeführt. Damit kann die Schuld für das Zerwürfnis zwischen ihm und seinem Volk auf andere abgelenkt werden. Die Menschen sind also nur Opfer von Verführern geworden und das Vertrauensverhältnis zwischen Herrscher und seinem Volk ist potenziell wieder herstellbar. Dazu müssen sich die Untertanen nur entsprechend gehorsam verhalten.

3 Bei den Beratungen über die Ausgestaltung der Verfassung ergaben sich eine ganze Reihe von **wichtigen Strukturfragen**.
Was die **Staatsform** anging, verlangte eine linke Minderheit die Republik, hatte aber gegen die große Mehrheit der Befürworter der Monarchie keine Chance. Damit war aber die Frage zu klären, **welche Rechte dem Monarchen** an der Staatspitze, **welche dem Parlament zufallen sollten**. Das konservativere Lager der Liberalen sprach sich für eine starke Stellung eines Erbkaisertums aus, wobei der Herrscher gegenüber dem Parlament über ein Vetorecht verfügen sollte. Die Linksliberalen plädierten für einen Wahlkaiser und nur ein aufschiebendes Veto. Bei beiden Positionen sollte sich die Volksvertretung auf die Aufgaben der Gesetzgebung beschränken und nicht in die Exekutive eingreifen können.
Beim **Wahlrecht** trat das liberale Bürgertum gegen die Linken, die das allgemeine Wahlrecht forderten, für ein Zensuswahlrecht ein. Dies bedeutete, dass das Wahlrecht an einen Mindestbesitz oder eine Mindeststeuerleistung des Einzelnen gebunden sein sollte.
Wie aber sollte das neue Reich organisiert, die **Machtverteilung zwischen den Bundesstaaten und der Zentralgewalt** beschaffen sein? Die Spannweite der Meinungen reichte von den Konservativen, die die Selbstständigkeit der Einzelstaaten möglichst wenig einschränken wollten bis zu den Radikalen, die einen eher zentralistischen Aufbau des Reiches forderten. Schließlich setzte sich die bundesstaatliche Ordnung durch.
Schließlich überragte eine Frage alle anderen: die nach den **Grenzen des neuen Staates**. Die großdeutsche Position verlangte den Einschluss der Gebiete Österreichs, die bisher zum Deutschen Bund gehört hatten, auch wenn sie mehrheitlich nicht von Deutschen bewohnt wurden wie z. B. die tschechischen Teile Böhmens. Im Osten Preußens sollten die von Deutschen bewohnten Gebiete hinzutreten, die bisher außerhalb des Bundes standen. Die Kleindeutschen waren skeptisch, ob diese Lösung angesichts der Haltung der Donaumonarchie möglich sein würde. Die Diskussion um diese Frage verlief emotionsgeladen, wurde aber letztlich nicht von den Parlamentariern entschieden. Die Entscheidung

zugunsten der kleindeutschen Lösung fiel, da gegen den Willen der Staatsführung in Wien eine Aufnahme von Teilen des habsburgischen Kaiserstaates in das zukünftige deutsche Reich nicht durchzusetzen war.
Zum Abschluss waren noch die Fragen nach **Bestimmung und der Stellung des Staatsoberhaupts und des Wahlrechts strittig**. Nach langen Verhandlungen lag ein mehrheitsfähiges Gesamtpaket vor, d. h. die verschiedenen Probleme wurden miteinander verknüpft. Die gemäßigte Linke nahm das Erbkaisertum, eine starke Gruppe der Liberalen das allgemeine und gleiche (Männer-)Wahlrecht und das aufschiebende Veto an.

Zur **Haltung der Monarchen** zu den Bestrebungen der Paulskirche lässt sich feststellen: Es erfolgte **keinerlei Unterstützung der Einheitsbestrebungen** der Paulskirche. Aktivitäten des Reichsverwesers und des Reichsministeriums wurden konterkariert oder ins Leere laufen gelassen wie z. B. bei der angeordneten öffentlichen Huldigung der Streitkräfte der einzelnen Staaten auf den Reichsverweser. Einzelne Monarchen handelten sogar gegen den ausdrücklichen Wunsch der Paulskirche, wenn es ihnen richtig erschien, wie man am Beispiel des Konflikts um Schleswig-Holstein und dem Frieden von Malmö sehen kann.
Wenn auch 28 deutsche Regierungen die Reichsverfassung angenommen hatten, so lehnten die großen Staaten Österreich, Preußen, Bayern, Hannover, Sachsen und Württemberg sie aber ab. Entscheidend war, dass der preußische König sich weigerte die Kaiserkrone anzunehmen. Nachdem damit der Versuch, einen deutschen Nationalstaat im Bund mit den Fürsten zu gründen gescheitert war, forderten die meisten Landesregierungen die Abgeordneten aus ihrem Staat auf, aus Frankfurt zurückzukehren. Ein Rumpfparlament mit etwa 100 Abgeordneten siedelte nach Stuttgart über. Dort ließ es die württembergische Regierung mit Waffengewalt auseinander treiben.

Als Fazit kann festgestellt werden, dass die Fürsten nach einer ersten Schockphase, in der sie den Forderungen der Liberalen nachgegeben hatten, ihre Position wieder festigen und die Initiative zurückgewinnen konnten. Keiner der Monarchen war an einem Erfolg der Paulskirche wirklich interessiert oder hätte sich sogar bemüht, diesen zu befördern.

4 Mit der Berufung **Otto von Bismarcks** zum preußischen Ministerpräsidenten 1862 erhielt die deutsche Frage einen neuen Anstoß. Er, der konservative Adlige, wollte den deutschen Staat, aber unter preußischer Führung. Österreich, in der Zwickmühle zwischen Eigenstaatlichkeit und seinem Wunsch, in deutschen Fragen weiter Einfluss zu nehmen, ließ sich von Bismarck in der **schleswig-holsteinischen Frage 1864** noch einmal auf ein gemeinsames Vorgehen mit Preußen im Stil des alten Dualismus ein. Zwar wurde Dänemark schnell besiegt, aber die beiden Mächte gerieten bei der Frage der weiteren Behandlung der „Beute“ aneinander.
Dies bot Bismarck **1866** die Gelegenheit, endgültig **gegen Österreich vorzugehen**. Nach einem diplomatischem Vorspiel beim Bundestag in Frankfurt trat Preußen schließlich aus dem Deutschen Bund aus. Die süddeutschen Staaten, aber auch Hannover und Sachsen stellten sich auf die Seite Österreichs; zu Preußen hielten nur einige kleinere norddeutsche Staaten. Dennoch gewann Preußen den folgenden Krieg innerhalb von fünf Wochen mit der entscheidenden Schlacht bei Königgrätz. Österreich wurde im Frieden von Prag milde behandelt, musste kein eigenes Gebiet abtreten, aber der Auflösung des Deutschen Bundes und der Neuordnung Deutschlands durch Preußen zustimmen. Als Folge davon entstand der **Norddeutsche Bund** und mit den süddeutschen Staaten wurden Schutz- und Trutzbündnisse abgeschlossen.

Sachsen gelang es unter der Leitung des Freiherrn Friedrich Ferdinand von Beust nicht, ein starkes „Drittes Deutschland“ aus den Mittelstaaten zwischen Österreich und Preußen zu schaffen. So schlitterte die Regierung in Dresden in die Lage, die sie eigentlich ver-

meiden wollte: sich bei einer Auseinandersetzung zwischen den beiden großen Mächten in Deutschland für eine Seite entscheiden zu müssen. König Johann stellte sich auf die Seite der Donaumonarchie, die die Eigenständigkeit besser zu sichern schien. In der Schlacht bei Königgrätz verlor also auch Sachsen.
Der deutschen Einheit stand jetzt nur noch Frankreich im Weg, das die Veränderung des europäischen Gleichgewichts zu seinem Nachteil und zugunsten Preußen-Deutschlands nicht ohne Kompensationen hinnehmen wollte. Bismarck sah diese Auseinandersetzung als unvermeidlich an und wartete auf die Gelegenheit, um sie aus einer politisch günstigen Position heraus führen zu können. Der Streit um die spanische Thronfolge bot ihm die Chance dazu. Obwohl der Hohenzollernprinz schließlich auf seine Kandidatur verzichtet hatte, verlangte der französische Kaiser Napoleon III. eine ausdrückliche Zusicherung, dass Preußen niemals wieder auf diese Kandidatur zurückkommen werde. Nach der Veröffentlichung der gekürzten Fassung des Gesprächs zwischen König Wilhelm I. und dem französischen Botschafter Graf Benedetti, der sog. Emser Depesche, erklärte Napoleon III. unter dem Druck der öffentlichen Meinung Preußen den Krieg. Mit dem Sieg der Deutschen bei Sedan war der Weg zur **Ausrufung Wilhelms I. zum deutschen Kaiser** im Schloss zu Versailles frei.
Deutschlands Einigung vollzog sich also auf dem Weg von oben, Parlamente und Bürger spielten dabei keine eigenständig handelnden Rollen. Bismarck stellte im Interesse der Hohenzollern die Weichen zur Einheit. Dies geschah somit **nach dem Verständnis des sächsischen Königs rechtmäßig** und auf gesetzlichem Wege, da von einem der Ihren, den Fürsten, selbst veranlasst und mitgetragen. Andererseits blieb Sachsen machtpolitisch nach der österreichischen Niederlage 1866 auch keine andere Wahl mehr.

5 Als **Ergebnis der Arbeit der Paulskirche** bleibt festzuhalten: Es wurde zum ersten Mal für ganz Deutschland eine Verfassung geschaffen, die die Lösung der deutschen Frage auf demokratischem Wege vorsah, die bei ihrer Umsetzung Einheit und Freiheit miteinander verbunden hätte.
Das Werk der Paulskirche hat denn auch auf spätere deutsche Verfassungen nachgewirkt. Formulierungen des **Grundrechtskatalogs** der Paulskirche fanden sich in der Verfassung der Weimarer Republik und sind heute noch Bestandteil des Grundgesetzes.
So verwirklichte Bismarck 1871 im Kaiserreich **das allgemeine, gleiche und direkte Wahlrecht**, damals zeitgebunden nur für Männer. Die Frauen erhielten es nach dem Ersten Weltkrieg. Im Gegensatz zu den Regelungen in vielen Bundesstaaten ist keine deutsche Zentralverfassung dahinter zurückgegangen.
Auch wurde die grundlegende Entscheidung für einen **föderalen Staatsaufbau** gefällt. Von Verschiebungen der Gewichte abgesehen, blieb der Bundesstaat für Deutschland – von den dreizehn Jahren nationalsozialistischer Diktatur abgesehen – konstitutiv. Dem entsprach auch die Idee der zweiten Kammer als Ländervertretung, die sich ebenfalls durchsetzen sollte, wie Bundesrat im Kaiserreich, Reichrat in der Weimarer Republik und Bundesrat heute zeigen.
Auch blieb die Entscheidung der Paulskirche für die Beschränkung des einheitlichen deutschen Staates auf die **kleindeutsche Lösung** prägend. Bismarck gründete dann das Reich in diesen Grenzen, vom Anschluss Elsass-Lothringens abgesehen.
Entstanden damals auch noch keine Parteien im engeren Sinne, so bildeten sich doch die **Vorläufer der späteren konservativen und liberalen Parteien**.
Sind also auch viele Elemente der Paulskirche in der deutschen Verfassungsgeschichte wirksam geworden, so fand der liberale und demokratische Geist der Paulskirche seine Fortsetzung erst in der Weimarer Reichsverfassung und im Grundgesetz.

M 1: Auszug aus einem geheimen Bericht des deutschen Botschafters in Moskau Graf Brockdorff-Rantzau an Reichspräsident von Hindenburg, 8. Juli 1926

Hochgebietender Herr Reichspräsident!

Der nunmehr erfolgte Austausch der Ratifikationsurkunden des deutsch-russischen Vertrages bietet mir den Anlaß, von der geneigtest gewährten Ermächtigung Gebrauch zu machen, gelegentlich in einem Privatschreiben einzelne, besonders aktuelle Fragen zu berühren und die politische Gesamtlage kurz zu skizzieren. [...] Man rechnete hier mit einer völligen Abkehr Deutschlands vom Osten und war im Begriff, nicht nur politisch, sondern auch wirtschaftlich die Konsequenzen zu ziehen.

Mein Bestreben seit Übernahme des hiesigen Postens ist von jeher darauf gerichtet gewesen, durch ein enges Verhältnis zu Sowjetrußland ein Gegengewicht gegen den Westen zu schaffen, um nicht – der Ausdruck an sich widerstrebt mir – auf Gnade und Ungnade den Ententemächten ausgeliefert zu sein. Eine reine Freude, mit den hiesigen Herrschaften zu arbeiten, wird es allerdings nie sein. Unser Verhältnis zur Sowjetunion bleibt, wie ich vor Jahren einmal geschrieben habe, stets eine Zwangsehe; von Neigungsheirat kann nicht die Rede sein. Utopische Hoffnungen, die von gewissen Kreisen an die deutsch-russischen Beziehungen geknüpft werden, sind daher falsch und gefährlich. Von einem Militärbündnis, wie es mir vor etwa 2 Jahren seitens des hiesigen Ministerpräsidenten Rykow vorgeschlagen wurde, kann nicht die Rede sein, und der Gedanke, daß die russischen „roten Kameraden“ mit Deutschland vereint einmal siegreich Frankreich schlagen werden, ist kindlich. 1812 und 13 werden sich nicht wiederholen.

[...] es wird nützlich sein, nach außen, unseren sogenannten ehemaligen Feinden gegenüber, den Eindruck einer größeren Intimität mit Rußland zu erwecken, als sie tatsächlich vorhanden ist. Politisch ist dieses Ziel durch den deutsch-russischen Vertrag erreicht worden, [...].

An diesem Maßstabe gemessen bedeutet der Aprilvertrag unbestreitbar einen großen Erfolg für Deutschland. Ohne mich Übertreibungen, wie sie zeitweise auch in hiesigen Regierungskreisen vorgekommen sind, hinzugeben, sehe ich in ihm ein wirksames Korrelat gegen den hier mit großer Sorge beobachteten Vertrag von Locarno. [...] Tatsache bleibt, daß der Abschluß des deutsch-russischen Vertrages, sofern dieser von beiden Seiten loyal innegehalten wird, die Folgen, die der nachträgliche Eintritt Deutschlands in den Völkerbund bezüglich unseres Verhältnisses zu Rußland hätte haben können und mit Sicherheit herbeigeführt haben würde, in der Hauptsache aufhebt. Bei der Sprunghaftigkeit und traditionslosen Skrupellosigkeit der hiesigen Regierung wird es allerdings immer schwer sein, den Faden zwischen Berlin und Moskau weiter zu spinnen – ein Draht, wie er früher zwischen Berlin und St. Petersburg bestand, ist er nicht –; trotzdem bleibt ein gutes Verhältnis zu Rußland nach meiner Überzeugung für uns das einzige Mittel, dem deutschen Volke die Weltgeltung wieder zu schaffen, die ihm gebührt und allmählich eine selbständige auswärtige Politik zu ermöglichen.

Bezeichnend in dieser Richtung war die Haltung aller großen und kleinen Mächte nach dem Abschluß des Vertrages. [...] Der Polnische Gesandte reiste Hals über Kopf nach Warschau ab. Ich habe ihn seit dem Abschlusse des Vertrages nicht mehr gesehen. Es unterliegt keinem Zweifel, daß der Vertrag [...] auch die gegenwärtig in Paris stattfindenden russisch-französischen Verhandlungen gestört hat.

Für uns bleibt es jetzt von besonderer Wichtigkeit, [...] gewisse Tendenzen, die sich schon früher bemerkbar machten, die Ostgrenzen Polens mit Rußland vertragsmäßig festzulegen, zu verhindern; [...]

Durch den Vertrag vom 24. April ist die Basis für ein neues Verhältnis Deutschlands zu Rußland geschaffen worden; [...].

Falschen Optimismus besitze ich nicht; ich bin aber überzeugt, daß dieser Vertrag zum Segen des deutschen Volkes werden muß, wenn er von beiden Seiten richtig gehandhabt wird. Daß hier mit Praktiken und Einstellungen gerechnet werden muß, die jederzeit zu Überraschungen führen können, weiß ich.

Rechtschreibung und Zeichensetzung folgen der Vorlage

Aus: Akten zur deutschen auswärtigen Politik 1918–1945, Serie B: 1925–1933, Bd. II,2, Juni bis Dezember 1926, Deutschlands Beziehungen zur Sowjet-Union, zu Polen, Danzig und den baltischen Staaten, Göttingen 1967, S. 98–102

M 2: Außenminister Stresemann am 26. April 1926 vor der Presse über den Berliner Vertrag

Sie wissen, daß die russische Auffassung [...] dahin ging, daß Deutschland als Völkerbundsmitglied in die Gefolgschaft der führenden Mächte des Völkerbundes geraten würde und daß Deutschland damit in die Gefahr komme, zu einer feindseligen Politik gegenüber Rußland hinübergezogen zu werden. Wir haben niemals diese Auffassung von der Völkerbundspolitik gehabt. [...] Die Reichsregierung ist stets der Auffassung gewesen, daß beides sich nicht ausschlösse, sondern daß beides durchaus juristisch und formell zusammengehen könne und daß es vom deutschen Standpunkt durchaus notwendig wäre, daß eine solche friedenssichernde Politik und möglichst freundschaftliche Beziehungen nach beiden Seiten hin von uns gepflegt werden müßten. [...]

Was nun die Wertung des Vertrages angeht, so möchte ich allgemein betonen, daß der Vertrag, rein politisch gesehen, sich so darstellt, daß der Vertrag von Rapallo über die darauf beruhenden Beziehungen zwischen Deutschland und Rußland jetzt den durch Locarno und den Rheinlandpakt geschaffenen Verhältnissen angeglichen wird. [...] Im Grunde bringt also dieser Vertrag politisch nichts Neues, keinen neuen Zustand.

Rechtschreibung und Zeichensetzung folgen der Vorlage

Aus: Michalka, Wolfgang; Niedhart, Gottfried (Hrsg.): Deutsche Geschichte 1918–1933. Dokumente zur Innen- und Außenpolitik, Frankfurt am Main 2002, S. 128f.

Aufgaben:

1	Stellen Sie die Entwicklung der außenpolitischen Situation der Weimarer Republik von 1919 bis zur Entstehung von M 1 dar.	10 BE
2	Erarbeiten Sie aus M 1, wie der deutsche Botschafter in Moskau das deutsch-russische Verhältnis und dessen außenpolitische Bedeutung beurteilt.	12 BE
3	Vergleichen Sie Stresemanns Beurteilung der Bedeutung des Berliner Vertrages (M 2) mit der Einschätzung des Botschafters (M 1) und nehmen Sie dazu Stellung.	14 BE
4	In M 1, Z. 40–47 beschreibt der deutsche Botschafter die Reaktion des polnischen Gesandten auf den Berliner Vertrag und die Konsequenzen für die Politik gegenüber Polen. Erläutern Sie ausgehend vom Versailler Vertrag das Verhältnis der Weimarer Republik zu Polen und stellen Sie die weitere Entwicklung der deutsch-polnischen Beziehungen bis zum Ausbruch des Zweiten Weltkriegs dar.	10 BE
5	Untersuchen Sie die außenpolitischen Grundorientierungen Stresemanns und Adenauers auf Gemeinsamkeiten und Unterschiede.	14 BE
		60 BE

Lösungsvorschlag

1 Nach dem verlorenen Ersten Weltkrieg war Deutschland außenpolitisch isoliert und den harten Bestimmungen des Versailler Vertrags ausgesetzt.
Ziel der Außenpolitik des neuen demokratischen Deutschlands musste es demnach sein, die Beziehungen zu den europäischen Mächten zu normalisieren und wichtige Bestimmungen des Versailler Vertrages zu revidieren. Bei noch offenen Fragen wie der Höhe der Reparationen oder den Grenzbestimmungen durch Volksabstimmungen in Ostpreußen und Oberschlesien war auf ein für Deutschland günstiges Ergebnis hinzuarbeiten.

Erstes großes Problem war die **Festlegung der Höhe der Reparationszahlungen**. Die Gesamtsumme war im Versailler Vertrag noch nicht bestimmt worden, da die alliierten Mächte die Höhe selbst noch nicht errechnet hatten. Es war einzig festgehalten worden, dass das Reich bis Mai 1921 einen ersten Teilbetrag von 20 Mrd. Goldmark in bar und Waren zu liefern habe.
Wegen dieser und anderer Fragen, die mit dem Friedensvertrag zusammenhingen, wurde im belgischen Spa im Juli 1920 eine Konferenz abgehalten. Sie verlief in einer gespannten Atmosphäre und löste keine der behandelten Fragen wirklich, war aber die erste nach dem Krieg, an der wieder deutsche Politiker teilnahmen.
Nach einer Serie von Konferenzen, insgesamt 23, einigten sich die Alliierten im Januar 1921 auf die Festlegung der Gesamtforderung von 226 Mrd. Goldmark.
Davon wurden schließlich tatsächlich **132 Mrd. als Reparationen** gefordert. Das damit verbundene Ultimatum (Mai 1921) nahm die neue Reichsregierung unter dem Zentrumspolitiker Joseph Wirth schließlich an. Er erklärte im Reichstag, dass Deutschland den Willen zeigen müsse, die einmal übernommenen Verpflichtungen zu erfüllen. Die Rede wurde programmatisch für den Begriff „**Erfüllungspolitik**", womit die Rechte nun jeden Politiker diffamierte, der eine Verständigung mit den Alliierten suchte.
In ihrem Weltbild erkannte sie nicht oder wollte nicht erkennen, dass diese Politik keineswegs darauf gerichtet war, alliierte Forderungen um jeden Preis zu erfüllen, sondern im Gegenteil die Revision erzwingen sollte. Das Bemühen des Reiches, den Forderungen nachzukommen, sollte den anderen Mächten zeigen, dass diese unerfüllbar seien. Für die alliierte Seite jedoch war eine so genannte Erfüllungspolitik ohne gleichzeitigen Versuch, die Währung zu sanieren und neue Steuern im Reich einzuführen, wenig glaubhaft.

Um die vielfältigen Probleme der europäischen Wirtschaftsbeziehungen zu lösen, lud der britische Premierminister Lloyd George zu einer **Wirtschaftskonferenz nach Genua** ein, an der auch Deutschland und die Sowjetunion teilnahmen. Dort sah sich die deutsche Delegation unter Reichskanzler Wirth und Außenminister Rathenau aber bald in einer schwierigen Lage: Die Westmächte zeigten kein Entgegenkommen in der Reparationsfrage und es gab Gerüchte, dass diese dabei seien, sich mit Moskau auf Kosten des Reiches zu einigen. Vor diesem Hintergrund kam es im April 1922 zur Unterzeichnung des **Rapallo-Vertrages**. Der Vertrag regelte die Aufnahme diplomatischer Beziehungen und Finanz- und Wirtschaftsfragen zwischen beiden Staaten. Trotz dieses eigentlich genau umrissenen Inhaltes und seiner Entstehung als Zweckbündnis knüpften sich an diesen Vertrag fantastische Hoffnungen und Befürchtungen: Bei den Rechten in Deutschland, dass es gemeinsam mit der Sowjetunion gelingen werde, sich von den „Fesseln" des Versailler Vertrags zu befreien; die Alliierten sahen sich brüskiert, da Deutschland ohne Information der Westmächte gehandelt hatte. In der französischen Öffentlichkeit befürchtete man, das Reich werde sich nach Osten orientieren, also einseitig Moskau zuwenden.
Wie beschränkt die außenpolitische Wirkung des Rapallo-Vertrages war, wurde sichtbar, als es um die für Deutschland existenziellen Fragen ging: die Zahlung der fälligen Reparationsraten. Und da konnte eine Lösung nur mit den Westmächten gefunden werden.

Nun hatte Deutschland schon seit August 1922 einen Zahlungsaufschub, ein sog. Moratorium, auf Geldzahlungen erhalten, war aber weiterhin zu Sachlieferungen verpflichtet.
Um die Jahreswende 1922/23 stellte die Reparationskommission einen deutschen Rückstand bei der Lieferung von Kohle und Telegrafenstangen fest. Der französische Ministerpräsident Raymond Poincaré ließ daraufhin **das Ruhrgebiet** durch französische und belgische Truppen **besetzen**, um sog. produktive Pfänder zu gewinnen, d. h. Werke, die für die Erfüllung der Reparationswünsche an Sachlieferungen arbeiteten.
Ziel Poincarés war es darüber hinaus, das nachzuholen, was seiner Meinung nach im Versailler Vertrag versäumt worden war: die nachhaltige Schwächung des Reiches und damit die Sicherung der französischen Vorherrschaft in Europa.
Die Deutschen an der Ruhr reagierten mit dem **passiven Widerstand**, der von Berlin aus durch den Druck immer größerer Geldmengen unterstützt wurde. Dieses Vorgehen ruinierte den Wert der Mark völlig. Außenpolitisch isoliert blieb der neuen Regierung Stresemann nichts anderes übrig als zu kapitulieren, d. h. den passiven Widerstand abzubrechen.
Die notwendig gewordene Reparationsneuregelung brachte der **Dawes-Plan**. Er regelte die Höhe und Modalitäten der deutschen Zahlungen und die Sicherheiten dafür, passte insgesamt die Leistungen der Zahlungsfähigkeit an. Der Plan wollte auch keine endgültige Regelung sein, denn er sah keine Endsumme vor. Im Juli 1925 verließen dann auch die letzten französischen Truppen das Ruhrgebiet.
Erst mit **Stresemann** gewann in Deutschland die Erkenntnis an Boden, dass eine Politik der feierlichen Proteste unter Berufung auf das Recht oder der Verweigerung und Schein-Erfüllung die Lage des Reiches nicht verbessern werde.
Daraus erwuchs das **Vertragswerk von Locarno** im Oktober 1925 und als Beruhigung für die Sowjetunion folgte im April 1926 der Berliner Vertrag. Darin sicherten sich die vertragsschließenden Parteien Neutralität für den Fall eines Angriffs vonseiten einer dritten Macht zu.

2 **Graf Brockdorff-Rantzau** beurteilt **das deutsch-russische Verhältnis** folgendermaßen: Ein gutes Verhältnis zur Sowjetunion sei nicht Ausdruck von Freundschaft, sondern reiner **Pragmatismus**. In diesem Zusammenhang spricht er von „Zwangsehe“ statt „Neigungsheirat“ (vgl. M 1, Z. 12–14). Weitergehende Hoffnungen auf freundschaftliche Beziehungen oder gar ein Militärbündnis für ein gemeinsames Vorgehen gegen Frankreich seien utopisch und gefährlich (vgl. M 1, Z. 14–20). Die Sprunghaftigkeit und Skrupellosigkeit der Regierung in Moskau erschwere eine vertiefte Zusammenarbeit (vgl. M 1, Z. 33–36). Zudem behebe der Vertrag die vorübergehenden atmosphärischen Trübungen in den Beziehungen zwischen beiden Staaten nach dem Abschluss des Vertragswerkes von Locarno und dem Eintritt des Reiches in den Völkerbund (vgl. M 1, Z. 5–7, 29–33).
Die außenpolitische Bedeutung des Vertrages liegt für Brockdorff-Rantzau darin, dass gute Beziehungen zur Sowjetunion ein **Gegengewicht gegenüber den Westmächten** bilden würden, wodurch das Reich politisch nicht länger dem Westen ausgeliefert sei. Deshalb werde es nützlich sein, eine größere Intimität der Beziehungen mit Moskau vorzutäuschen als tatsächlich vorhanden sei (vgl. M 1, Z. 8–11, 21–24). Dies sei zurzeit das einzige Mittel für das Reich, allmählich eine selbstständige auswärtige Politik zu erreichen (vgl. M 1, Z. 36–38). Zudem schaffe der Vertrag Unruhe in Polen und verhindere die Stabilisierung des Landes und die Anerkennung seiner Ostgrenze durch die Sowjetunion (vgl. M 1, Z. 40–49).

3 Beim **Vergleich der beiden Positionen** kann festgehalten werden, dass sowohl Stresemann als auch Brockdorff-Rantzau den **Berliner Vertrag als ein Mittel** sehen, **Befürchtungen Moskaus** bezüglich einer einseitigen Westorientierung Deutschlands und der Einbeziehung des Reiches in eine Frontstellung gegen die Sowjetunion **zu zerstreuen**. Diese waren bei den sowjetischen Machthabern nach dem Abschluss der Locarno-Ver-

träge und dem Beitritt zum Völkerbund aufgetaucht, da dieser in Moskau als Organisation imperialistisch-antisowjetischer Mächte angesehen wurde (vgl. M 1, Z. 29–33, M 2, Z. 1–5).

Sicher könnte eingewandt werden, dass es sich bei M 2 um eine öffentliche Pressekonferenz handelte, bei der der Sprecher vielleicht seine Überlegungen und Hintergedanken nicht in dem Maße offen legt wie bei einer geheimen Denkschrift (M 1). Demgegenüber ist aber festzuhalten, dass die grundlegenden Aussagen Stresemanns mit anderen Quellen zum Thema übereinstimmen.

Der Außenminister geht von einem völlig anderen politischen Konzept aus. Auch er war nationaler Machtpolitiker, erkannte aber, dass ohne eine **Verbesserung der Beziehungen zu den Westmächten eine Revision wichtiger Bestimmungen des Versailler Vertrages** nicht zu erreichen sein wird. Vom Versailler Vertrag als solchem musste ausgegangen werden, die Beziehungen zu den Westmächten mussten erst entspannt werden, dann konnte eventuell mit Entgegenkommen gerechnet werden. Auch war das Sicherheitsbedürfnis Frankreichs ernst zu nehmen. Schließlich war im letzten Krieg vier Jahre auf nordfranzösischem Gebiet gekämpft worden. Zudem beunruhigte Frankreich das wirtschaftliche und machtpolitische Gewicht des östlichen Nachbarn weiterhin, auch wenn es zurzeit durch die Folgen des Kriegs etwas geschwächt war.

Diese neue Politik traf aber auch in Frankreich auf einen Wandlungsprozess, hatte doch gerade die Ruhrbesetzung Paris demonstriert, dass eine französische Vorherrschaft in Europa von London nicht hingenommen werden würde. Bei den Alliierten wuchs die Einsicht, dass die politische Lage in Europa nur stabilisiert werden könne, wenn man den deutschen Wunsch nach Gleichberechtigung und Revision von Bestimmungen des Versailler Vertrages ernst nahm.

Diese Einsichten waren die Grundlage für die unter maßgeblicher Führung des deutschen Außenministers Stresemann und seines französischen Amtskollegen Aristide Briand geführte **Locarno-Politik**.

Die bestehenden Grenzen zwischen Deutschland und seinen Nachbarn Frankreich und Belgien wurden garantiert, die Entmilitarisierung des Rheinlandes bestätigt. Streitigkeiten sollten schiedsgerichtlich geregelt werden.

Im Herbst 1926 wurde Deutschland dann in den Völkerbund aufgenommen. Als Folge dieser Politik entspannte sich das Klima in Europa und das Reich gewann seine Rolle als eigenständig handelndes Völkerrechtssubjekt zurück.

Bei den **Unterschieden in den Auffassungen**, wie sie in M 1 und M 2 deutlich werden, geht es also nicht um das Ziel der Revision, sondern um den Weg, wie die angestrebte Revision wichtiger Bestimmungen des Versailler Vertrages, insbesondere der Ostgrenze zu Polen, zu erreichen sei.

Stresemann setzte auf eine Politik der Zusammenarbeit mit den Westmächten. Bei weitergehender Entspannung werde es möglich sein, so seine Hoffnung, mit den Westmächten über die Revision vieler Punkte des Vertrages von Versailles zu verhandeln wie z. B. die Reparationsfrage, die militärischen Bestimmungen, vorzeitige Räumung des Rheinlandes oder Rückkehr der Saar zu Deutschland. Im Rahmen einer allgemeinen Beseitigung der Spannungen in Europa würden sich Frankreich und Großbritannien dann auch einer Änderung der Ostgrenze des Reiches nicht verschließen.

Die **Vertreter der Ostorientierung setzten** demgegenüber **auf eine Zusammenarbeit mit der Sowjetunion**. In unterschiedlichen Nuancen, von der Nutzung der Beziehungen zu Moskau, um Druck auf die Westmächte auszuüben wie es Brockdorff-Rantzau vorschlägt oder bis zu den Überlegungen des Chefs der Heeresleitung, General von Seeckt, gemeinsam mit der Sowjetunion Polen auf der Grenzlinie von 1914 erneut zu teilen, reichten hier die Positionen.

Allen Ideen einer Ostorientierung aber bleibt gemeinsam: Auf der Suche danach, wie Deutschlands Macht gestärkt werden könne, **überschätzten sie die Bedeutung der Beziehung zur Sowjetunion** und damit auch die des Berliner Vertrages.
Es war nicht zu erwarten, dass die Westmächte einem einseitigen Vorgehen der beiden „Paria"-Staaten gegen Polen untätig zugesehen hätten. Einem französisch-britischen Vorgehen gegen Deutschland hätte das militärisch auf 100 000 Mann begrenzte Reich nichts entgegenzusetzen gehabt.
Zur Bestätigung kann eine **Blick auf das Jahr 1939** dienen: Als ein militärisch starkes Reich sich unter Hitler im Verein mit der Sowjetunion daran machte, Polen erneut aufzuteilen, nahmen das die Westmächte nicht hin und erklärten dem Reich den Krieg, und zwar unter militärisch für sie viel ungünstigeren Umständen.
An dieser Feststellung ändert natürlich auch die Tatsache nichts, dass die **Rückwirkungen von Locarno**, die Stresemann erwartete wie vorzeitige Räumung des Rheinlandes, vorzeitige Rückkehr der Saar, weitere Reduzierung der Reparationsverpflichtungen usw. **sich nicht so schnell einstellten**, wie Stresemann dies erwartet hatte. Dennoch war eine allgemeine Entspannung, insbesondere des deutsch-französischen Verhältnisses, festzustellen. Und die weiteren Fortschritte auf dem Weg der Revision von Versailles wie die vorzeitige Rheinland-Räumung, das Ende der Reparationen und die Anerkennung der militärischen Gleichberechtigung Deutschlands auf den Konferenzen von Lausanne und Genf im Jahr 1932 wären ohne die von Stresemann mitverantwortete Politik des friedlichen Ausgleichs zwischen den europäischen Staaten nicht möglich gewesen.

4 **Polen** war erst im Gefolge des Ersten Weltkriegs **als unabhängiger Staat wiedererstanden**, wobei seine Grenzen aber in allen Himmelsrichtungen noch nicht festgelegt waren.
Im **Versailler Vertrag** wurde Deutschland gezwungen, fast die ganzen Provinzen Westpreußen und Posen an Polen abzutreten, damit das Land einen Zugang zur Ostsee erhielt, **den sog. Korridor**. Dieses Gebiet trennte von nun an das bei Deutschland verbliebene Ostpreußen vom übrigen Reich. Die Hafenstadt Danzig wurde mit ihrem Umland zur „Freien Stadt" unter Aufsicht des Völkerbundes erklärt. In den südlichen Landstrichen Ostpreußens und in Oberschlesien war eine Volksabstimmung vorgesehen, die über die nationale Zugehörigkeit des Gebietes entscheiden sollte. Hierbei vergiftete besonders die **oberschlesische Frage** das deutsch-polnische Verhältnis. Zwar stimmten 60 % der Bevölkerung für den Verbleib bei Deutschland, die Entscheidung über die genaue Grenzziehung war damit aber noch nicht gefallen. Die Alliierten, unter sich uneinig, übergaben diese Frage dem Völkerbund. Hier wurde schließlich eine Grenze festgelegt, die zwar den größten Teil des Landes bei Deutschland beließ, der größte Teil des Industriegebietes fiel aber an Polen.
Zu Beginn der zwanziger Jahre waren demnach beide Seiten unzufrieden, die **Spannungen der Folgezeit** waren vorprogrammiert.

Die **deutsche Seite** hielt an der **Revision der Ostgrenze** fest. Insbesondere Danzig und Westpreußen sollten nach deutschen Vorstellungen zum Reich zurückkehren. Die **polnische Seite neigte zur Überschätzung ihrer Machtstellung**, gab sich Berlin gegenüber feindlich, verstand ihren Staat als Nationalstaat und benachteiligte die Deutschen und andere Minderheiten.
In Locarno wurde entsprechend der Politik der Offenhaltung der deutschen Ostgrenze mit Polen nur ein Schiedsvertrag abgeschlossen. Stresemann weigerte sich, eine Garantie dieser Grenze abzugeben.
Die **NS-Regierung** schloss zur allgemeinen Überraschung 1934 den **deutsch-polnischen Nichtangriffspakt**. Neben allerlei taktischen Überlegungen Hitlers, seinen angeblichen Friedenswillen zu demonstrieren, scheint es auch Überlegungen gegeben zu haben, Polen als eine Art Juniorpartner für ein Vorgehen gegen die Sowjetunion zu gewinnen.

Da Polen aber auf diese Avancen nicht einging, wurde die Liquidierung Polens zum festen Programmpunkt der NS-Politik. Im geheimen Zusatzprotokoll zum **Hitler-Stalin-Pakt** hatten sich die beiden Diktatoren auf die Verteilung der Beute geeinigt. Am 1.9.1939 ließ Hitler die Wehrmacht in Polen einmarschieren, womit der Zweite Weltkrieg begann.

5 **Einige Gemeinsamkeiten** eher allgemeiner Art zwischen den außenpolitischen Grundorientierungen beider Staatsmänner sind festzuhalten:
Beide Politiker trugen für die Außenpolitik in einer schwierigen Zeit Verantwortung. Beiden ging es um die Rückgewinnung der deutschen Souveränität und der Gleichberechtigung in Europa. Beide sahen, dass nur eine Verständigungspolitik mit den Westmächten, insbesondere Frankreich, zum Ziel der Rückgewinnung politischer Stärke, führen könne.
Damit sind die Gemeinsamkeiten aber auch schon erschöpft: **Zu unterschiedlich ist die Ausgangslage, zu unterschiedlich die geistige Prägung beider Staatsmänner.**
Nach 1918 war das Reich als Nationalstaat bestehen geblieben, der zu eigenständigem Handeln fähig war, 1945 war Deutschland besetzt und die oberste Gewalt wurde von vier Besatzungsmächten ausgeübt. Daraus entwickelten sich zwei Staaten in Deutschland und Adenauer war nur der Regierungschef des westlichen Teilstaates.
Stresemann war ein nationaler Machtpolitiker, der die **Wiederherstellung der Machtstellung Deutschlands in der Tradition des Kaiserreiches** anstrebte. Was ihn von den Nationalisten seiner Zeit unterschied, war weniger die Zielstellung, sondern seine realistische Einschätzung des europäischen Kräfteverhältnisses. Ihm war klar, dass „nationale Revisionspolitik nur als internationale Versöhnungspolitik" (Karl Dietrich Erdmann) mit dem Willen zum Ausgleich Erfolg haben würde. Dies war allerdings eine Erkenntnis und Haltung, die man angesichts des Umfeldes eines ungezügeltem Nationalismus und der erbitterten Ablehnung dieser Politik in „nationalen" Kreisen, nicht zu gering erachten sollte.
In dieser Konzeption war die Zusammenarbeit mit dem Westen mit der Beibehaltung der außenpolitischen Handlungsfreiheit des Reiches verbunden.
Für **Adenauer** lagen die Prioritäten allerdings anders: Er stand für eine eindeutige Westorientierung, eine **möglichst rasche und vollständige Integration der Bundesrepublik in die westliche Welt**. Sie sollte die politische Gleichberechtigung und die Mitsprache der Bundesrepublik in internationalen Angelegenheiten sichern. Zugleich würde diese Westbindung Schutz vor der aus seiner Sicht aggressiven Sowjetunion bieten, bei der er keine Chance zu einem Ausgleich sah, solange der Westen nicht aus einer Position der Stärke auftreten könne. Aus einer solchen Machtstellung heraus könnten dann auch in der Frage der Wiedervereinigung mit Moskau Fortschritte erzielt werden. Zudem sollte die Westintegration die Deutschen gerade vor einer Schaukelpolitik zwischen West und Ost schützen, bei der sich das Land, nach der festen Überzeugung Adenauers, politisch zwischen allen Stühlen sitzend wieder finden würde.
Die Anbindung an den Westen, und insbesondere die Aussöhnung mit Frankreich, war für Adenauer dabei nicht nur eine politische Option, sondern eine Herzensangelegenheit.

Leerseiten verbilligen in diesem Fall die Herstellung des Buches!

Grundkurs Geschichte (Sachsen): Abiturprüfung 2005
Ersttermin – Aufgabe A

M 1: Auszug aus einem Zeitungsartikel des „Dresdner Anzeigers" vom 31. 01. 1933

Kanzler Hitler

Mit überraschender Schnelligkeit ist die neue Reichsregierung zustandegekommen. Ihr sichtbares Gepräge erhält sie durch Adolf Hitler, den Führer der Nationalsozialistischen Partei, der das Kanzleramt übernommen hat. Wichtiger noch ist das innere Wesen der Regierung, die nicht so sehr durch einheitliche politische Anschauung beherrscht als auf der Erwartung gemeinsamer Arbeit aufgebaut ist. Um ihre Bedeutung richtig zu erkennen, muß man sich zunächst fragen, was diese Regierung nicht ist. Nun, man kann sie nicht gerade eine parlamentarische Regierung nennen, denn sie ist, wie man vielleicht sagen kann, außerhalb des Reichstages gebildet worden und stützt sich, wenigstens zunächst, auf keine Mehrheit. Aber sie ist auch keine Präsidialregierung im Sinne der Papenschen Politik des vorigen Jahres. Hiergegen könnte eingewendet werden, daß die vorhergehende Bemerkung doch eigentlich das Gegenteil beweise. Das wäre richtig, wenn es nur ein Entweder – Oder gäbe, eine parlamentarische Regierung bzw. eine Präsidialregierung in reiner Form. Das trifft jedoch im Falle der neuen Regierung nicht zu. Man hat sie bewußt und absichtlich im Hinblick auf die Parteiverhältnisse des Reichstages gebildet, um alle Möglichkeiten ineinandergreifender Staatsarbeit nach den Richtlinien der Verfassung offen zu halten. Und endlich ist die Regierung keine nationalsozialistische Regierung, also keine solche, in der diese Partei die gesamte Macht allein in den Händen hielte.

Wozu diese negativen Beobachtungen? Sie sind aus zwei Gründen notwendig: Erstens offenbaren sich in den genannten und jedesmal gescheiterten Versuchen des Jahres 1932 die krankhaften Zuckungen der deutschen Politik; in ihrer Vermeidung darf demnach ein Schritt zur Klärung und Besserung gesehen werden. Wäre allein schon dies als positiver Gewinn zu buchen, so kommt doch als Wesentliches hinzu, daß sich aus dem Negativen das wirklich Positive, wirklich Ersprießliche ergibt. [...] Auch das alles will der Vergessenheit entrissen sein, weil es das eine Große als richtig erweist, daß wir niemals müde geworden sind zu erklären, zu betonen, zu lehren und zu fordern: daß es nämlich möglich ist, den entsetzlichen, seelenlosen, verderblichen deutschen Bruderzwist zu überwinden. Wenn man nur ernstlich will! Und man hat gewollt. Es war doch schon so weit gekommen, daß wir uns vor der Welt draußen schämen mußten, weil wir, im gegenseitigen Hader verfangen, nicht fähig waren, unsere Sache, die die gute und gerechte Sache ist, zu verfechten.

Das soll nun tot und vergessen sein. Wie es gemacht worden ist, entzieht sich bei der Vertraulichkeit der bisherigen Besprechungen der Kenntnis. Aber es spielt angesichts des Erfolges auch gar keine Rolle. Ein Politiker, der Abgetanes nicht ruhen lassen kann, wäre gar kein Politiker. Es geht wie bei der Seefahrt: Blick voraus! Dort liegt die Küste, der wir zustreben. Unsere Küste ist die deutsche Zukunft. An ihre Erreichung setzen wir alles, und jeder ist willkommen, der mit Hand anlegt. Wenn nun jetzt Hitler Kanzler geworden ist, so entspricht das in jeder Weise der Verfassung. Die Nationalsozialisten sind bei weitem die stärkste Partei. Indem aber außer Hitler, Frick und Göring auch Vertreter anderer Parteien und Bewegungen in die Regierung eingetreten sind, wird der Verfassung noch gründlicher Genüge getan. [...]

Die Stunde hat nun geschlagen. Die neue Regierung weiß, daß das deutsche Volk gerade von ihr unendlich viel erwartet. Da ist es nur zu natürlich, wenn sie bei allem, was sie beginnt, ihre Blicke auf die Gesamtheit richtet. Sie will die Zusammenfassung der nationalen Kräfte sein. Selbst darin noch ein Torso, reichen die nationalen Kräfte doch weiter als die in der Regierung vertretenen Parteien, hat sie es trotzdem ganz in der Hand, durch die Volkstümlichkeit fruchtbarer Arbeit die Anziehungskraft eines riesigen Sammelbeckens zu üben, in dem zuletzt keiner mehr fehlt. Dem gleich zu achten ist das Erfordernis, daß wir eine soziale Regierung haben, eine Regierung, die einseitige Maßnahmen verwirft und jedem Berufsstande, jeder Wirtschaftsform, schließlich jedem Volksgenossen die fördernde Sorge zuwendet, die ihnen als gutes Recht gebührt. Ausgleichung der Gegensätze wird höchste Regierungsweisheit sein.

Das Nächstliegende allerdings ist und bleibt die Frage der Arbeitsbeschaffung. Es sei dazu einmal gesagt, daß man im Lande von großen und hochtönenden Regierungserklärungen nicht viel hält. Weder Rundfunk noch Reichstagstribüne nützen dem deutschen Volke. Ihm nützen auch keine noch so klugen staatsrechtlichen Auseinandersetzungen über autoritäres oder parlamentarisches Regierungssystem. Ihm nützt die Tat. Mag man sich also dessen freuen, daß die unverständlichen Feindseligkeiten der Vergangenheit begraben sind, daß der Entschluß zur Zusammenarbeit Wirklichkeit geworden ist! Die Erfahrung hat gelehrt, daß es falsch wäre, Vorschußlorbeeren zu verteilen. An ihren Früchten sollt ihr sie erkennen. Man wird also sein Urteil über die Regierung zurückstellen, aber man wird ihr mit innerer Genugtuung das Feld zur Arbeit freigeben. [...]

Nicht: Du oder Ich!, darf es hinfort heißen, sondern: Wir alle zusammen sind das deutsche Volk, nur wir alle zusammen können es wieder erretten. Auch die Wirkung nach außen wird zweifellos groß und erfrischend sein. Man wird es als das bedeutsamste Ereignis empfinden, daß sich die Deutschen zusammengetan haben, deren erstes und höchstes Ziel die völlige Wiederaufrichtung und Befreiung des deutschen Volkes ist. So mag es heute genügen, die neue Regierung mit den Feststellungen zu begleiten, zu denen ihr innerer Aufbau Anlaß gibt. Im übrigen: Nun wohl, wir erwarten die Arbeit und harren der Früchte!

Rechtschreibung und Zeichensetzung folgen der Vorlage

Aus: Dresdner Anzeiger vom 31. 01. 1933, Nr. 31, 203. Jahrgang, S. 1f.

Aufgaben:

1	Skizzieren Sie die Entwicklung in Deutschland von 1929 bis Januar 1933.	10 BE
2	Erarbeiten Sie aus M 1 die Charakterisierung der neuen Regierung und die Erwartungshaltung zur künftigen Entwicklung Deutschlands. Zeigen Sie die Zeitgebundenheit der politischen Haltung des Verfassers.	12 BE
3	Stellen Sie dar, dass die Regierung Hitler in den Jahren 1933/34 nicht „nach den Richtlinien der Verfassung“ (M 1, Z. 17) handelte.	12 BE
4	Setzen Sie sich mit Einflüssen des totalitären Systems auf das alltägliche Leben im Dritten Reich auseinander.	14 BE
5	„An ihren Früchten sollt ihr sie erkennen.“ (M 1, Z. 62) Ziehen Sie eine kritische Bilanz der nationalsozialistischen Herrschaft für Deutschland im Jahr 1945.	12 BE
		60 BE

Lösungsvorschlag

1 Im Jahre 1929 hatte die **Wirtschaftskrise** aus den USA auf Europa übergegriffen. Sie verstärkte sich in der Folgezeit und Absatzprobleme für die Unternehmen und eine zunehmende Arbeitslosigkeit waren die Folge. Die regierende Große Koalition von SPD, Zentrum, DDP und DVP unter Hermann Müller konnte sich nicht auf einen klaren Kurs zur Bekämpfung der Wirtschaftskrise verständigen. Auf die Unfähigkeit der Reichstagsparteien zu regierungstragenden Mehrheiten zu gelangen, reagierte Reichspräsident Paul von Hindenburg im Frühjahr 1930 mit der Ernennung des Zentrumspolitikers **Heinrich Brüning zum Reichskanzler**. Damit begründete er das erste **Präsidialkabinett**, eine Regierung, die sich auf keine Reichstagsmehrheit mehr stützte, sondern vollkommen vom Vertrauen des Reichspräsidenten abhing. Hindenburg, als alter kaiserlicher General ohnehin konservativ-monarchistisch eingestellt und ohne wirkliches Verständnis für die Mechanismen der demokratischen Regierungsform, war des ewigen Parteienhaders müde. Zugleich sollten die Präsidialkabinette den Umbau der Weimarer Verfassung in Richtung der Stärkung der exekutiven Gewalt und Schwächung der Legislative ermöglichen.

Als Brüning die Zustimmung des Reichstages für sein **Sparprogramm** zur Behebung der wirtschaftlichen Not nicht erhielt, sollte dieses **mithilfe des Artikel 48** der Weimarer Verfassung **durchgesetzt** werden. Dieser Artikel erlaubte es dem Reichspräsidenten, wenn im Reich die öffentliche Sicherheit und Ordnung erheblich gefährdet war, die zur Wiederherstellung der Ordnung notwendigen Maßnahmen zu ergreifen. Auf Verlangen des Reichstags sind die Maßnahmen außer Kraft zu setzen. Als der Reichstag nun am 16. Juli 1930, durchaus verfassungsgemäß, die Aufhebung der Notverordnung verlangte, löste Hindenburg die Volksvertretung auf und schrieb Neuwahlen aus. Bei diesen **Wahlen im September 1930** erreichte die NSDAP mit 107 Sitzen den Durchbruch von einer Splittergruppe zur Massenpartei.

Brüning regierte mithilfe des Artikels 48 weiter, wobei er auf die **Duldung der SPD** angewiesen war. Nur auf diese Art war zu verhindern, dass Notverordnungen vom Parlament aufgehoben oder Misstrauensanträge gegen die Regierung angenommen würden.

1932 lief die siebenjährige Amtszeit des **Reichspräsidenten** aus. Die **Wahl 1932** gewann Hindenburg nur durch die Unterstützung der demokratischen Parteien, die keinen eigenen Kandidaten aufgestellt hatten, um eine Wahl Hitlers zu verhindern.

Das Wissen darum, dass ein beträchtlicher Teil der konservativen Parteigänger von einst nicht ihm, sondern Hitler die Stimme gegeben hatte und er die Wiederwahl nur der Unterstützung von SPD und Zentrum verdankte, führte zu einer merkwürdigen Reaktion Hindenburgs. Er versteifte sich in einer noch größeren Ablehnung der SPD und schrieb die „Schuld“ an diesem „Skandal“ Brüning zu. Als Brüning den Plan fasste, völlig überschuldete ostelbische Landgüter aufzuteilen, intervenierten die Gutsbesitzer beim Reichspräsidenten gegen den angeblichen „Agrarbolschewismus“. Hindenburg entließ Brüning und ernannte **Franz von Papen**, der bisher in der großen Politik noch nicht hervorgetreten war, zum **Reichskanzler**. Papen verdankte seine Berufung der sog. **Kamarilla**, einer Art Schattenkabinett unverantwortlicher Berater um Hindenburg, die immer größeren Einfluss auf die politischen Entscheidungen gewannen. Zu ihr gehörten u. a. Reichswehrgeneral Kurt von Schleicher, der Sohn des Reichspräsidenten Oskar von Hindenburg und der Chef des Büros des Reichspräsidenten Otto Meissner.

Papen hatte, mit Ausnahme der Deutschnationalen, sämtliche Parteien gegen sich. Er ließ den Reichstag auflösen. Bei den **Neuwahlen im Juli 1932** wurde die **NSDAP** mit 37 % der Stimmen **stärkste Partei**. Hitler war es gelungen, vor allem unter den fünf Millionen Arbeitslosen zahlreiche Wähler für die NSDAP zu mobilisieren, die ihm die Lösung der Probleme zutrauten. Zusammen mit den Stimmen der KPD nahmen die radikalen Kräfte nun mehr als die Hälfte der Abgeordnetensitze ein. Allerdings lehnte es Hindenburg zu

dieser Zeit noch ab, den Führer der stärksten Partei, Adolf Hitler, zum Kanzler zu machen. Den „böhmischen Gefreiten“ hielt er 1932 noch für einen verantwortungslosen Demagogen.
Im September erklärte der Reichstag mit 512 gegen 42 Stimmen **Papen das Misstrauen**. Einen größeren Ausdruck fehlenden Vertrauens in einen Regierungschef hat es in der gesamten Weimarer Republik nicht gegeben. Hindenburg löste den Reichstag erneut auf. Bei den Wahlen im November verlor die NSDAP zwar mehr als 4 % der Stimmen, die Lage hatte sich aber nicht grundsätzlich geändert. Nun musste Schleicher aus dem Hintergrund hervortreten und das Reichskanzleramt übernehmen.
Schleichers zweimonatiges **Zwischenspiel als Kanzler** verlief glück- und erfolglos.
Der Kamarilla, allen voran dem von Rachsucht getriebenen Papen, gelang es, dem greisen Reichspräsidenten einzureden, dass die **Berufung Hitlers** eine Lösung in der jetzigen Krise darstelle. Man wollte Hitler in der Regierung von konservativen Kräften „einrahmen“ und erwartete, dass er nach wenigen Monaten Regierungstätigkeit „abgenutzt“ sei. Dann sei der Weg frei für den Umbau der Weimarer Republik in einen „Neuen Staat“. Am 30. 1. 1933 ernannte Hindenburg Hitler zum Reichskanzler. Die Entwicklung sollte allerdings schnell eine ganz andere Richtung nehmen, als die konservativen Kanzlermacher es sich vorgestellt hatten.

2 Die neue Regierung unter Adolf Hitler sei zwar nicht durch eine einheitliche politische Anschauung, aber durch den Willen zur Zusammenarbeit geprägt (vgl. Z. 2–6). Beim Versuch, den **Charakter dieser Regierung** näher zu bestimmen, stellt der Verfasser fest, dass sie keine parlamentarische Regierung, aber auch kein Präsidialkabinett alter Prägung sei, da man sie bewusst im Hinblick auf die Parteiverhältnisse im Reichstag gebildet habe. Man könne auch nicht von einer nationalsozialistischen Regierung sprechen, da die NSDAP nicht die gesamte Macht in den Händen halte (vgl. Z. 8–19). Zudem wird betont, dass die Regierung auf verfassungsmäßige Weise zustande gekommen sei (vgl. Z. 38–42).

Die Ernennung zeige, dass es möglich sei, den **„verderblichen deutschen Bruderzwist zu überwinden“**, wenn man denn nur ernstlich wolle (vgl. Z. 20–32). Nun solle alle Kraft auf den Erfolg konzentriert werden.
Was erwartet der Verfasser nun von dieser Regierung? Die Regierung solle sich um die Zusammenfassung der nationalen Kräfte bemühen (vgl. Z. 43–49), tatkräftig gegen die Arbeitslosigkeit vorgehen (vgl. Z. 54–59). Noch einmal wird der neue Zusammenhalt der Deutschen als Voraussetzung zum Wiederaufstieg beschworen (vgl. Z. 65–72).

Die hier geäußerten Meinungen spiegeln durchaus die **Haltung breiter Schichten** der deutschen Bevölkerung wider, welche der Demokratie durch die ständigen Regierungswechsel, die Erfolglosigkeit der Sparmaßnahmen und die Uneinigkeit der Parteien immer skeptischer gegenüberstanden. Die Regierenden wurden zunehmend als handlungsunfähig wahrgenommen, die, in parteipolitischer Zerrissenheit befangen, die Probleme der Wirtschaftskrise nicht angehen wollten oder könnten. Gleichzeitig wuchs die Forderung nach Rückbesinnung auf ein einiges Volk in einem neuen Staat.
Der Zeitungsartikel verdeutlicht zudem in seiner inhaltslosen Wolkigkeit, wie wenig konkrete **Vorstellungen konservative Kreise über Hitler**, seine Ziele und seine Partei hatten. In diesem Sinne wurde die NSDAP und Hitler als ein Teil des nationalen und konservativen Lagers aufgefasst. Es herrschte eine positive Erwartung vor, da nun „nationale Kräfte“ ans Ruder gelangt seien, von denen man ein entschlossenes Handeln erwarten könne.

3 Sofort ging Hitler an die **Konsolidierung der ihm übertragenen Macht und den Umbau des Staates**.
Auf Hitlers Drängen löste Hindenburg einen Tag nach dessen Amtsantritt den Reichstag auf und schrieb **für den 5. März Neuwahlen** aus. Im Wahlkampf wurden die anderen Parteien massiv behindert.
Nach dem **Reichstagsbrand** vom 27. 2. 1933, den die Nazis den Kommunisten anlasteten, wurden durch die „Notverordnung zum Schutz von Volk und Staat" die Grundrechte außer Kraft gesetzt. Tausende von Kommunisten und Sozialisten wurden verhaftet, eine erste Welle von politisch Verfolgten floh ins Ausland.
Zwar erreichten die Nationalsozialisten bei der Wahl am 5. März 43,9 % der Stimmen, die erhoffte absolute Macht verfehlten sie aber. Sie sollte nun de facto durch ein **Ermächtigungsgesetz** erreicht werden, das der Regierung das Recht gab, Gesetze auch ohne die Zustimmung des Reichstages zu erlassen. Durch die Verabschiedung des Gesetzes – lediglich die SPD stimmte dagegen, die Mandate der kommunistischen Abgeordneten waren aberkannt worden – hat sich der Reichstag selbst entmachtet.
Nachdem Hitler den 1. Mai zum Feiertag erklärt hatte, **besetzten** am 2. Mai die **SA-Trupps die Gewerkschaftshäuser**.

Die **Gleichschaltung der Länder** erfolgte in mehreren Schritten. Zunächst wurden die Länderparlamente nach dem Ergebnis der Reichstagswahl vom 5. 3. innerhalb des betreffenden Landes neu zusammengesetzt. Davon profitierte die NSDAP massiv, zumal die der KPD zustehenden Mandate nicht berücksichtigt wurden. Die Landtage blieben aber ohne Bedeutung. Ab Sommer existierten sie nur noch formal bis zu ihrer offiziellen Auflösung am 30. 1. 1934. Zwei Wochen später wurde durch „das Gesetz über die Aufhebung des Reichsrates" sogar über die im Ermächtigungsgesetz vorgesehene Ermächtigung hinausgegangen. Damit war das Reich ein zentralistisch regierter Einheitsstaat geworden, die republikanische/demokratische **Verfassungsordnung aufgehoben**.
Schließlich verblieb Hitler noch das **Problem der SA**. Nachdem es ihm nicht gelungen war, deren Chef Ernst Röhm von seinen Ideen eines braunen Massenheeres unter Einschluss der Reichswehr und einer „zweiten Revolution" abzubringen, ließ er die gesamte SA-Spitze einschließlich Röhm umbringen (sog. Röhm-Putsch 30. Juni 1934). In dieser „Nacht der langen Messer" wurden auch noch weitere Gegner Hitlers ermordet bzw. alte Rechnungen beglichen.

Als dann am 2. 8. 1934 **Hindenburg starb**, **war die totale Macht erreicht**. Hitler übernahm auch dessen Funktionen, vereinigte also die Ämter von Reichspräsident und Reichskanzler in einer Person und nannte sich nun „Führer und Reichskanzler". Noch am selben Tag ließ sich die **Reichswehr** in einer Mischung aus Anbiederung und Dank für die Entmachtung der SA **auf Hitler persönlich vereidigen**.
Die Weimarer Verfassung war somit vom NS-Regime überhaupt nicht aufgehoben worden, aber in ihrem Kern ausgehöhlt. Juristisch beruhte das Regime letztlich auf zwei Ausnahmegesetzen: der Reichtstagsbrandverordnung und dem Ermächtigungsgesetz.

4 *Aspekte der Auseinandersetzung könnten u. a. aus folgenden Bereichen gewählt werden: Wirtschafts- und Sozialpolitik, Gleichschaltung der Gesellschaft, Terror und Formen der Einschüchterung und Verfolgung Andersdenkender, Rolle der nationalsozialistischen Erziehung. In die Darstellung sollten Motive, Maßnahmen und Folgen für das alltägliche Leben einfließen. Eine Bewertung sollte deutlich machen, dass selbst als positiv empfundene Einflüsse eine iodeologische Fundierung hatten und der Machtsicherung dienten.*

In der **Wirtschaftspolitik** kann festgehalten werden, dass es dem NS-Regime gelang, die **Arbeitslosigkeit** bis 1937/38 zu **beseitigen.** Dies geschah einerseits durch staatliche Maßnahmen der Arbeitsbeschaffung wie dem Bau von militärischen Anlagen, Autobahnen und Industriewerken im Rahmen eines Autarkieprogrammes, einer stark expandierenden

Rüstungsindustrie und der Entziehung von Menschen aus dem Arbeitsmarkt, beispielsweise durch die Einführung des Reichsarbeitsdienstes und der allgemeinen Wehrpflicht im Jahre 1935. Die Beseitigung der Arbeitslosigkeit, von der Propaganda entsprechend gefeiert, wurde aber auch von der Bevölkerung als eine große Leistung empfunden und blieb nicht ohne Rückwirkung bis heute. Wer aber heute von einer „ordentlichen Beschäftigungspolitik" spricht, muss auch auf die Folgen und Probleme der NS-Wirtschaftspolitik hinweisen. Die Finanzierung erfolgte auf unseriöse Weise, z. B. durch Mefo-Wechsel, und widersprach teilweise der wirtschaftlichen Vernunft. Vor allem aber ist festzuhalten, dass die Maßnahmen der Kriegsvorbereitung dienten.

Auch die **Sozialpolitik** des Regimes wird bis heute positiv gewertet. KdF-Reisen und Spar-Karten für einen VW-Käfer können aber nicht darüber hinwegtäuschen, dass Teile der Arbeitnehmer zwar in den Genuss einzelner sozialer Wohltaten gelangten, aber durch die Zerschlagung der Gewerkschaften und die Gründung der Deutschen Arbeitsfront eine unabhängige Vertretung der Arbeitnehmerinteressen nicht mehr möglich war.
Die Menschen lebten in einer **gleichgeschalteten Gesellschaft**. Das NS-Regime war bestrebt, den Einzelnen in einer Vielzahl von Organisationen zu erfassen. Sie reichten von den Jugendorganisationen HJ und BdM über Berufsorganisationen bis zu Verbänden mit vormilitärischer Ausbildung. Ein ganzes Leben sollten die Menschen nach Hitlers eigener Aussage in einer Rede im Dezember 1938 nicht mehr frei werden. Marschkolonnen und Massenveranstaltungen stellten das Ideal einer solchen Gesellschaft dar. Die Entfaltung der eigenen Individualität war hier nicht gewünscht und konnte sogar gefährlich werden.
Wer sich dem verordneten Weltbild widersetzte, hatte **den Terror des Regimes** zu gewärtigen. Eine systematische Überwachung durch die Geheime Staatspolizei schüchterte die Bevölkerung ein, verhaftete tatsächliche und vermeintliche Gegner und sperrte sie schließlich in Konzentrationslager ein.
Die nationalsozialistische Rassenideologie erklärte Juden zu Staatsfeinden und setzte sie der Diskriminierung und Verfolgung und dem gewaltsamen Tod aus.
Diese **Atmosphäre der Angst** prägte besonders den Alltag der letzten Kriegsjahre. Ein Witz über einen Repräsentanten des Regimes, eine ärgerliche Bemerkung über die Mangelwirtschaft oder der einmal geäußerte Zweifel am Endsieg konnten dazu ausreichen, verhaftet und hart bestraft zu werden.
Die Darstellung verdeutlicht die Tatsache, dass **totalitäre Regime** durch ihren Anspruch auf Erfassung des ganzen Menschen **das Alltagsleben der Bevölkerung entscheidend prägen**. Freiheit und Selbstbestimmung der Menschen werden dabei auf vielen gesellschaftlichen Feldern beschnitten.

5 Mit der Kapitulation der Wehrmacht ging der von Hitler in Europa entfesselte Weltkrieg in Europa zu Ende. Doch die **Bilanz war niederschmetternd**, sowohl für Europa wie für Deutschland. Entsprechend der Aufgabenstellung wird im Folgenden nur die Lage in Deutschland beleuchtet.
Der Krieg hatte allein auf der deutschen Seite rund **6,5 Millionen Opfer**, Soldaten und Zivilisten, gekostet. Mit der Kapitulation hatte das Leiden und Sterben aber noch kein Ende. Für Millionen Besiegte folgten **Gefangenschaft, Flucht und Vertreibung**. 11 Millionen Menschen mussten ihre angestammte Heimat in den deutschen Ostgebieten und in Siedlungsgebieten in anderen osteuropäischen Staaten verlassen.
Das Land selbst wies **große Zerstörungen auf**, einmal durch die alliierten Bombenangriffe, aber auch durch die erbitterten Kämpfe der letzten Monate des Krieges auf deutschem Boden.
Viele deutsche Städte glichen **Trümmerlandschaften**, in den Ruinen kämpfte eine verängstigte Bevölkerung ums Überleben. Etwa die Hälfte des gesamten Wohnraums war zerstört, 20 % der Industrieanlagen und 40 % der Verkehrswege. Hinzu kamen seit Ende 1944 die großen Flüchtlingstrecks aus dem Osten. Ausgemergelt von Hunger, Überfällen,

Wind und Wetter erreichten sie schließlich „Restdeutschland“, wo man versuchte, sie notdürftig unterzubringen.
Ausgebombte, Flüchtlinge, Soldaten, insgesamt zwei Fünftel der Gesamtbevölkerung waren irgendwo unterwegs. In Deutschland selbst hielten sich rund 4,2 Millionen von nun **befreiten Zwangsarbeitern** und „displaced persons“ auf, die nur teilweise in ihre Heimat zurückkehren konnten.
Die **katastrophale Verkehrssituation** und das fast völlig **zusammengebrochene Nachrichtenwesen** verschlimmerten die Situation. Über 90 % des gesamten Streckennetzes der Bahn waren bei Kriegsende nicht mehr befahrbar.
Auseinander gerissene Familien erfuhren oft lange nichts vom Schicksal ihrer vermissten Familienangehörigen. Die Familien waren durch Gefangenschaft, Flucht, Internierung auseinander gerissen und blickten in eine ungewisse Zukunft.
Die **Versorgungslage der Bevölkerung** verschlechterte sich nach dem Zusammenbruch des zentralen Verteilungssystems zunehmend. Lebensmittel und andere Verbrauchsgüter gab es weiterhin nur auf Karte, aber zu erheblich herabgesetzten Rationen.
Hinzu kam ein großer **Kontrast zwischen der städtischen und der Landbevölkerung**. Grassierten in den Städten Hunger und Krankheiten, so war die Ernährungslage auf dem Lande wesentlich besser. Hamsterfahrten von Städtern aufs Land wurden zum Merkmal einer mangelnden Versorgung.
Beispiellos war auch der **Verlust der eigenen Staatlichkeit**. Die staatliche Ordnung war zusammengebrochen, das Land von alliierten Truppen besetzt und in Besatzungszonen geteilt. Eine deutsche Regierung bestand nach der Verhaftung der Regierung Dönitz im Mai 1945 nicht mehr. Die Macht bis hinunter auf die lokale Ebene lag letztlich bei den Besatzungsmächten. Die Verwaltung war von unten neu aufzubauen.
Auch **territorial** brachte das Jahr 1945 **große Verluste**. Die Gebiete östlich von Oder und Neiße waren von Deutschland abgetrennt und auf der Potsdamer Konferenz bis zum Friedensvertrag unter polnische bzw. das nördliche Ostpreußen um Königsberg unter sowjetische Verwaltung gestellt worden.
Schließlich sei die schwierige **psychologische** Situation dieser Zeit erwähnt. Der Schock des Zusammenbruchs und ein Gefühl der Ausweglosigkeit der Lage war vorherrschend. Es konnte aber die Erkenntnis nicht völlig verdrängen, dass weite Teile der Bevölkerung einem verbrecherischen Regime lange die Treue gehalten oder in „treuer Pflichterfüllung“ zu seinem Weiterbestehen beigetragen hatten. Auf diesen Trümmern galt es nun, den Neubeginn in die Wege zu leiten.

M 1: Auszug aus dem Artikel „Ein Lebewohl den Brüdern im Osten", Der Spiegel, 1952

Am 9./10. Januar soll der Bundestag den Schuman-Plan ratifizieren. [...] Daß Berlin nicht zum Vertragsgebiet gehört, und wie die Sowjetzone technisch angeschlossen werden könnte, das sind wirklich Fragen nicht minderen, aber zweiten Ranges. Selbst das Saargebiet stellt kein Weltproblem dar. Entscheidend ist vielmehr, daß der Eintritt Westdeutschlands in den Montan-Pool die Eingliederung der westdeutschen Wirtschaft in das Wirtschafts- und Rüstungssystem des Westens bedeutet. Kohle und Stahl sind nun einmal die Hauptrohstoffe der Aufrüstung, gleichgültig wie die Produktionsauflagen auf die Pakt-Staaten verteilt werden. Daraus folgt, daß die Bundesrepublik den Schuman-Plan erst ratifizieren darf, nachdem die letzte Möglichkeit, gesamtdeutsche Wahlen abzuhalten, erschöpft worden ist. [...]

Nicht, daß der Plan Deutschland unter Ausnutzung der Besatzungsverhältnisse wirtschaftlich benachteiligt, ist der entscheidende Einwand. Wir haben den Krieg verloren, und wenn wir das französische Mißtrauen durch ökonomische Zugeständnisse so weit einschränken können, daß Frankreich auf besonders beargwöhnten Sektoren mit uns zusammenarbeitet, ist das eine Messe wert. Eine Basis für ein Europa in Freiheit, Gleichheit und Brüderlichkeit ist das freilich nicht, und niemand sollte uns das einreden wollen. [...]

Es gäbe nur einen Grund, die deutsche Wiedervereinigung hintanzusetzen: Wenn uns die Amerikaner verbindlich erklärten, [...] sie seien nicht gewillt, gesamtdeutsche Wahlen zuzulassen und die demokratische Verfassung eines wiedervereinigten Deutschland mitzugarantieren. Solange sie uns das nicht unzweideutig erklären, machen wir uns als Deutsche mitschuldig an der bislang überwiegend durch die Sowjets verursachten Spaltung Deutschlands, wenn wir uns nach Westen „integrieren". Den Schuman-Plan zum jetzigen Zeitpunkt ratifizieren, bedeutet die 18 Millionen Deutschen der Sowjetzone abschreiben. Durch den Schuman-Plan gehen Kohle und Stahl Westdeutschlands in einem Pool auf, der seiner natürlichen Bestimmung nach auch ein Rüstungspool sein muß. Sind wir wirtschaftlich erst an diesen Rüstungspool angeschlossen, entfällt für die Sowjets das Interesse an der deutschen Einheit. Sie hätten im Gegenteil dann alles Interesse zu verhindern, daß die Sowjetzone diesem Pool auch noch zugeschlagen wird. Den Schuman-Plan jetzt wollen, heißt die deutsche Einheit nicht wollen. [...]

In einer geteilten Welt kann es nicht Aufgabe der geteilten Deutschen sein, die Spannungen zu verschärfen und eventuell über der deutschen Frage zur Entladung zu bringen. [...] Wenn Westdeutschland erst Teil einer umfassenden westeuropäischen Wirtschafts- und Verteidigungsunion ist, werden die Sowjets keinesfalls interessiert sein, deren Grenze an die Oder-Neiße oder noch weiter nach Osten vorzuverlegen. Andererseits werden die europäischen Partner Westdeutschlands in der Wirtschafts- und Verteidigungsunion nicht daran interessiert sein, das ohnehin schon starke deutsche Gewicht durch Ostdeutschland verstärkt zu sehen. Im Hintergedanken beabsichtigen sie mit der „Integration" die Aufrechterhaltung der Spaltung Deutschlands, wenn sie schon deutsche Divisionen nicht verhindern können. [...]

Wenn wir den Schuman-Plan ratifizieren, müssen wir auch Soldaten stellen, denn an einem wirtschaftlich dem Westen angeschlossenen Deutschland, das keine Soldaten stellt, haben die Amerikaner kein Interesse; und an einem wiedervereinigten Deutschland, dessen Wirtschaft einseitig dem Westen angeschlossen ist, können die Sowjets kein Interesse haben. […]

Nicht daß wir künftig Provinz und Truppenübungsplatz des Westens sein sollen, ist das entscheidende Manko. Provinz und provinzielle Politik ist unser Schicksal, solange Berlin nicht die Hauptstadt Deutschland ist. […] Wenn uns die Wiedervereinigung Deutschlands nicht gelingen sollte, müßten wir uns damit abfinden, eine Weile als Provinzler in der Weltpolitik umherzutappen, und als Fußvolk unter den westalliierten Streitkräften. Dafür haben wir zwei Weltkriege verloren. Dafür können wir uns abends ruhig ins Bett legen. […] Aber die 18 Millionen Deutschen jenseits der Elbe rechnen auf uns, sie sind ohne uns verurteilt, ihre Kinder in den Klauen eines unmenschlichen, lebenserstickenden Systems aufwachsen zu sehen, ihnen fremd und uns allen fremd. […]

Haben wir die Bundesrepublik akzeptiert, damit ihr Bundestag unsere Freunde gedankenlos verkauft? […] Erst wenn wir den Schuman-Plan, diesen ersten Akt einer Politik gegen die nationale Existenz, unterzeichnen, haben wir den Krieg vollständig verloren. Diese freiwillige Kapitulation des Jahres 1952 bedeutet aber nicht nur ein Lebewohl den Brüdern im Osten, sondern gleichzeitig das Ende der gemäßigten Rechten, die frohgemut Harakiri begeht.

Rechtschreibung und Zeichensetzung folgen der Vorlage

Aus: Daniel, Jens: Ein Lebewohl den Brüdern im Osten, in: Der Spiegel 1/52, 2. 1. 1952

Aufgaben:

1	Stellen Sie ausgehend von den Entwicklungen 1948/49 in Deutschland und der Welt den außenpolitischen Spielraum der Bundesrepublik Deutschland im Mai 1949 dar.	12 BE
2.1	Erarbeiten Sie aus M 1, welche Position der Verfasser zum Schuman-Plan[1] einnimmt und wie er diese begründet.	12 BE
2.2	Erläutern Sie den Prozess der Westintegration von 1949 bis 1955 und formulieren Sie Ihren Standpunkt zur Sicht des Verfassers auf den Schuman-Plan (M 1).	12 BE
3	In M 1 wird die Berlin-Frage angesprochen. (M 1, Z. 1 ff. und Z. 48 f.) Zeigen Sie wesentliche Aspekte der Berlin-Problematik im Rahmen der deutschen Frage auf.	10 BE
4	Der Verfasser von M 1 verweist wiederholt auf die Haltung der USA und der Sowjetunion zur deutschen Frage. Untersuchen Sie an einem selbst gewählten Zeitabschnitt aus der Geschichte nach 1961, wie die internationalen Beziehungen der Supermächte das Verhältnis der beiden deutschen Staaten beeinflussten.	14 BE
		60 BE

1 Schuman-Plan: 1950 vom französischen Außenminister Robert Schuman verkündeter Plan zur Bildung der Europäischen Gemeinschaft für Kohle und Stahl. Abk. EGKS, andere Bezeichnung: Montanunion

Lösungsvorschlag

1 *In der Darstellung muss keine Vollständigkeit erreicht werden. Wesentlich ist die Herstellung eines Zusammenhangs nationaler und internationaler Entwicklungen mit dem außenpolitischen Spielraum der Bundesrepublik.*

Im Jahre 1948/49 standen sich in Europa im Rahmen des **Kalten Krieges** zwei Blöcke gegenüber. Konsequent wurde die Abgrenzung und Verfestigung der Einflussbereiche der USA und der Sowjetunion auch in Deutschland und in Berlin vorgenommen. Die Spaltung Deutschlands und die doppelte Staatsgründung war nicht mehr zu vermeiden.
Nach der Potsdamer Konferenz bemühten sich die vier Siegermächte auf einer Reihe von Konferenzen der Außenminister um eine gemeinsame Deutschlandpolitik, wobei sie einer Lösung aber keinen Schritt näher kamen. Die **Londoner Vier-Mächte-Konferenz** von November/Dezember 1947 zeigte endgültig, dass die Standpunkte unvereinbar waren. Kompromisse in praktischen Fragen wie gesamtdeutsche Verwaltungen, Reparationen, Kontrolle des Ruhrgebietes oder Modalitäten des Friedensvertrages waren nicht zu erreichen, wurden nicht einmal mehr gesucht.
Daraufhin bemühten sich beide Seiten in ihrem Einflussbereich verstärkt darum, geeignete politisch-administrative Strukturen zu schaffen.
Im Februar 1948 begann in **London eine Konferenz der drei Außenminister der Westmächte und der Benelux-Staaten** über die Gründung eines westdeutschen Staates. Im März zog sich der sowjetische Vertreter aus dem Alliierten Kontrollrat in Berlin zurück. Damit waren die institutionellen Reste einer Vier-Mächte-Verwaltung für Deutschland verschwunden. Die **Währungsreform** in Westdeutschland im Juni 1948, drei Tage später von der in der Sowjetischen Besatzungszone gefolgt, machte die Spaltung auch auf wirtschaftlichem Gebiet für jedermann sichtbar.
Ein ernster Konflikt drohte, als die Sowjetunion die Ost-Mark auch in West-Berlin als alleinige Währung einführen wollte. Auf die nun verordnete Einführung der West-Mark durch die drei westlichen Siegermächte reagierte Stalin mit der Sperrung der Zufahrtswege, dem Beginn der **Berliner Blockade**. Die ehemaligen Partner der Anti-Hitler-Koalition standen sich nun Mitte 1948 auf einem ersten Höhepunkt des Kalten Krieges als erbitterte Gegner gegenüber.
Mit der Übergabe der **Frankfurter Dokumente** am 1. 7. 1948 an die westdeutschen Ministerpräsidenten durch die drei westalliierten Militärgouverneure war der endgültige Startschuss für den Aufbau eines separaten Weststaates gefallen. Am 1. 9. 1948 versammelte sich in Bonn der **Parlamentarische Rat** und am **23. Mai 1949** wurde dann das **Grundgesetz** für die Bundesrepublik Deutschland verkündet. Mit den Wahlen zum ersten Deutschen Bundestag im August 1949 und der Bestellung der Verfassungsorgane im September 1949 war die Staatsgründung soweit abgeschlossen.
In der **SBZ** waren durch die **Volkskongressbewegung** und den **Volksrat** ebenfalls die Weichen gestellt worden. Sie sorgten für eine zumindest oberflächliche formale Beteiligung des Volkes, wenn dem Prozess auch jede wirkliche demokratische Legitimation fehlte.
Der Volksrat erklärte sich ohne freie Wahlen am **7. 10. 1949** zur **Provisorischen Volkskammer**. Zusammen mit der Provisorischen Länderkammer wählte diese einige Tage später Wilhelm Pieck zum Staatspräsidenten der DDR und bestätigte die Regierung unter Ministerpräsident Otto Grotewohl.

Der zweite Teil der Aufgabe bezieht sich auf den außenpolitischen Spielraum der nun gegründeten Bundesrepublik Deutschland. Er war gering, denn die auswärtigen Angelegenheiten waren laut Besatzungsstatut den Besatzungsmächten vorbehalten. Die Bundesrepublik verfügte also über keine souveränen Rechte auf diesem Gebiet.

Der außenpolitische Spielraum der Bundesregierung bestand also in Gesprächen mit den Hohen Kommissaren der drei Besatzungsmächte, die bezeichnenderweise zunächst auf dem Petersberg hoch über Bonn residierten.
Mit dem **Petersberger Abkommen** im November 1949 erhielt die Bundesrepublik dann allerdings das Recht, an internationalen Organisationen teilzunehmen und konsularische und Handelsbeziehungen mit anderen Ländern aufzunehmen.
Auch darf für diese frühe Zeit nicht vergessen werden, dass die **im Namen Deutschlands** zur Zeit des NS-Regimes begangenen Verbrechen das Ansehen des Landes im Ausland **stark beschädigt** hatten und ein tiefes Misstrauen und Sicherheitsbedürfnis herrschte. Folglich waren bei der Gewinnung von außenpolitischem Handlungsspielraum auch psychologische Barrieren zu überwinden.

2.1 Der Verfasser des Spiegel-Artikels **lehnt den Schuman-Plan grundsätzlich ab,** da er die Wiedervereinigung unmöglich machte. Er spricht vom Beitritt zur Gemeinschaft für Kohle und Stahl sogar als einem „Akt einer Politik gegen die nationale Existenz" und einer „freiwillige[n] Kapitulation des Jahres 1952", der „den Brüdern im Osten" „ein Lebewohl" bedeute. (vgl. Z. 58–62).
Als **Begründung** wird angeführt, dass die Ratifizierung des Schuman-Plans zugleich eine Eingliederung der Bundesrepublik in das westliche Wirtschafts- und Rüstungsgefüge darstelle. Dies sei aber erst vertretbar, wenn auch die letzte Möglichkeit, gesamtdeutsche Wahlen abzuhalten, erschöpft worden sei. (vgl. Z. 4–10).
Somit machten sich **die Deutschen, gemeint sind die Westdeutschen, mitschuldig** an der bisher überwiegend durch die Sowjets verursachten **Spaltung Deutschlands** (vgl. Z. 22/23).
Bei einer wirtschaftlich und militärisch in den Westen eingebundenen Bundesrepublik hätte die Sowjetunion keinerlei Interesse daran, dass zu diesem Gebiet noch die DDR hinzukomme (vgl. Z. 27–29, 34–36, 44–46).
Andererseits hätten die westlichen Staaten kein wirkliches Interesse daran, das ohnehin schon starke westdeutsche Gewicht durch einen Beitritt der DDR noch zu vergrößern, ja in ihren Hintergedanken beabsichtigten sie mit der Westintegration auch die Aufrechterhaltung der Spaltung Deutschlands (vgl. Z. 37–41).
Somit würden aber **18 Millionen Menschen in Ostdeutschland einfach abgeschrieben**, einem „unmenschlichen, lebenserstickenden System [...]" überlassen (vgl. Z. 54/55).

2.2 Die **Westintegration** vollzog sich in **folgenden Schritten:**
1950 trat die Bundesrepublik dem **Europarat** bei. Hatte diese Institution auch keine wirkliche Machtbefugnis, so war sie doch das erste Organ, in dem sich Vertreter der nationalen Parlamente und Minister über gemeinsame Probleme regelmäßig austauschten.
1951 gehörte die Bundesrepublik zu den Gründungsmitgliedern der **Europäischen Gemeinschaft für Kohle und Stahl**, EGKS oder Montanunion genannt. Der französische Außenminister Robert Schuman hatte die Zusammenfassung der Gesamtheit von Kohle und Stahl in einer Aufsehen erregenden Erklärung am 9. Mai 1950 vorgeschlagen. Damit wurde ein gemeinsamer Markt für Kohle und Stahl in den sechs beteiligten Ländern Deutschland, Frankreich, Italien, Niederlande, Belgien und Luxemburg geschaffen, die wirtschaftliche Integration Westeuropas hatte begonnen.
Die Bemühungen um eine integrierte europäische Armee der sechs Mitgliedsstaaten der Montanunion führte 1952 zur Unterzeichnung des Vertrages über die **Europäische Verteidigungsgemeinschaft** (EVG). Dieses Projekt scheiterte jedoch 1954 an der Ablehnung durch die französische Nationalversammlung, deren Mehrheit nicht bereit war, die Souveränität Frankreichs auf einem so entscheidenden machtpolitischen Bereich aufzugeben.

Im Oktober 1954 regelten die **Pariser Verträge** die noch offenen Fragen: die Bundesrepublik erhielt die Souveränität, mit Ausnahme der Fragen, die Berlin und Deutschland als Ganzes betrafen. Die Bundeswehr wurde aufgestellt und die Bundesrepublik trat gleichzeitig der NATO und der westeuropäischen Union bei. Zur Lösung der **Saarfrage** – das Saarland war wirtschaftlich Frankreich angeschlossen worden – wurde zwischen Konrad Adenauer und dem französischen Ministerpräsidenten Pierre Mendès France ein europäisches Statut vereinbart, das jedoch ein Jahr später von der dortigen Bevölkerung in einer Volksabstimmung abgelehnt wurde. Die Saar kehrte dann erst politisch, 1959 auch wirtschaftlich nach Deutschland zurück.
Ein weiterer Schritt zur Integration wurde mit der Gründung der **Europäischen Wirtschaftsgemeinschaft** durch die Römischen Verträge 1957 vollzogen. Die genannten Verträge zur wirtschaftlichen Integration bilden auch heute noch eine wichtige Grundlage, auf der die Europäische Union beruht.

Die Frage nach dem eigenen Standpunkt zur Sicht des Verfassers des Spiegelartikels läuft im Kern auf die **Frage** hinaus, **ob die Politik der Westintegration** unter der Regierung Adenauer die **Wiedervereinigung unmöglich** gemacht habe.
Um zu diesem Problem Stellung nehmen zu können, ist zunächst zu untersuchen, wie groß der außen- und deutschlandpolitische **Handlungsspielraum der Bundesregierung** war. Schließlich hätte eine Ablehnung des Schuman-Plans der Politik der europäischen Einigung den Todesstoß versetzt, ehe sie richtig begonnen hatte.
Hier ist festzuhalten, dass die Westmächte zwar bereit waren, der Bundesrepublik mehr Souveränität zuzugestehen, aber nur bei einer entsprechenden Absicherung gegen eine unberechenbare und friedensgefährdende deutsche Politik. Die Politik der **Westintegration** schien diese unterschiedlichen Ziele miteinander vereinbar zu machen. Hierin trafen sich Adenauers Ziele mit denen der westlichen Staatsmänner.
Nun hingen aber Fortschritte auf dem Weg zu einer Wiedervereinigung vor allem von der **Sowjetunion** ab. Deren damalige **genaue Absichten**, insbesondere die Stalins, sind auch heute noch **nicht eindeutig geklärt**. Lange hatte er in der DDR und in Osteuropa die Verfestigung der sowjetischen Herrschaft und eine Umgestaltung nach kommunistischem Vorbild vorangetrieben. Die **Stalin-Note** im März 1952 bot nun die Wiedervereinigung und sogar nationale Streitkräfte gegen die Neutralisierung Deutschlands bis zur Oder-Neiße-Linie an. Bis heute ist strittig, ob es sich hierbei um ein ernst gemeintes Angebot handelte oder nur um ein Störmanöver, das die Verhandlungen über den Deutschlandvertrag und die EVG, die sich in der Endphase befanden, torpedieren sollte. Konnten diese durch die Neuaufnahme von Vier-Mächte-Verhandlungen über Deutschland erst einmal ausgesetzt werden, so war eine Stärkung Westeuropas verhindert worden. In einer solchen Lage ließen sich zahlreiche taktische Zielsetzungen denken.
Adenauer jedenfalls hielt die Stalin-Note nicht für ein ehrliches Angebot. Er befreite mit dieser klaren Stellungnahme die Westmächte aus einer taktischen Verlegenheit. Schließlich misstrauten diese Stalins Vorschlag ebenfalls, wollten aber in den Augen der westdeutschen Bevölkerung auch nicht als „Spalter Deutschlands" erscheinen. Demnach war Stalins Vorschlag vor dem geschichtlichen Hintergrund kaum realisierbar.
Als **Fazit zur Problemstellung** kann festgehalten werden, dass eine realistische Alternative zur Westintegration unter den gegebenen Umständen nicht bestand.

3 *Die Lösung greift eine große Bandbreite von Aspekten auf. Eine Antwort in dieser Ausführlichkeit wird nicht erwartet.*

Schon 1944 richteten die späteren Siegermächte USA, UdSSR und Großbritannien in London eine Kommission ein, die die Einteilung Deutschlands in Besatzungszonen und die Sonderregelung für Berlin ausarbeitete.

Im **Londoner Protokoll von September 1944** war ein eigener Status für die Stadt festgelegt worden. Sie wurde in drei (später vier Sektoren) aufgeteilt und sollte durch eine gemeinsame Militärbehörde, die Alliierte Kommandantur, verwaltet werden.
Bei **Kriegsende** war Berlin alleine von der Roten Armee erobert worden. Im Juli zogen die Westmächte in ihre Sektoren ein, wofür sie große Teile Mitteldeutschlands bis zur Elbe und Mulde an die Sowjets übergaben.
Allerdings hatten die Alliierten **keine Absprache über den Zugang** zu den Westzonen von Berlin über den Landweg getroffen. Ende 1945 hatte man sich aber für den Flugverkehr auf drei Luftkorridore geeinigt. Nachdem der sowjetische Militärgouverneur Sokolowski den Alliierten Kontrollrat im März 1948 verlassen hatte, kam es schon zu ersten Störungen auf den Zufahrtswegen in die Stadt. Als jedoch die westlichen Alliierten als Reaktion auf die Einführung der Ost-Mark in ganz Berlin durch die Sowjetische Militäradministration die D-Mark in den Westsektoren Berlins einführten, sperrte die Sowjetunion sämtliche Schienen-, Straßen- und Wasserverbindungen von den Westzonen nach West-Berlin. Zugleich wurde der Westteil der Stadt von den Strom- und Lebensmittellieferungen aus dem Umland abgeschnitten. Die **Berliner Blockade** hatte begonnen. Damit hatte der Kalte Krieg seinen ersten Höhepunkt erreicht.
Stalin verfolgte mit der Blockade mehrere Ziele. Er wollte die Westmächte durch Druck zur Aufgabe ihrer Position in West-Berlin zwingen. Letztlich aber zielte die Blockade wohl auf die Verhinderung der Weststaatsgründung. Mit einem Nachgeben der USA in Berlin hätten die deutschen Politiker und auch die Bevölkerung, die den Aufbau eines neuen demokratischen Staates in die Wege leiten sollten, ihr Vertrauen in die Standhaftigkeit der westlichen Führungsmacht verloren.
Die Amerikaner und Briten reagierten auf die Kampfansage mit der Einrichtung einer **Luftbrücke**. In einer einmaligen technischen und logistischen Leistung wurde der westliche Teil der Stadt während der einjährigen Belagerung aus der Luft versorgt. Liebevoll nannten die Berliner die einfliegenden Flugzeuge „Rosinenbomber“. Nachdem die Nutzlosigkeit der Blockade offenbar geworden war, wurde sie im Mai 1949 wieder aufgehoben. Die Absichten der Sowjets hatten sich genau ins Gegenteil verkehrt. Anstatt eine Entfremdung zwischen West-Berlinern und Westdeutschen einerseits und den Westmächten, im besonderen den Amerikanern, andererseits zu erreichen, wurden diese nun von der Bevölkerung als Schutzmächte angesehen. Kompromissloser Antikommunismus machte sich im Westen breit und die westdeutschen Ministerpräsidenten entschieden sich gerade unter dem Eindruck der Berliner Blockade für die Staatsgründung.
Die **Situation in Berlin in den 50er-Jahren** war dennoch angespannt. Auch der Erpressungsversuch des sowjetischen Parteichefs Nikita Chruschtschow im Jahre 1958, **Berlin zur „Freien Stadt“ zu erklären**, führte zu keiner grundsätzlichen Änderung der Lage.

Der andauernde Flüchtlingsstrom nach Westen über die Stadt zwang Walter Ulbricht, den starken Mann der DDR, und die Sowjetunion immer mehr zum Handeln, wenn die DDR wirtschaftlich und politisch stabilisiert werden sollte. Den Bau der **Berliner Mauer 1961** wertete die DDR-Führung als einen „Schlag, der sitzt“.
In Westdeutschland musste nun allmählich zur Kenntnis genommen werden, dass eine Politik der Stärke die Spaltung nur weiter verhärtete. Der neue amerikanische Präsident John F. Kennedy machte deutlich, dass sich die Interessen der Westmächte nur auf die Westsektoren beschränkten und definierte „three essentials“ der Berlinpolitik: Anwesenheit von Truppen der Westmächte in West-Berlin, die Freiheit des Zugangs und die Lebensfähigkeit der Stadt.
Nach dem Mauerbau versuchte der Berliner Senat durch **Passierscheinabkommen** für Besuchsmöglichkeiten von West-Berlinern bei Verwandten im Ostteil der Stadt an hohen Festtagen Folgen der Trennung zu mildern. Dies geschah zum ersten Mal Weihnachten 1963 und setzte sich fort bis 1966. Die Fortsetzung oder Verstetigung der Maßnahme scheiterte schließlich am Problem des ungeklärten Status von West-Berlin. Betrachtete

die Bundesrepublik es als Teil ihres Staatsgebietes, so sprach Ost-Berlin von einer besonderen politischen Einheit.

Mit der **Neuen Ostpolitik** brachte die Bundesregierung unter Brandt und Scheel durch die Anerkennung der in Europa bestehenden territorialpolitischen Lage erhebliche Vorleistungen. Die Sowjetunion und auch die DDR mussten nun in der Berlinfrage bei Status, Zugangswegen und menschlichen Erleichterungen Zugeständnisse machen, um die Ratifizierung der Ostverträge durch den Bundestag zu erhalten.
Das **Viermächte-Abkommen von 1971**, aufgrund der alliierten Vorbehaltsrechte über Berlin von den vier Siegermächten abgeschlossen, legte fest, dass die Bindungen zwischen den Westsektoren Berlins und der Bundesrepublik „aufrechterhalten und entwickelt werden“, dass aber diese Sektoren „kein Bestandteil (konstitutiver Teil) der Bundesrepublik Deutschland sind“. Zudem wurden eine Erleichterung des Verkehrs zwischen der Stadt und Westdeutschland und Möglichkeiten für Besuchsreisen von West-Berlinern in den Ostteil der Stadt und in die DDR vereinbart. Im **Transitabkommen** zwischen den Regierungen der beiden deutschen Staaten wurden dann klare Regelungen für den Verkehr zwischen West-Berlin und der Bundesrepublik festgelegt.
Dieser Zustand Berlins hatte mehr oder weniger bis zum Zusammenbruch der DDR Bestand. Mit der **Wiedervereinigung 1990** gaben die vier Mächte dann im „Vertrag über die abschließende Regelung in Bezug auf Deutschland“ auch ihre Vorbehaltsrechte über Berlin auf.
In der gesamten **Berlin-Problematik** ist also, wie die Darlegung zeigt, **der klare Bezug zur deutschen Frage immer gegeben.**

4 In den **60er-Jahren des 20. Jahrhunderts änderte sich die internationale Situation.** Zunächst einmal erwiesen sich die bisherigen Konzepte des Westens als zunehmend fragwürdiger: Die **Philosophie des Kalten Krieges** fand in der offiziell verlautbarten Politik des „containment“ und des „roll back“ unter US-Präsident Dwight D. Eisenhower und Außenminister John Foster Dulles ihren Ausdruck. In der Praxis bedeutete diese Eindämmungspolitik eine Politik der Härte und des Nicht-Verhandelns gegenüber der Sowjetunion, der man bei einem Angriff auf Europa mit „massiver Vergeltung“ drohte. Die Drohung eines Zurückdrängens des sowjetischen Einflussbereiches blieb immer leere Rhetorik. So haben die USA bei inneren Krisen in Osteuropa (DDR 1953, Polen und Ungarn 1956) die Einflusssphäre ihres Gegners geachtet.
Andererseits hatte sich Westeuropa mit amerikanischer Unterstützung politisch, wirtschaftlich und militärisch stabilisiert; eine wie auch immer befürchtete Unterwanderung oder Übernahme durch die SU bestand nicht mehr.
Schon in der **Endphase der Regierung Eisenhower** hatten sich die Kontakte zu Moskau verbessert, war die Politik der reinen Konfrontation aufgegeben worden. So hatte sie schließlich 1959 sogar den sowjetischen Generalsekretär Nikita Chruschtschow zu Gast und diskutierte mit ihm über die friedliche Koexistenz. Und schon 1958 hatten in Genf die Verhandlungen über einen atomaren Teststopp in der Atmosphäre begonnen.
Die **Bundesregierung unter Adenauer** hielt weiter an ihrem Alleinvertretungsanspruch, der Hallsteindoktrin und dem Grenzvorbehalt gegenüber Polen fest. In der Frage der Wiedervereinigung war man damit aber keinen Schritt weitergekommen, ja die Spaltung hatte sich zusehends vertieft. Mit dem Bau der Berliner Mauer zeigte sich vielmehr, dass die UdSSR nicht bereit war, die DDR aufzugeben.

Als Katalysator für die weitere Entwicklung ist hier die **Kuba-Krise 1962** zu nennen. In Kuba war der Nationalrevolutionär Fidel Castro an die Macht gekommen, der den Einfluss der USA beschnitt und sich zunehmend an die Sowjetunion anlehnte. Als diese 1962 aber begann, auf Kuba Raketen zu stationieren, um ihre bestehende Unterlegenheit bei Langstreckenraketen durch die Stationierung von Raketen vor der amerikanischen Haus-

tür auszugleichen, stellte der amerikanische Präsident Kennedy den Sowjets ein Ultimatum und blockierte die Insel. Chruschtschow gab nach.
Vor diesem Hintergrund löste die Kuba-Krise 1962 **zwei gegenteilige Bewegungen** aus. Waren die USA auch im militärischen Bereich auf dem Gebiet der atomaren Rüstung der Sowjetunion in den 50er-Jahren noch massiv überlegen gewesen, so begann Moskau dies nun durch **massive Aufrüstung** zu ändern, sodass sie Anfang der 70er-Jahre mit den USA gleichzog.
Andererseits machte die Krise auch klar, auf welch schmalem Grad sich der Frieden in einer Zeit des Gleichgewichts des Schreckens befand. Nach einer erneuten politischen Eiszeit wegen Berlin- und Kuba-Krise waren **Schritte zur Stabilisierung dieses Gleichgewichts** notwendig, von Kennedy als „Strategie des Friedens" bezeichnet.
Infolge der Kuba-Krise wurde zwischen beiden Regierungszentralen zum ersten Mal eine direkte Verbindung geschaffen. Als erster Begrenzungsvertrag wurde 1963 der Vertrag über die teilweise Einstellung von Kernwaffenversuchen in der Atmosphäre geschlossen. 1968 folgte der Vertrag über die Nichtverbreitung von Atomwaffen. Unter dem Zwang des atomaren Patts verstärkten die USA und die UdSSR Ende der 60er-Jahre ihre Bemühungen zur Beschränkung der Raketenabwehrsysteme und der Interkontinentalraketen.

Die neuen internationalen Bemühungen zum **Übergang von der Konfrontations- zur Entspannungspolitik** blieben auch bei der Bundesregierung nicht unbemerkt, ja sie wurde mit Misstrauen verfolgt. Sie drängten die Bundesrepublik in die Defensive. **Für Adenauer war „die Lage immer ernst".** Aus seiner Sicht war sie „noch nie so ernst" wie zu diesem Zeitpunkt. Die geschlossene Abwehrfront gegen den Kommunismus, für Adenauer das Unterpfand der westlichen Selbstbehauptung gegen die sowjetische Bedrohung, begann zu bröckeln. Nach seinen festen Vorstellungen verfolgte der sowjetrussische Imperialismus durchaus expansive Ziele. Zudem war der Westen gar nicht so einig, wie Adenauer ihn gerne gesehen hätte, denn Frankreich unter der Führung von General de Gaulle ging auf Antikurs zu den Amerikanern und die Stellung Großbritanniens zur Europäischen Wirtschaftsgemeinschaft war weiter ungeklärt.
In einer solchen Situation versuchten die Westmächte auf verschiedenen Wegen mit der SU ins Gespräch zu kommen und damit auch eine Entspannung der Lage in Mitteleuropa zu erreichen. Adenauer verfolgte die Entwicklung zusehends misstrauisch, weil er fürchtete, Washington und London könnten gefährliche Zugeständnisse auf deutsche Kosten machen und nicht hart genug gegenüber den Sowjets sein. Für ihn hatte die **Sicherheit des Westens** durch dessen weitere Stärkung absoluten **Vorrang vor,** in seinen Augen, **riskanten Entspannungs- und Abrüstungsplänen.**
Zudem spürte die Bundesregierung, dass die Bemühungen um Entspannung in Europa die Anerkennung der in Europa bestehenden Grenzen mit sich bringen würde, einschließlich der innerdeutschen und der polnischen Westgrenze. Dies waren aber nun die Fragen, die die Bundesregierung doch gerne als offen erklärte und wo in ihren Augen nur Bewegung statt Festschreibung des Status quo Fortschritte bringen konnte. Die **bisherige Logik kehrte sich langsam um:** Galten bisher Schritte bei der Lösung der deutschen Frage als Voraussetzung für die Entspannung in Europa, so wurde diese nun der weltpolitischen Entspannung untergeordnet.
Andererseits machte die Berlin-Krise der Bundesregierung erneut deutlich, wie stark sie auf die Unterstützung der Westmächte angewiesen war. Einen deutschen Beitrag zur Lösung der Schwierigkeiten erwarteten zusehends die Westmächte, ging doch die deutsche Frage und Berlin in erster Linie die Deutschen an. Wie aber die Bemühungen, die internationale Abrüstung und Entspannung zu fördern, mit einer aktiven Wiedervereinigungspolitik in Einklang zu bringen seien, dafür hatte auch Adenauer keine Lösung anzubieten. Dieses **Festhalten an der Politik der Stärke** als notwendige Voraussetzung für ein Arrangement mit der Sowjetunion war dennoch **nicht mehr zeitgemäß**. Die Folge war, dass die Deutschlandpolitik der Bundesregierung als starr und festgefahren bewertet wurde.

So prinzipientreu, wie sich Adenauer nach außen gab, war er hinter den Kulissen jedoch nicht. Kann von einer Erfolg versprechenden Konzeption auch keine Rede sein, so gab es doch Fühlungnahmen mit Vertretern der DDR und der Sowjetunion, um die Möglichkeiten nach Zwischenlösungen für die DDR, ohne Veränderung des Status der Bundesrepublik, zu erkunden. An solchen tastenden Versuchen alleine der Bundesrepublik und nur die DDR betreffend hatte Moskau kein Interesse. Es dachte in Blöcken und war an einem Gesamtarrangement zwischen den Blöcken und ihren beiden Vormächten interessiert.
Es ist verständlich, dass dieser **Anpassungsprozess** an die neue amerikanische Politik in Deutschland als dem Hauptbetroffenen langsamer vor sich ging als in anderen Staaten.
Die **Regierung Erhard** lavierte in der Frage noch herum. Zwar wollte man die Beziehungen zu den osteuropäischen Staaten enger gestalten, wobei die DDR weiterhin ignoriert werden sollte. Eine Änderung der bisherigen Linie war das aber nicht. Mit der **Friedensnote zu Verhandlungen** über Gewaltverzichtserklärungen im Frühjahr 1966 leitete die Regierung Erhard die Wende ein, die unter Kiesinger und Brandt in der Regierung der Großen Koalition fortgesetzt wurde. Man war jetzt bereit, mit den osteuropäischen Staaten einschließlich der SU über Gewaltverzicht zu verhandeln, also an einer Entspannung in Europa mitzuwirken, auch ohne vorausgehende Fortschritte auf dem Weg zur Wiedervereinigung.
Demgegenüber verkündete **Egon Bahr**, damals noch Leiter des Presse- und Informationsamtes des Senats von Berlin, 1963 auf einer Rede in Tutzing ein neues Konzept: **Wandel durch Annäherung**. Es gelte den Status quo in Europa anzuerkennen, um diesen später zu überwinden. Eine Entspannung auf vielen Gebieten würde auch die Sowjetunion zu einem Entgegenkommen bei Beziehungen und Kontakten zwischen den Menschen bewegen. Langfristig könne sich daraus ein Wandel der inneren Verhältnisse zu mehr Demokratie ergeben.
Dies war dann auch das Konzept, mit dem die Sozialliberale Koalition unter Brandt ihre Neue Ostpolitik begann.

Ihre Meinung ist uns wichtig!

Ihre Anregungen sind uns immer willkommen. Bitte informieren Sie uns mit diesem Schein über Ihre Verbesserungsvorschläge!

Titel-Nr.	Seite	Vorschlag

Bitte hier abtrennen

15-VMN

Bitte ausfüllen und im frankierten Umschlag an uns einsenden. Für Fensterkuverts geeignet.

Zutreffendes bitte ankreuzen!

Die Absenderin/der Absender ist:

- ☐ Lehrer/in in den Klassenstufen: ______
- ☐ Fachbetreuer/in
  Fächer: ______
- ☐ Seminarlehrer/in
  Fächer: ______
- ☐ Regierungsfachberater/in
  Fächer: ______
- ☐ Oberstufenbetreuer/in
- ☐ Schulleiter/in
- ☐ Referendar/in, Termin 2. Staatsexamen: ______
- ☐ Leiter/in Lehrerbibliothek
- ☐ Leiter/in Schülerbibliothek
- ☐ Sekretariat
- ☐ Eltern
- ☐ Schüler/in, Klasse: ______
- ☐ Sonstiges: ______

Unterrichtsfächer: (Bei Lehrkräften!)

______

STARK Verlag
Postfach 1852
85318 Freising

Kennen Sie Ihre Kundennummer?
Bitte hier eintragen.

Absender (Bitte in Druckbuchstaben!)

Name/Vorname

Straße/Nr.

PLZ/Ort

Telefon privat

Geburtsjahr

E-Mail-Adresse

Schule/Schulstempel (Bitte immer angeben!)

(Bitte blättern Sie um)